JN193908

WIZARD

トレンドフォロー戦略の理論と実践

TREND
FOLLOWING
with Managed Futures

金融危機に負けない
賢者の投資法

The Search for Crisis Alpha
by Alex Greyserman and Kathryn M. Kaminski

アレックス・グレイザーマン博士　キャスリン・カミンスキー博士 [著]

長岡半太郎 [監修]　井田京子 [訳]

Pan Rolling

監修者まえがき

　本書はアレックス・グレイザーマンとキャスリン・M・カミンスキーーが著した"Trend Following with Managed Futures : The Search for Crisis Alpha"の邦訳である。原書のタイトルの「マネージドフューーチャーズ」とは、先物を主な売買対象とした集団投資スキームのことを指しており、主要な代替投資手段としてアメリカにおいて長い歴史を持っている。本文中に紹介されているように、トレンドフォロー戦略は、伝統的な投資資産とは独立したリターン出力系列を持ち、その分布はポジティブスキューを成すこと、さらに金融危機の際に優れたパフォーマンスをもたらすクライシスアルファを内包していることが知られている。このため、投資ポートフォリオの一部をトレンドフォロー戦略に振り分けることで、全体としてのリスク・リワード特性が向上し、さらにドローダウンが抑えられることになる。

　このように、トレンドフォロー戦略は常識的に考えれば良いことずくめの投資手段であるが、その価値や歴史の長さに比して日本での存在感は希薄である。その理由はさまざま考えられるが、一般的な解釈（アカデミックな研究による）では、射幸心が強くギャンブル性の高い投機を好むアジア人にとって、トレンドフォロー戦略のような地味な投資はつまらないからであるとされている。だがこの問題の本質は、唯一の正解を常に欲しがる日本人のメンタリティにあると私は考える。私たちは子供のころから学校や家庭や社会で、正解のある問題を解かされ続けてきている。そこでは、答えはいつも教師や親、監督・コーチから与えられるものであり、自分で苦労して見つけだすものではない。一方で、社会的な問題のほとんどには、分かりやすい正解など用意されていない。そこにあるのはゴールを達成する過程で現れた諸課題に次々と柔軟に対処していく連続したプロセスだけであり、したがって、

問題の数だけ、また人の数だけ異なった解決法が存在する。

　この状況は投資においてもまったく同様であり、だれにとっても最適な投資方法・投資対象などというものは存在しない。リスク調整済みリターンの観点で言えば、すべての投資手段は等価であり（裁定が働くから）、人によってとれるリスクが異なるだけである。だが、少なからぬ人が「どの銘柄を買えばよいのか？」「何をすれば良いのか？」と聞きながら彷徨っている。彼らから見れば、受動的にポジションを変化させることで環境に適応しようとするトレンドフォロー戦略は、明示的に分かりやすい正解をいつまでたっても示してはくれず、さぞかしフラストレーションがたまるものに映るだろう。しかし、投資の世界でまず必要なのは、自分が何を望んでいて、どんな不確実性であれば対処することができるのかを見極め、行動することである。トレンドフォロー戦略はそのすべてをシステマティックに内包している。

　本書は、トレンドフォロー戦略そのものに興味のある方だけではなく、伝統的なポートフォリオでは対処することの難しい時期や局面のリスクを減少させたいと考える投資家にもぜひ読んでもらいたい。そして、トレンドフォロー戦略に関して幅広い情報を得たい方には、『**トレンドフォロー大全**』（パンローリング）を、そして自らトレンドフォロー戦略を構築し運用してみたい方には、『**トレンドフォロー白書**』（パンローリング）を読まれることを強くお薦めする。

　最後に、翻訳にあたっては以下の方々にお礼を申し上げたい。井田京子氏は正確な翻訳を行っていただいた。そして阿部達郎氏には丁寧な編集・校正を行っていただいた。また、本書が発行される機会を得たのは、パンローリング社の後藤康徳社長のおかげである。

2019年8月

長岡半太郎

目次

第6部 投資ポートフォリオにトレンドフォロー戦略を組み込む

まえがき

　学者が教え子の書いた本のまえがきを依頼されるのは、めったにない喜びであり、名誉なことである。この感じは、親が子供の前途を期待しながら大学や仕事に送り出すのと似てなくもない。ただ、私はカミンスキーに親というほどのことをしていない。10年以上前に彼女が初めて私の部屋を訪ねてきたとき、彼女はすでに数学と統計学とオペレーションズリサーチの経験を積み、ファイナンス学を熱心に学んでいた。MIT（マサチューセッツ工科大学）の多くの学生と同じく、彼女は自ら学び、私も多少の助言はしたが、ほとんどは彼女の邪魔をしないように観客席から声援を送っていたにすぎない。

　ウォール街の経験が豊富で統計学博士でもあるアレックス・グレイザーマンと共同執筆した本書は、長年にわたり金融業界で埋もれていた投資戦略を、興味深く、タイムリーに検証している。これまでトレードフォロー戦略は、いくつかの理由で投資やポートフォリオマネジャーの主流派から不当な非難を受けてきた。もしかしたらその最も分かりやすい理由は、芸術でも科学でも創造的な試みにおいては独自性が好まれるからかもしれない。なぜ独自の行動をとらずに群衆に従うのか、というのだ。

　このような、模倣に対する本能的な嫌悪感は、自然界では驚くほど頻繁に見られる模倣戦略と矛盾している。ほとんどの動物には群衆行動が見られるし、カメレオンは体色変化し、DNAは長期間をへても忠実な複製力がある。ホモサピエンスのなかでも、トレンドによって技術が普及した。火、石器、農業、工業化、そしてもちろんスカート丈、低炭水化物ダイエット、アプリなどもそうだ。金融市場における投資という狭い分野のなかでも、ブローカーや金融顧問やそのほかの新商品を売り込む人たちは、トレンドを大いに用いてきた。GTAA（グロ

ーバル戦術的資産配分）、130/30ファンド、リスクパリティ戦略などである。特定の投資商品が流行したり、廃れたりすると、資金がそこに流入したり、そこから流出したりして、資産価格のトレンドが生まれるのである。

　トレンドが存在し、持続する理由は多々あるが、それでもトレンドフォロー戦略に対して、宗教的とも言えるような嫌悪感を示す投資家たちがいるようだ。私は、この嫌悪感には主に3つの理由があると考えている。1つ目は、効率的市場仮説にある。もしトレンドフォロー戦略が本当に機能するのであれば、みんながこれを使い、その結果機能しなくなると懸念しているのだ。2つ目の理由は、初期のトレンドフォロー戦略は、金融学者が魔術や占星術のたぐいとみなすテクニカル分析、別名「チャート分析」を連想させるものだったことにある。そして、3つ目の理由は、トレンドフォロー戦略が透明性を欠いていることにある。そのため、投資家はこの戦略がいつ、どのように価値を生み出し、なぜ独自の分散が可能になり、どのような条件のときに伝統的な投資戦略のパフォーマンスを下回る可能性が高いのかを理解しにくいのである。

　1つ目の理由は、もし価格が入手可能なすべての情報をコストなしに即座に反映しているとしても、資産にプラスのリスクプレミアムがあれば、トレンドは存在するということを観察すれば分かる。結局、リスクプレミアムがあってもそれを上回る期待リターンがあれば、価格は上昇していくということだ。トレンドフォロー戦略は、このリスクプレミアムを利用しているが、伝統的なバイ・アンド・ホールド戦略よりももう一段洗練されている。リスクプレミアムが時間とともに変化し、トレンドがブレイクされると下落リスクを減らすための損切り注文に引っかかる。しかし、市場は常にどこでも効率的というわけではなく、そのことは今では多くの学者や業界のプロも分かっている。そして、投資家は経済状況の変化に適合し、そのような市場ではトレン

ドとその反転はよく起こることなのである。

　2つ目の理由は、トレンドフォロー戦略が簡単に逃れられない伝統的な見方の残念な側面によるものだが、黙って罪悪感に苦しむのではなく、トレンドフォロー戦略についてより詳しい説明をしていくことで、それまでの手法とは差別化を図ることができる。

　そして、3つ目の理由もやはり、この詳しい説明（ベンチマーク、ポートフォリオの構築、スタイル分析、パフォーマンスへの貢献要素など）によって理解を得ることはできる。グレイザーマンとカミンスキーが本書で行っているのはまさにこれである。

　トレンドフォロー戦略が、株式のインデックスファンドを使ったパッシブ投資のような人気を博すことはないかもしれないが、それはおそらく良いことだと思う。人気が出たら、今のような優れた分散先ではなくなるかもしれないからだ。そうなる日が来るまで、真剣な投資家はぜひ本書を読むべきだと思う。

　2014年3月　マサチューセッツ州ケンブリッジにて

　　　　　　　　　　　アンドリュー・W・ロー

序文

　私は、旧ソ連で生まれ、12歳のときにアメリカに来た。数学や統計学や工学を学んだあと、25年前に岐路に立った。1年間、退屈なエンジニアの仕事をしたあとコロンビア大学大学院に入り、「金融オペレーションズリサーチ」という選択科目のクラスに出席して、ファイナンスの世界に魅了されたのだ。1989年、私はラリー・ハイトの面接を受けるため、ニュージャージー州ミルバーンに向かった。彼はトレンドフォローシステムのパイオニアの1人で、当時はミントという世界最大のCTA（商品投資顧問業者）で10億ドル近い資産を運用していた。応募要項には、エントリーレベルのプログラミングとデータ分析とあった。面接のとき、私がハイトに運用の秘訣を尋ねると、自分は「何を知らないかを知っている」から勝てるのだと教えてくれた。また、彼は「高等教育に妨げられない」ことが自分の強みだと思うとも言っていた。「高等教育」を受けてきたばかりの私には、彼の言っていることがよく分からなかった。しかし、はっきりしていたことは、彼がそれまでのエンジニアの仕事よりも数千ドル高い年収を提示していたことだった。私はそれに引かれてこの世界に飛び込むことにした。ラリー・ハイトは私がファイナンスの世界に入ったときからずっと私のメンターをしてくれている。そして、正式な数量分野の教育を受けていないことは、本当に彼の主要な資産になっていた。彼は疑問に思ったことを質問し、ほとんどのクオンツよりも優れた独創性で、既成概念を超えてしまうのである。

　それから25年以上、私はCTA業界でたくさんの浮き沈みを経験した。この業界は、さまざまな理由で何回か死を宣告されたが、そのたびに生き延び、成長してきた。システマティックなトレード戦略を構築するための試行錯誤と試練は厳しい道のりだった。いくつかのモデルは、

機能するときとしないときがあった。そして、聖杯は存在しない。賢いリスク管理と生き残ることがすべてだ。市場は最大の人数が最大の損失を被るように動いているとしか思えないことがよくある。しかし、これは、適合と進化のための必要な力なのだろう。ケインズの有名な言葉にあるように、「市場の不合理は、あなたの支払い能力が持ちこたえる期間よりも長く続く」のである。

　通常、ファイナンスモデルは複雑にせずに、単純で実践的なものにすることが好まれる。「買い手」は厳密な数式や奇跡的な発見ではなく、分析とファイナンスの知識と合理的なリスク管理と「エッジ」を追求する「謙虚さ」が相まって判断に至っている。私は、過去12年間、コロンビア大学で金融工学を教えてきた。毎学期、私自身の課題は、このクラスに集まった高い知能指数を誇る数学の天才たち（これまでほとんど間違ったことがないであろう連中）に、投資の世界の現実に多少の謙虚さを持って向き合うことをどう教えるかということだった。私は、さまざまな項目や数式を教えつつも、講義の終わりには心理的な話をした。学生たちに、彼らも間違うことがあることや、それを市場に思い知らされるときもあること、モデルを使って損失が出ても理由が分からないときがあること、投資で成功するための最初のルールは自分の優れた頭脳や絶対確実性に執着しないことなどを理解してほしいからだ。もし学期末に学生のほんの一部でもよいので投資の過程の一部として失敗に対処することができるようになれば、私の役割は果たせたと思っている。

　最後に、家族に最大の感謝を捧げたい。両親は私がアメリカであらゆるチャンスを追求できるよう多大な犠牲を払ってくれた。妻のイレインは、ラリー・ハイトとの面接に行くとき車で送ってくれた。ヨギ・ベラが「分かれ道に来たら、とにかく進め」と言っているが、私たちもファイナンスの世界に歩を進め、妻はそれから25年以上、私を支え、励まし続けている。私の子供たち、ジャッキーとマックスとディーン

とリードは、毎日懸命に働く気持ちにさせてくれる（4人を大学に行かせるのは安くない）。

　また、このプロジェクトを応援してくれたISAMの長年の素晴らしい同僚で、本書の編集にも手を貸してくれたスタンレー・フィンク、ラリー・ハイト、ロイ・シェール、アレックス・ロウ、ダレン・アプトン、ジャック・ウェイナー、リーバ・ワラーにも感謝している。

アレックス・グレイザーマン

■　　■　　■　　■　　■　　■

　11歳のとき、私が初めて行った科学実験は神経伝導と温度に関するものだった。優れたファイナンシャルプランナーの母と臨床神経科医の父の下で育った私が、そのあと数学、電子工学、オペレーションズリサーチを学び、最終的に行動経済学と神経ファイナンス学のひねりを加えた計量ファイナンスにたどり着いたことに不思議はない。私はテネシー州ナッシュビルで育ったが、数学と科学への情熱からMIT（マサチューセッツ工科大学）に進んだ。そして、信号処理とシステム工学に魅了された——MP3プレーヤーを自分で組み立てたり、衛星電話のプログラムを書いたりしたくない人がいるだろうか。それから、フーリエ変換を学び、フランスのエコール・ポリテクニークで工学物理学を、ソシエテ・ジェネラルの計量モデルチームでは劣後債の時間モデルにかかわるなどして数年間を夢中で過ごし、計量金融学に引かれてMITスローン・スクール・オブ・マネジメントで、オペレーションズリサーチの博士課程に進んだ。私は、計量金融学のカリスマの1人であるアンドリュー・ロー博士の下で学べることに興奮していた。彼は、ストップロス（損切り）ルールがロス（損失）をストップする理由や、投資における単純ルールやヒューリスティクスの価値について

私に問いかけた。みんなが使っているルールなのだから、何か理由があるはずだ。

　私は、みんなが右と言うと、たいてい左に行く。父から人の認知力について教わっていた私にとって、期待効用理論は明らかに幻想的なナンセンスであり、私はヒューリスティクスや単純ルールを学びたいと思った。ロー博士は数年かけて私にファイナンスに関するあらゆることを教えてくれた。これは素晴らしい経験だった。博士からは疑問を持ち続けることや、アイデアを疑ってみること、難問に新たな角度から取り組むのを恐れないこと、信念を曲げないこと（例えば、効用理論が幻想的なナンセンスだと考えてもよい）などを教えられた。私にとって博士は長年に及ぶアドバイザーで、メンターで、友人で、のちには同僚になった。彼が資産運用のヒューリスティクスとルールを理解する旅に送り出してくれたことに永遠の感謝を捧げたい。トレンドフォロー戦略が投資における一連のヒューリスティクスと単純ルールだと考えれば、この手法が長年機能してきた方法と理由の解明に私がずっと執着してきたのも不思議ではない。

　最後に、私の家族——夫と2人の娘、両親、そしてアメリカとスウェーデンの親戚——に最大の感謝を捧げたい。夫のピエールは、このあきれるほど大きなプロジェクトを始めようとしていた私を支え、励まし続けてくれた。愛する娘たち、エリノアとヘイリーは私の人生の光である。両親は、私のためにたくさんの扉を開き、高い成功目標を設定してくれた。男兄弟のマットは、私にとってずっと頼りになる存在だ。そして、謙虚なスーパースターのメンターで、アドバイザーで、友人のアンドリュー・ロー博士にも永遠の感謝を捧げたい。あなたの後見と、支援がなければ、枠にとらわれない考え方を学び、さまざまな成果を上げることはできなかった。ほかにも、仕事仲間の女性たち、ミラ・ゲツマンスキー・シャーマン、ジャスミナ・ハサンホジック、マリア・ストロンクビストにも感謝したい。また、MITの多くの学生や

教授陣も、私のために新たな扉を開き、新たな視点を提供してくれた。そして、世の中の出来事を伝えてくれた友人たち、アン、ベネディクト、エミリー、ジュリアン、ルシール、リン、マーグレット、マリア、ネビブ、スミータ、スーザン、スベトラーナ、タニア、ありがとう。

　PRMのかつての同僚たちも、マネージドフューチャーズの探求において大きな部分を担ってくれている。友人のジョン・ショーディンは、いつも私のアイデアを自信を持って広めてくれる。また、スウィーディッシュ・ハウス・オブ・ファイナンスの協力的な同僚たちや、スウェーデンのファイナンス業界の友人たちにも感謝している。上司で、友人で、同僚でもあるペア・ワイゼンも、このプロジェクトを大いに支援してくれた。私は、教えることにも情熱を注いでおり、それはストックホルム商科大学（SSE）や、MITスローン・スクール・オブ・マネジメントや、スウェーデン王立工科大学（KTH）の多くの学生たちに大いに支えられている。

キャスリン・カミンスキー

■　　■　　■　　■　　■　　■

　私たちには、共通の友人がいた。CME（シカゴ・マーカンタイル取引所）グループのランディ・ワーセガーだ。彼は、業界の素晴らしい擁護者であり、顔も広い。その彼が、同じリサーチに関心を持っている私たちを引き合わせてくれた。私たちは、初めて会ったその日に、トレンドフォロー戦略に関する包括的な学術書を書くべきだということで一致した。私たちは、どちらも信号処理から金融業界に転じたという経歴を持ち、複雑なものを単純化したいという強い思いも共通していた。私たちの挑戦は、おたくの世界とか金融界の伝説などと呼ばれているトレンドフォロー戦略が、実際には真剣かつ客観的な分野だと

いうことを示すことにあった。

　本書の執筆において、まずはISAMの素晴らしいチームに感謝したい。リアン・ヤンは、このリサーチと本書の制作において中心的な役割を担ってくれた。また、ノエル・シスコは、細かい点まで配慮した手助けをしてくれた。ジャック・ウエイナーは、すべての原稿を読んでコメントしてくれた。そして、プロジェクトに協力してくれた計量アナリストチームのクリス・ブリッジースとパトリック・ラケットにもお礼を言いたい。

　また、ファイナンス業界の友人やトレンドフォロー戦略のファンにも感謝している——PRM、エフィシエント・キャピタル、アビー・キャピタル、ライトハウス・パートナース、ヘルメス、ニューエッジ、そしてCMEグループなどだ。私たちがそれぞれ深くかかわっているCMEグループは、ランディ・ワーセガーの熱心な努力もあって、私たちを本書制作に導いてくれた。ニューエッジは、リサーチを信じる仲間として、このプロジェクトに格別の協力をしてくれた。ジェームス・スケッグスには、本書を細かくチェックしてくれたことに感謝している。また、この業界や学術界の多くの賢くて洞察力のある同僚たちにもお礼を言いたい——インゲマー・バーグダール、スバンテ・バーグストロム、ランジャン・バーデューリ、エリック・バンドニス、ガレン・バーグハート、アンドレアス・クレナウ、ジョン・コノリー、アダム・ダンカン、トニー・ギャノン、ジョエル・ハンディ、エリック・ホー、パー・イバソン、アーネスト・ジャファリアン、グラント・ジャファリアン、グレッグ・ジョーンズ、マーティン・カルストロム、ホセイン・カゼミ、ラリー・キスコ、ジョン・ラブゼウスキー、アンドリュー・ロー、マーク・メリン、アレクサンダー・メンデ、ショーン・マクグールド、ロムール・ノアジェリゾ、ペター・オドノフ、ケリー・パーキンス、ブルー・パタナム、エド・ロバーティエロ、タレク・リズク、ジョン・ショーディン、ジェームス・スケッグス、クリス・ソ

ラーズ、ミカエル・ステンボム、そしてブライアン・ウェルズ。そして、最後に、本書を手にとり、フィードバックや洞察を与えてくれた人たちにも大いに感謝したい。

アレックス・グレイザーマン博士

キャスリン・カミンスキー博士

序論

　トレンドフォロー戦略は、古典的な投資スタイルの1つで、「トレンドを探してそれに乗る」という言葉が何世紀にもわたって受け継がれてきた。トレンドフォロー戦略の概念は単純だ。トレンドがあればそれに乗り、トレンドが反転したりなくなったりしたときは、損切りするのである。ただ、この単純さにもかかわらず、この戦略は新古典派経済学者の批判を浴びてきた。トレンドフォロー戦略は、何十年にもわたって厄介な投資スタイルだとして避けられてきたのだ。大学でも、研究でも、マスコミでさえも、多くが効率的市場という言葉を唱え、エクイティプレミアムの世界観を押し付け、長期間のバイ・アンド・ホールドの重要性を主張してきた。**図I.1**は、トレンドフォロー戦略と株式市場（バイ・アンド・ホールド戦略）のパフォーマンス、**図I.2**はそのドローダウンの内容を示している。この20年間に、株式市場は激しいバブルと崩壊のサイクルを繰り返してきた。トレンドフォロワーたちはさまざまな市場でトレンドに追従してきたが、彼らの手法はこの劇的なバブルのサイクルとは相関性がないように見える。また、ドローダウンの内容もバイ・アンド・ホールドのほうはジェットコースター並みに激しい。もちろん、長期投資にもたくさんのメリットはあるが、この単純な例でさえなかなかの乱高下に耐える必要がある。一方、トレンドフォロー戦略はドローダウンがむしろ安定している。長年批判されてはきたが、この戦略には何かあるに違いない（効率的市場、エクイティプレミアム、バイ・アンド・ホールドなどはどれもファイナンス上、重要な考えであるが、トレンドフォロー戦略の価値を否定するものではない。実際、トレンドフォローはもともとこれらの概念を補完するものなのである。本書の目的は、そのことを示し、活用していくことにある）。

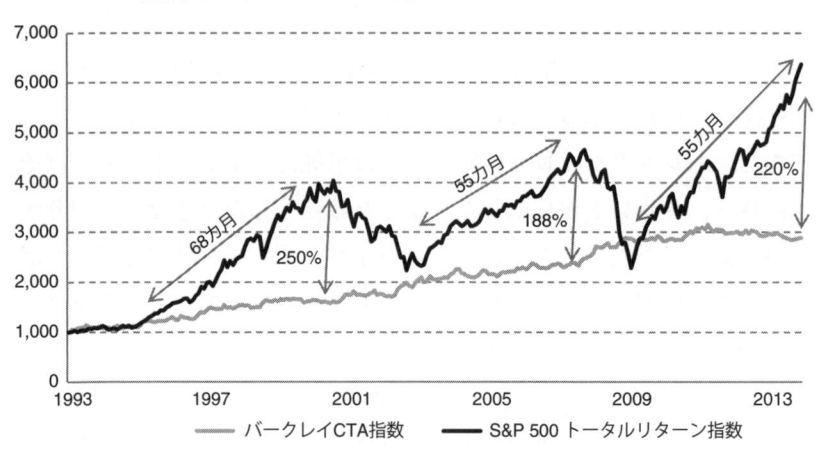

図I.1 トレンドフォロー戦略（バークレイCTA指数）と株式市場（S&P500トータルリターン指数）の累積パフォーマンス（サンプル期間は1993〜2013年）

出所＝ブルームバーグ

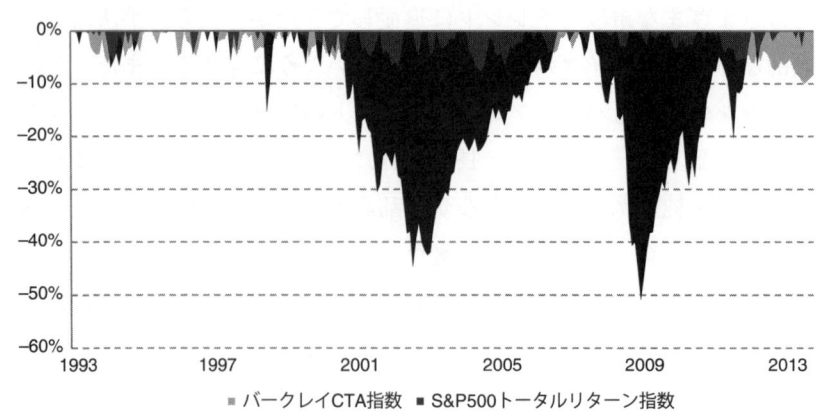

図I.2 トレンドフォロー戦略（バークレイCTA指数）と株式市場（S&P500トータルリターン指数）のドローダウンの推移（サンプル期間は1993〜2013年）

出所＝ブルームバーグ

図I.3 株式市場（S&P500トータルリターン指数）と、株式市場とボラティリティを同水準に調整したトレンドフォロー戦略（バークレイCTA指数）と、2つを50/50にしたポートフォリオの累積パフォーマンス（サンプル期間は1993～2013年）

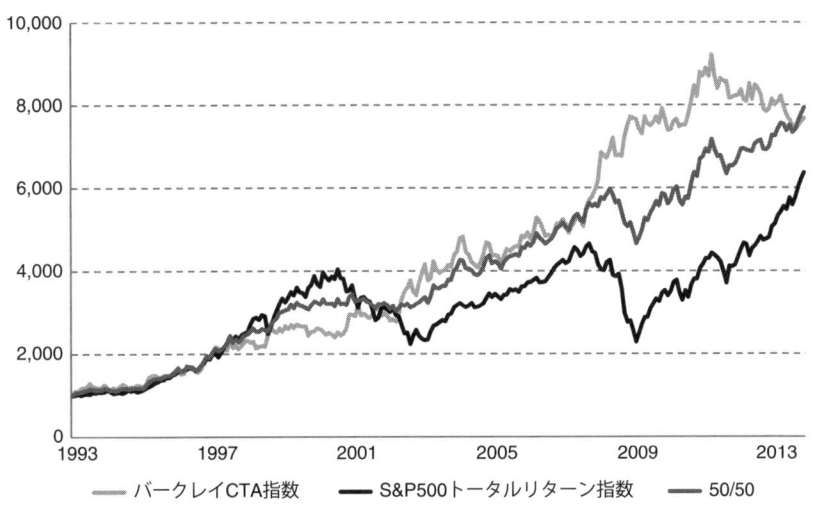

出所＝ブルームバーグ

　株式市場が激しく変動していた時期に、トレンドフォロー戦略がむしろ安定したパフォーマンスを上げていたことからは、いくつかの疑問がわいてくる。もしトレンドフォロー型の指数のボラティリティが同じだったら、どうなっていただろうか。そして、さらに興味深いのは、もし2つを50％ずつ合わせたらどうなるだろうか。

　図I.3は、株式市場とトレンドフォロー戦略のボラティリティを同じにした場合と、50/50で組み合わせた場合のパフォーマンスを示している。ここからは、50/50のケースが最も安定したパフォーマンスを上げているように見える。また、**表I.1**は、この3つの手法のパフォーマンスに関する統計を示している。シャープレシオに関しては、株式市場もトレンドフォロー戦略もあまり変わらないが、50/50のシャープレシ

表I.1 株式市場（S&P500トータルリターン指数）と、株式市場と同じボラティリティにしたトレンドフォロー戦略（バークレイCTA指数）と、2つを50/50にしたポートフォリオのパフォーマンスの統計（サンプル期間は1993〜2013年）

	バークレイCTA指数（株式市場と同じボラティリティ）	S&P500トータルリターン指数	50/50
平均リターン（年率）	10.19%	9.22%	10.37%
標準偏差（年率）	14.94%	14.94%	10.10%
シャープレシオ（年率）	0.68	0.62	1.03
最大ドローダウン	19.53%	50.95%	21.89%

オは株式市場のそれを66％上回っている。また、最大ドローダウンは株式市場の51％に対して、50/50のほうは22％と低かった。単純な例ではあるが、トレンドフォロー戦略に何らかの独特かつ補完的な要素があることは明らかで、これはさらなる分析と調査に値する。

　現代のトレンドフォロー戦略は、システマティックに市場価格のトレンドを探し、そのトレンドに乗り、反転する前に手仕舞う手法である。このようなモメンタム戦略を実行するためには技術と科学の両方が必要になる。今日のシステマティックなトレンドフォロー戦略は、技術的にはコンピューターと自動トレードを使っており、旧来の主観的、あるいは裁量的な経験則やヒューリスティクスは、ブラックボックスと知られる自律型のトレードシステムによって構築された、構造化されたトレードルールに置き換えられる。現代の体系的なトレンドフォローシステムは、細かく調整された工学機械に近いものになっているのだ。これらの機械はインプット（価格の動き）によってアウトプット（トレードポジション）を調整していく。システムの内部には構成要素（リスク管理システム）が組み込まれていて、ストレスとショックを制御している（携帯電話などのモバイル機器はその実践的な好例。

モバイル機器には、ユーザーによる外部のインプットを処理するための構造的な技法が用いられている。モバイル機器の機能性は、システムのネットワークと外部からのインプットによって始動するルールや命令を組み合わせて構成されている。外部インプットは処理され、機器が適切な変数を使って一連のアクションを生成すると、アクションが実行される。もしシステムにストレスをかけるようなアクションが実行されると、システム内でブレーカーのようなブロックがかかり、機器が許容できる範囲にない外部インプットを制御するようになっている）。このようなシステムのデザインは、構造的には単純で、効率的で、透明性も高い。トレードシステムは何百、何千ものポジションを同時に管理していくため、単純さと耐久性は不可欠である。

　現代のトレンドフォロー戦略のスキルの部分は、信号処理とトレードの執行である。トレンドフォロー戦略では信号を使ってトレンドの始まりや終わりを判断している。これらの信号は、定量化され、処理され、ほかのシグナルと組み合わされる。信号を処理し、それによってトレードが執行されるようにするためには、スキルと経験と細かい注意力が必要となる（再び携帯電話に例えると、モバイル機器の構造や運用システムは機能的でなければならない。このスキルは外部ユーザーのインターフェースと外部インプットを処理する巧みさにある）。

　包括的で根気のいる試みの例に漏れず、本書もまずは歴史を紐解き、過去何世紀かにおけるトレンドフォロー戦略という概念の哲学と経緯を見ていく。そのあとは、トレンドフォロー戦略のスキルと技術について、エンドユーザーである機関投資家の視点で解明するという崇高な目的を探求していく。

本書の構成

　本書は、トレンドフォロー戦略の歴史の物語から始まる。この戦略

の何世紀にも及ぶ歴史的な見方は、そのあとで行う現代の体系的なトレンドフォロー戦略を細かく掘り下げた分析の良いお膳立てとなる。本書は、6つの部分で構成されている。

●第1部　歴史的な視野

800年分の独自のデータを使い、何世紀かに及ぶトレンドフォロー戦略の歴史を検証していく。

●第2部　トレンドフォロー戦略の基本

この第2部では、トレンドフォローシステムの構築と先物取引の仕組みを説明する。先物市場や先物トレード、そしてマネージドフューチャーズ業界についておさらいする。これは、現代の体系的なトレンドフォローシステムの基本的な構成要素の説明でもある。

●第3部　理論的な基盤

この第3部では、トレンドフォロー戦略が機能する理由を理解する理論的な誘因について書いていく。ここでは適応的市場仮説（AMH）を紹介し、それを応用してクライシスアルファの概念を明らかにしていく。ダイバージェントとコンバージェントのリスクテイキング戦略の概念も紹介する。この第3部では、市場のダイバージェンスの概念と、それがトレンドフォロー戦略のパフォーマンスに及ぼす役割についても書いていく。本書は先物市場におけるトレンドフォロー戦略について書いているため、金利やロールイールドの役割についても言及する。

●第4部　代替資産クラスとしてのトレンドフォロー戦略

この第4部ではトレンドフォロー戦略を代替資産クラスとして考えていく。トレンドフォロー戦略のリターンの主な特性について書いて

いくなかで、パフォーマンスの測り方、クライシスアルファ、クライシスベータ、ドローダウン、相関性、ボラティリティなどについても言及する。隠れたリスクと明らかなリスク、動的なレバレッジのリスク、マクロ環境などについても説明する。

●第5部　ベンチマークとスタイル分析

　この第5部では、リターンのばらつきやベンチマーク、スタイル分析などについて書いていく。変数の選択が生む独特な効果は、トレンドフォロー戦略ではリターンのばらつきと関連がある。ダイバージェントトレンドフォロー指数やスタイルファクターを使ってリターンに基づいたスタイル分析の応用方法も紹介する。スタイル分析を使えば、パフォーマンスの特性や観察、適切なベンチマーク、運用会社の選択、運用会社への配分などが分かるのである。

●第6部　投資ポートフォリオにトレンドフォロー戦略を組み込む

　この第6部では、投資家にとってのトレンドフォロー戦略と本書で学んだことのさらに高度な課題について書いていく。このなかには、クライシスアルファに関する株式市場の役割、運用会社間の相関性にかかわる時価評価の役割、サイズと流動性と市場規模にかかわる側面、純粋なトレンドフォロー戦略からマルチ戦略への移行などが含まれる。そして最後に、動的な配分、つまり、いつトレンドフォロー戦略に投資すべきかについても書いていく。

第 1 部

歴史的な視野

Historical Perspectives

第 1 章

過去800年におけるトレンドフォロー戦略

A Multicentennial View of Trend Following

「損失は小さく、利益は大きく」──デビッド・リカード（伝説の政治経済学者。「ザ・グレート・メトロポリス［The Great Metropolis］より）

　トレンドフォロー戦略は、古典的な投資スタイルの1つである。そこで、本章ではトレンドフォロー戦略の過去何世紀かの物語をたどっていくことにする。細かい分析に入る前に、歴史的な観点からトレンドフォロー戦略の枠組みについて考えておきたいからだ。ただ、これはデータを多用してはいるが、盤石で厳格な学術的試みではない。ほかの長期的な歴史的研究と同様に、この分析にはたくさんの前提と、信頼性が不明なデータと、さまざまなバイアスが含まれている。ただ、それらの懸念はあっても、歴史は私たちの見方の基となるものであり、主観的であったとしても文脈的なつながりを教えてくれるものなのである。

　本章では、約800年分の金融データを基に、トレンドフォロー戦略の特性を明らかにしていく。これは、粗削りなデータに基づいたどちらかと言えば素朴な説明ではあるが、「損失は小さく、利益は大きく（損小利大）」という戦略はしっかりとしたパフォーマンスを上げており、十分注目に値する。本章の目的は、過去のデータからt統計量や確固たる前提を導き出すことではなく、偉大なデビッド・リカードや、有名なタートル・トレーダーやそのほかの成功しているトレンドフォロワーたちの伝説が単に誇張されただけなのか、それとも何か注目すべき点があるのかを見極めることなのである。

　市場が極端に不調ななかでトレンドフォロー戦略が巧みにパフォーマンスを上げてきたことが、最近、大きな注目を集めている。トレンドフォロー戦略を用いた運用会社が、信用危機やリーマンショックのあとの悲惨な時期に15〜80％というリターンを謳歌していたのだ。多くの人が、これはまぐれではないのか、ほかの厳しい時期もこのようなパフォーマンスを上げていたのかなどといぶかった。例えば、世界大恐慌のとき、1600年代、1200年代などといった危機的な時期のパフォーマンスはどうだったのだろうか。

　トレンドフォロー戦略の歴史を振り返る本章で最初に取り上げるのは、1600年代に物議をかもした歴史的大イベントであるオランダのチューリップバブルをおいてない。**図1.1**は、チューリップの球根の価格の推移を示している。トレンドフォロー戦略の一般的なタイプの1つに、チャネルブレイクアウト戦略がある。チャネルの上限（下限）をブレイクアウトすると、買う（売る）という手法だ。簡単なチャネルブレイクアウトシグナル（トレンドフォローシステムを構築するためのブレイクアウト戦略やそのほかの要素については第3章で述べる）を使うと、1636年11月25日よりも前にチューリップの球根の買いポジションを仕掛け、1637年2月9日ごろに手仕舞うことができたかもしれない（さらに言えば、そのあと売りを仕掛けることさえできたかもしれない）。トレンドフォロー戦略は、単純に「トレンドをフォロー」して、トレンドが消えたと思ったら損切りする（手仕舞う）。チューリップバブルのとき、トレンドフォロー戦略を用いていた投資家はバブルに乗り、価格が下げ始めたら手仕舞ったと考えられる。この方法ならば、バブルのあとにかなりのリターンが得られていた可能性がある（いくつかの球根と経済的な破綻ではなく）。もちろん、これはかなり難解な例ではあるが、チューリップバブルの例は、トレンドフォローのような動的な戦略のパフォーマンスには、長期的に何らかのロバスト性（堅牢性）や根本的な要素がある可能性を示している。この例で

図1.1　チューリップバブルの標準的な価格指数（1636〜1637年のチューリップ価格）

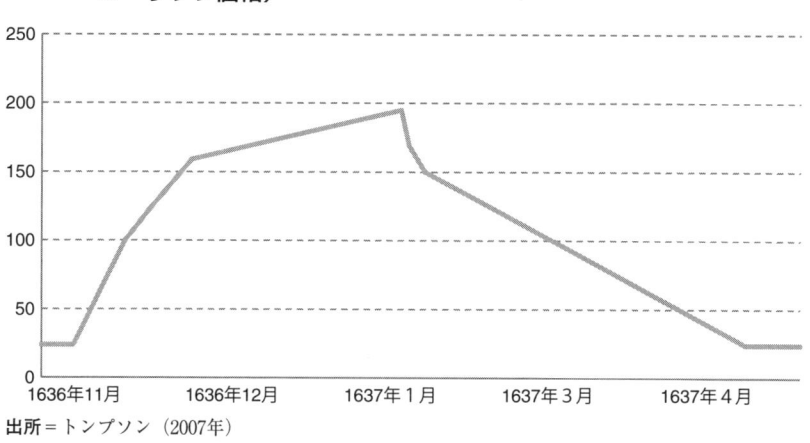

出所＝トンプソン（2007年）

は、ほとんどの金融市場のケースと同様に、手仕舞いの判断のほうが仕掛けの判断よりも重要だということに注目してほしい。「損失は小さく、利益は大きく」を重視することが、高いパフォーマンスをもたらしているのである。この概念は、本書のなかで繰り返し出てくることになる。

　トレンドフォロー戦略は、金融市場に適応している。この戦略は、ファンダメンタルズ的、テクニカル的、行動的などの理由で価格トレンドが形成されるとチャンスを見いだす。そして、どの市場でも市場のダイバージェンスを集団で利用して価格トレンドに乗り、損失を小さく抑えて利益を上げている。市場がトレンドを形成するきっかけには、例えばリスク移転（経済的レント［超過利益］がヘッジャーから投機家に移行する）、情報の流布、行動的なバイアス（高揚感、パニックほか）などがある。これらについてはさまざまな説があるものの、市場のダイバージェンスの根底にトレンドフォロワーとの因果関係はほとんどない。彼らは、チャンスが訪れたときにその場にいただけなのだ。

歴史の至るところでチャンスは訪れている。過去800年におけるトレンドフォロー戦略の安定したパフォーマンスを見ていると、この点を強調したくなる（第4章と第5章で、適応的市場仮説や動的なリスクテイキングやダイバージェンスの役割について述べる）。

トレンドフォロー物語——歴史の研究

伝説の政治経済学者であるデビッド・リカードの助言から約2世紀がたった近年、トレンドフォロー戦略の基本原則が注目を集めている。そこで、独自に集めた約800年分のデータを使ってさまざまな経済環境におけるトレンドフォロー戦略のパフォーマンスを検証したところ、伝統的な資産クラスとの低い相関性や、ポジティブスキューのリターン分布、危機の時期の安定的なパフォーマンスなどが明らかになった（第7章から第10章では、代替資産クラスとしての近代の体系的なトレンドフォロー戦略を検証していく）。

トレンドフォロー戦略のパフォーマンスについては、多くの応用書や学術書で取り上げられている（MoskowitzとOoiとPedersen共著「Time series momentum」[2012年] 参照。この論文は、複数の資産のモメンタムポートフォリオは、プラスのプレミアムを生むことを示した。タイトルの時系列モメンタムは、JegadeeshとTitmanが1993年に取り上げ、そのあと多数の論文が発表された古典的なクロスセクションのモメンタムとは別物）。ちなみに、これらの検証で使われた時系列データの多くは過去数十年分の実際のパフォーマンスや、過去100年分の先物や現物のデータだったが、本章では、800年分のデータを検証して、これまでの研究を確認したり、さらに進めたりしていく（本章の分析は「トレンドフォロー物語」を伝えるためのもので、いわばトレンドフォローの概念の歴史的な見方である。ただし、この物語は、近代におけるより厳格な学術的な論文や、本書後半でのより詳細な分析

の代わりとなるものではない。長期的な分析には、常にトレードの実効性、トレードの制約［例えば、空売りの制約など］、長期データの信頼性を始めとするさまざまな懸念がある）。本書では、1200年代から2013年までの株、債券、FX、商品など84の市場における月次リターンを使って長期間におけるトレンドフォロー戦略を検証している（データの出所はロイター、ブルームバーグ、グローバルファイナンシャル・データなど）。また、長期間の分析を行うために、ここでは数種類の仮定と概算を用いている。これらの概要と、対象の市場のリストは章の最後にまとめてある。

　市場の動きは時代とともに大きく変わっていった。歴史上の代表的なデータセットを正しく構築するためには、劇的な経済発展に特に気をつけておかなければならない。つまり、データセットは実際に投資可能だった投資のリターンにできるかぎり近いものを使うべきである。具体的な例を挙げると、17世紀前半から1930年代までは、イギリスやアメリカをはじめとする主要国は金本位制を採用していたため、この期間の金の価格は実質的に固定されていた。つまり、金はこの間の投資可能な市場から外す必要がある。2つ目の例は、19世紀の大部分において、株のリターンのなかでキャピタルゲインが占める割合がほんのわずかだったことである。19世紀のアメリカの投資家のキャピタルゲインは年率平均で0.7％にしかならなかったのに対して、配当は5.8％に達していた（**図1.2**参照）。実際、1950年代まで、株の配当利回りは社債の利回りよりも高かったのである（Tayler著「The GFD Guide to Total Returns」参照）。したがって、長期的に株式市場のリターンを示すものとして、トータルリターンの指数を使うことにした。

　私たちが1223年までさかのぼって集めたデータを使うと、約800年に及ぶ代表的なトレンドフォローシステムを構築することができる（12カ月のローリングリターンに応じて、毎月末にトレンドシグナルが出るシステム。特定の市場［例えばトウモロコシ］で過去12カ月のリタ

図1.2　1800～2013年のS&P500指数とS&P500トータルリターン
　　　　指数を対数目盛りで示した表

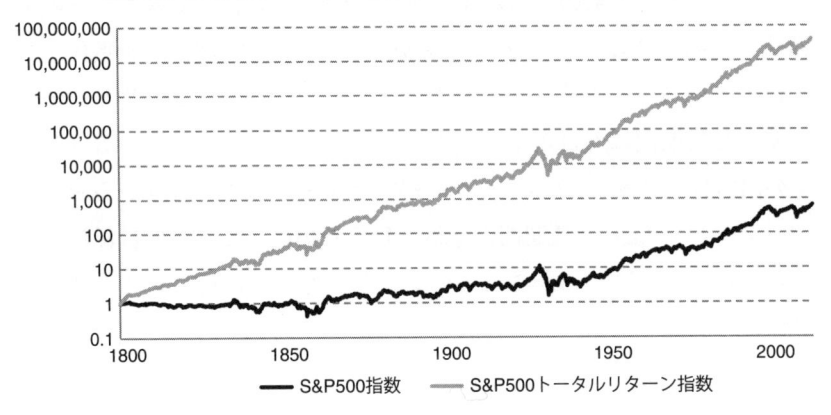

ーンがプラス［マイナス］のときは買い［売り］を仕掛ける。ポジシ
ョンサイズは各市場のリスクが同じになるように配分する。この概念
については第3章で詳しく述べる）。代表的なトレンドフォローシステ
ムは、そのときどきに投資可能な市場で「トレンドをフォロー」した
場合のパフォーマンスを示している。商品市場のなかには、西暦1000
年ごろまでさかのぼることができる市場もあるが（例えばコメ）、本書
の分析対象は、少なくとも複数の市場が存在した1223年からとした。ま
た、どの時点においても、トレンドが存在したかどうかの計算をする
ためのポートフォリオには、最低でも12カ月分のデータがある市場を
用いている。トレンドフォロー戦略のポートフォリオは、買いと売り
の両方ができるものとし、分析は月次のデータを用いた。また、対象
となる市場は、必要時に適切な流動性があるものとしている。**図1.3**
は、時期別のポートフォリオに含まれる市場の数を示している。先物
市場の発展によって、トレード可能な市場が増え、トレンドフォロー
戦略の利用も促進された。

図1.3　代表的なトレンドフォロープログラムに含まれる市場の数（1300～2013年）

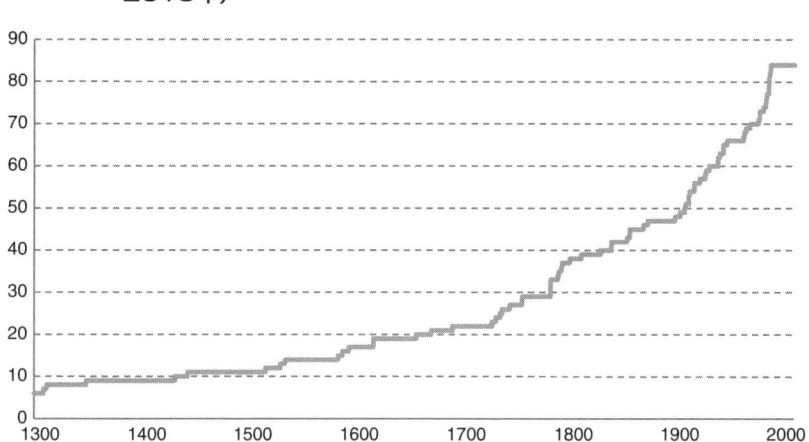

数世紀にわたるリターン特性

　トレンドフォロー戦略は、長期トレンドでも短期トレンドでも、さまざまな異なる資産の間で資本を動的に配分していく必要がある。**図1.4**は約800年間のトレンドフォロー戦略のパフォーマンスを対数化したものである。1300年代から2013年までに、代表的なトレンドフォローシステムのリターンは年率13％、ボラティリティは年率11％、シャープレシオは1.16だった（すべてのデータに対応する無リスクの貸出金利がないため、ここではリスクフリーレートを0としてシャープレシオを算出した）。

　金融の専門家の多くは、長期的なリスクを減らすためには単純にバイ・アンド・ホールドをすべきだと主張する。しかし、トレンドフォロー戦略は、トレンドに応じて動的にポジションを調整していくため、バイ・アンド・ホールドとは逆のポジションになることもある。2つの手法の違いは、さまざまな資産クラスでアクティブ運用した場合の

図1.4 代表的なトレンドフォロー戦略で運用したポートフォリオの対数化した累積パフォーマンス（1300～2013年）

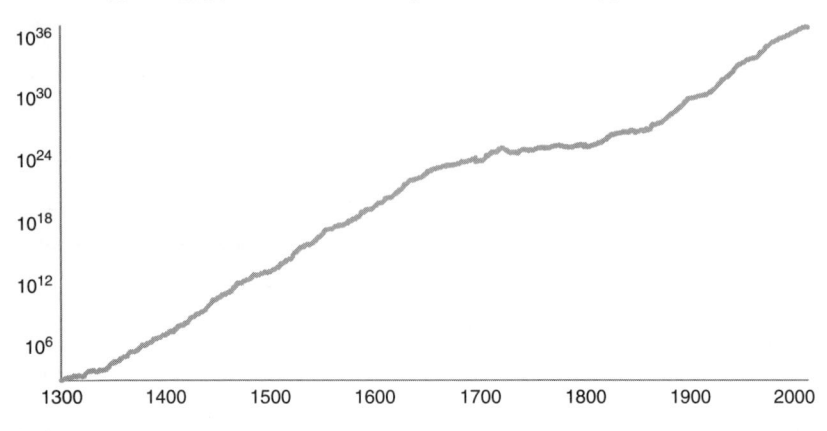

付加価値について洞察を与えてくれる可能性がある。そこで、2つの手法のポジションサイズを毎月リバランスしてリスクを同じにした。ただ、トレンドフォローシステムは、バイ・アンド・ホールドとは違い、売ることもできる（先物では売りも簡単にできるが、過去には空売りが難しかったりできなかったりした時期もあった）。比較対象のバイ・アンド・ホールド戦略は、株と債券と商品を買いのみの分散型ポートフォリオで運用している（伝統的なバイ・アンド・ホールド・ポートフォリオにFXは含めていない。また、このポートフォリオは毎月リバランスを行って、リスクを同時期のトレンドフォローポートフォリオと同じにしてある）。**表1.1**は、買いのみのバイ・アンド・ホールドのポートフォリオと、代表的なトレンドフォロー戦略のポートフォリオのパフォーマンスに関する統計を示している。シャープレシオに関して言えば、過去800年においてトレンドフォロー戦略のほうがはるかに優れていた。これは、アクティブ運用と方向的な柔軟性があること（売りも可能）が、追加的な価値を生んでいるのだろう。トレンドフォロー戦略のパフォーマンスが買いのみのバイ・アンド・ホールドを大

表1.1　バイ・アンド・ホールド戦略とトレンドフォロー戦略のパフォーマンスに関する統計（1223〜2013年）

	バイ・アンド・ホールド戦略	トレンドフォロー戦略
平均リターン（年率）	4.8%	13.0%
標準偏差（年率）	10.3%	11.2%
シャープレシオ	0.47	1.16

きく上回ったため、私たちはこのパフォーマンスに影響を及ぼした可能性のあるさまざまな要素を細かく見ていくことにした。次の項では、金利やインフレ、市場のダイバージェンス、金融バブル、危機について詳しく検証していく。

金利への依存

　金利は市場参加者の借入力や貸出力やお金の時間的価値に影響を及ぼすため、動的な戦略を検証する場合の重要な要素である。金利の状況が変わると、動的な戦略はさまざまな形で影響を受ける。現在は低金利になっているが、歴史を通じて金利は大きく変動してきた。**図1.5**は、過去700年の国債の利回りを示している。この項では、この700年の金利について見ていく（第6章と第10章では、最近の金利について書いていく）。

　西暦1300年ごろ以降の長期債の平均利回りは約5.8%だった。金利は直観的にもファンダメンタルズ的にも重要に思えるが、実は、金利水準とトレンドフォロー戦略のリターンの相関係数は0.14にすぎない。それでも、金利の違いがトレンドフォロー戦略のパフォーマンスに影響を及ぼすかどうかを見るためには、金利が高い時期と低い時期に分けてみるとよい。高金利は平均利回りが中間値を上回っている時期、低金利は下回っている時期と定義できる。そのうえで平均パフォーマン

図1.5 GFD長期債のイールド指数（1300〜2013年）

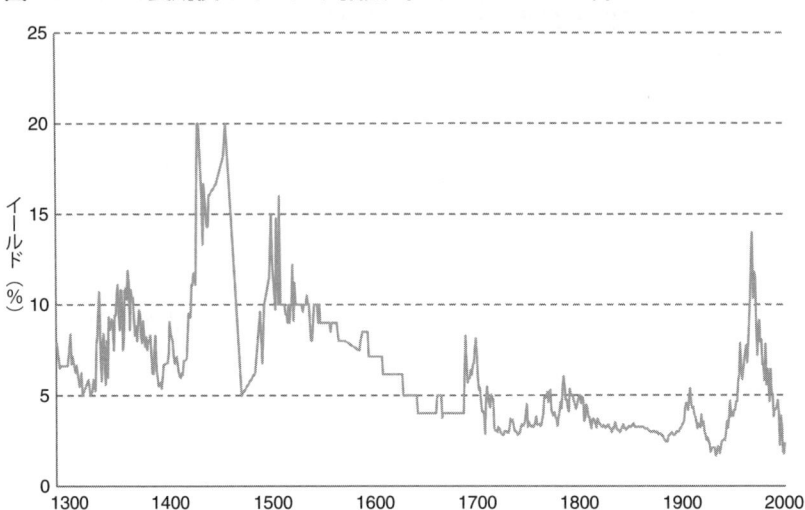

出所＝グローバル・ファイナンシャル・データ

表1.2 トレンドフォロー戦略の金利別のパフォーマンス（1300〜2013年）

	高金利期	低金利期	金利上昇期	金利下降期
平均リターン（年率）	15.5%	10.6%	11.9%	14.4%
標準偏差（年率）	9.9%	12.2%	11.2%	11.1%
シャープレシオ	1.56	0.86	1.06	1.30

スを比較すると、**表1.2**にあるとおり、トレンドフォロー戦略のパフォーマンスは高金利の時期のほう高かった。

　ただ、実際に市場に影響を及ぼすのは金利の水準だけではなく、その相対的な動きも関係している。そこで、金利の変化の影響を検証するために、年末の利回りの差を比較してみた。もし期間ごとの変化がプラス（マイナス）ならば、その年は金利上昇期（金利下降期）と定義できる。ところが、利回りの変化とトレンドフォロー戦略のリター

ンの相関係数は0に近かった。つまり、トレンドフォロー戦略のパフォーマンスにおいて、金利が上昇期か下降期かは重要ではないと思われる。

インフレ率

金利の影響を検証したので、インフレ率についても見ておこう。バイ・アンド・ホールド戦略もトレンドフォロー戦略も資本を商品や通貨を含むさまざまな資産クラスに配分しており（バイ・アンド・ホールドは商品のみ）、インフレ率は長期的に見れば重要な役割を果たしているかもしれない。本書の長期的な調査には含まれないが、近年も新たな高インフレの脅威が懸念されている。2008年の金融危機以降、現在も世界中で推進されている景気刺激型の金融政策を考えれば、いずれ世界中で高インフレになると考えるのが妥当だからだ。

インフレ率の違いによる影響を検証するために、1720年以降のアメリカとイギリスの消費者物価指数と生産者物価指数を使ってインフレ総合指数を構築してみた（**図1.6**）。

1720〜2013年のうち、25％以上の期間でインフレ総合指数は5％を超えており、13％以上の期間で10％を超えていた。インフレ率は、低い（5％未満）、中くらい（5〜10％）、高い（10％超）に分けることができる。それぞれの期間のパフォーマンスを見ていくと、インフレ率が大きく違っても、トレンドフォロー戦略のパフォーマンスはほぼ同じだった。**表1.3**に、インフレ率が異なる時期のトレンドフォロー戦略のパフォーマンスをまとめてある。これを見ると、どのインフレ率の下でも安定したパフォーマンスを保っているトレンドフォロー戦略は、異なるインフレ率に適応していることを示唆しているように思える。

図1.6　アメリカとイギリスのインフレ総合指数の年率リターン（1720～2013年）

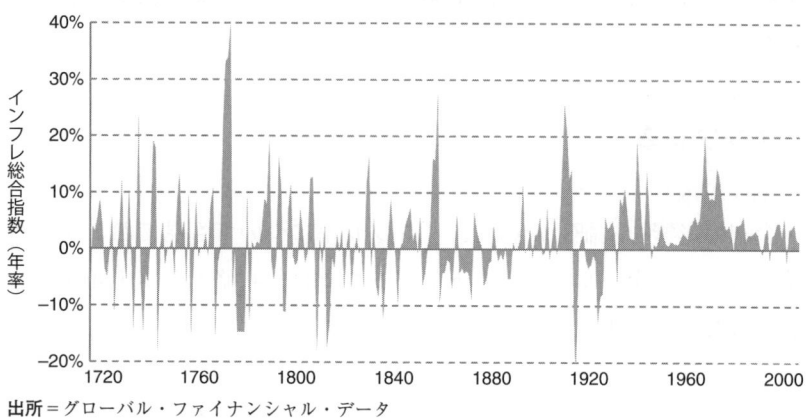

出所＝グローバル・ファイナンシャル・データ

表1.3　異なるインフレ環境におけるトレンドフォロー戦略のパフォーマンス（1720～2013年）

インフレ率	5％未満	5～10%	10%超
平均リターン（年率）	10.4%	10.1%	14.9%
標準偏差（年率）	12.0%	9.90%	14.6%
シャープレシオ	0.87	1.02	1.02

金融バブルと危機

　本章の冒頭で、バブルの例として1600年代に起こったオランダのチューリップバブルについて簡単に触れた。このような数々の金融危機やバブルが、何世紀にもわたって金融市場を暴落させてきたのだ。なかでも、世界的な影響や過酷さから言えば、1929年のウォール街の暴落（1929年10月に起こった悪名高いブラックサーズデー）はその好例と言える。**図1.7**は、ブラックサーズデー前後２年間のダウ平均を示している。このとき、ダウ平均は１日でなんと13％も下落したのである。

図1.7 1929年のブラックサーズデー前後のダウ平均株価

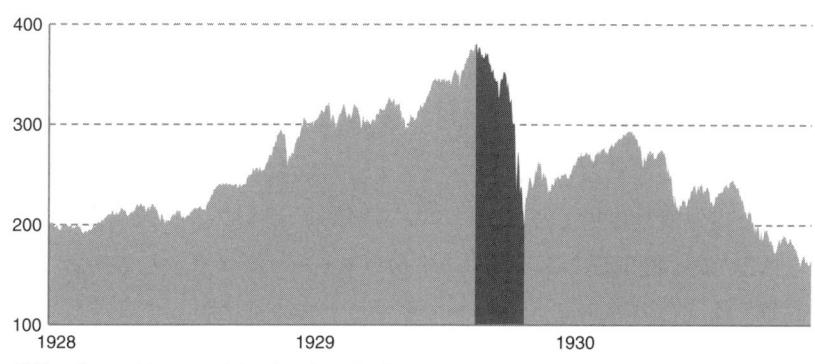

出所＝グローバル・ファイナンシャル・データ

**図1.8 1929年のブラックサーズデー前後の代表的なトレンドフォロー
システムの累積パフォーマンス（1928年10月～1930年10月）**

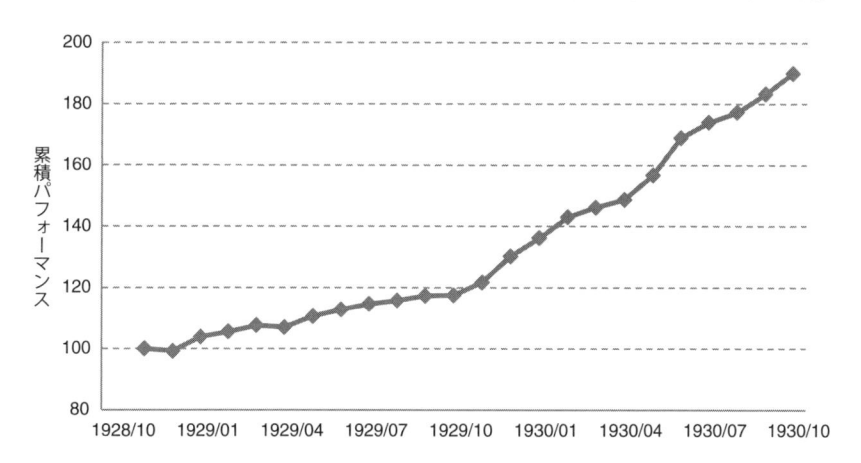

　また、**図1.8**は代表的なトレンドフォローシステムで**図1.7**の期間
に運用した場合の累積パフォーマンスを示している。1929年10月の１
カ月間に、ダウ平均は価値が約半分になったが、トレンドフォローシ
ステムのリターンは、若干のプラスだった。さらに驚くのは、暴落前
後の２年間で、トレンドフォローシステムは約90％のリターンを上げ、

その多くが暴落の直後に上がっていたことである。

　危機の間もトレンドフォローシステムがプラスのパフォーマンスを上げていたことは、1929年のウォール街の暴落やオランダのチューリップバブルに限ったことではない。実際、この戦略は歴史上の困難な時期のほとんどにおいて、高いパフォーマンスを上げていたのである。株式市場と債券市場でパフォーマンスがマイナスになった時期を詳しく見るため、**図1.9**にこの時期の平均パフォーマンスを示してある。ここで、株式市場のパフォーマンスがマイナスの月に限って見ると、トレンドフォローシステムの平均リターンは多くの月でプラスになっていた。例えば、**図1.9**の上の図からは、株のポートフォリオのパフォーマンスが－４～－６％だった98カ月のトレンドフォローシステムのリターンは0.2％だったことが分かる。一方、**図1.9**の下の図のほうは株との比較ほど安定していないが、それでも債券がマイナスの月にトレンドフォローシステムのリターンは平均すればプラスになっている。株や債券が最悪の状況でも、トレンドフォローシステムはきちんとパフォーマンスを上げていたのである（第４章では、適応的市場仮説やクライシスアルファについて詳しく述べる。危機の時期のパフォーマンスであるクライシスアルファは、トレンドフォロー戦略の主要な特性である。この概念については、本書の各所で解説していく）。

　トレンドフォローシステムのパフォーマンスは、株価の上昇期以外に、空売りによっても上がっている。例えば、もし株式市場で空売りができなければ、トレンドフォロー戦略は買いのみで行うことになる（買いバイアス）。そこで、下降月の買いバイアスがある場合とない場合のパフォーマンスを、過去300年について見てみよう。**図1.10**は、株式市場が下降期における買いのみの場合と買いと売りの両方ができる場合（バランス型）のパフォーマンスを比較している。これを見ると、買いのバイアスがあるときはトレンドフォローシステムの下降期のパフォーマンスが下がっていることが分かる。具体例を挙げると、株価

図1.9　株式市場と債券市場が下げている時期の代表的なトレンドフォロ ーシステムの月次平均リターン

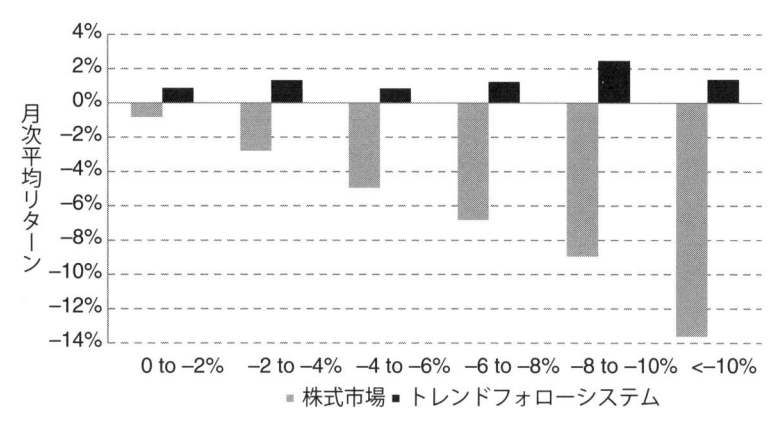

株式市場 ■ トレンドフォローシステム

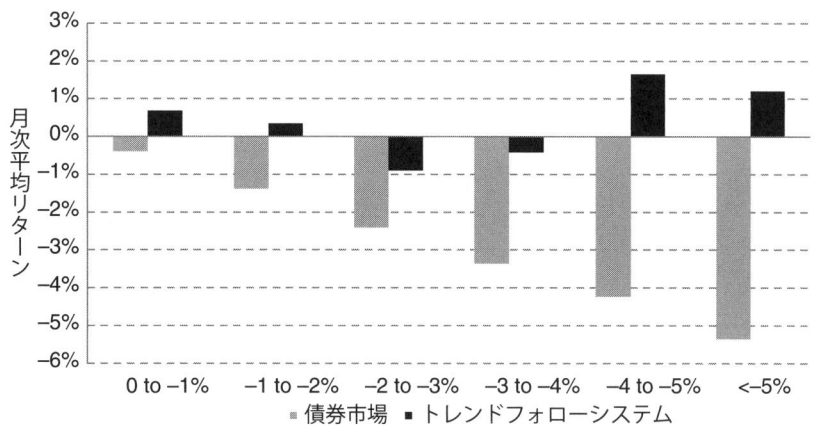

債券市場 ■ トレンドフォローシステム

指数が10％を上回る下げを記録したときのバランス型のトレンドフォ ローシステムのリターンは平均1.2％だったが、買いのみだと若干マイ ナスになっていた。ただ、若干のマイナスというと失望するかもしれ ないが、例えば、株で買いのみの投資をした場合は運が悪ければ約14 ％のマイナスになったことを考えると、はるかにましな結果なのであ る。

図1.10 株価指数が下げている時期のトレンドフォローシステム（TF）の月次平均リターン──買いのみと買いと売りで株を運用した場合の条件付きのパフォーマンス

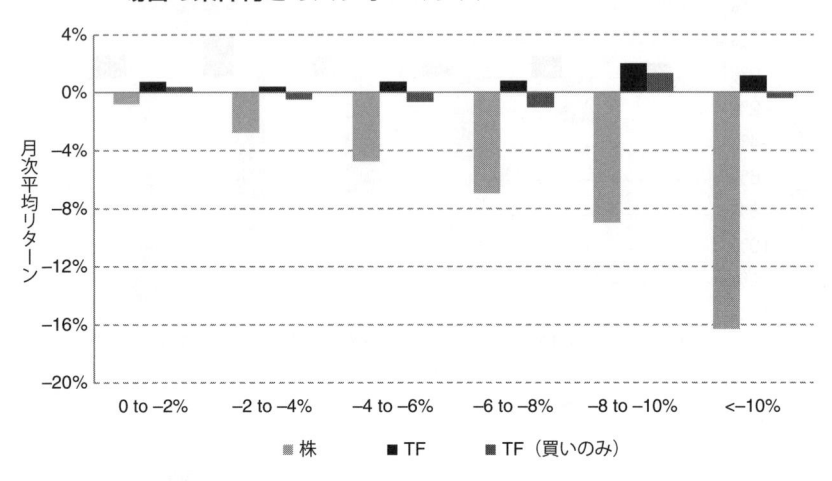

市場のダイバージェンス

　市場は時間とともに動き、適応していく。市場が最も劇的に動くとき（市場のダイバージェンスが高まっているとき）は、「トレンド」が発生して、トレンドフォロー戦略に適した状況でもある。月次のデータを使った最も簡単な方法として、パフォーマンスを均等に5分割し、最低のリターン（1）から最高のリターン（5）に分けてみよう。**図1.11**と**図1.12**は、トレンドフォローシステムの条件付きのパフォーマンスを分位ごとに示したものである。**図1.11**は、過去100年のデータを2つの時期（1913～1962年と1963～2013年）に分け、**図1.12**はそれをさらに25年ずつに分けている（1913～1937年、1938～1962年、1963年～1987年、1988年～2013年）。これらの図は、専門家が「CTA（商品投資顧問業者）スマイル」と呼ぶ現象を示している。トレンドフォロー戦略のリターンは、市場のダイバージェンスが大きいときほど良

図1.11　「CTAスマイル」──1913～1962年と1963～2013年に
　　　　おけるトレンドフォローシステムのパフォーマンスの5分位分
　　　　析（5分位のリターンは株式市場のパフォーマンスの順で、1
　　　　が最低、5が最高）

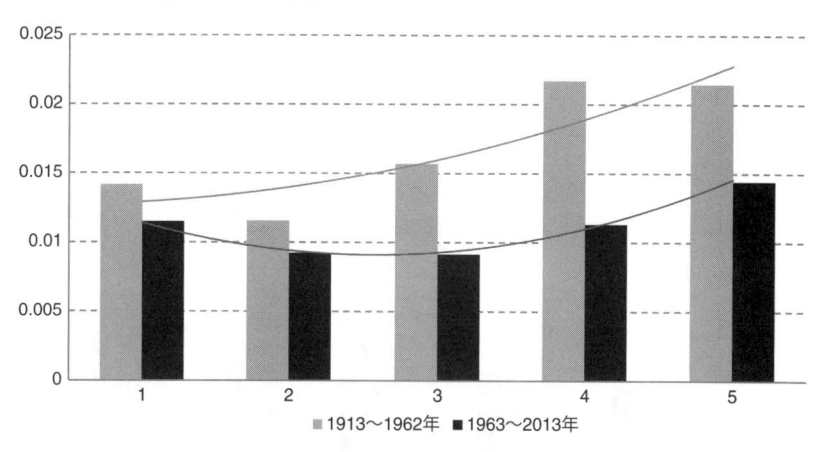

■1913～1962年　■1963～2013年

くなる傾向がある。例えば、25年間に分けた4つの時期を見ると、世界大恐慌や1929年のウォール街の暴落を含む第1期には有名な「CTAスマイル」が現れている。最高のパフォーマンスは、株式市場が最高なときと最低なときに上がっているのだ。世界大恐慌のあとの時期は、株式市場にとってもトレンドフォロー戦略にとっても最高の時期だった。また、第3期もCTAスマイルが現れている。そして、信用危機やITバブルなどいくつかの危機が含まれる直近の第4期は、ほとんどのチャンスが株式市場の最悪の時期に生まれている。このように、両極端な時期のトレンドフォロー戦略のパフォーマンスは、良くも悪くも市場のダイバージェンスや変調を示している。ダイバージェンスについては第5章で詳しく述べる。この概念は、ダイバージェントリスクテイキングに基づく指数への関心を促し、第12章と第13章の現代的なベンチマークやスタイル分析の下地となっている。

　「CTAスマイル」は、トレンドフォロー戦略と株式市場の凸関係を

図1.12 「CTAスマイル」──1913〜1937年、1938〜1962年、1963年〜1987年、1988年〜2013年におけるトレンドフォローシステムの5分位分析（5分位のリターンは株式市場のパフォーマンスの順で、1が最低、5が最高）

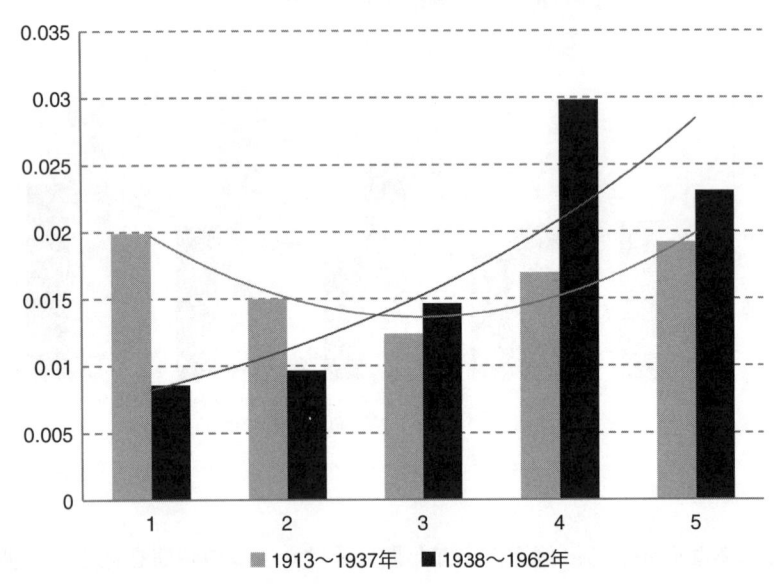

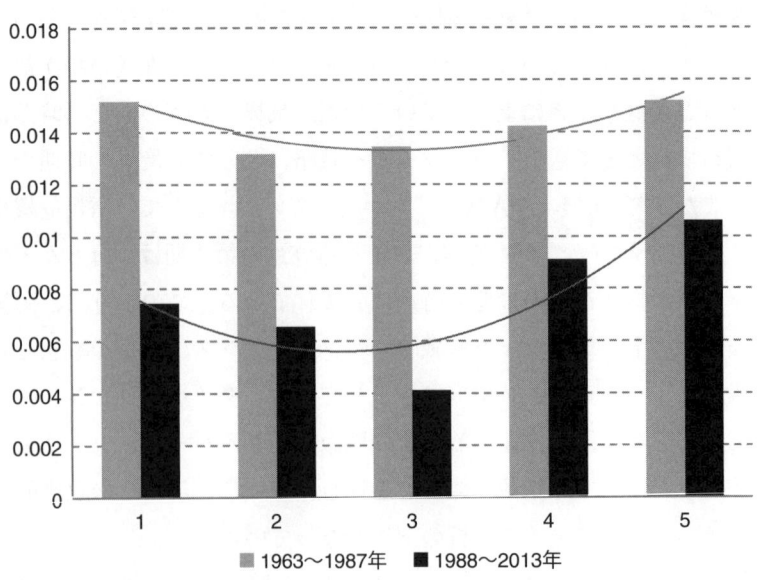

表しており、多くの投資家がトレンドフォロー戦略を「ボラティリティのロング」に分類しているのもうなずける。ただ、トレンドフォロー戦略が極端な状況で高いリターンを上げるといっても、ボラティリティは毎回違う。もしボラティリティが高くなり、さまざまな市場でトレンドがあれば、トレンドフォロー戦略はボラティリティのロングということになる。しかし、ボラティリティが高くなってもトレンドがなければ、そのポジションはマルかボラティリティのショートに見えるかもしれない（このことに関してはKaminski［2012年］で行動ファイナンスの視点から詳しく述べている）。もっと簡単に言えば、トレンドフォロー戦略は市場のダイバージェンスをロングする戦略なのである。市場のダイバージェンスとボラティリティは、関連はあっても同じではない。市場のダイバージェンスについては、第5章で詳しく述べる（市場のダイバージェンスには価格のトレンドとボラティリティがかかわっている。ボラティリティは、相対的な価格の動きのみが考慮される。第5章参照）。

数世紀に及ぶトレンドフォロー戦略のリスク特性

「損失は小さく、利益は大きく」の原則の下、トレンドフォロー戦略は損失を小さく抑えて大きいドローダウンを避け、望ましいリスクプロファイルを維持することができる（ダイバージェントリスクテイキングの概念については第5章参照）。統計的に言えば、トレンドフォロー戦略のリターンの分布はポジティブスキューで、約800年における月次リターンの歪度は0.30になっている。ここでポジティブスキューは、トレンドフォロー戦略において左側のティルリスク（大きなドローダウン）が起こる可能性が比較的低いことを示している。このような性質を持つ戦略はそう多くない。ほとんどの資産クラスや戦略のリターン分布はネガティブスキューである（トレンドフォロー戦略がポジテ

ィブスキューだということについては第7章参照）。

　トレンドフォロー戦略は、過去800年において正のリターン分布がポジティブスキューであっただけでなく、伝統的な資産クラスとの相関性も低かった。トレンドフォロー戦略と伝統的な資産クラスの関係を定量化するため、世界のいくつかの株価指数と債券指数を組み合わせて単純な株価指数と単純な債券指数を構築した（株価指数は、FTSE100、S&P500、CAC40、日経平均株価の月次のトータルリターンの平均、債券指数は米10年物国債、仏10年物国債、日本の10年物国債、GFD長期国債指数の月次リターンの平均。このなかの指数が存在しなかった時期については、同等の市場のリターンで補完した。株価指数は1693年以降、債券指数は1300年以降について算出している）。代表的なトレンドフォローシステムの月次リターンとの全体的な相関係数は、株価指数が0.05、債券指数が0.09だった。これをトレンドフォロー戦略と株や債券市場の相関性だとすると、予想どおりどちらもベータは極めて低い。

　トレンドフォロー戦略を用いる投資家にとって、歪度と相関性以外に、ドローダウンも重要だ。**図1.13**は、代表的なトレンドフォロー戦略の最大ドローダウンと、最大ドローダウン5つの平均を、バイ・アンド・ホールド戦略のそれと比較したもので、トレンドフォロー戦略のほうがかなり小さくなった。最大ドローダウンは、トレンドフォロー戦略のほうが約25％小さく、最大ドローダウン5つの平均は、約3分の1も小さかったのだ。

　また、**図1.14**は、トレンドフォロー戦略のドローダウンの長さが、バイ・アンド・ホールド戦略のそれよりもかなり短いことを示している。過去700年において、トレンドフォロー戦略の最長ドローダウンと最長5つのドローダウンの平均は、それぞれ90％と80％も短かったのである。トレンドフォロー戦略のドローダウンの優れた性質は、リターン分布のポジティブスキューや負の系列相関とも関連している（ド

図1.13　トレンドフォロー戦略とバイ・アンド・ホールド戦略の最大ド
　　　　ローダウンと最大ドローダウン5つの平均の比較——トレンド
　　　　フォロー戦略の最大ドローダウンはバイ・アンド・ホールドの
　　　　それの75%しかなかった

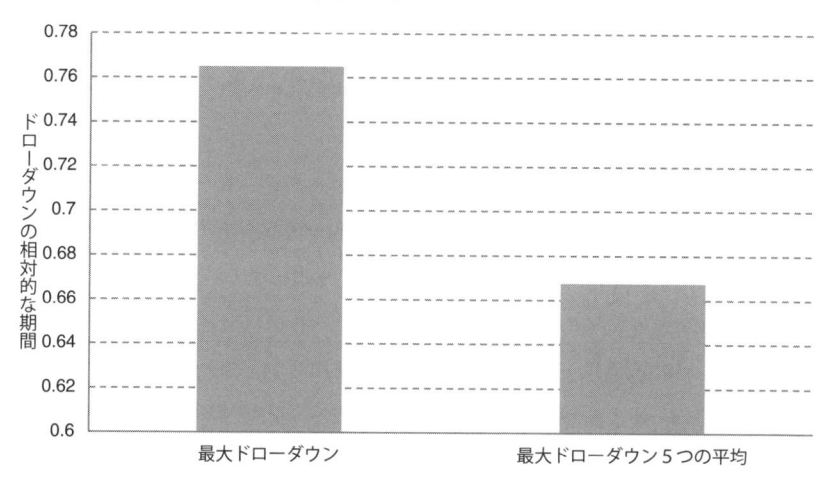

図1.14　トレンドフォロー戦略とバイ・アンド・ホールド戦略の最長ド
　　　　ローダウンと最長ドローダウン5つの平均の比較——トレンド
　　　　フォロー戦略の最長ドローダウンはバイ・アンド・ホールドの
　　　　それの10%にも満たなかった

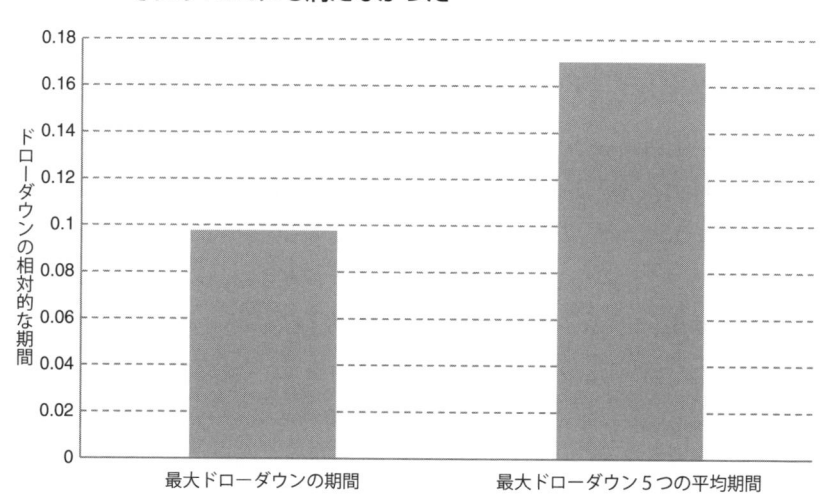

ローダウンの詳細かつ理論的な分析はBaileyとPrado［2013年］参照）。
トレンドフォロー戦略のドローダウンについては、第8章でさらに詳
しく述べ、第4部でもポートフォリオの観点から再び取り上げる。

数世紀に及ぶトレンドフォローポートフォリオのメリット

　ここまでは過去数世紀のトレンドフォロー戦略のリターンとリスク
の特性について書いてきた。800年という長期においてトレンドフォロ
ー戦略のポートフォリオは、シャープレシオが1.16という安定したパ
フォーマンスを示していた。また、この戦略は伝統的な資産クラスと
も、金利とも、インフレ率とも相関性が低かった。そのうえ、危機の
ときもサンプル期間すべてにおいてプラスのリターンを上げていた。さ
らには、株式市場を5つの期間に分割した大まかな分析でも、価格の
ダイバージェンスがトレンドフォロー戦略のパフォーマンスを高めて
いることが分かった。また、この戦略はリターン分布がポジティブス
キューで、ドローダウンはバイ・アンド・ホールド戦略よりも小さか
った。これらの特性は、トレンドフォロー戦略が伝統的なポートフォ
リオを分散するときの良い候補になることを示している。

　1690～2013年について見ていくと、株価指数のシャープレシオは0.7
で、これはある程度高い値ではある（この株価指数は前項と同じもの）。
さらに長い1300年代から2013年を対象とした債券指数も、シャープレ
シオはプラスだった。つまり両方ともプラスではあったが、トレンド
フォロー戦略のシャープレシオは、どちらも大きく上回っていたのだ。
このことは、ポートフォリオにトレンドフォロー戦略を部分的に加え
ると、バイ・アンド・ホールド戦略を改善できることを示唆している。
表1.4は、株や債券のバイ・アンド・ホールド戦略のポートフォリオ
にトレンドフォロー戦略を同じ割合で組み合わせたポートフォリオの

表1.4 株式指数と債券指数とトレンドフォロー戦略（TF）と混合ポートフォリオのパフォーマンス（期間は株のポートフォリオが1695～2013年、債券ポートフォリオが1300～2013年）

	株とTF（1695～2013年）			債券とTF（1300～2013年）		
	株	TF	株＋TF	債券	TF	債券＋TF
平均リターン（年率）	7.85%	10.74%	9.68%	6.57%	12.97%	7.74%
標準偏差（年率）	11.28%	12.91%	8.81%	7.31%	11.21%	5.44%
シャープレシオ	0.7	0.83	1.1	0.9	1.16	1.42

メリットを示している（株や債券のポートフォリオと組み合わせるときは、トレンドフォロー戦略のボラティリティが株や債券のそれと同じになるようにしてある）。それぞれの分析は、株や債券のデータが入手できた時期から始まっている。リスクが同じになるように配分したポートフォリオでは、株のみまたは債券のみのポートフォリオと比べてある程度意味のある改善が見られた。

　トレンドフォロー戦略を伝統的な株のポートフォリオや債券のポートフォリオと組み合わせると、どちらもシャープレシオが改善した。次に、伝統的な投資ポートフォリオ（株と債券の割合が60/40）について検証してみよう。例えば、80％をこの60/40のポートフォリオ、20％をトレンドフォロー戦略にしてみる。言い換えれば、株が48％、債券が32％、トレンドフォロー戦略が20％という構成である（組み合わせる前のそれぞれの資産クラスのボラティリティは標準化してある）。**図1.15**は、株と、債券と、トレンドフォロー戦略と、60/40、60/40＋トレンドフォロー戦略のシャープレシオを比較したものである。これを見ると、1695～2013年にトレンドフォロー戦略に20％配分すると、シャープレシオは60/40の1.0から1.2に大きく改善していることが分かる。

図1.15 3つの資産クラスとそれを組み合わせたポートフォリオのシャープレシオ（1695〜2013年）

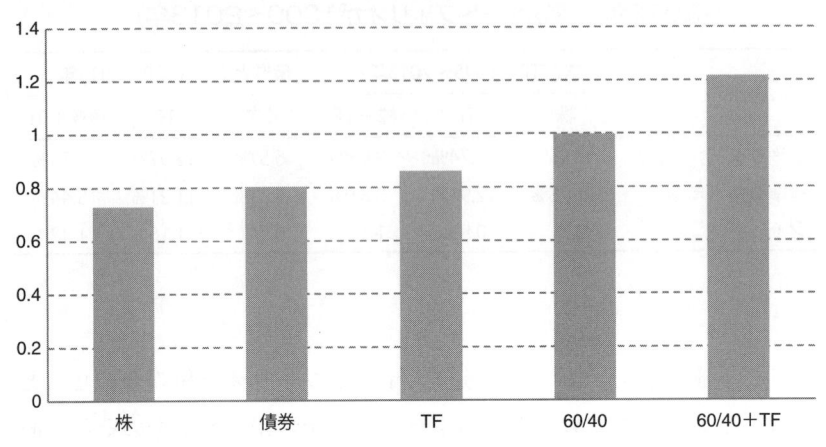

まとめ

　トレンドフォロー戦略を代替戦略として使うことが、この30年で増えてきた。ここまで約800年分の市場データを使ってトレンドフォロー戦略を検証した結果、この戦略は数世紀にわたり独自のプラスのリターンや高いシャープレシオを記録しただけでなく、伝統的な資産クラスやインフレ率、金利などとの相関性も低かった。この戦略は、危機のときも安定的にプラスのリターンを上げており、それは市場間のダイバージェンスと関係があるように見える。ポートフォリオとしては、伝統的なポートフォリオ（例えば、株60/債券40）と組み合わせることで、リスク調整後のパフォーマンスを大きく改善することができた。

付録——検証に含まれる市場と前提条件

セクター	市場	セクター	市場
商品	アルミニウム ブレント原油 バター チーズ 石炭 NYココア ロンドンココア コーヒー 銅 トウモロコシ 綿花 原油 飼育牛 フレンチ・ゴールド・コイン フレンチ・シルバー・コイン 軽油 金 灯油 ホップ 鉄鉱石 豚赤身肉 生牛 麦芽 製鉄 天然ガス ニッケル オーツ麦 オレンジジュース プラチナ コメ ライ麦 銀 大豆 大豆油 砂糖#11 白糖 タバコ 小麦 硬質赤冬小麦 木材 ウール 亜鉛	債券 通貨 株	カナダの銀行引受手形 カナダ10年物国債 ドイツ国債 ユーロドル フランス10年物国債 イギリスギルト債 日本国債 長期国債 オランダ10年物国債 イギリスポンド短期金利 イギリス・コンソリデーテッド債 米10年物国債 米2年物国債 米30年物国債 米5年物国債 イタリア・ベネチア債 オーストラリアドル/米ドル カナダドル/米ドル カナダドル/ポンド スイスフラン/米ドル オランダギルダー/ポンド ユーロ/米ドル（ドイツマルク /米ドル） ポンド/米ドル フランスフラン建てドイツマルク オーストラリアクローネ建て ドイツマルク 円/米ドル ポルトガルエスクード/米ドル スウェーデンクローネ/ポンド オーストラリアSPI200指数 CAC40 DAX指数 Eミニナスダック100指数 Eミニラッセル2000指数 EミニS&P500指数 FTSE100指数 ハンセン指数 イタリア全株価指数 日経平均 シンガポールMSCI指数 台湾MSCI指数 東証株価指数

前提と概算

トレンドフォロー戦略の長期間の分析を行うために、次のような前提と概算を用いた。

1. **先物価格を優先**　先物市場のリターンが入手できるときはそれを用いた。
2. **株と債券**　先物のデータが入手できた時期以前は株も債券も指数のリターンを用いた。トータルリターンは適切な短期金利を使って算出した。
3. **FX**　通貨市場に関しては、現物価格のリターンを2つの通貨の金利差で調整した。金利のデータがないときは調整せずに現物市場のリターンを用いた。
4. **商品**　先物価格がない商品については現物市場のリターンを用いた。
5. **現金の超過リターン**　担保や現金から得た金利は今回の分析には含めていない。

参考文献

Bailey, D., and M.Prado. "Drawdown-Based Stop-Outs and the 'Triple Penance'Rule." Working paper, 2013.

Grant, J. The Great Metropolis. Philadelphia: E.L.Carey & A.Hart, 1838.

Greyserman, A. "The Multi-Centennial View of Trend Following." ISAM white paper, 2012.

Jegadeesh, N., and S.Titman. "Returns to Buying Winners and Selling Losers: Implications for Stock Market Efficiency." Journal of Finance 48, no.1(1993): 65-91.

Kaminski, K. "Managed Futures and Volatility: Decoupling a 'Convex' Relationship with Volatility Cycles." CME Market Education Group, May

2012.

Moskowitz, T., T.Ooi, and L. Pedersen. " Time Series Momentum." Journal of Financial Economics, no.104(2012).

Taylor, B. "The GFD Guide to Total Returns on Stocks, Bonds, and Bills." Global Financial Data working document, www.globalfi nancialdata.com/ articles/total_return_guide.doc.

Thompson, Earl. "The Tulipmania: Fact or Artifact?" Public Choice 130, nos. 1-2(2007): 99-114.

第 2 部

トレンドフォロー戦略の基本

Trend Following Basics

第 2 章

先物市場と先物取引のおさらい

Review of Futures Markets and Futures Trading

本書の目的は、トレンドフォロー戦略の理論と実践をエンドユーザーである機関投資家の視点で解明することにある。本章では、先物市場と先物取引、そしてマネージドフューチャーズの基本を理解するために必要な知識を紹介していく。簡単にトレードでき、流動性も比較的高い世界中の先物市場や銀行間の先渡し市場では、トレンドフォローシステムが使われている。そのため、先渡し取引や先物取引の主な特徴を理解しておくことが必要となる。これらの市場は、資産クラスの幅広い選択肢があるうえ（このなかには、株、通貨、ハード商品とソフト商品、債券なども含まれる）、デリバティブを使ってレバレッジを利用したり、清算機構を使ったりしてカウンターパーティーリスクを軽減することもできる。

先渡し取引と先物取引の基本

通貨の取引所や現代の銀行システムができる前から、人々は商品をトレードしてきた。例えば、農作物は何世紀にもわたって交換所や、将来の約束や、バーター取引によって売買されてきたのだ。先渡し取引は、2者間（買い手と売り手）で特定のモノや商品（原資産）を取引の最初（契約時）に取り決めた価格（先渡し価格）で、満期時に受け

図2.1　先渡し取引のキャッシュフローの図

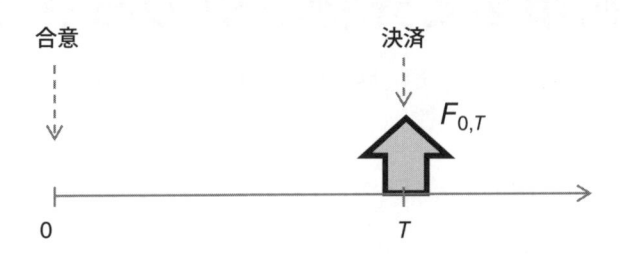

渡しする（決済）取引である。先渡し市場は、人々が製品の価格を今決めて将来受け渡すということを始めたことからできた概念である。先渡し取引を使うと、将来の計画を立てることができ、あらかじめ価格を決定し、将来の価格やモノの交換レートの不確実性をヘッジすることができる。ただ、先渡し取引には、２つの無視できないリスクがある。カウンターパーティーリスクと流動性リスクである。

　図2.1は、先渡し取引のキャッシュフローを表している。先渡し取引の最初に（取引における時間０）、２者が商品やモノを特定の価格（$F_{0,T}$）で交換し、特定の時間T（決済時）に受け渡すことで合意する。この２者間の取引には２つのカウンターパーティーが存在する。売り手は商品やモノを引き渡し、買い手は将来のある時点（T）でそれを買うことを約束するのである。売り手と買い手にとって、決済時（T、満期）のその取引の価値は、そのモノや商品の現物市場の将来価値（S_T）によって決まる。

　例えば、農家が３カ月後にトウモロコシを4.50ドルで１万ブッシェル売りたいとする。もしある販売業者が３カ月後に１万ブッシェルのトウモロコシを4.50ドルで買いたければ、農家と販売業者は先渡し契約を結ぶことができる。この取引では、時間０に買値を確定するが、実際には将来その価格で買うことになる。ただ、トウモロコシの価格は、

表2.1　契約時0と決済時Tの先渡し契約の価値

カウンターパーティー	時間0における価値	時間Tにおける価値
売り手（受け渡し側）	0	$F_{0/T} - S_T$
買い手（現受け側）	0	$S_T - F_{0/T}$

３カ月後には変わっている可能性が高い。これには季節的な要因や需給バランスなど、さまざまな理由がある。そして３カ月後、販売業者は１万ブッシェルのトウモロコシを受け取り、１ブッシェル当たり4.50ドルを支払う。もしトウモロコシの価格が上昇していれば（例えば、６ドル）、買い手は4.50ドルで契約していたことを喜び、売り手は現物価格の６ドルよりも安く売ってしまったと落胆するだろう。その一方で、もしトウモロコシの価格が３ドルに下がれば、売り手が喜び、買い手は落胆する。先渡し取引では、将来の現物価格が契約時と同じでないかぎり、必ず現物価格を境に一方のカウンターパーティーが利益を得て、他方が損失を被る。このことが、先渡し取引の第１の課題であるカウンターパーティーリスクにつながる。もし現物価格が合意した受け渡し価格とかけ離れると、当事者の一方が義務を果たさない懸念が広がる。もし一方が義務を履行しないと、他方は現物市場で買うか売ることを強いられるが、価格は不利になっている。この取引では、どちらのカウンターパーティーも他方が義務を履行することに依存しているため、大きなカウンターパーティーリスクを抱えている。これは、２者間の取引における共通の懸念である。

　そして、もう１つの懸念が流動性リスクである。先渡し取引はたいてい１件ごとに特異性が強い。取引は、２人の当事者の希望が一致して成立するが、内容があまり細かいと、別のカウンターパーティーを見つけるのがかなり難しい場合もある。例えば、３カ月後に１万ブッシェルのトウモロコシが欲しかった先の販売業者が、この種類のトウ

モロコシを使う製品の生産をやめると問題が起こる。販売業者はこの取引から手を引く方法を探すか、この契約を引き継ぐ別のカウンターパーティーを見つける必要がある。ちなみに、もし販売業者が単純にトウモロコシを受け取れば、それを現物市場で販売しなければならない。また、契約上の地位の移転に法的な問題がある場合は追加コストもかかる。つまり、2者間の先渡し取引は、特に標準的な契約条項でないと、流動性が非常に低い可能性がある。しかも、景気状況が変われば、問題はさらに増える。

先物市場のおさらい

中世よりもさらにさかのぼると、先渡し取引は、将来モノを買ったり売ったりすることを可能にした革新的な仕組みだった。この種の取引における2者間の構造には、かなりのカウンターパーティーリスクと特異性や流動性にかかわる懸念がある。一方、先物取引は現代の金融における革新的な仕組みで、1848年ごろCBOT（シカゴ商品取引所）の開設とともに始まった。CBOTで農家は商品をトレードして、将来の価値を確定させるようになった。CBOTが開設されると、トウモロコシなどの農産物の先物取引が始まったのである。

先物取引は、伝統的な先渡し取引の問題（カウンターパーティーリスクと流動性リスク）を軽減するために生まれた。先物取引は、先渡し取引に似ているが、その価値は原資産であるモノや商品の将来の価値によって決まる。先物取引は、標準化され、移転可能で、取引所で売買されている。売買は、標準単位で行われ、現在の取引の価値は原資産の将来の価値によって決まる。先渡し取引と違い、先物取引では特定の枚数の原資産を、特定の決済日（納会日）に受け渡す買いや売りのポジションを取る。先物のポジションにおいては、カウンターパーティーは清算機関である。清算機関はすべての取引者から集めた資

金をプールして、すべての先物取引のカウンターパーティーになっているのである。原資産の日々の価格変動に対応して、先物ポジション（買いでも売りでも）を保有している人は、必ず証拠金を預託する必要がある。証拠金口座は、中央清算機関を価格変動から守るためのクッションとなっている。将来、受け渡す原資産の価格は毎日変動しており、1日の終わりにはすべてのポジションが値洗いされる。例えば、昨日1万ブッシェルのトウモロコシを3カ月後に4.50ドルで売る取引をしたとすると、このポジションの名目イクスポージャーは4万5000ドルになる。もし今日の3カ月後の売値が4.40ドルに下がれば、この売りポジションは含み益が出ている。このように、取引日が終わるごとにすべてのトウモロコシのポジションは値洗いされ、資金が証拠金口座を通じて市場参加者間で再配分されているのである。この場合、売りポジションを保有している参加者は、買いポジションを保有している人から資金を受け取る形になる。資金は決済機関を通じて参加者間を移動し、翌日に備えるのである。値洗いの仕組みによって、将来受け渡す価格は現在の市場価格に準じた水準になる。もっと具体的に言えば、2者間の先渡し取引は、取引の終了時に合意した価格が現在価格とかけ離れていることもあり得る。しかし、先物市場では、納会に近づくにつれて先物価格が納会時の現物価格に向かって少しずつ収束していくのである。

> 現在の先物価格は、原資産を将来の特定の日に受け渡すことに対する今日の価格。

　先物取引は、その価値が原資産の価値から派生しているため、デリバティブ取引である。各取引には引き渡しと標準品の定義、標準化された取引サイズ、決められた納会日がある。通常、先物取引は納会日までの期間が短い。各限月の先物価格をグラフにしたものは、限月カ

ーブと呼ばれている。限月カーブは、順ザヤ（コンタンゴ）か逆ザヤ（バックワーデーション）のどちらかの状態になっている。順ザヤは、先物価格が期待される将来の現物価格を上回っている場合である（分かりにくいのは、先物価格が現物価格を上回っているときも順ザヤになっているという言い方をする場合もあることで、この場合はお金の時間的価値を考慮していない）。このようなときは、たいていヘッジャー（当業者）が現在よりも将来により多く支払おうとしていることを示唆している。例えば、石油を使う会社にとって、3カ月後の石油価格のリスクをヘッジしておいたほうがよい場合などがある。彼らは、様子を見ながら買うのではなく、高くても将来の石油価格を確定しておきたいのかもしれない。逆ザヤは順ザヤの逆で、先物価格が期待される将来の現物価格（場合によっては現在の現物価格）よりも安い場合である。この場合、ヘッジャーは将来期待される現物価格よりも安く売ろうとする。再び石油の例を挙げると、相対的に販売価格をヘッジしたい販売者のほうが多いと、若干の損失やヘアカットがあっても先物を売って売値を確定したいのかもしれない。逆ザヤは、株式市場とは違い、商品市場ではよく見られる。また、特定の商品の限月カーブが逆ザヤになっていることもある。例えば、保管コストが高い商品は、マイナスのキャリーが大きくなるため、逆ザヤになる（この効果は、学術書ではよくコンビニエンスイールドと呼ばれている。在庫を今消費できる価値である。このような状態のとき、在庫をあとで消費しようとする保有者がいると、現在の価格が下がって順ザヤになる）。要するに、時間の経過とともに代替品が確保しにくくなる商品の価格を確定するためにプレミアムを支払うということはよくある。

先物取引の主な特性

先物取引は、そのさまざまな特徴によって、投機やヘッジで幅広く

使われている。まず先物取引は、株やオプションといった伝統的な市場で見られるような買いと売りの圧力の不釣り合いがない。例えば、株の空売りやオプションの売りは、ただ株を買ったりオプションを買ったりするよりもはるかに複雑である。反対に、先物市場では幅広い原資産（通貨、債券、株価指数、商品、エネルギーなどを含む）で買いと売りのポジションを持つことができる。先物取引で、実際に受け渡しすることもできるが、それは非常にまれで、実際に受け渡しが行われるのは1％程度にすぎない。

　先物でポジションを建てるためには、清算ブローカーの証拠金口座に証拠金を預託する形で担保を差し入れる必要がある。清算機関はすべての取引のカウンターパーティーになり、毎日すべての取引を値洗いして、含み益と含み損を証拠金口座という資金プールのなかで調整している。値洗いが毎日行われるため、先物取引に必要な証拠金は、買いでも売りでも取引額の1～15％程度になっている（例えば、CME［シカゴ・マーカンタイル取引所］グループの場合、ユーロドル先物の額面が100万ドルの取引ならば、証拠金の最低額は625ドル、つまり6.25ベーシスポイントになる）。

　伝統的な市場のポジションに対する担保規定は、先物のそれよりもはるかに高いだけでなく、売りポジションについては不釣り合いに高い。例えば、アメリカのレギュレーションTでは、株の空売りポジションについて150％の証拠金を要求されるが、買いポジションには50％しか必要ない。

　先物取引は原資産の将来の価値に依存しているため、先物価格は原資産の価格との相関性が非常に高い。この相関性によって、先物はさまざまな資産クラスで方向性に投機したりヘッジしたりするための優れたツールになっている。先物市場は、清算機構の仕組みや日々のプールと資金の再配分、担保制約の低さ、取引の透明性と標準化などによって、極めて流動性が高く、カウンターパーティーリスクと買いと

表2.2　先物市場の特徴

特徴	
透明性	標準化された取引
カウンターパーティーリスク・信用リスクが低い	清算ブローカーによる日々の値洗いと含み益と含み損に応じた資金プールの再配分
高い流動性	簡単に取引でき、担保規定が低く、買いと売りの担保条件が同じで、取引が標準化されており、カウンターパーティリスクが低い

売りの担保の不釣り合いが伝統的な市場と比べて少なくなっている。これらの特徴を**表2.2**にまとめておく。

ヘッジと投機

　市場参加者は、先物取引を使ってモノや商品の将来の価格変動をヘッジすることができる。先物取引の仕組みを使えば、ヘッジや投機を柔軟に行ったり、可能性を広げたりすることができるのだ。先物市場の参加者は、たいていヘッジャーか投機家に分けることができる。この分類は、先物ポジションを取る目的によって決まる。ヘッジャーは、原資産のイクスポージャーをヘッジし、デリバティブを使ってポートフォリオやビジネス戦略のリスクを調整しようとしている。例えば、サウスウエスト航空は、石油価格が上昇するリスクをヘッジするために、石油先物の買いポジションを取るかもしれない。先物取引を使って将来のキャッシュフローをヘッジすると、サウスウエスト航空はビジネスリスクを相殺し、キャッシュフローを長期的に安定させることができる。そして、キャッシュフローが長期的に安定すれば、サウスウエスト航空のような非金融会社は、生産と販売をより計画的に行うことができる。一方、投機家は先物価格の方向性を予想してポジションを

取る。

　投機家とヘッジャーの歴史的な関係については広く語られている。ヘッジャーは、反対サイドのポジションを取ってヘッジ需要の不均衡を相殺してくれる投機家を必要としている。再び原油の例を用いると、原油の生産者も将来の売値をヘッジする必要がある。原油を消費する会社は、先物を使って運営費のリスクを管理しようとし、原油の生産者は先物取引を使って収入源を管理しようとする。もしヘッジポジションを相殺する売りか買いがあれば、それは売り側か買い側により多くのヘッジャーがいることを意味している。そして、投機家はその不均衡を相殺してくれる。もしヘッジ需要を相殺することができれば、先物価格はその不均衡を反映したものになる。需要が相殺されると、あまり望ましくないポジションを取ることに対してヘッジプレミアムが生まれる。投機家は、長期的に見れば価格は適切なファンダメンタルズ的価値を回復することを理解したうえで、このポジションを取る。

先物トレードの詳細

　先物取引は、対象の資産やモノの将来の価値の変化によって変動するポジションを取ることである。ただ、先物ポジションを保有する人は、実際その資産を買ったり売ったりすることなく、ポジションを取ることができる（先物取引で実際に受け渡しが行われるのは全体の1％にも満たない。受け渡しをする場合、市場参加者はその意思を取引所に伝える。玄関を開けたら30万ポンド相応の牛が届いていたという伝説はよく耳にする）。このポジションは、証拠金という名の担保を差し入れることで維持できる。証拠金口座は先物ポジションの含み損や含み益を吸収するためのクッションのようなもので、この仕組みは規則と証拠金の額を決めている取引所と、その代行をしているブローカーによって設定されている。先物トレーダーは、取引所の会員権を持

つ先物ブローカーの下で口座を開設する。取引所はポジションを建てるための委託証拠金の額を決めており、通常は原資産の額面金額の10〜15％に設定されている。例えば、もしトウモロコシの価格が4.30ドルで、標準取引の単位が5000ブッシェルならば、委託証拠金は2150ドルとなる。そして、1日の取引が終わると、各取引の値洗いが行われ、含み益や含み損に応じて市場参加者の証拠金口座間で資金の移動が行われる（ギャンブルの例で言えば、先物トレードは競馬に似ている。先渡し契約を結ぶのは実際の馬を買うようなことで、先物取引はその馬の成績を予想してポジションを取るようなことなのだ。そして、レースが行われるごとに決済が行われる。ちなみに、ポジションを取るためには賭け金［担保］を出さなければならない）。説明のための例をもう1つ挙げておこう。4.30ドルでトウモロコシを買い、委託証拠金を2150ドル預託したとする。もし翌日の終値が4.20ドルだとすると、500ドルの含み損が出るため、この金額はトウモロコシの売りポジションを持っている人たちに配分される。証拠金口座がある水準を下回った場合に備えて、取引所やブローカーは維持証拠金を定めている。市場参加者は、証拠金の残高が特定の水準を下回ると、ポジションを維持するために証拠金を追加しなければならないのだ。これを促すのが追証で、普通はブローカーから電話が掛かってくる。証拠金口座は、変動証拠金にも使われる。先物価格が保有しているポジションと逆行したときに生じる不足分を補填するのが変動証拠金である。委託証拠金は現金以外に米国債で差し入れることもできるが、変動証拠金は通常、現金で追加しなければならない。

　このような先物トレードの仕組みから、委託証拠金は通常、対象市場の引け値ベースのリスクを反映している。先物トレーダーが証拠金比率に注目する理由もここにある。この比率は、証拠金口座に入っている資金の割合を示している。例えば、もし10万ドルの資金のうち1万ドルを証拠金口座に入れると、証拠金比率は10％になる。この比率

については、第9章で詳しく述べる。

　先物の注文にはいくつかの種類がある。単純な成り行き注文は、その時点で最も有利な価格で即座に執行される（CMEグループによれば、電子プラットフォーム［例えばCMEのグローベックス］によっては、指値注文のように条件を指定して注文しなければならないため、成り行き注文は使えないものもある）。指値注文は、市場が指定した価格に達したら、その時点で最も有利な価格で執行される。逆指値注文は、その指値に達すると成り行き注文になる。ストップリミット注文は、その指値に達すると指値注文になる。注文の種類はほかにもある。

マネージドフューチャーズ業界のおさらい

　CTA（商品投資顧問業者）と関連があるマネージドフューチャーズは、代替投資戦略の1つで、主に先物市場や先渡し市場、オプション、そのほかの流動性が高いデリバティブや仕組み商品で運用している。流動性が非常に高く、値洗いされている取引を使って、さまざまな資産クラス（債券、通貨、株価指数、ソフト商品、エネルギー、金属を含む）で方向性戦略のトレードをしている。また、レバレッジは、証拠金を使って直接かけたり、オプションなどのデリバティブを通じて間接的にかけたりしている。これらの資産運用会社が利用する市場のもう1つの重要な要件は比較的簡単に売りや買いのポジションが取れることである。先物市場は彼らの戦略によって良い機会を提供している。ちなみに、この業界にも、長い規制の歴史がある。アメリカの場合、1974年にCFTC（商品先物取引委員会）が設立され、それ以来CTAはCFTCとNFA（全米先物協会）の両方の規制を受けている。**表2.3**に、マネージドフューチャーズ業界の主な特徴をまとめてある。

表2.3　マネージドフューチャーズ業界の特徴

マネージドフューチャーズファンドはプロのマネーマネジャー（CTA）が先物市場で運用している	
方向性	先物価格の方向的な動き（上昇や下落）をシステマティックに利用する
世界に分散	FX、金利、株式指数、エネルギー、金属、ソフト商品などを世界中の規制市場や銀行間の先渡し市場で売買している
規制	通常は、金融監督機関（アメリカならばCFTCやNFA）によって認可、規制されている

マネージドフューチャーズの戦略

　マネージドフューチャーズはさまざまな戦略を用いている。最もよくあるタイプで、本書が注目していくのがシステマティックなトレンドフォロー戦略である。通常、マネージドフューチャーズ戦略は、システマティックか、裁量によって運用されている。システマティックというのは、運用会社がテクニカルシグナルやトレードシステムに従ってポジションを建てる方法である。システマティックなトレードシステムは、完全に自動化されている。一方、裁量による戦略は、ある程度、運用会社の裁量によって判断が下されているが、その程度は戦略によって違う。システマティックなトレード戦略には、主に次のようなタイプがある。

●中長期のトレンドフォロー戦略
●短期トレード
●レラティブバリュー戦略と非トレンド戦略
●ファンダメンタルズトレード

　ファンダメンタルズ系の運用会社は、ファンダメンタルズの情報を

使って価格の歪みを見極めようとする。このシステムの主なインプットは経済データで、たいていは経済モデルを使ってトレードする資産の価値を評価している。中長期のトレンドフォロー戦略では、過去の価格を使ったシグナルや、そのほかのデータ配列を使ってトレンドの発生を判断している。短期のトレード戦略では、短期のトレンドと短期のデータや価格情報に注目し、それをトレンドフォローに使う場合とカウンタートレンド（逆張り）に使う場合がある。逆張り戦略は、トレンドと逆行するトレードで、価格の動きが反転するのを利用して利益を上げようとする。レラティブバリュー戦略と非トレンド戦略は、異なる資産や異なる期間で相対的な価格の歪みを探す。

　これまで、マネージドフューチャーズの中心的な戦略は中長期のトレンドフォロー戦略だった。それにはいくつかの理由がある。動的なトレード戦略の大きな問題は、取引コストとサイズとスリッページである。中期のトレンドフォロー戦略は、長めの価格トレンドに注目し、短期の戦略ほど頻繁にポジションを調整しない。トレード数が少ないと、長期的な取引コストは安くなる。また、ポジションが大きくても長期ならば動かしやすい。一方、ファンダメンタルズトレード戦略（またはグローバルマクロ戦略）は、トレンドフォロー戦略を補完するのには良い戦略だが、原資産の価値に引きずられる。ファンダメンタルズ戦略の問題点は、もしすべての経済モデルがある資産の過小評価を示唆しても、市場がそれに気づいて同意し、価格が調整されるまで利益が上がらないことにある。

マネージドフューチャーズ業界の成長

　先物市場の素晴らしい成長に合わせて、マネージドフューチャーズ業界もこの30年で大きく成長した。**図2.2**のバークレイヘッジのデータによると、1980〜2013年で独自のトレード戦略をうたったマネージ

図2.2　独自のマネージドフューチャーズプログラムの数（1975〜 2013年）

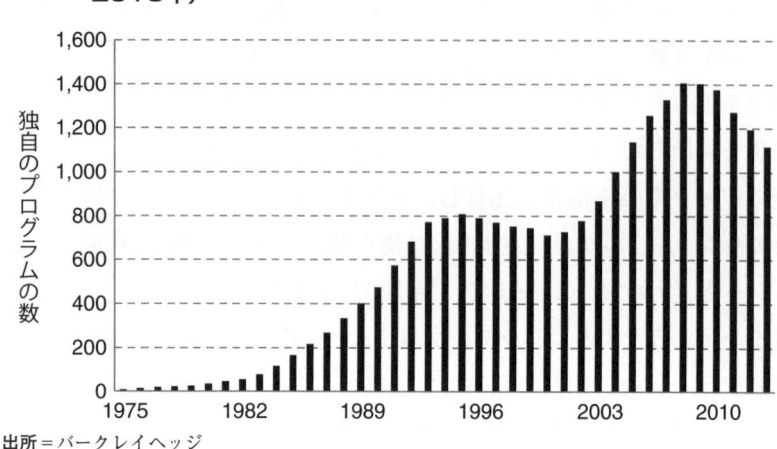

出所＝バークレイヘッジ

ドフューチャーズの本数は40倍に増え、運用資産（AUM）も2013年末までに3300億ドルに達した。**図2.3**を見ると、運用資産の伸びは2002年以降、右肩上がりになっている。

　マネージドフューチャーズ業界が、先物市場とともに成長してきたことは重要である。マネージドフューチャーズ業界の目覚ましい成長も、先物市場の出来高の増加を考えれば、さほど劇的には見えないのだ。**図2.4**は、2000〜2013年の先物市場の出来高とマネージドフューチャーズの運用資産の推移を、2000年の出来高を基準にして相対的に示している。

　2000年と比較した平均出来高は、2000年1月1日よりも前からトレードが行われていた市場のみを使っている。また、マネージドフューチャーズの運用資産も2000年を1としている。このチャートでは、既存の先物市場の出来高の増え方だけでも運用資産の増加とペースが同じになっていることは注目に値する。1990年代以降、かなりの数の新しい先物市場でトレードが始まり、これらの多くは流動性が非常に高

図2.3　マネージドフューチャーズの運用資産額（1980〜2013年）

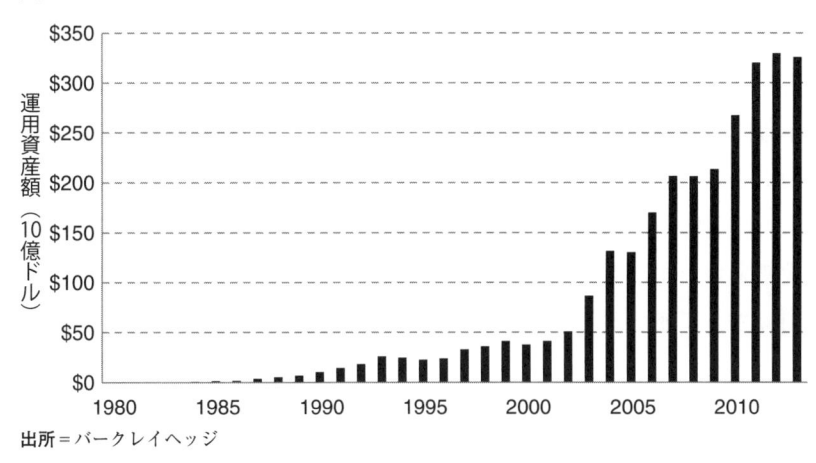

出所＝バークレイヘッジ

図2.4　既存の先物市場と新しい先物市場の相対的な出来高とマネージド
　　　　フューチャーズの運用資産額の2000年を基準とした推移（2000
　　　　〜2013年。新しい市場は、2000年1月1日に取引が始まった
　　　　11の市場）

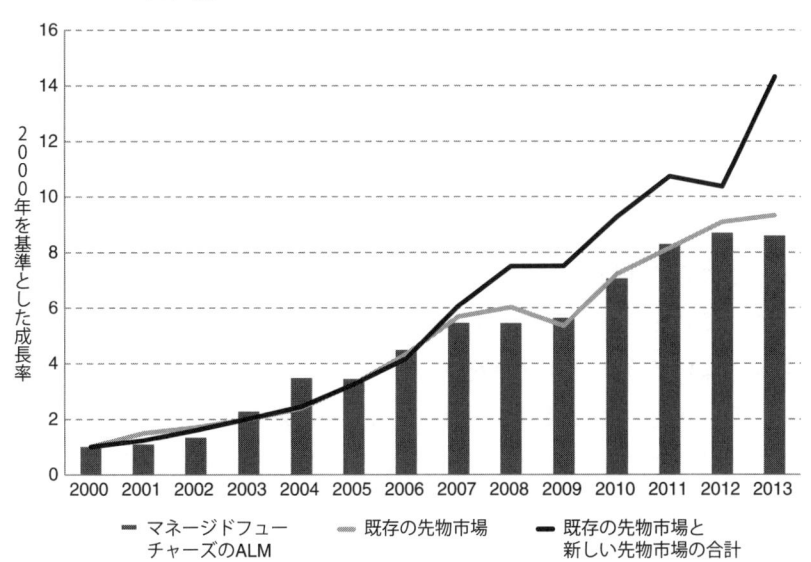

かった。先物市場の出来高の伸びは、マネージドフューチャーズの急成長を支えていたのかもしれない。過去10年間で、新たな先物市場は、古くからの市場の成長率を超える伸びを見せている。**図2.4**は、2000年以降のトレードが始まった比較的新しい市場という小さいサンプルの出来高の伸びを示している（具体的には11の新市場）。このグラフは、新たな先物の上場が今後のマネージドフューチャーズにとって大きな役割を果たすかもしれないことを示している。このことについては次項でさらに述べる。

　マネージドフューチャーズの運用資産が大幅に増えたことで、多くの投資家がこの業界の規模について懸念するようになった。多くの投機資本が流入したら、競争が激化してチャンスが減ることを心配しているのだ。サイズと規模については、第15章で取り上げる。

先物化

　デリバティブの世界は変化に満ちている。信用危機が起こる前のデリバティブは、2つの非常に異なる市場——ディーラーネットワークによるOTC（店頭市場）と集中型のクリアリングハウスによるETD（上場市場）——で行われていた（デリバティブ業界の規模は700兆ドルに上る。OTCのデリバティブの多くは少数の大手銀行が保有している。これらの銀行や規模でトップクラスの銀行を詳しく調べると、上場されているデリバティブは非常に少ない［約4％］。理由は、取引所を通さないほうがコストが安いうえに、大口トレードがしやすいことにある。銀行による取引は、金額でも収益［2012年は17兆ドル］でもOTCの金利スワップが中心になっている。出所はOCC,Q4 Report 2012。これらの統計は名目元本ベース。ただし、回転率の状況がかなり違う。先物市場の出来高の名目元本は、OTCのデリバティブ市場のそれよりも大きい。詳細はBIS Triennial Survey参照）。理論的にはデリバティ

ブ取引も先物と変わらないはずだが、実際のルールやトレードの仕組みはかなり違う。2008年の危機による混乱で、デリバティブの決済方法や担保や取引方法が厳しく見直された。デリバティブ市場が公平でまとまりがある場になることを目指して、アメリカのドッド・フランク法やヨーロッパのEMIR（欧州市場インフラ規則）を始めとするデリバティブ取引の規制の改革や再編が行われた（マサチューセッツ工科大学のジョン・E・パーソンズが、自身のブログ［Betting the Business：financial risk management for nonfinancial firms］で先物化の例えについて書いている。https://bettingthebusiness.com/ 参照）。しかし、この再編がさらなる先物化を促し、より多くの伝統的なOTC取引が先物取引に移行することになった。

　先物化とは、伝統的なディーラー相手の2社間の契約から、よく似てはいるが標準化され、取引所で集中決済される「先物スタイル」の取引に移行することである。これは新しい考え方ではないが、OTCの2者間の先渡し取引をまねして先物取引が行われるようになった。先物市場は、2者間のOTC取引に伴うカウンターパーティーリスクや透明性のなさ、譲渡性のなさ（「交換不能」の構造）に対処した構造になっている。取引所におけるトレードは、全体として担保を減らし、多者間でのポジションのネッティングを可能にし、資金プールを使ってカウンターパーティーリスクを軽減するようになっているのだ。そして、同じ目的でスワップやそのほかのOTCデリバティブを先物化する新しい流れも出てきた。集中決済を規定することで、OTCのデリバティブはすでに先物取引に近づいている。当局がOTCの取引の限度を広げる要求をしたことは、さらなる先物化の動機となる。それによって、ユーザーは先の問題点のいくつかを回避できるかもしれないからだ（**図2.5**参照）。

図2.5　OTCのデリバティブが先物化される経緯

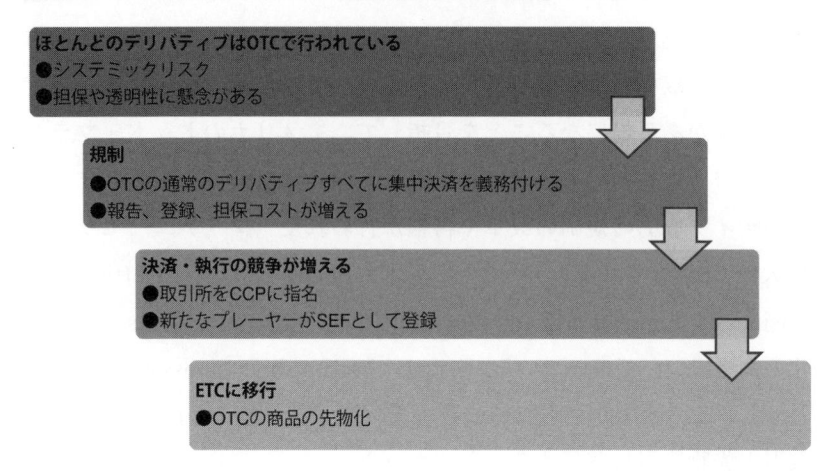

ほとんどのデリバティブはOTCで行われている
●システミックリスク
●担保や透明性に懸念がある

規制
●OTCの通常のデリバティブすべてに集中決済を義務付ける
●報告、登録、担保コストが増える

決済・執行の競争が増える
●取引所をCCPに指名
●新たなプレーヤーがSEFとして登録

ETCに移行
●OTCの商品の先物化

先物化の推進力

　新しい規制は、報告と登録と多くのOTC取引（特に標準的なOTC取引）の集中決済の義務化の推進を目的としている（ドッド・フランク法の第VII編は、スワップに関する規制。アメリカではスワップと先物は法的に異なる。EU［欧州連合］では、EMIRのなかで集中決済が義務付けられているすべてのデリバティブや強制執行の対象になっているすべてのデリバティブのリストを作成するなどして、カウンターパーティーリスクと透明性の問題に多元的に対処しようとしている。このリストは、標準的なオプションやスワップ、先物、現金決済の商品デリバティブ、そのほかのエキゾチックオプションなども対象になっている。EUではこの規制を次の2～3年で段階的に施行する予定）。ほとんどのデリバティブの集中決済は、CCP（セントラル・カウンター・パーティー）を通じて行われることで、報告のための情報が集約され、多者間でのポジションのネッティングが可能になり、相互検証

ができるようになる。そして、集中決済されないデリバティブの割合は低くなる（OTCの通常のスワップで集中決済されないものは、例外か、担保の制約や5日間の証拠金が課される。ヨーロッパではまだ施行の過程にあり、議論も続いている）。また、報告や運用や担保などにかかる規制コストは、すべてのOTCのデリバティブのユーザーに影響を及ぼすことになる。

　OTCの大量の取引を集中決済するために、大規模な取引所はCCPとして運営できるようにした。さらには、新たなプレーヤーがSEF（スワップ執行ファシリティー。EUでは、ここに多者間でのトレードファシリティー［MTF］や組織化された取引施設［OTF］も含まれる）に登録してスワップ市場にも参入したため、スワップディーラー間で競争が生じた。取引コスト、運営効率、担保管理などによって、OTCと上場取引の差は縮まると考えられる。それでも、調整の余地も成長の余地もまだまだある（特に施行が2014年以降に延期されたヨーロッパでは）。例えば、2012年にはアメリカでトレードされたデリバティブの60％はスワップだった。上場取引に移行してはいたが、時間はかかっている。別の例を挙げると、アメリカではわずか6年の間に（2006年～2012年）、デリバティブ市場で先物取引と先渡し取引（ほとんどが上場トレード）が占める名目元本の割合が11％から19％に増えた（**図2.6**）。

スワップ先物

　スワップ先物（先物化したスワップ）は、新しい上場スワップの一種で、スワップを模している。例えて言えば、先渡し取引に対する先物取引が、スワップに対するスワップ先物のようなものである。スワップユーザーの要求を満たすため、この新しい先物取引は、スワップのカスタマイズ可能な要素の一部と、取引所の一元管理のメリットの

図2.6　アメリカのデリバティブ市場における名目元本の割合（2006年と2012年）

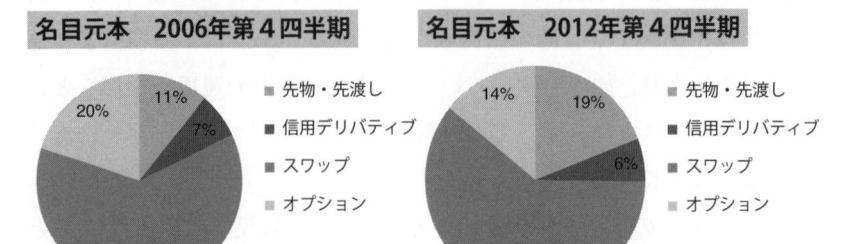

出所＝OCC Q4 Report 2012

両方を維持している。それに、取引所は受け渡しについても柔軟な選択肢を提供している（例えば、アメリカでは2012年から受け渡しスワップ先物の取引が始まり、OTCのスワップを決済日に受け渡しできるようになった。このような取引は、先物なので決済までの担保や証拠金が受け渡しOTCスワップよりも少ないというメリットがある）。また、取引所は大口トレードにもより柔軟に対応できる。ただ、例外と変更によって、スワップ先物は伝統的なスワップと伝統的な先物取引の間のグレーゾーンに位置している。スワップ先物の主なメリットには、透明性や担保が少ないこと、登録義務の軽減、流動性が非常に高いときはトレードしやすいことなどがある。一方、主なデメリットには、カスタマイズができないこと、受け渡しに関する制限、大口トレードへの懸念、流動性の問題があるかもしれないなどといったことがある。**表2.4**に、これらの商品を簡単に比較してある。

先物化のメリットとデメリット

カスタマイズ性を重視する市場においては、先物化の妥当性につい

表2.4　先物取引と先渡し取引、スワップとスワップ先物の比較（先物取引と先渡し取引の関係はスワップ先物とスワップの関係と似ている）

	先物	先渡し	スワップ先物	スワップ
トレード場所	取引所	OTC**（アメリカは例外あり、EUは物理的な受け渡しは例外）	取引所（例外あり）	OTC*（アメリカはSEF、EUはMTFとOTF）
決済	決済	場合による	集中決済（例外あり）	ほとんど決済**（例外あり）
受け渡し	まれ（2％以下）	ほとんど受け渡す	取引による	ほとんど受け渡す
透明性	標準化されている	カスタマイズ	標準化されているが多少の柔軟性あり	カスタマイズされているが標準化に近い
担保	証拠金、毎日見直し	場合による	1～2日の証拠金	5日間の担保（変更の可能性あり）
カウンターパーティリスク	低い	中くらい（例外あり）	低い	低い*、中くらい（二者間の未清算のトレード）

*　ドッド・フランク法の第Ⅶ編やEMIRの施行後
**　金利先渡し契約やFXの一部に例外あり。物理的な受け渡しと一部のカスタマイズしたスワップも例外。大口取引やEFP（先物と現物の交換取引）を含む例外はほかの先物取引にもある

ては懸念の余地がある。通常、心配されるのは規制によるアービトラージ、システミックリスク、カスタマイズ性や使い勝手が悪くなるかもしれないことなどである。規制によるアービトラージへの懸念に異を唱える人たちは、同様の取引間で手数料や担保が異なることを懸念している（特にアメリカでは、スワップの担保や証拠金の規定が先物とは異なる。EUでは、EMIRが取引ごとに対処しているため、この違いはあまり目立たない）。規制によるアービトラージが多くなったとき、その結果が不明なことが懸念されているのだ。国境を越えたり、国によって規制が違ったりすることは、問題をさらに複雑にしている。システミックリスクも重要な問題だ。ドッド・フランク法やEMIRが施

行されて集中決済が行われたり、取引が上場されたりするようになると、大規模な中央清算機関はシステムとして重要で、「潰すには大きすぎる」存在になった。この構造に批判的な人たちは、垂直統合的な決済と執行にうんざりしている。そのうえ、先物に新しく参加したユーザーも、適切にカスタマイズされていない新製品について根本的なリスクの可能性と流動性の問題を懸念している。また、大口トレードや柔軟性、受け渡しの追加的な選択肢には優先的に対処する必要がある。

先物化を支持する人たちは、先物市場の長年の成功や、さらなる先物化のメリット、新しい先物商品の低コストと柔軟性を挙げる。先物市場は長年、規制と付き合ってきた。この市場は、透明性と譲渡性とカウンターパーティーリスクの軽減、担保コストの最適化、リスク軽減に取り組んできた。それでも、先物の成功の要因は出来高にあることを強調したい。流動性の低い先物取引は好まれないし、頻繁に値洗いされる取引は流動性リスクがより高くなるからだ。先物化の支持者は、先物の出来高が増えればより分散された商品が提供できると指摘する。例えば、2012年秋（Leising［2013年］参照）に、1日の名目元本が18兆ドルに上るエネルギートレードの半分以上が大きな問題もなくスワップ市場から先物市場に移行したことは良い兆しの1つである。出来高が増えたことで、新しい取引の余地ができ、長期のスワップ取引により近いトレードが可能になったのだ。先物市場に移ったエネルギートレーダーの逸話的なコメントと同様に、コスト軽減や担保軽減、効率性と柔軟性が先物市場のメリットとして語られている。最後に、先物化の支持者のなかには、先渡し取引の先物化が先物市場を生み出したように、現在のOTCのデリバティブの先物化の波も現代の金融市場の発展の一端に過ぎないと言う人もいる。過去の先物化と同様に、この波はこの分野をより公平で柔軟なものにする助けになるのかもしれない。

デリバティブ業界の規模は700兆ドルに上る。そこに、当局とこの業

界への参加者が、取引をディーラーネットワークから取引所に移行することで、先物化の新しい波が起こっている。透明性と譲渡性をさらに追及する試みもすでに始まっている。昨日までの問題には対処できたかもしれないが、この先、デリバティブ市場にどんな危険性や難問があるかはまだ分からない。ただ、対立するさまざまな意見はあっても、デリバティブ市場の将来が先物化だということは明らかだ。マネージドフューチャーズの戦略という観点から言えば、これは先物市場の出来高の増加が期待できることを示唆している。

まとめ

　トレンドフォロー戦略は、最も古典的な投資スタイルの1つである。そして、現代ではトレードシステムを使って幅広い資産クラスのポジションを建てている。トレンドフォローシステムをデザインするには、技術と実践力の両方が必要となる。先物取引は透明性と流動性が高く、カウンターパーティーリスクは比較的低い。また、先物はトレードしやすく、証拠金口座を使ってレバレッジも利用しやすい。伝統的に、先物市場の参加者は価格変動に対処したいヘッジャーと、そのポジションを取る投機家に分かれる。先物取引の仕組みを考えると、先物市場は分散してトレンドフォロー戦略を導入するための理想的な場を提供している。そして、この戦略は先物取引を使ってトレンドの方向に投機しているのである。

　マネージドフューチャーズ業界は、先物市場で投機的なポジションを取っているプロのマネーマネジャーで構成されている。そして、ここではもしかしたらトレンドフォロー戦略が最もよく使われている戦略かもしれない。マネージドフューチャーズ業界は、この30年間に大きく成長し、それとともに先物市場の出来高も大きく増えた。デリバティブ業界における先物取引の役割も大きくなっている。透明性と担

保管理と集中決済を義務付けることで、最近の規制の動向は、金融業界のさらなる先物化をあと押ししている。先物化は先物市場の出来高をさらに増やし、OTC取引とETD取引の境界線は今後ますます曖昧になっていくだろう。

参考文献

Acworth, W. "Futurization: Market Participants Clash." Futures Industry 23, no.2(March 2013): 36-40.

Casa, T., M. Rechsteiner, and A. Lehmann. "De-Mystifying Managed Futures: Why First Class Research and Innovation Are Key to Stay Ahead of the Game." White paper, Man Investments, 2010.

Hull, J. Options, Futures, and Other Derivatives. 6th ed. Upper Saddle River, NJ:Pearson Prentice-Hall, 2011.

Kaminski, K. "Diversifying Risk with Crisis Alpha." Futures Magazine, February 1, 2011.

Kaminski, K. "In Search of Crisis Alpha: A Short Guide to Investing in Managed Futures." CME Group white paper, April 2011.

Kaminski, K. "Thought Leadership: Riding the Next Wave of Futurization." Institutional Insights, June 2013.

Kaminski, K. "The Next Wave of Futurization." Alternative Investment Analyst Review 2, no.3(2013).

Kurbanov, R. "Swap Futurization-The Emergence of a New Business Model or Avoiding Regulation and Retaining the Status Quo?" DerivSource, February 13, 2013.

Leising, M. "Energy Swaps Migrating to Futures as Dodd-Frank Rules Take Hold."

Futures Magazine, January 24, 2013.

Litan, R. "Futurization of Swaps: A Clever Innovation Raises Novel Policy Issues for Regulators." Bloomberg Government, BGOV Analysis, January 14, 2013.

Parsons, J. "3 Points on the Futurization of Swaps." Betting the Business(blog), January 31, 2013.

Rodriguez-Valladares, M. "Futures and Futurization: Full Steam Ahead on Dodd-Frank" MRV Associates, November 19, 2012.

第 3 章

システマティックなトレンドフォロー戦略の基本

　本章では、システマティックなトレンドフォローシステムの基本的な構成要素を詳しく見ていく。現代のトレンドフォロー戦略は、最適化された自動的な工学マシーンによって運用され、幅広い資産クラスで自動的にトレードを行っていく。先物市場の技術の進歩と発展が、このような推移を可能にした。ただ、トレンドフォロー戦略の近代化によって、この戦略を効率よく導入することができるようになったものの、その分競争も増えた。

　典型的なトレンドフォローシステムは、次の4つの判断によって成り立っている。

1．いつポジションを仕掛けるか
2．どれくらいの大きさのポジションを建てるか
3．どのように手仕舞うか
4．各セクターや市場にどれくらいのリスクを配分するか

　これらの主要な判断に基づいて、トレンドフォローシステムは、価格データのインプットを処理してトレードシグナルを出し、自動的にそれを執行していく動的なシステムである。本書の最初の項は、簡単なトレンドフォローシステムの構成要素を見ていく。中心的な要素が

図3.1　トレンドフォローシステムのデータ入力からポジションの配分までの流れ

どのように組み合わさってトレードシステムになるか（トレード全体と個々のトレードの観点から）を理解することが大事である。2番目の項では、トレンドフォローシステムを外側から見て、いくつかの測定基準とトレンドフォロー戦略の分類の仕方について書いていく。本書は、資産運用の面からトレンドフォローシステムについて書いていくが、本章ではまずトレンドフォローシステムの基準を設定するために、その全体像を詳しく見ていく。

　トレンドフォローシステムは、データを入力すると、そのなかの情報を処理してシステマティックにトレード判断を下していく。**図3.1**は、この概念をフローチャートにしたものである。トレンドフォローシステムは、大量のデータを同時に取り入れて処理し、トレードシグナルを出し、リスクを計算して配分するだけでなく、ポジションサイズや損切りや利食いまで決めることができる。

　トレンドフォローシステムのなかでは、いくつかの要素を組み合わせてポートフォリオを構築している。このなかには、データ処理、シグナル生成、ポジションサイズ、市場配分、トレードの執行などが含まれている。これらの要素を**図3.2**にまとめてある。

図3.2　トレンドフォローシステムの５つの要素

トレンドフォローシステムの基本的な構成

　トレンドフォローシステムには、さまざまな構築の仕方がある。とはいえ、基本的には価格データを使っていつ買い、いつ売るかを判断している。そして、この判断と、リスクや資本をさまざまな市場に配分する手法と、トレードを執行する手法を合わせて行っている。この項では、幅広く使われているグレイザーマンとカミンスキーとローとヤンの手法（2014年）に似た方法にいくつか説明を追加して紹介していく（この項の目的は、この手法を簡単に紹介することにある。単純なトレンドフォローシステムのデザインと実装についてはCleanow［2013年］参照）。ここからは、これらの要素の組み合わせ方を、トッ

プダウンで説明していく。

データ処理

　トレンドフォローシステムに入力するデータは普通は単純で、価格と出来高、そして取引ごとのサイズと金額である。ただ、典型的な中長期の先物戦略では、ロールオーバーも考慮しておかなければならない。具体的に言うと、ポジションは納会を迎える前に新しい限月に乗り換える必要があるが、それをすると価格にギャップができるため、価格データを調整する必要がある。トレンドフォロー戦略の判断は、絶対的な価格ではなく価格差に基づいているため、トレンドシグナルはつなぎ足から算出されている。つなぎ足は、価格系列からギャップを取り除いたもので、納会が異なる2つの取引の価格差（スプレッド）を相殺するために行われる。価格系列の調整によって、データ処理とそのあとのシグナル生成が可能になる。

ポジションサイズ

　トレンドフォローシステムは、さまざまな資産クラスの買いや売りのポジションを建てて資本を配分する。リスクや資本をシステマティックに異なる市場に配分していくのだ。ポジションサイズは、市場ごとのボラティリティを考慮して決める必要がある。特定の市場の名目ポジション（v）は、買いでも売りでも、［サイズ関数］×［合計調整リスク額］×［1取引の名目金額］で表すことができる。これを式にすると次のようになる。

$$v = s \times \left(\frac{\theta \times c}{\sigma_K(\Delta P) \times PV} \right) \times (PV \times P)$$

　サイズ関数（s）は、$-1 \sim 1$（$s \in [-1,1]$）の値をとる。これは、トレードシグナルとトレンドの強さに基づいて取引のサイズと方向を決めるためのものだ。サイズ関数とトレンドの強さについては、少し先で詳しく書く。配分合計調整リスク額は、配分リスク額÷先物取引のリスク額で、リスク配分額は単純に［リスクプレミアム（θ）］×［1つの市場に配分された資本c］である。先物取引のリスク額は、［観察期間（K）における取引金額ごとの実現リスク額$\sigma_K(\Delta P)$］×［ポイントバリュー（PV）］で算出する（ポイントバリューは先物取引のサイズ算出に使われる乗数）。1つの取引の名目金額は、［ポイントバリュー（乗数）］×［取引価格］で算出できる。

　トウモロコシの買いポジションで、具体的に見ていこう。仮に、トウモロコシ先物の実現リスク額$\sigma_K^{Corn}(\Delta P)$×PVが7000ドルで、リスクプレミアムは0.02、配分した資本は100万ドル、取引サイズ（ポイントバリュー）は50、典型的な価格は430ドルとする。もしポジションサイズを単純に1とすると（$s=1$）、名目ポジションはトウモロコシの6万1428.57ドルの買いとなる。比較のために、次に典型的な原油取引を見てみよう。例えば、原油先物の実現リスク額$\sigma_K^{Oil}(\Delta P)$×PVが2万4000ドルで、リスクプレミアムが0.02、資本配分額が100万ドル、ポイントバリューが1000、典型的な価格が95ドルだとする。ここでもs＝1とすると、7万9166.67ドルの買いポジションということになる（名目イクスポージャーの合計額は資本配分額とは違うということを指摘しておかなければならない。配分した資本の総額は、取引所が定める先物取引ごとの証拠金にも左右され、証拠金は過去のボラティリティや値動きによって左右される）。相対的なサイズは非常に重要だ。トレンドフォローシステムの合計リスクは、リスクプレミアムを変えることで変化する。例えば、各取引のリスクプレミアムが2倍の0.04になれば、このポジションはそれぞれの市場で2倍になるため、同じ資本配分でもトウモロコシは12万2857.14ドル、原油は15万8333.33ドルにな

る。

　この項では、ポジションサイズについてはリスク額に基づいた決め方を1つだけ紹介する（方法はほかにもいくつかある）。例えば、リスク額ではなく、各市場のATR（真の値幅の平均。アベレージトゥルーレンジ）に基づいて決めることもできる（この手法についてはClenow［2013年］が詳しい）。ATRは、実現ボラティリティではなく、実際のトレードのボラティリティや出来高を組み込む簡単な方法である。TR（トゥルーレンジ）は、特定の市場の1日の値幅の推定値。これは、1日の高値（H）と前日の終値（C_{t-1}）の高いほうから、1日の安値（L）か前日の終値（C_{t-1}）の安いほうを引いた値。ATRは、任意の期間（n）のTRの平均。この期間はトレードの速度によって、100日、50日などと設定できる。

　名目ポジション（v）を、市場ごとにTRの平均（ATR_n）の関数で表すと、次のような式になる。

$$v(ATR) = s \times \left(\frac{\theta \times c}{ATR_n \times PV} \right) \times (PV \times P)$$

$$TR_t = \max(H, C_{t-1}) - \min(L, C_{t-1})$$

$$ATR_n(t) = \frac{1}{n} \sum_{i=0}^{n-1} TR_{t-i}$$

シグナル生成と集約

　ポジションサイズは、リスク配分とサイズ関数（s）によって決まる。サイズ関数は、トレードシグナルに基づいており、そのシグナルは元々

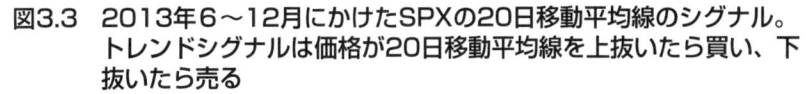

図3.3　2013年6〜12月にかけたSPXの20日移動平均線のシグナル。トレンドシグナルは価格が20日移動平均線を上抜いたら買い、下抜いたら売る

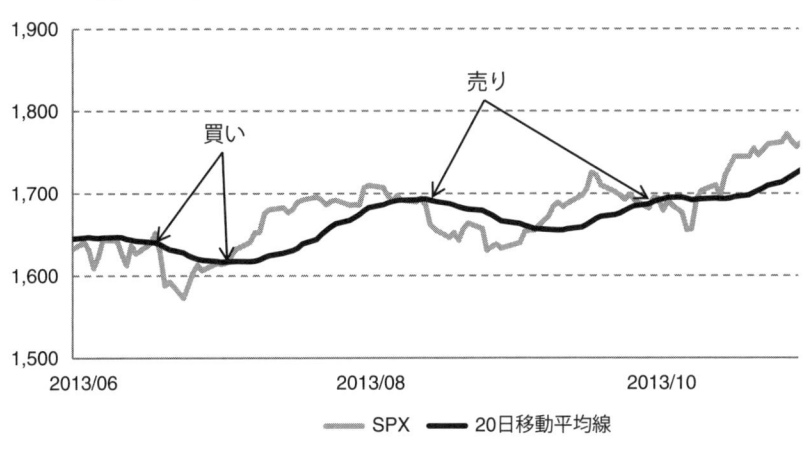

のトレンドシグナルに基づいている。トレンドシグナルは、上げトレンドか下げトレンドかを定義する基本的なシグナルで、これを集約したり、選別したりすることでトレードシグナルになる（実際のトレンドシグナルは、たいてい2進数［0か1］だが、トレードシグナルやトレードの強さは2進数のときもあれば、そうでないこともある。このことについては本章後半の例参照）。この業界では、主に2つの簡単な戦略がトレンドシグナルの基となっている。移動平均線クロスオーバー戦略とブレイクアウト戦略である。移動平均は価格の平均を移動させていく手法で、単純移動平均線が価格を上抜けば買い、下抜けば売りのシグナルが出る。**図3.3**に、2013年の6〜12月SPXの20日単純移動平均線と、買いと売りの仕掛けシグナルをいくつか示してある。移動平均線クロスオーバー戦略は、異なる移動平均線と、それらが交差するルールを組み合わせて買いや売りのトレンドシグナルを出す。単純な例としては、動きが速い線と遅い線、具体的には価格の150日移動平均線を遅い線、50日移動平均線を速い線などとする。クロスオーバ

一戦略は、速い線が遅い線を上抜くと買いシグナル、下抜くと売りシグナルとなる。この戦略の主な問題は、移動平均線に基づいたサインがときに頻繁に変わることである。そのため、望まないトレードやそれに伴うトレードコストがかかる可能性がある。ただ、移動平均線に基づいたトレンドシグナルは、トレンドが進むとともに、トレンドに追従していく。

ブレイクアウト戦略は、価格がレンジをブレイクアウトすると、プラスまたはマイナスのトレンドシグナルを出す。レンジを決める値は、抵抗線や支持線と呼ばれることが多い。抵抗線と支持線の水準は、過去の価格、TR、そのほかの指標など、さまざまなテクニックを使って定義できる。ただ、これらの水準は単純に特定の観察期間の高値や安値が使われることも多い。ブレイクアウト戦略は、価格が抵抗線を上抜くとプラスのトレンドシグナル、支持線を下抜くとマイナスのトレンドシグナルを出す。ブレイクアウトトレンドシグナルに基づいたトレードシグナルは、反対のブレイクアウトトレンドシグナルが出るか、トレイリングストップに達したらポジションを手仕舞うことになっている。トレイリングストップは、直近の価格の動きに合わせた手仕舞いのルールで、逆指値が価格をトレイル（追跡）していく。トレードシグナルは、根底のトレンドシグナルを集約し、選別したものだということをぜひ覚えておいてほしい。移動平均線のトレンドシグナルと違い、ブレイクアウト戦略のトレンドシグナルは、変数の選択にもよるが、時間の経過とともに劇的に変化する可能性がある。それでも、全体として見れば、2つの戦略のトレンドシグナルにはかなり相関性がある。

移動平均線とブレイクアウト戦略は、どちらもいくつかのルールに基づいてトレンドシグナルを出している。これらのシグナルは、選別され、集約されてトレードシグナルを出す。トレードシグナルは、特定の市場で、買いか売りのポジションを決定する（もう少し説明する

と、トレードシグナルはそのままのトレンドシグナルでもよいし、複数のトレンドシグナルを選別したり組み合わせたりしたものでもよい。トレンドの強さはトレードシグナルを集約して判断する。もしすべてのトレンドシグナルをそのままトレードシグナルにすると、トレードシグナルという言葉は不要になる）。実際には、トレードシグナルはたいてい異なる観察期間のブレイクアウトのシグナルや移動平均線のシグナルを組み合わせたものになっている。例えば、単純移動平均線のシグナルを集約すると、ポジションサイズを決めることもできる。これについては、次の項で述べる。

シグナルの集約とポジションサイズとのつながり

ここで重要な問題は、トレンドの強さの役割である。トレンドの強さは、トレンドの測定強度と定義できる。これはトレンドをどの程度確信できるかを定量的に示した値である。トレンドの強さは、通常、さまざまな観察期間のトレードシグナルを集約して、全体的なシグナルのレベルで測定する。そして、トレンドの強さとポジションサイズを結ぶ方法はたくさんある。例えば、移動平均線のトレンドシグナルを集めると、トレンドの強さは一定の観察期間のプラスの交差とマイナスの交差の数の差でも表すことができる。同様に、ブレイクアウトシグナルを使うと、トレンドの強さは、今ではなく前の観察期間に起こった直近のプラスのブレイクアウトとマイナスのブレイクアウトの差で表すこともできる。ポジションサイズは、たいていはトレンドの強さの明確な関数になっている。**図3.4**にトレンドの強さとポジションサイズの関係を示す例を挙げておく。

最初の例Aは、単純な2値の方法で、閾値の0をはさんで買いと売りのポジションが切り替わっている。例Bは、0の近くにクッションがある。ここでは、トレンドの強さが絶対値で十分大きい場合のみ、弱

**図3.4　ポジションサイズとトレンドの強さのつながりを示す例。x軸が
トレンドの強さ、y軸がサイズの関数になっている。この例では
トレンドの強さを−10〜＋10、サイズ関数も−10〜＋10で表
している。ポジションを−1〜＋1に調整するときは、ノミナル
なポジション関数としてトレンドの強さを10で割る単純な正規化
（s＝TS/10）を適用する**

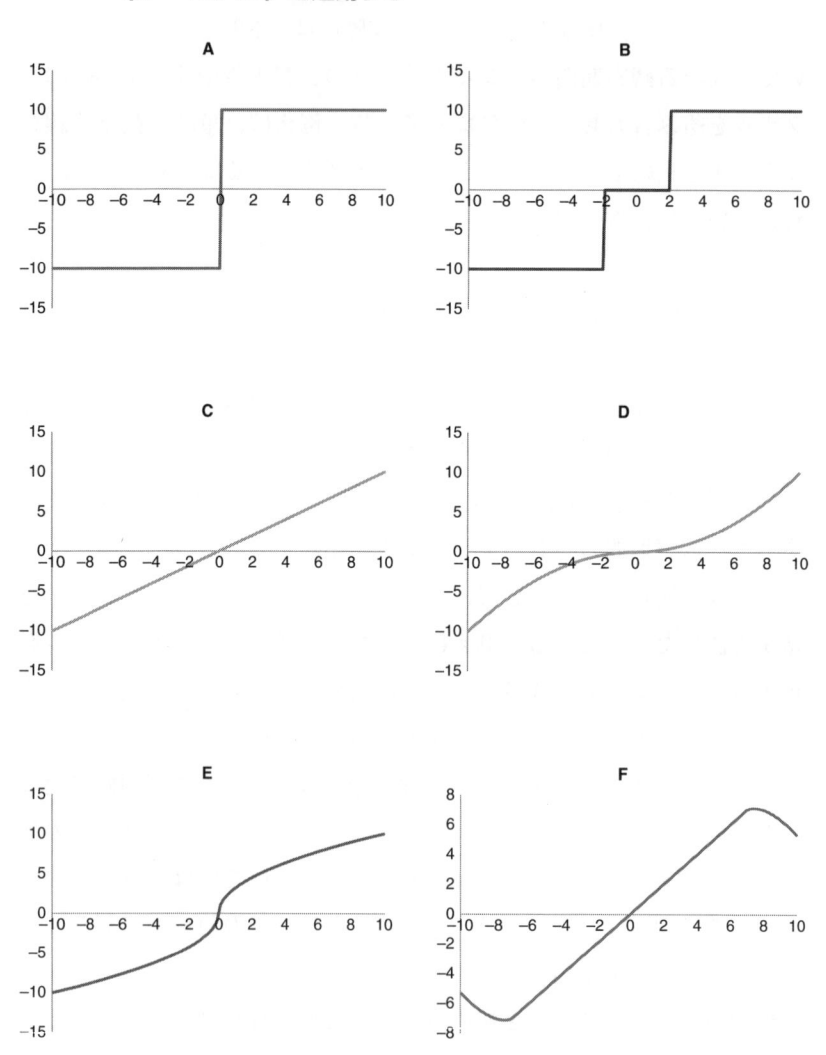

いシグナルが切り替わる。そして、例Cは、トレンドの強さを線形で割り当てている。一方、例Dと例Eは非線形の配分である。最後の例Fは、線形のポジションサイズに利食いを組み合わせている。**図3.4**を見ると、トレンドの強さとポジションサイズをつなげるさまざまな方法があることがよく分かる。それぞれの例は、トレンドの強さ（TS）のレンジが－10～＋10になっている。再びノミナルなポジションの公式に目を向けると、それぞれのケースでサイズの関数は正規化したトレンドの強さの関数として表すことができる。**図3.4**の例A～例Fのサイズ関数は、単純にトレンドの強さを10で割っている。式にすると、s＝TS÷10となる。

市場への配分

　市場への配分は、リスクと資本の両方をさまざまな先物市場に配分することである。この過程は、資本配分のスキームと、リスク調整と、リスクプレミアムから成っている。名目ポジションの公式には、市場配分をリスクに基づいて調整できる2つの方法がある。リスクは、リスクプレミアムと1取引ごとのリスクのボラティリティの調整の2つによって調整される。再び公式に目を向けると、市場ごとのノミナルなポジションvは、［サイズ関数］×［調整済みリスク額の合計］×［1枚の約定総額］となる。式にすると次のようになる。

$$v = s \times \left(\frac{\theta \times c}{\sigma_K(\Delta P) \times PV} \right) \times (PV \times P)$$

　この公式を詳しく見ると、単純化できるところがいくつかある。まず、単純なケースとして、リスクプレミアム（θ）をすべての市場で等しいと設定する。リスクプレミアムは、たいていベーシスポイント

（bps）で表記されている。例えば、市場ごとに0.02などとなる。リスクプレミアムがこのように設定されているのは、トレンドフォローシステムを単純な形にしておくためである。この仕組みでは、相関性も考慮できる。もっと具体的に言うと、もしリスクプレミアムが1市場当たり2bpsで、50の市場を対象とするトレードシステムだとすると、相似性を反映した係数スカラーK倍することで全体の相関関係を考慮する。例えば、50の市場ならば、合計リスクは$100K$になる。このとき、原資産の市場の相関性によって、スカラーは0〜1の値を取りうる。しかし、同様のシステムで相関性を考慮しなければ、この枠組みは、各市場のリスクプレミアムを合計して全体のリスクとする簡単な仕組みになる。リスクプレミアムが相関性を考慮する場合と同じとする単純なケースでは、合計リスクは簡単に$100K$bpsから$400K$bpsにもなりうる（関連するリスクや当局の制約は適切な範囲にあるものとする）。同様に、トレンドフォローシステムも、市場ごとあるいは市場の体制ごとにリスクプレミアムを調整することで簡単にデザインできる。ただ、リスクをボラティリティで定義する場合、ポジションサイズのなかで過去のボラティリティを考慮してすでにリスク額の調整がなされていることを忘れないでほしい。

　資本配分も、市場によって違う。ノミナルなポジションvの公式のなかで、資本配分はcと表記されている。最も単純なケースならば、資本は均等リスク配分（EDR）にすればよい。つまり、個別市場の資本は、［資本の合計（C_T）］÷［市場の数（N）］となる。

$$c^{EDR} = \frac{c_T}{N}$$

　資本配分の決め方にはさまざまな方法がある。そのうちのいくつかは、この項で提案する単純な仕組みにも簡単に当てはめることができ

る。それ以外のものは、もっと複雑な構造や新しい構造がなければ実行できない。リスクを配分する主な方法には、均等リスク配分（EDR）、相関性を考慮した均等リスク配分（ERC）、そして流動性に基づいた資産配分（MCW）などが含まれている（これらの手法やそれ以外の手法に関する詳細は、「Quantcraft」［2013］参照）。

● **均等リスク配分（EDR）**　同じリスク額を各市場に配分する戦略。この手法は、N分の1の手法と似ているが、市場間の相関性は考慮していない。

● **相関性を考慮した均等リスク配分（ERC）**　相関性を考慮したうえで、各市場のリスク寄与度に応じてリスクを配分する戦略。この手法は、リスクパリティと似ている。

● **流動性に基づいた資産配分（MCW）**　各市場の流動性に応じて資本を配分する手法。ただ、この方法は先物市場では出来高と日々のボラティリティで測定する市場の規模に左右される。

　EDRとMCWについては、これから詳しく説明する（ノミナルなポジションvと資本配分cの公式は、EDRでは各市場で同じ資本額になるが、MCWでは調整される）。このような資本配分の仕方は、典型的な株価指数の資本配分の仕方とよく似ている（特に、配分の仕方を同じにするか加重するかという部分）。ちなみに、株では均等配分した指数のほうが、時価総額で荷重した指数よりも過去のパフォーマンスは高いケースが多かった。**図3.5**は、1989年以降のS&P500の均等配分の指数と時価総額加重配分の指数のパフォーマンスを示している。ただ、過去に均等配分のほうがパフォーマンスが高かったとはいえ、理由の一端として生存バイアスやさまざまなリスクも考えられる。トレンドフォローシステムのリスクもEDRとMCWで配分できる。ここでは、市場規模を［1日の平均出来高］×［市場ごとのボラティリティの金

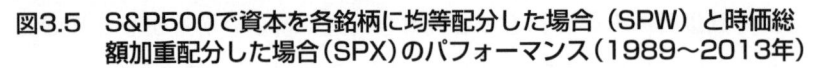

図3.5　S&P500で資本を各銘柄に均等配分した場合（SPW）と時価総
　　　　額加重配分した場合（SPX）のパフォーマンス（1989～2013年）

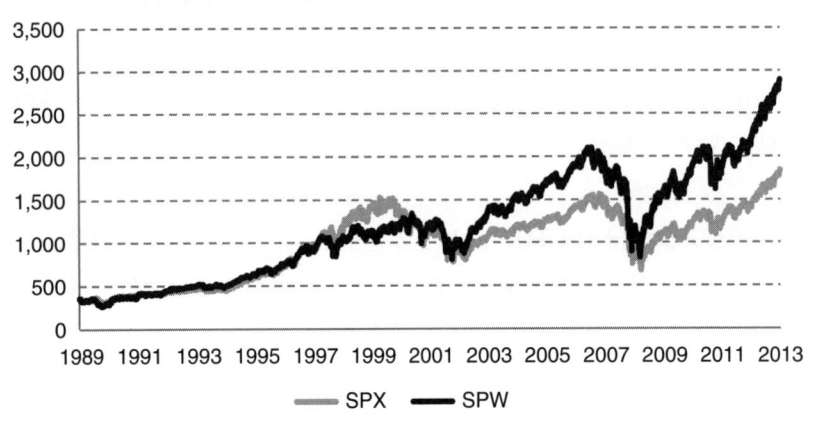

額］と定義している。これは、リスクに基づいた流動性の基準である。トレンドフォローシステムでは、市場の流動性（または価値）で加重すると、大きくて流動性が高い市場に多く配分することになり、これは株価指数の配分の仕方と似ている。一方、均等リスク配分は加重しない株価指数と同じように、小規模で流動性が低い市場により大きいリスクを配分することになる。

　株価指数の場合と同様に、トレンドフォロー戦略も長期的に見るとリスクを均等配分するほうが市場の流動性に応じて加重配分するよりもパフォーマンスが高くなる（市場規模ファクターについては第12章で詳しく述べる）。運用資産が大きいファンドは、資本を取組高や出来高が少ない市場には配分できない。つまり、流動性に基づいて加重せざるを得ない。簡単な例を挙げると、市場の流動性に基づいたスキームでは、資本の60％以上を株価指数先物と債券先物に配分し、農業セクターへの配分はわずか5％などといったケースが多い。これは非常にアンバランスな配分で、ポートフォリオは金融セクターに大きく偏

ったものになる。そうなると、ほかの市場が提供すべき分散のメリットが減る。このことについては、第15章でさらに述べる。

セクターへの配分と配分の制約

　多くのトレンドフォローシステムには、独自の傾向や目的がある。なかでも、セクターやセクターの方向性にバイアスがかかっているものはよくある。セクターバイアスは、リスクを特定のセクターに加重配分することである。最も単純な例を挙げると、大手ファンドは金融セクターにバイアスがかかっている。小規模の先物市場（例えば、商品）は、規模や出来高によって流動性がかなり限られているため、金融セクターに配分せざるを得ないからである。セクターバイアスは、特定の市場にリスクプレミアムか資本配分を調整することで生じる。一方、セクターの方向性バイアスは、トレードシステムが特定のセクターについて買いポジションか売りポジションのどちらかを重視して作られている場合にできる。このタイプで最もよくあるのが、株の買いバイアスである。セクターの方向性バイアスは、たいていトレードシグナルの段階で適用され、買いポジションが売りポジションよりも優先される。極端なケースでは、ポートフォリオに買いポジションしかないこともある。その場合、買いのシグナルのみが採用され、売りシグナルは排除されてしまう。**図3.6**は、統合型のトレンドフォローシステムのスキームである。セクターバイアスは、リスクプレミアムか資本配分の段階で追加することができ、セクターの方向性バイアスは、トレンドシグナルを選別する段階で追加することができる。

トレードの執行

　トレンドフォローシステムの最後の構成要素は、トレードの執行で

図3.6　統合型のトレンドフォローシステムの例

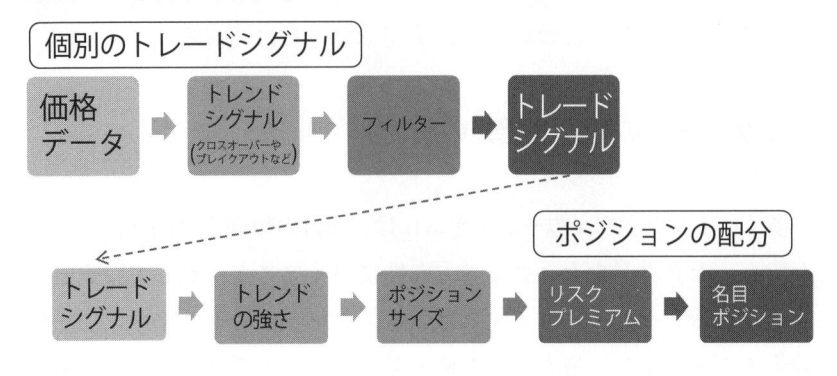

ある。トレードシグナルを実際のポジションに変換するための方法は、システムによってかなり違う。しかし、中長期のトレンドフォローシステムのほとんどは、慌てて執行する必要がないということを覚えておいてほしい。具体的に言えば、アルファの時間的な減衰があまり大きくないということだ。アルファの時間的な減衰とは、執行が遅れることでパフォーマンスが下がる速さのことだが、長期的に見るとトレンドフォロー戦略の場合はこの重要性がほかのヘッジファンドが使っている戦略よりもはるかに低い（トレンドリーケージの概念と、仕掛けの判断の重要性については第5章で取り上げる）。むしろ、トレンドフォローシステムの執行についてもっと考慮すべきことは、執行の速さではなくコストなのだ。トレンドフォロー戦略の注文は、受動的に執行してもよい。例えば、執行はTWAP（時間加重型平均価格）を使って翌取引日の流動性が高い時間帯に行うこともできる（TWAP戦略は、時間で加重平均した価格を使って注文を執行する）。一部のシステムは、1日のなかの流動性が高い時間帯のなかから価格を抽出してシグナルを生成し、その日の注文を複数の注文に分けて出すようになっている。

通常、トレンドフォロー戦略は単純に成り行き注文を使う。逆指値注文やもっと複雑な指値注文は、普通はあまり使われていないのだ。トレンドフォローシステムにも逆指値を使うルールはあるが、たいていは執行の段階ではなく、トレードシグナルの段階で適用されている。例えば、あるトレードシステムはトレイリングストップを使ってブレイクアウトトレンドシグナルを調整しているが、ポジションは単純に日中の成り行き注文で仕掛けることになる。

戦略の分類と主な違い

トレンドフォローシステムは、最適化されたトレードマシンと似ている。「ブラックボックスの外」の投資家は、その戦略がどのように執行されているのか詳細は分からない。そこで、いくつかの基準を使って、そのトレンドフォローシステムの構造を分類していく。このような基準は、投資家が特定のトレンドフォロー戦略に対して妥当な期待を持ち、スタイルドリフトを観察し、運用会社のパフォーマンスを評価するときに賢く役立つ質問をする助けになる。この項では、トレンドフォロープログラムの主な違いと、その違いを知るための主な基準を簡単におさらいしていく。

本章の冒頭で述べたとおり、トレンドフォローシステムは、シグナル生成と選別、ポジションサイズ、リスク配分、トレードの執行という4つの主な要素で構成されている。また、それぞれの要素のなかに、変数や配列やテクニックや手法のさまざまな組み合わせがある。この自由度は大きく、もしかしたらその分類には、投資家の見方を織り込むこともできるだろう。そのため、この項ではこれらのシステムの違いを示す主な特徴について見ていく。これらの特徴には、リスク目標、資本配分、保有期間、方向性バイアスなどが含まれている。**表3.1**に、主な要素とそれを測定するのに役立つ一般的な基準をまとめてある。こ

表3.1　トレンドフォローシステムを区別する主なファクターと、比較のための一般的な基準

トレンドフォローシステムを区別する主なファクター	そのファクターを測定するための基準
目標リスク（レバレッジ）	リターンストリームのリスクを正規化
資本配分	均等加重か、市場規模加重か
システム速度（保有期間）	観察期間の長さ——中期または長期
方向性バイアス	長期の株の買いバイアスがある場合とない場合

の項では、測定の仕方を詳しく説明するために、これらの特徴を紹介していく。これらの特徴は、トレンドフォローシステムの一部から、異なる分野を生み出す。そして、このトレンド戦略の新しいクラスは、パフォーマンス評価、ベンチマーク、スタイル分析などを促すために、より幅広いスタイルファクターが必要になる。このことについては、第5部で詳しく書く。

目標リスクとレバレッジ

リスク目標は、トレンドフォロー戦略に配分されたリスクの合計だが、同じトレンドフォロー戦略でも運用会社の好みによってリスク目標は変わってくる。先物トレードでは、リスク目標はだいたい線形になっている。つまり、リスク目標が異なるトレンドフォロープログラムは、すべてのリターンを同じリスク水準に正規化すると比較することができる。もちろん、正規化は戦略ごとに比較する前に行わなければならない。

リスク目標は、投資マンデートのなかのトレンドフォロープログラムで規定されている。しかし、これはたいてい実現ボラティリティで事後に測定されている。また、時間の経過とともにリスク目標が変化

するようプログラムを調整できるかどうかも懸念される。例えば、大口のトレンドフォロワーは、運用資産が増えるとボラティリティ目標を上げる傾向がある。しかし、それをすると単純なリスクの正規化が複雑になる。その場合は、リターン系列を異なるサブ期間に分けるほうがよいのかもしれない。

資本配分

　資本配分はポートフォリオのパフォーマンスを分ける2つ目の主な要素である。前項で説明したとおり、資本を市場に配分する方法はたくさんある。ただ、話を分かりやすくするために、ここでは前項で用いた2つの広く受け入れられている手法、均等リスク配分（EDR）と流動性に基づいた資産配分（MCW）について書いていく。これらの分類は、典型的な株の配分の仕方である時価総額加重と均等加重とよく似ている。ここでは、市場の流動性は［1日の平均出来高］×［その市場のボラティリティの金額］と定義している。これは、その市場のリスクに基づいた流動性の基準と言える。トレンドフォローシステムで、市場の流動性（または価値）で加重する方法は、時価総額加重の株価指数と同様に、規模が大きくて流動性が高い市場により多くの資本が配分されることになる。一方、均等にリスク配分する手法は、均等加重の株価指数と同様に、小規模で流動性が低い市場により大きいリスクを配分することになる。均等リスク加重と流動性に基づいた加重の主な違いは、後者だと資本の60%以上を金融セクターに配分し、農業などのセクターには5%程度しか配分されないなどといったことが起こることである。多額の資金を運用しているファンドのトレンドフォロープログラムの資本配分は、流動性に基づいた加重に似た制約がある。流動性が低い市場の意味合いや、トレンドフォロープログラムにおける市場規模の役割については、第15章で詳しく述べる。

保有期間

　平均保有期間は、トレードを平均どれくらいの期間保有するかということである。保有期間は、シグナル生成とトレード執行の影響が大きいが、ポジションとリスクの配分にも左右される。トレードシグナルは、いつポジションを仕掛け、いつ手仕舞うかを決めるもので、シグナル生成には、たくさんの異なる変数を組み込むこともできるが、それをするとさらに複雑になる。そこで、単純な基準として、仕掛けと手仕舞いの変数を決めるための観察期間の長さについて考えてみたい。観察期間は、シグナルを生成するために必要な期間である。例えば、100日移動平均線を使ったシグナルは、100日の観察期間で移動平均線を計算している。

　リスク管理の仕組みも、保有期間に影響を及ぼす。トレイリングストップを使ってリスク管理をしている場合は特にそうだ。例えば、トレンドフォローシステムのトレンドシグナルで損切りを離したり置かなかったりすると、損切りを近くに置く場合よりも保有期間が長くなる。ポジションサイズとリスク配分も、保有期間に影響を及ぼす。市場配分とポジションサイズの手法にもよるが、保有期間に影響を及ぼす変数はたくさんある。例えば、ポジションサイズを決める公式で、TRで代用した最近のボラティリティに基づいて、ポジションを調整するときは、ATRの観察期間がポジションサイズに影響する。もしこの期間が短いと、ポジションサイズは短期のボラティリティの影響が大きくなるため、均等リスク配分では動きが大きい市場の影響が抑えられ、長期的に見れば保有期間が短くなるかもしれない。一方、観察期間を長くすると、短期的な大きい動きの影響が抑えられ、保有期間が長めになるかもしれない。こう考えると、平均保有期間に影響を及ぼす変数が数個ある。特に、シグナル生成のためのサイズと観察期間と、トレードシグナルのための損切りルール、そしてリスク配分のた

めの観察期間などが平均保有期間をある程度左右することになる。

方向性バイアス

デフォルト設定のトレンドフォロープログラムは、理論的には買い
バイアスや売りバイアスとは無関係のはずだ。トレンドフォローシス
テムの構成要素のところで説明したように、意図的にセクターバイア
スやセクターの方向性バイアスを強いてくる運用会社もある。セクタ
ーバイアスの最もよくあるタイプは、株式セクターのバイアスと金融
セクターのバイアスである。株式セクターのバイアスは、例えば明確
に株の上昇トレンドに追従する助けになることを期待しているのかも
しれない。金融セクターのバイアスは、単純に流動性の制約があるか
らかもしれない。ちなみに、セクターバイアスを最も簡単に応用でき
るのは、ポジションを配分するときだろう。しかし、セクターの方向
性のバイアスはもう少し複雑だ。多くの運用会社が、平均的なセクタ
ー配分や特定のセクターへの資本配分については明確に述べている。も
し明確に述べていなくても、開示されているセクターのパフォーマン
スやリスクから概要を推測することができる。

セクターの方向性バイアスは、市場への配分方法によって、トレー
ドシグナルのレベルでトレンドフィルターを使ってかけているときも
あれば、リスクレベルでかけているときもある。そして、外から見て
セクターの方向性バイアスを判断するのも、セクター配分よりも複雑
だ。ただ、運用会社が方向性のバイアスについて述べていないとして
も、ポジションを建てるためのシグナルの関数として分かることはあ
る。例えば、もしあるトレンドフォローシステムが売りよりも買いが
優位なフィルターを用いていたり、市場自体が売りか買いが多い傾向
にあったりすれば、結局は方向性バイアスがかかることになる。そも
そも、方向性バイアスは悪いことではない。それに、多くの市場はも

ともとどちらかにバイアスがある。例えば、債券トレードは売りより
も買いが多いことから、多くのトレンドフォローシステムに買いのバ
イアスがかかっているように見えるかもしれない。しかし、よく考え
ると、金利がゼロに近づいていくなかで、債券にはかなりの長期トレ
ンドが期待できる。セクターの方向性バイアスは、システムごとのリ
ターンのばらつきを生み、この戦略の統計的な特性を変えてしまう。例
えば、買いのバイアスがかかった大型株のトレンドフォロープログラ
ムは、株式市場のリターンと似たネガティブスキューのリターン分布
を示すかもしれない。ちなみに、リターンの歪度は、トレンドフォロ
ーシステムの株に対するバイアスの程度を測定する1つの方法になる
（本書後半で、トレンドフォローシステムのリターンのばらつきやベン
チマークなど、いくつかの統計的な要素について書く）。

トレンドフォローシステムの分類

　トレンドフォローシステムを差別化する3つの主な特徴は、資本配
分と方向性バイアスと保有期間である。この3つの特徴を組み合わせ
ると、8つの異なるトレードシステムを構築することができる。資本
配分は、均等リスク加重と市場の流動性に基づいた加重に分けること
ができる。トレードの速度は、中期と長期に分けられる。中期と長期
の保有期間は、異なる観察期間のシグナルを選べばよい（中期と長期
の分類はかなり恣意的。本書では、中期は平均保有期間が100取引日未
満、長期は100日以上としている）。株の方向性バイアスは、買いのバ
イアスがあるものと、明確なバイアスがないものに分けることができ
る。株のバイアスは、長期ポジションを加重し、短期ポジションを軽
減することでかかる。トレンドフォローシステムは、3つの主な特徴
（資本配分や保有期間やトレードの速度）でタイプ分けができ、その可
能な選択肢を組み合わせて8つのトレードシステムを構築することが

表3.2　３つの特徴（株の買いバイアス、資本配分、保有期間）を持った８つのトレンドフォローシステム（長期保有の×は中期ということ）

	株の買いバイアス	市場規模で加重	長期保有
1	×	×	×
2	○	×	×
3	×	○	×
4	×	×	○
5	○	○	×
6	×	○	○
7	○	×	○
8	○	○	○

できる。それぞれの特徴を**表3.2**にまとめてある。

　このなかで、システム１を純粋なトレンドフォローシステムと定義する。これは中期（ほとんどのCTA［商品投資顧問業者］が選択している）で、リスクをすべての市場に均等に配分し、株のバイアスはない。純粋なトレンドフォローシステムは、その名のとおり最も制約が少ないシステムと言える。また、流動性にもリスク配分にもセクターにも、バイアスがない。トレンドフォロー戦略を分類することは、本書後半でシステムごとのパフォーマンスを検討したり、ベンチマークやスタイルファクターの構築を促したりすることにつながる。

まとめ

　トレンドフォローシステムは、細かく調整された自動トレードシステムである。これらのシステムが「ブラックボックス」に見える人もいるかもしれないが、その構成要素を細かく見ていくと、この戦略がどのように構築されているかを理解するための基本が分かる。トレンドフォローシステムは、データ処理、シグナル生成、ポジションサイ

ズ、市場配分、トレード執行などの部分から成っている。これらの部分を組み合わせて、システマティックにトレンドを見極め、さまざまな市場に資本を配分していくのだ。構成要素を詳しく見ることで、トレンドフォローシステムの主な差別化要因をシステム内の仕組みと連動させることができる。また、この主な差別化要因の組み合わせによって、トレンドフォローシステムは8つのシステムに分類することができる。トレンドフォローシステムの基本とシステムを差別化するための主な基準を理解することが、この戦略を理解するための基本となる。

参考文献

Alverez, M., M. Beceren, C. Davies, S. Mesomeris, and C. Natividade. "Quantcraft: Colours of the Trend." Deutsche Bank Markets Research, September 2013.

アンドレアス・F・クレノー著『トレンドフォロー白書』（パンローリング）

Greyserman, A., K. Kaminski, A. Lo, and L. Yan. "Style Analysis in Systematic Trend Following." Working paper, 2014.

Kissko, L., and T. Sanzin. "Shedding Light on the Black Box." Strategy Insight white paper, Hermes BPK Parters, 2012.

第 3 部

理論的な基盤

Theoretical Foundations

第 4 章

適応的市場とトレンドフォロー戦略

Adaptive Markets and Trend Following

　ファイナンスの理論家や実践家は、古典的な効率的市場仮説（EMH）では動的なトレード戦略をすべて説明することはできないということで意見が一致している。効率的市場仮説の主な問題は、市場の動きを静止したものとしてとらえていることにある。一方、行動ファイナンスでは、多くの経済学者が、私たちの行動は合理的な期待と呼ぶものから体系的にそれていくとしている。実際には、市場は適応的だし、市場の状態は、市場の環境や構成、金融市場内の競争の程度などに応じて時間とともに展開していく。適応的市場仮説（AMH）は、進化生物学の原理を使って市場がどのように動くかを説明する枠組みなのである。適応的市場の枠組みのなかで、最も適応能力があるのはまさに市場参加者である。彼らは、競争が激しい動的な金融市場のなかで競争に勝ち続けて生き延び、さらなる競争に挑みながら自然淘汰されている。

　本章では、アンドリュー・ロー（2004年、2005年、2006年、2012年）に倣って、適応的市場仮説を紹介し、動的なトレード戦略の理解の仕方を詳しく説明していく。この枠組みを使うと、トレンドフォローのような動的な戦略や、長期的に成功し、生き延びるために適応することの意味がずっと理解しやすくなる。時間をかけて連続的に選択を迫られたときの人間の行動の進化的起源に関する考察は、「投機的リスク

プレミアム」の定義と金融市場における投機的なチャンスを生んだ。伝統的な効率的市場ではなく、適応的市場という枠組みで考えると、競争的な利点とトレンドフォロー戦略の適応的な性質によって、市場がダイバージェンスのとき、特に金融危機のときにこの戦略がうまく機能することが説明できる。金融危機は、市場のダイバージェンスによって、需給の不均衡や価格の変調がピークを迎えたときを指す。従来の効率的市場的な言い方をすれば、危機はたいてい市場の効率性が試される転換期なのである。

　クライシスアルファと投機的リスクプレミアムを実証的に見ると、トレンドフォロー戦略のパフォーマンスは、3つの部分に分けることができる。リスクフリーレートと、投機的リスクプレミアムとクライシスアルファだ。リスクフリーレートは、証拠金（担保）にかかるプラスのキャリーである。投機的なリスクプレミアムは、危機とは別にプレミアムをとらえるスキル（例えば、ヘッジプレミアム）によって上がっていく。そして、クライシスアルファは市場にストレスがかかっている時期のトレンドフォロー戦略の適応力と競争力を維持する力で上がっていく。業界共通のベンチマークを使うと、クライシスアルファは2000〜2013年におけるCTA（商品投資顧問業者）のリターンのかなりの部分を担っている。ちなみに、危機とは別に、この間の指数の投機的なリスクプレミアムは、比較的低い値にとどまっている。トレンドフォロー戦略の最近のパフォーマンスに関してさらなる洞察と展望を述べるとすれば、第1章で紹介した数世紀に及ぶデータのなかの200年分を分解して見ていくべきだろう。長期的に見ると、特に最近（2000〜2013年）は、部分的ではあるが（全面的ではなく）、クライシスアルファが必ずトレンドフォロー戦略のパフォーマンスに貢献している。

適応的市場仮説

　典型的な効率的市場仮説（EMH）は、市場価格の動きを理解するための枠組みである。この仮説の最も強気の主張は、関連するすべての情報は、価格に織り込まれているということだ。そして、最も控えめな主張でさえ、過去の市場価格の変動は将来の価格変動を予測するための情報を含んでいないことを示唆している。このことは、トレンドフォロー戦略が、過去の価格のトレンドに従ってシステマティックにさまざまな資産クラスに投資するものだとすると、この仮説の最も弱い主張とまっこうから矛盾する。そのため、この戦略が学者に無視されたり、学術的な訓練を受けた実践家に懐疑的な見方をされたりしてきたのだ。実際、つい最近までこの戦略は、テクニカル分析などとともに、いわゆる「まじない」のたぐいの金融戦略に分類されてきた。それでも近年、学者や実践家たちが効率的市場仮説的な見方の限界について語り始めると、トレンドフォロー戦略を肯定的にとらえる人たちが出てきたのである。

　効率的市場仮説の最大の問題は、市場を動的なものとしてとらえていないことで、この枠組みのなかではトレンドフォローのような戦略は直観に反している。しかし、2004年にマサチューセッツ工科大学のアンドリュー・ローがこの仮説に代わってより動的で適応的に市場の動きをとらえた適応的市場仮説（AMH）を提唱した。適応的市場仮説は、市場がどのように進化し、どのようにチャンスが生まれ、市場参加者がどのように成功したり失敗したりするのかを進化生物学の原理に基づいて理解する手法である（ローとミューラーは、2010年に発表した論文で経済学者が「物理学へのあこがれや数学的精度に対する誤った感覚」に苦しむ様子を描いている。2人は、ファイナンス学が部分的に簡略化できない不確実性に支配されることが多いことについても書いている。簡単に言えば、ファイナンス学は物理学ほど定量化で

きない。有名な物理学者のリチャード・ファインマンのよく引用される次のような言葉がある。「もし電子が考えていることを考慮しなければならないと、物理学ははるかに難しくなる」）。ローが2004年に提案した適応的市場仮説は、伝統的な効率的市場仮説の主な矛盾点を修正する試みである（適応的市場仮説の優れた点は、効率的市場仮説と行動ファイナンスの両方と矛盾しないことにある）。適応的市場仮説によれば、進化生物学の中心的な概念である競争や突然変異や生殖や自然淘汰などの力は、市場の動きも支配しているのである。

> 価格は、環境の状態と経済……または生態系のなかの「種」の数と性質の組み合わせによって決定される情報を反映している。種は異なる市場参加者のグループ（年金ファンド、小口投資家、ヘッジファンドなど）と定義できる（ロー、2004年）。

　適応的市場仮説によると、より多くの資源があり、競争が少ないときに利益チャンスは存在する。しかし、競争が増えると自然淘汰が起こる。他者よりも競争力があるプレーヤーは生き延びて適応するが、適応できない者は消えていき、競争が減り、再び新しい進化のサイクルが始まるのだ。さまざまなヘッジファンドのスタイルのはやり廃りは、このような現象が起こっていることの好例と言える。**図4.1**は、競争力と適応力が成否を分ける自然淘汰のサイクルを示している。

　市場を生態系として見ると、市場の効率性も行動ファイナンスも正当化できる理論だということが簡単に分かる。まず、競争が激しいときは、価格は非常に効率的になるが、競争が少ないときの価格はさほど効率的ではないこともある。これは効率的市場仮説と一致している。2つ目に、適応的市場仮説によれば、市場はさまざまな種で構成される生態系とみなすことができる。進化生物学と同様に、金融界の種も、自然淘汰の原理で生き延びていく。神経科学者や心理学者や行動科学

図4.1　チャンスと競争による自然淘汰の図

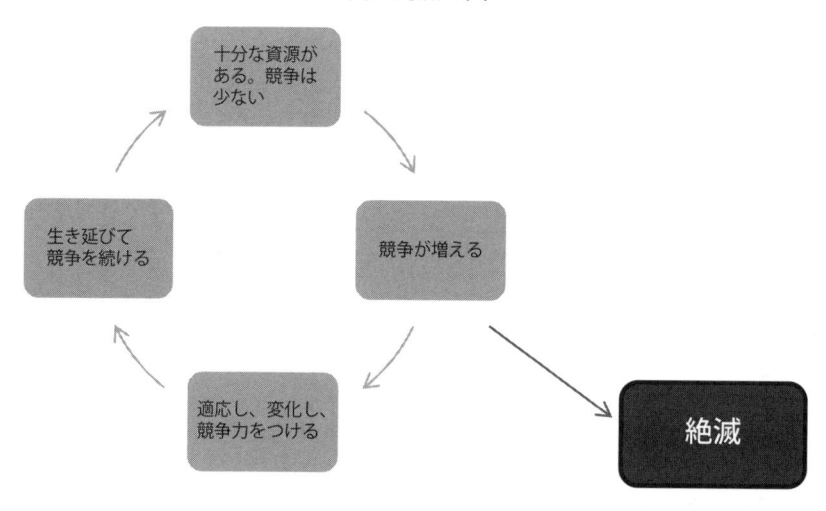

十分な資源が
ある。競争は
少ない

競争が増える

生き延びて
競争を続ける

適応し、変化し、
競争力をつける

絶滅

者も、人間がヒューリスティクスや簡単なルールを使って判断を下し
ているということについては一致している。もし人がヒューリスティ
クスを使って判断を下し、それに適応して生き延びているならば、行
動バイアスは、人間のヒューリスティクスに基づいた意思決定の自然
な結果にすぎない。

　恐怖や欲望が、行動バイアスにつながる主な感情だということはよ
く知られている（進化という観点では、「恐怖は脳に組み込まれている
警報」［Lo、2011年］。損失を受け入れる恐怖や後悔するかもしれない
恐怖は、投資家のディスポジション効果を生む。また、損失の恐れや
純粋な欲望によって、投資家は群衆に従い、それが金融バブルを生む。
金融的な意思決定における感情については、Shull、Celiano、Menaker
［2014年］参照）。行動に基づいたヒューリスティクスはうまくいかな
いこともあるが、それでもこれが長年にわたって人の生き残りを助け
てきた（特別滑稽な例が、LeeとSchwarz［2012年］の「社会的感覚

と魚の臭いの具象化」という副題の論文に書かれている。この研究の
なかで、2人は投資家が魚の臭いを嗅ぐと、リスクのとり方が25％下
がることを示した。直感的な反応が、金銭的な判断にも影響を及ぼす
ということである。私たちは、何かおかしな臭い［例えば腐った魚］
を嗅ぐと、単純な行動的ヒューリスティクスが、リスクを下げろと警
告する。別の例もある。DijksterhuisとNordgren［2006年］は、複雑
な状況では、無意識の考えのほうがうまくいくという枠組みを示した。
また、BossaertsとBruguierとQuarts［2010年］は、心の理論［TOM］
を使う人がどのようにほかの人の考えを理解するか、言い換えれば「悪
意があることを認識したり、善意の意図が分かったりする人間の能力」
が、確率に基づいた戦略よりもうまくいくことを示した。この分野の
最近の文献では、Shull、Celiano、Menaker［2014年］が詳しい）。近
年、神経科学や神経経済学（神経ファイナンスを含む）や心理学の分
野で、人間の意思決定の核となるのが効用最適化ではなくヒューリス
ティクスだとする論文の数が増えている。簡単に言えば、人は判断を
下すときに、時間をかけて経験から身に付けたヒューリスティクスを
使っているというのだ。そう考えると、私たちがときにこの単純なヒ
ューリスティクスを使って必ずしも合理的ではない金融判断を下して
しまうことも納得がいく（BrennanとLo［2011年］、BrennanとLo
［2012年］は行動の発端について述べている。彼らは2択モデルを使い、
取り上げられることが多いさまざまなヒューリスティクス──確率対
応、リスク選好、リスク回避ほか──について説明している）。変化す
る金融環境に適応するヒューリスティクスの能力に影響を及ぼすのが
どのような要素なのかを詳しく調べると、トレンドフォロー戦略のよ
うなヒューリスティクス的な手法が機能する可能性がある理由と時期
について洞察が得られるかもしれない。次の項では、適応力に影響を
及ぼす要素について深く掘り下げていく。

表4.1　適応力に影響を及ぼす具体的な要素と実例

適応力に影響を与える要素	実例
組織としての制約	システム化されたドローダウンの限度 システム化されたリスクの限度 　（例えばバーゼル３） 配分の制約 資産クラスと市場の制約 証拠金と担保の制約
市場の機能性	流動性 カウンターパーティリスク 買いと売りの不均衡
行動バイアス	株の買いバイアス リスク回避 アンカリング 群衆心理

適応力に影響を及ぼす要素

　トレード戦略、特に動的なトレード戦略において、競争の激しい金融市場で生き残りのカギとなるのは適応力である。適応力は、種（あるいは、市場参加者の群）が市場環境の変化に適応していく進化的なプロセスである。市場環境が激しく変化する最も極端な例は、金融危機の最中に起こる。例えば、株は市場全体で買いバイアスがあるが、株式市場が危機に陥ると、ほとんどの市場参加者が影響を受ける。市場の効率性が試されるシナリオである。

　現代の金融環境を構成する市場と市場参加者の複雑なネットワークのなかで、市場参加者の環境の変化への適応力に影響を及ぼす要素がたくさんある。これらの要素は、①組織としての制約、②市場の機能性、③行動バイアス——の３つに分類できる。そして、この３つの分類は、適応力に直接影響を及ぼすいくつかの具体的な要素にさらに分類することができる。**表4.1**にこれらの要素を例とともに示した。次

の項では、これらの要素の背景と、それぞれがどのように適応力に影響するのかについて書いていく。

組織としての制約

　金融業界の性質と構造を考えると、すべての市場参加者はさまざまなレベルの制度化された規制や干渉の対象になっている。これらの制約には、システム化されたドローダウンの限度や方針、システム化されたリスクの限度（バーゼル2や近いうちに導入されるバーゼル3やソルベンシー2といったVaRに関する指針など）、配分の制約（投資信託における買いのみの方針など）、資産クラスと市場の制約（商品市場やデリバティブに関する制限など）、証拠金や担保に関する制約などがある。ドローダウンの限度は、事前に決めたドローダウンの限度に達したら逆指値注文でポジションを損切りする方針で、システム化されたリスクの限度は、リスクの限度に達したらポジションを手仕舞う方針を指す。これらの限度は、VaRやそのほかのボラティリティに基づいた基準によって決定する。配分の制約は、例えば運用委託契約にかかわる制約などで、最も分かりやすいのはほとんどの投資信託に課されている空売りの禁止である。制約は、特定の資産や特定の市場にかかわるものもあり、例えば年金ファンドでは商品取引を禁じたり、一部の投資信託ではデリバティブを禁じたりしているところもある。証拠金や担保の制約も、市場参加者や市場のタイプや取引のタイプによって変わってくる。

　これらの要素の厳密さは、市場参加者によって大きく違い、最も厳しいのは年金ファンドや小口投資家で、最も緩いのはヘッジファンドである。もちろんヘッジファンドも、ドローダウンやリスク限度や証拠金の限度を課してはいるが、小口投資家や機関投資家と比べるとはるかに緩い。

市場の機能性

市場は、すべてが同じではない。金融市場の機能性も、その設計、構造、参加者、取引内容などによって大きく違う。市場の機能性に関して市場参加者の適応力に影響を与える主な要素は、流動性、カウンターパーティーリスク、買いポジションと売りポジションの不均衡などである。流動性は、取引の標準化のレベルや取引の透明性のレベルやその市場のカウンターパーティーリスクの役割や市場参加者の多様性や市場の厚みなどに影響を受ける要素である。もちろんカウンターパーティーリスクは流動性にも影響を及ぼすが、これ自体も十分重要な要素として考慮する必要がある。カウンターパーティーリスクのレベルは、市場によって大きく違う。例えば、店頭市場（OTC）の取引は、カウンターパーティーリスクの影響が大きい。第2章で、先渡し取引と先物取引について書いたが、2者間の先渡し取引を構造と清算機関の仕組みで比較すると、先物取引のほうがカウンターパーティーリスクがはるかに低い。通常、上場されている取引は、その設計上、カウンターパーティーリスクが低い。また、買いと売りの均衡も、市場によって大きく違うし、制度上の理由から市場参加者によってもかなり違う。例えば、空売りを見ると、株式市場では50％の証拠金が必要で、特定のクラスの投資家に限られており、未公開株は対象になっていないが、先物市場では買いと同じようにできる。

行動バイアス——金融界のダーウィン説か

必ずしも合理的な意思決定ではない反応をもたらす投資家の行動バイアスについては、行動ファイナンスの専門家によるたくさんの文献がある。それによると、投資家（あるいは、特定のクラスの投資家）はさまざまな時期に人の行動や感情と関連する行動をとることがあるという（ShullとCelianoとMenaker［2014年］参照）。このことは、行動バイアスも市場参加者の適応能力を妨げる要因になることを意味し

ている。主な行動バイアスのなかには、特定の金融市場に対する「ホーム」バイアス（たいていは株式市場）、損失回避、過剰反応、群衆行動などが含まれている。行動バイアスはほかにもたくさん記録されているが、この3つが市場が危機のときの適応力に最もかかわっている。投資家の多くが、最も身近でよく知っている株式市場にホームバイアスを持つように、市場参加者は自分がトレードしているタイプの市場にホームバイアスを持っている。よく見られるのは、年金ファンドにとっての株式市場や債券市場、債券アービトラージのヘッジファンドにとっての債券市場、CTAにとっての先物市場などである。ホームバイアスが重要なのは、ほとんどの市場参加者が自分が慣れ親しんだ市場でチャンスがなくなったときに、ほかの市場に資産配分を変えることができないからである。また、投資家はチャンスを相対的に評価しており、損失による失望が利益による喜びよりも不釣り合いに大きいことは、損失回避やプロスペクト理論で説明できる。損失回避は、投資家が大きな損失を被ったときのほうが強い反応行動をとるケースが多いこと意味している（KnutsonとKuhnen［2005年］は、損失と利益が脳の異なる部分で処理され、その反応パターンを実際のポートフォリオにかかわる判断と結びつけることができると書いている）。そして、群衆行動の特徴は、個人が集団になると非合理的な行動をとることである。群衆行動は、バブルや暴落を引き起こす原因とされてきた。状況によっては、合理的な動機をもった群衆行動もあるかもしれないが、シナリオによっては群れたくなる傾向が破壊的な結果につながることもある。

　これまで、すべての市場参加者の適応力に影響を及ぼす要素について書いてきた。それぞれの市場参加者が、これらの要素の影響をさまざまな強さで受けることは明らかである。これらの要素が重要かどうかは、市場環境に何が起こるかで変わる。株式市場の危機が起こっているときに、なぜ特定の参加者が生き延びて、適応し、ほかの参加者

よりも高いパフォーマンスを上げることができるのかを説明するために、これらの要素のいくつかが重要になる。次は、適応と適応的市場という概念を用いてトレンドフォローのような戦略を使うと、危機の時期にチャンスが見つかる可能性がある理由を詳しく見ていこう。

クライシスアルファを使ったチャンス

　ほとんどの投資戦略は、株式市場が暴落すると、壊滅的な損失を被る恐れがある。そのため、ほぼすべての投資家にとって意味のある分散をするためのカギとなるのは、混乱期にもパフォーマンスを上げることができる投資先を探すことである。信用危機の悲惨な損失は、特定の投資戦略が理にかなっている理由を理解することの重要性を投資家に痛感させた。トレンドフォロー戦略を使っている投資家はだれでも、この戦略がポートフォリオの分散にとって良い選択であり、株式市場が下げているときにこの戦略が高いパフォーマンスを上げることをよく知っている。この項では、株式市場が危機（テールリスクイベントと呼ばれる状態）のときに、実際に何が起こっているのかを詳しく見ていくことで、トレンドフォロー戦略がクライシスアルファのチャンスをもたらす理由を説明していく。クライシスアルファのチャンスは、危機のときにさまざまな市場で発生する持続的なトレンドを利用して利益を狙う戦略である。

　投資戦略の収益性を高めるためには、根底にその戦略が利用できるファンダメンタルズ的な利益チャンスがなければならない。トレンドフォロー戦略が最も流動性が高く、効率的で信用が守られている市場のみでトレードされていることを考えると、収益性を確保するための競争力はこれらの特性があるかどうかに依存している（先物取引の主な特徴については第2章参照。先物取引は透明性と流動性が高く、カウンターパーティーリスクが低くなるよう決済機関の仕組みを用いて

統制されている。また、先物市場では、トレンドフォロー戦略を使い、幅広い資産クラスのなかから方向性に賭けるポジションを買いと売りの両方で建てることができる）。ヘッジファンドの多くは、信用リスクや流動性の低さにチャンスを見いだしているが、トレンドフォロー戦略の利益チャンスは違う（隠れたリスクについては第9章で詳しく述べる）。実際、トレンドフォロー戦略は最も効率的なタイプのトレード手段を使っており、市場が効率的ならば、普通は存在しないはずの持続するトレンドから利益を得ようとしているのである。そうなると、次の論理的なステップは非常に効率的な市場であっても、その効率性が悪化して持続的なトレンドができるという普通ではない状況を検証することである。ほとんどの投資家は株式市場に体系的な買いバイアスを持っており、私たちは行動バイアスの影響を受けやすいことを考えると（特に資金を失ったとき）、株式市場の危機は、予想できる投資家の行動と、その結果として生まれる持続的なトレンドというシナリオである可能性が高い。市場のダイバージェンスについては第5章で詳しく見ていくが、株式市場の危機は、まさに市場が最も極端なダイバージェンスの状態になっているときなのである。

　株式市場が危機のときに何が起こっているのかを検証すると、トレンドフォロー戦略の設計と構造がクライシスアルファを提供できる理由が分かる。

株式市場の危機とクライシスアルファ

　市場が危機のときは、行動的な理由と制度的な理由の両方で、市場参加者の行動が同調し、市場にトレンドができる。そして、最も適応力がある少数のプレーヤーだけが、この「クライシスアルファ」を利用することができる。

　株価が下がると、買いのバイアスを持つほとんどの投資家（ヘッジ

図4.2　株式市場の危機の流れ

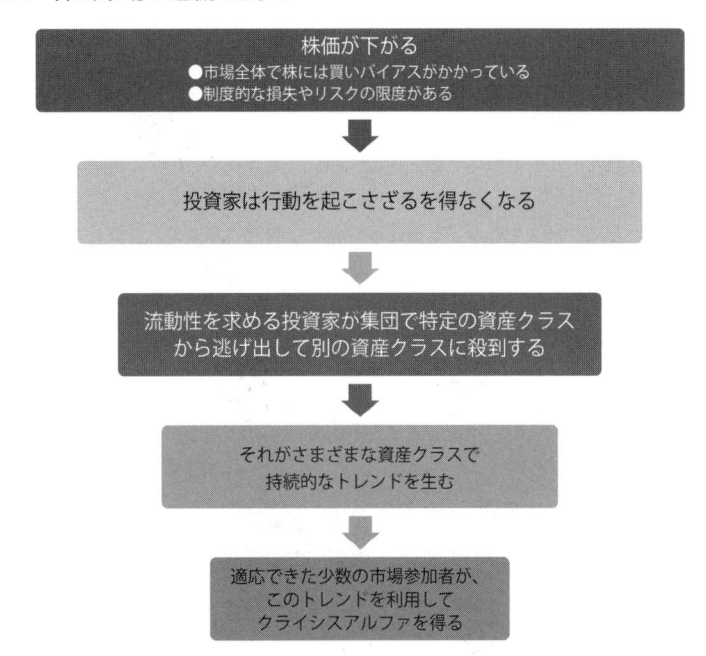

ファンドを含めて）が損失を被る。多くの投資家が損失回避の傾向が
あることを考えると、損失は投資家が行動バイアスと感情に基づいた
判断を下す可能性が高い時期と言える。そして、このことと、幅広く
使われている制度化されたドローダウンやレバレッジやリスクの限度
などが損失をきっかけに組み合わさると、ボラティリティと相関性が
高まる。投資の世界には基本的に買いバイアスがあり、株の損失はた
くさんの投資家の行動を促したり、行動せざるを得なくしたりする。大
勢の投資家が一斉に行動を迫られると流動性は枯渇し、信用問題が表
面化し、ファンダメンタルズ的な評価はあまり重要ではなくなる。そ
して、彼らがポジションを入れ替えるために必死で流動性を求めると、
すべての市場で持続的なトレンドが発生する。**図4.2**は、株式市場が

表4.2　トレンドフォロー戦略の特徴と株式市場の危機における影響

トレンドフォロー戦略の特徴	株式市場が危機のときの影響
先物市場のみで最低限の信用リスクで行うため流動性が非常に高く適応力がある	ほとんどの投資家が見舞われる流動性や信用リスクの問題が少ない
システム化されたトレード戦略で株の買いバイアスがない	損失を被ったことによる行動バイアスや感情的な判断の影響が少ない
先物の幅広い資産クラスのなかで活発にトレードしていく	幅広い資産クラスのトレンドで利益を上げることができる

危機に陥ると起こることを図にしてある。

　システマティックなトレンドフォロー戦略は、先物市場を中心に、さまざまな資産クラスでトレードできる。そこには株式市場のような買いバイアスはない。先物市場は、平時でも流動性が極めて高く、支払い能力もあるが、危機になるとそれがほかの市場を上回る。トレンドフォロー戦略にも制度的なドローダウンやリスクと損失の限度はあるが、主に先物市場でトレードしていることで、危機に見舞われても流動性が下がったり、支払い能力の問題に直面したりすることが少ない。また、株に対して買いバイアスがないことや、システマティックなトレードスタイルを考えると、やはり危機のときによく見られる行動バイアスの影響も少ない。これらのことから、トレンドフォロー戦略には適応力があり、流動性が高く、システマティックで、株の買いのバイアスがないため、株式市場の危機でほぼすべての投資家が陥るワナも避けやすくなっている。トレンドフォロー戦略は、市場で危機が始まるとトレード対象の幅広い資産クラスのなかで持続するトレンドに適応してそれを利用できる数少ない戦略なのである。この特徴のおかげで、これはクライシスアルファを提供できる数少ない戦略になっている。ただ、トレンドフォロワーが株式市場の危機が始まるタイミングを狙っているわけではない。危機が始まると、さまざまな資産クラ

スの幅広いチャンスを利用して利益を上げているだけなのだ。資産クラスには、通貨、債券、短期金利商品、ソフト商品、エネルギー、金属、株価指数などが含まれている。システマティックなトレンドフォロー戦略の特徴と、危機のときの影響を、**表4.2**にまとめてある。

投機的なリスクテイキングの枠組み

この項では、再び適応的市場仮説（AMH）に目を向け、投機的なリスクテイキング戦略を理解するための枠組みについて書いていく。この説明のあとは、トレンドフォロー戦略とその特徴であるクライシスアルファの具体的なケースを検証していく。適応的市場仮説は、チャンスがどのように生まれ、市場がどのように進展していくかを理解するための一般的な枠組みを提供してくれる。ロー（2012年）は、適応的市場の重要かつ実践的な意味合いには次のようなことが含まれると書いている。

1. **時間とともに変化するリスクプレミアム**　リスクとリターンの関係は、時間とともに変化していく（リスクプレミアムは時間とともに変化する）。
2. **市場の効率性は相対的な概念**　市場の効率性は絶対的ではなく、相対的に測定し、検討すべき。市場の効率性は連続的なものであり、単純に効率的か非効率的かというものではない。
3. **成功し生き残るための適応力**　市場環境の変化に対応するためには適応力のある投資手法を使う必要がある。
4. **アルファの必然的な劣化**　一時はアルファだったものも、時間の経過とともに革新や競争によってベータに変わる。持続的なアルファのチャンスはあり得ないが、つかの間のアルファのチャンスはあり得る。**図4.3**はこの効果を示している。

図4.3　アルファはいずれ劣化する

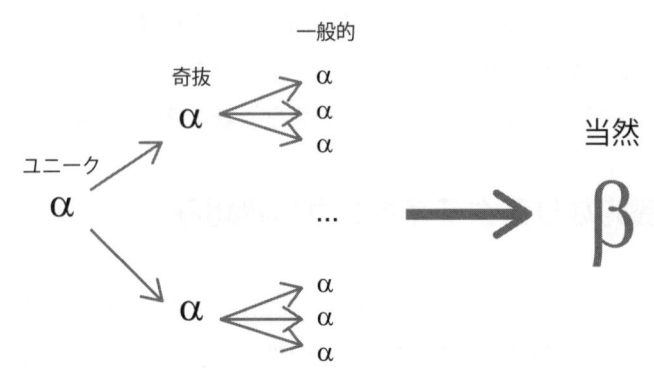

出所＝ロー（2012年）

行動の由来

　話を進める前に、少し寄り道して進化ファイナンスや意思決定理論と神経ファイナンスなどについて書いておく必要がある。古典的な効率的市場仮説と違い、適応的市場仮説には、人間性を考慮する余地がある。新古典派主義経済学者は長年、行動ファイナンスの世界を見下してきた。しかし、ブレナンとローの最近の論文（2011年、2012年）は、ファイナンスの分野に新しい角度から取り組んでいる。彼らは投資家が何を判断し、それをどう最適化すべきかを問うかわりに、生き残るために最適な行動は何かと考えたのだ。この行動の由来に関する研究の主な違いは、彼らが人生を一連の判断だとみなしていることにある。私たちは毎日、新しいリスクに直面し、新しい判断を下しているというのだ。人は、現実の世界では個別に静的な意思決定を下しているわけではなく、物事を頻度で選んでいる。簡単な例として、朝コーヒーを買う場合を考えてみてほしい。毎日同じ店で買う人もいるが、多くの場合、コーヒーの選択はある程度の頻度があるランダムなプロ

セスに見える。例えば、ある人はコーヒーを60％はダンキンドーナッツ、40％はスターバックスで買っているかもしれない。現実には、人は変化を好むようにできているが、リスクに直面すると確率的な判断を下す。例えば、２択の場合は確率対応（詳しくは第12章参照）と呼ばれる過程をたどることが多い。これは、人が期待値と同じ割合で選択する傾向があるということだ。ブレナンとロー（2011年）は、単純な一連の選択モデルを使って確率対応（と時間をかけた動的な判断）が最適だということを示した。つまり、確率対応のような行動は、私たちに組み込まれているヒューリスティクスなのである。これらのヒューリスティクスによって、私たちは長い期間、種として（必ずしも個人としてではなく）適応し、生き残っていくことができる。ブレナンとロー（2011年）は、「行動バイアスとヒューリスティクス」を幅広く検証し、それが次第に生き残りと意思決定につながっていく過程を検証した。彼らの研究は、私たちの行動と、そのような行動をとる動機に関して進化的な視点を提供した。

　ブレナンとロー（2012年）は、人の限られた合理性と知性という概念の理解をさらに深めるため、彼らの枠組みをレベルアップして限られた合理性と「知性」を持つ特定の市場参加者が、長期的にそれ以外の人たちよりも良い「行動」を選択することが可能だということを示した。数学的には複雑だが、この結果と適応的市場仮説を組み合わせると、長期で見た場合、市場環境の変化により効率的に適応できる「賢い投資家」がいることを確認できる。これらの投資家は、特定の期間の特定のシナリオ下で、ほかの人たちよりも高いパフォーマンスを上げているのである。

投機的なリスクテイキング

　話を戻して、この項では投機と、いわゆるインテリジェントトレー

ド戦略について書いていく。まず、適応的市場仮説に基づいて2つの
単純化した状態を仮定しよう。

投機的リスクテイキング戦略の前提条件

A1. 適応的市場仮説が有効　市場価格は市場環境や競争の程度
や市場参加者の構成によって変わる。需要と供給、リスク
選考、競争などが市場価格を動かしている。

A2. 貸出は無リスクで取引コストもかからない　摩擦のない市
場。取引コストはかからないし、すべての担保は十分な利
回り（リスクフリーレート）が得られる。

　この2つの前提の下で、価格はときどき時間をかけて、変化する市
場環境に適応しようとする。そして、リスク選好も、市場参加者が新
しいシナリオや環境に適応していくのに合わせて変化していく（例え
ば、HasanhodzicとLo［2012年］は、レバレッジが株価とボラティリ
ティの関係を牽引しているのではないと書いている。彼らは、リスク
は過去の経験に依存しており、私たちが経験を重ね、環境が変化する
と私たちのリスク選考も変化していくとしている）。このとき、需給に
よる価格の食い違いは、投機的なチャンスをもたらす可能性がある。そ
して、需給が価格を修正するには時間がかかる場合、そこに投機的な
リスクプレミアムが生まれる。実践的な例を挙げると、モメンタム戦
略はこの投機的なプレミアムで利益を得ている。この概念は、モスコ
ウイッツとウーイとペダーセン（2012年）が先物市場における時系列
のモメンタムの効果の存在を記録した最近の研究とよく似ている。3
人は、モメンタムのある特徴と特定の変数を使うと、時系列モメンタ
ム戦略によって長期的にプラスのリスクプレミアムが得られることを
示した。ただ、彼らが言う「投機的なリスクプレミアム」は、1つの
資産クラスから得られるのではなく、すべての資産クラスで機を見て

運用することによって得られるということも重要である。

　先物市場の投機的な戦略（r_t）の特徴は、次のように表すことができる。

$$r_t = \pi_{sp} + r_f$$

　$E\left[r_t\right] = E\left[\pi_{sp}\right] + r_f$、$\pi_{sp}$ は投機的なリスクプレミアム（プラスまたはマイナス）、ボラティリティ（σ）は、特定の投機的戦略のボラティリティを表している。リスクフリーレートは、先物ポジションの証拠金の担保の利回りに貢献している（担保利回りがない戦略では、必ずしもリスクフリーレートでなくてもよい）。投機的なトレード戦略のシャープレシオは、次のように示すことができる。

$$Shp\left(r_t\right) = \frac{E\left[\pi_{sp}\right]}{\sigma}$$

　例えばトレンドフォロー戦略の場合、長期的なシャープレシオが0.5〜0.7のものがある。おおまかに計算すると、もしあるトレンドフォロープログラムの平均ボラティリティが10％ならば、時間枠にもよるが、投機的なリスクプレミアムはおおむね５〜７％程度になる。しかし、A2の条件を緩めて市場の摩擦や取引コストが加わると、担保利回りがリスクフリーレートを下回り、トレードそのものがトレンドフォロー戦略の期待リターンを下げることになるのかもしれない。

　繰り返しになるが、投資戦略が利益を上げるためには、その根底にその戦略が利用できる利益チャンスがなければならない。安定的にチャンスを利用できる賢さか十分な適応力がある投機的な戦略は、市場の変化とともに生まれる投機的なリスクプレミアムを活用できる。その最も典型的な例が、ヘッジのプレミアムである。商品市場の投機筋

129

のトレーダーは、買いでも売りでもヘッジの需要が供給を上回ったときにヘッジプレミアムを得ていると言われている。一方、アルファは一時的なもので、めったに現れない。ただ、アルファははかないチャンスであるが、単純な投機的戦略を上回るリスクプレミアムを提供する。そのことを示す2つの単純な例を比較してみよう。まず、売りのバイアスがあるファンドは、長期間の投機的なリスクプレミアムがマイナスになっているが、特殊なシナリオである市場危機に陥ると、高い投機的リスクプレミアムを得る。その一方で、トレンドフォロー戦略は、平時のシナリオ（需給やリスク選考が均衡している）の大部分で投機的なリスクプレミアムを得ており、極端なシナリオでは適応してクライシスアルファを得る。このことについては、次の項でさらに詳しく述べる。

クライシスアルファの詳細

トレンドフォロー戦略のトレードが、非常に流動性が高く、効率的で信用力が高い市場のみで使われることを考えると、その競争力と収益性はこれらの特徴に依存していることになる。

投機的なリスクテイキングの枠組みをもう一歩進めると、投機的リスクプレミアムは幅広い資産クラスに動的に資本を配分して投機的に賭けることで得られる。需給のバランスがとれている平時のシナリオでは、チャンスがあまりないかもしれないが、金融危機という極端なシナリオを詳しく調べると、金融市場のなかに独特の状況が見つかるかもしれない。このような状況では、市場の需給バランスが自然淘汰によって大きく崩れ、競争が極めて少なく、市場の効率性も試されることになる。これは、適応的市場仮説の用語を借りれば、市場の生態系が進化生物学者が断続的平衡と呼ぶ瞬間を迎えている状態である（断

図4.4　MSCIワールドTRグロス指数がドローダウンに陥った時期のバークレイCTA指数のパフォーマンス——時期は5％を超えるドローダウンが始まった月

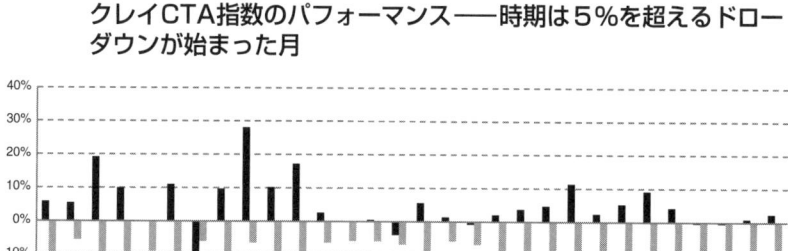

出所＝ブルームバーグ

続的平衡とは、種の進化が長い間比較的安定していたあとに、短期間で変化したり変異したりすること）。このような瞬間には、特定の種が繁栄し、十分適応してクライシスアルファのチャンスを生かすことができる。**図4.4**は、1980年以降でS&P500が大きなドローダウンに陥ったときのトレンドフォロー戦略のパフォーマンスを記録したものである。このグラフでは、株価が暴落した時期のほとんどにおいて、トレンドフォロー戦略は明らかに高いリターンを上げている。

　そうなると、投機的リスクテイキングの戦略であるトレンドフォローシステムのリターンは、クライシスアルファと投機的リスクプレミアム（危機でない時期）とリスクフリーレート（証拠金のキャリー）に分類することができる。投機的リスクプレミアムは、危機でない時期に、先物のさまざまな市場で投機的なポジションから得られるリスクプレミアムで、クライシスアルファは金融市場で極端な出来事が起こったときに得られる利益である。3つを合わせたトレンドフォロー

戦略のリターンは次のように表すことができる。

$$r_t = \alpha_c + \pi_{sp} + r_f$$

α_cはクライシスアルファによるリターンで、π_{sp}は危機でない時期の投機的リスクプレミアム、r_fはリスクフリーレート（先物取引の証拠金にかかる利回り）を表している。ここから、トレンドフォロープログラムの期待リターンは、次のように定義できる。

$$E[r_t] = E[\alpha_c] + E[\pi_{sp}] + r_f$$

また、トレンドフォロープログラムのシャープレシオは次のようになる。

$$Shp(r_t) = \frac{E[\alpha_c] + E[\pi_{sp}]}{\sigma}$$

適応的市場の世界において、トレンドフォロワーは金融危機に適応することで、クライシスアルファのチャンスを得る数少ない人たちである。適応できたのは、この戦略が信用リスクがなく、流動性が高く、すべての資産クラスにポジションを持つという性質を持っていたからだ。しかも、この戦略は危機でない時期においても、需給バランスが少し崩れたことによる市場価格の一時的な変調やダイバージェンスを投機的な圧力が調整するのを利用して、利益を上げることができる。危機でない時期は、流動性が低い市場や新しい市場などのほうが投機的なリスクプレミアムは見つかることになる（この概念は第12章のスタイル分析とスタイルファクターのところで詳しく述べる）。もしその期間に期待できるクライシスアルファが3％で、トレンドフォロープロ

グラムのボラティリティが10%、シャープレシオが0.5だとすると、投機的なリスクプレミアムは2％とかなり低くなる（シャープレシオから逆算した）。トレンドフォロー戦略のパフォーマンスを3つの要素に分ける主なメリットは、危機でない時期の投機的なリスクプレミアムはあまり高くないと予想されるからだ（危機でない時期の先物市場における投機的なトレードは競争が激しい）。そして、もうひとつ重要な点は、トレードシステムはそれぞれ提供しているクライシスアルファと投機的リスクプレミアムが違うということである。トレンドフォローシステムのパフォーマンスをもたらす2つの性質は、戦略の構造とスタイルに密接にかかわっている。このことについては、本書を通して検討し、理解を深めていく。

　もし市場が効率的で摩擦もなければ、トレンドフォロー戦略はリスクフリーレートしか得られないし、それもかなりのノイズが入る。それに取引コストを加えると、リターンは無リスク利率を下回るだろう。一方、市場が適応的で摩擦がなければ、トレンドフォロー戦略はリスクフリーレートと投機的リスクプレミアムを得ることができる。もっと言えば、トレンドフォローシステムはクライシスアルファと投機的リスクプレミアムとリスクフリーレートを得ることができる。トレンドフォロー戦略のパフォーマンスを分解すると、**図4.5**のようになる。

トレンドフォロー戦略のリターンの経験的分解

　適応的市場仮説の下で、トレンドフォロー戦略はクライシスアルファと、投機的リスクプレミアムと担保利回りを与えてくれる。そう考えると、トレンドフォロー戦略のパフォーマンスは、3つの部分に分けることができる。まずは危機期間を単純に定義しておこう。ここでは、危機をマイナスのリターン（基準を下回るドローダウン）が継続している期間と定義する。ちなみに、次の例では、ドローダウンの基

**図4.5　投機的リスクテイキング戦略の一例であるトレンドフォロー戦略
のリターンとシャープレシオ**

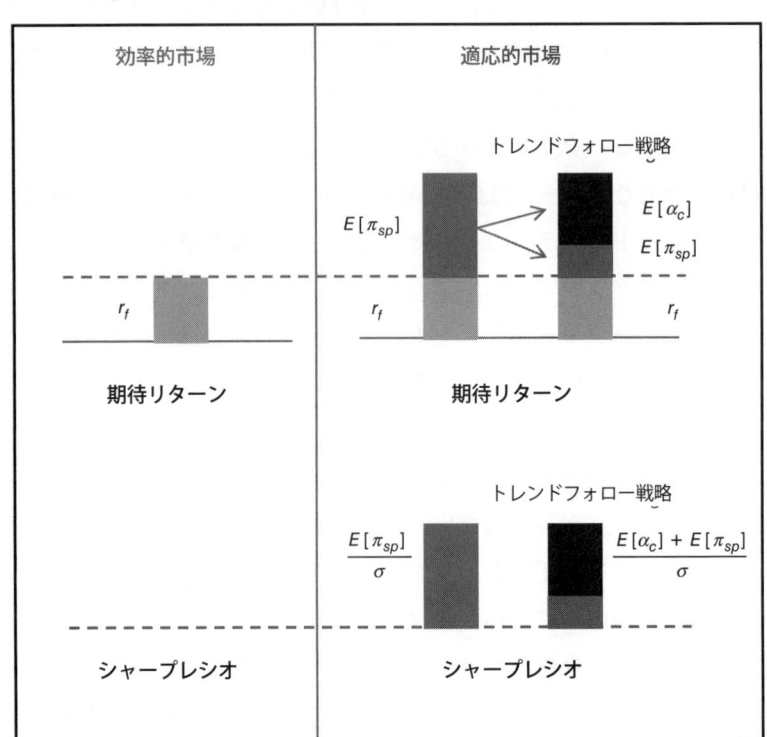

準を－5％としている。この項の結果は、危機期間の定義を変更して
も、比較的安定している。**図4.6**は1993〜2013年における株式市場
（MSCIワールドトータルリターン指数で代用）の大きな危機期間を示
している。

　トレンドフォロー戦略のパフォーマンスと、そのなかの危機の時期
だけを米短期国債のリターンで代用したパフォーマンスを比較すると、
このパフォーマンスは3つの部分に分けることができる。

　1993〜2013年のダウ・ジョーンズ・クレディ・スイス・マネージド
フューチャーズ指数と、2000〜2013年のニューエッジCTA指数と、

図4.6　MSCIワールド指数と危機の期間（1993/01～2013/12）

凡例：
— MSCIワールド指数　　— 危機の期間

出所＝ブルームバーグ

2000～2013年のニューエッジ・サブトレンド指数という同じ業界の指数を使うと、パフォーマンスをクライシスアルファと投機的なリスクプレミアムとリスクフリーレートに分けることができる。今回は、リスクフリーレートに30日物の米国債の利率を使っている（プラスのキャリーの代わりとして、米短期国債の利率約50％を担保利回りとしている）。この戦略のパフォーマンスから危機の時期を除いて代わりに米国債のパフォーマンスを充てると、危機がない場合のパフォーマンスになる。**図4.7**と**図4.8**と**図4.9**は、先の３つのファンドの危機がない場合のパフォーマンスで、**図4.10**には各指数のリターンの分類をまとめてある。サンプル期間の1993～2013年のうち、危機は全体の20～25％を占めているが、その間のリターンは全体の半分以上を占め

図4.7　1993〜2013年のダウ・ジョーンズ・クレディ・スイス・マネージドフューチャーズ指数のリターンの分解（リスクフリーレートは米短期国債30日物の金利を使用）

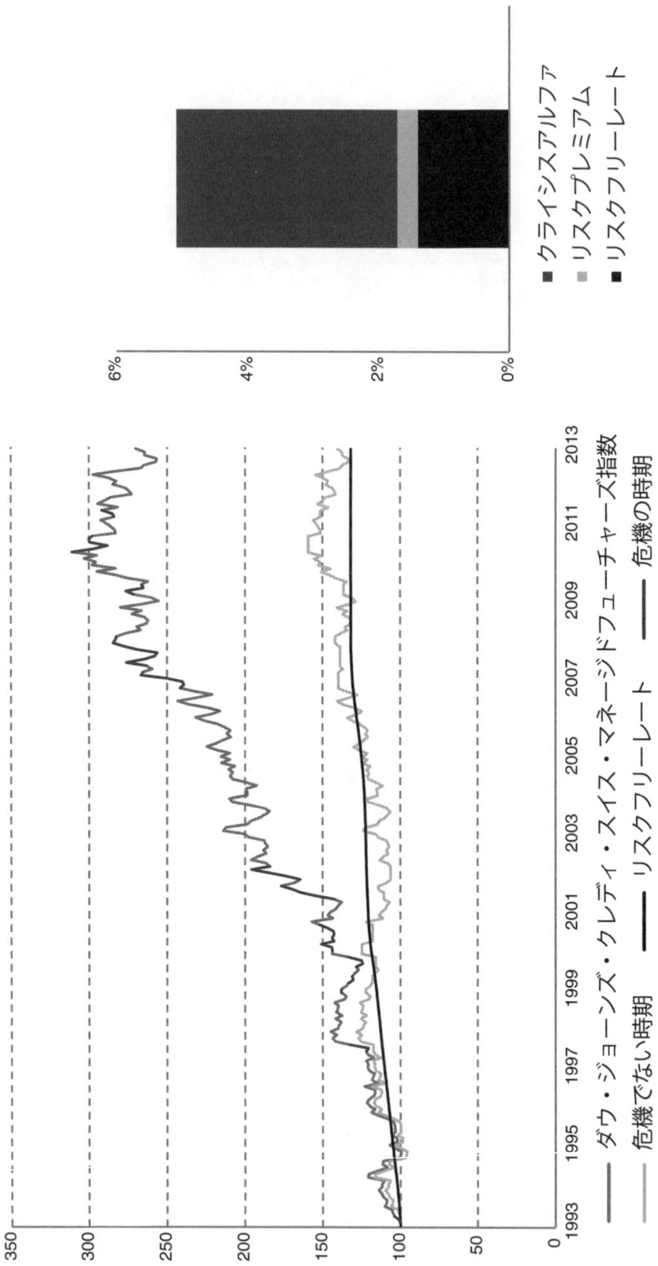

凡例：
- クライシスアルファ
- リスクプレミアム
- リスクフリーレート

―― ダウ・ジョーンズ・クレディ・スイス・マネージドフューチャーズ指数
―― リスクフリーレート　―― 危機の時期
―― 危機でない時期

出所＝ブルームバーグ, CRSP

図4.8　2000〜2013年のニューエッジCTA指数のリターンの分解（リスクフリーレートは米短期国債30日物の金利を使用）

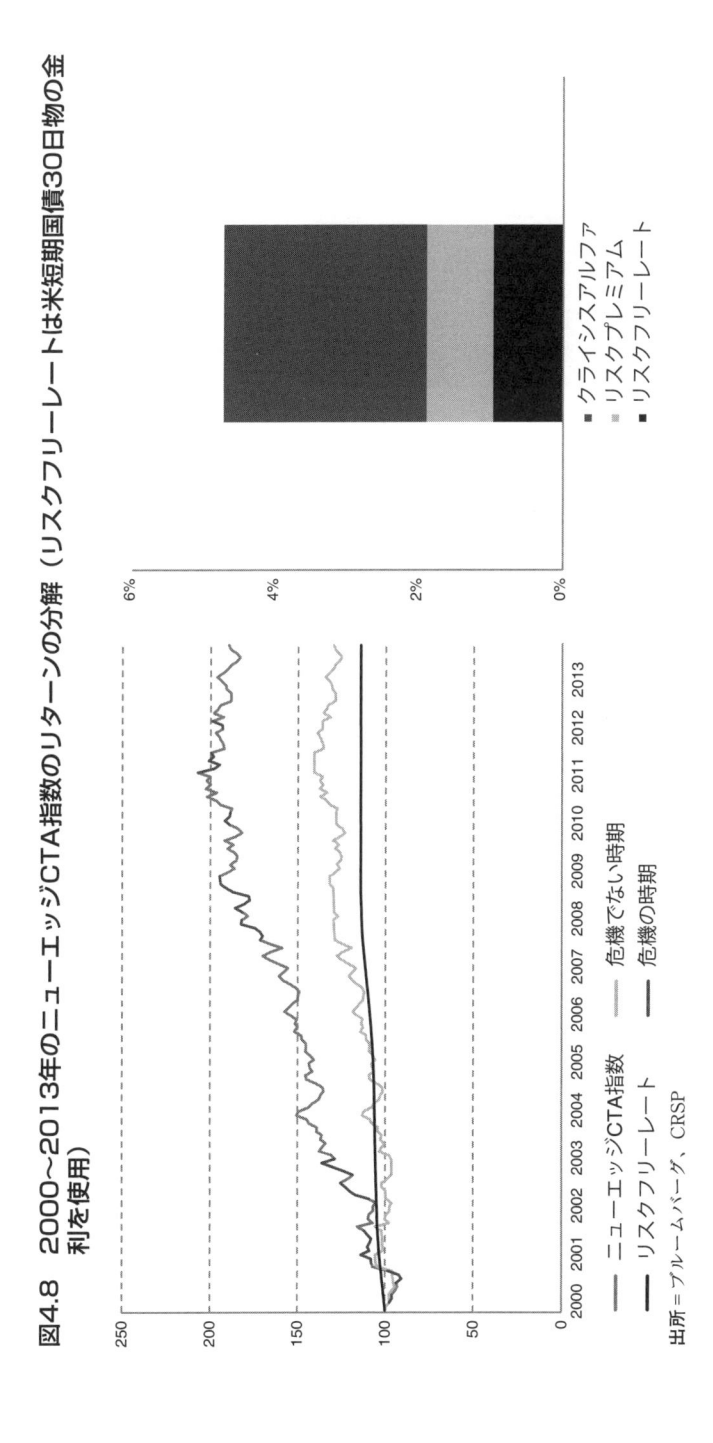

出所＝ブルームバーグ，CRSP

図4.9　2000〜2013年のニューエッジ・サブトレンド指数のリターンの分解（リスクフリーレートは米短期国債30日物の金利を使用）

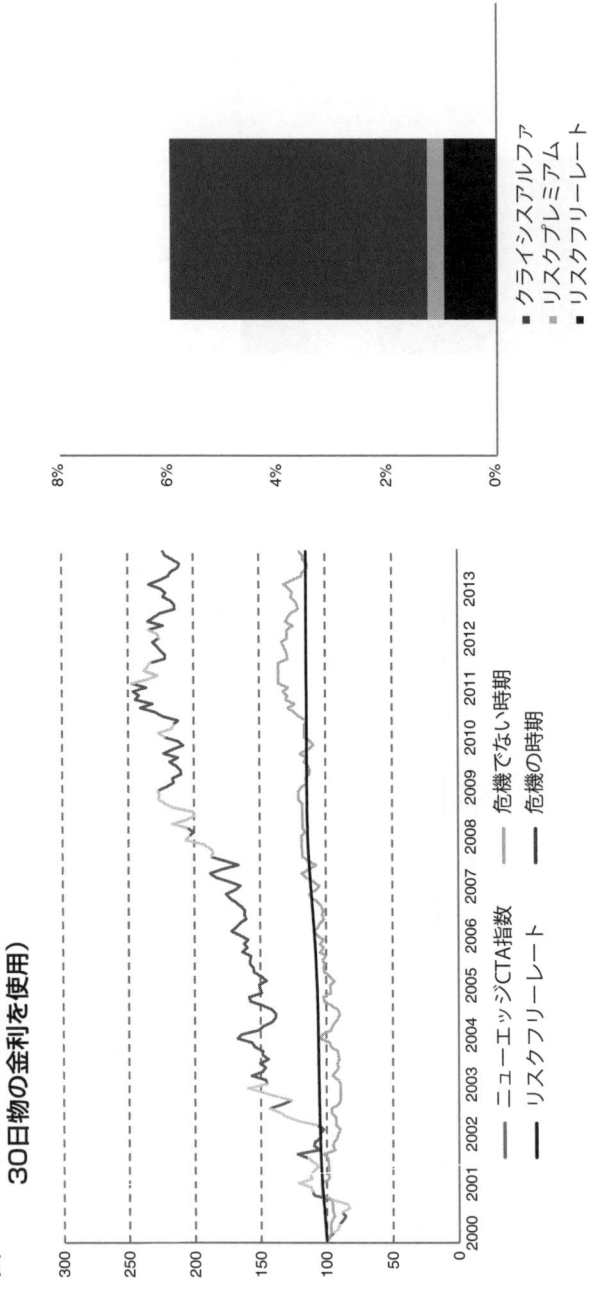

出所＝ブルームバーグ，CRSP

図4.10　1993〜2013年のダウ・ジョーンズ・クレディ・スイス・マ
ネージドフューチャーズ指数と2000〜2013年のニューエッ
ジCTA指数と2000〜2013年のニューエッジ・サブトレンド
指数のリターンの分解（リスクフリーレートは米短期国債30日
物の金利を使用）

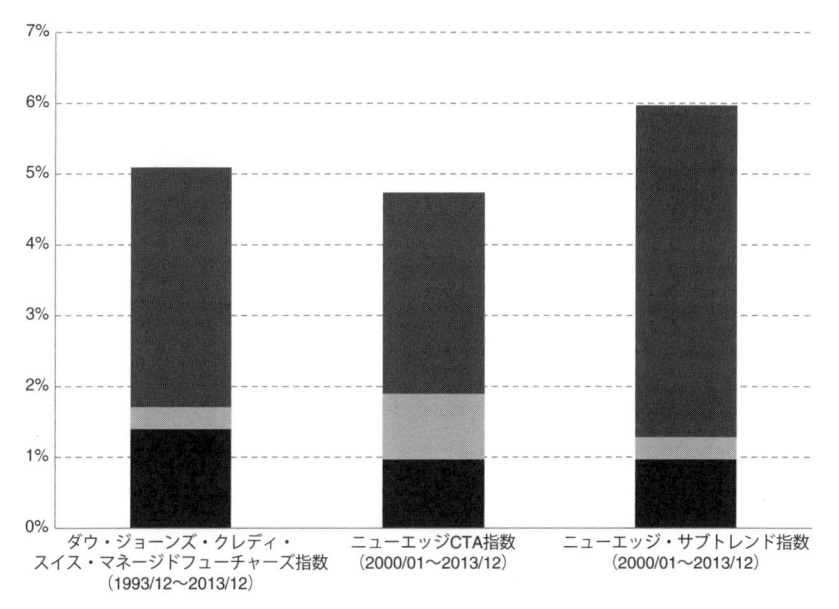

出所＝ブルームバーグ、CRSP

ている場合が多い。過去20年間に危機がかなり頻繁に起こったことを
考えれば、不思議はない。とはいえ、長期的な研究の多くも同じよう
な結果が出ており、リスクプレミアムも大きいが、クライシスアルフ
ァも必ずプラスになっている（別の例はKaminski「2011年」や、
Hurst, Ooi, PedersenによるAQRキャピタルの論文「A Century of
Evidence on Trend-Following」［2012年］参照）。

　過去の20年間の一般的に使われているトレンドフォローシステムと
マネージドフューチャーズ指数を詳しく検証すると、高いパフォーマ

図4.11 危機の時期と危機でない時期のダウ・ジョーンズ・クレディ・
スイス・マネージドフューチャーズ指数とニューエッジCTA指
数とニューエッジ・サブトレンド指数のリターン（年率）

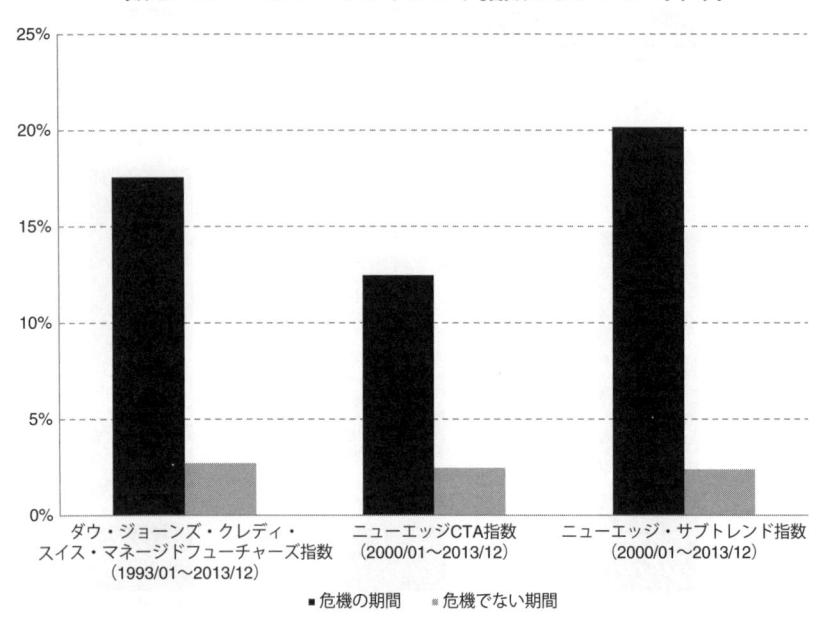

出所＝ブルームバーグ

ンスの主な要因は、危機の時期にあるということが最近分かってきた。
投機的なリスクプレミアムは比較的低く、トレンドフォローシステム
の純粋なパフォーマンスは短期国債とほぼ同じになっていた（この項
でクライシスアルファを分解するとき、担保利回りや資本から発生し
た利子は、米短期国債30日物の利率の半分としている。これで代用し
たのは、100％の利回りはとれない場合が多いため）。例えば、**図4.11**
は先の３つの指数の危機期間と危機でない期間のリターンの平均年率
を示している。この簡単な分析でも、クライシスアルファがトレンド
フォロー戦略の利点の核となっていることが分かる。**図4.10**では、ニ
ューエッジCTA指数に対するクライシスアルファの貢献はニューエッ

ジ・サブトレンド指数のそれよりも小さかった。これは、トレンドフォロー戦略（戦略を幅広く分散した場合ではなく）が、危機の時期に最高のパフォーマンスを上げるからである。ニューエッジCTA指数は、危機でない時期の投機的リスクプレミアムも高い。次の第5章では、この観察をリスクテイキングの手法との関連で見ていく。さらに、この項の分析は、トレンドフォロー戦略と金融市場が変調している時期（またはダイバージェンスのとき）とのつながりも示している。最近、市場のダイバージェンスの多くは、金融危機や株価バブルのさなかに起こっているのだ。

複数世紀のクライシスアルファ

　既存の研究のほとんどでクライシスアルファの説得力のある役割が示されているが、それ以外に、それよりも長い期間のトレンドフォロー戦略のパフォーマンスを観察した研究もたくさんある。ハーストとウーイとペダーソン（2012年）は、トレンドフォロー戦略の100年間のパフォーマンスを示している。これと第1章の分析を合わせて、過去2世紀のクライシスアルファを詳しく見ると、トレンドフォローシステムの最近のパフォーマンスを大局的にとらえ、第5章で市場のダイバージェンスについて掘り下げていく準備を整える助けになる。第1章で紹介した単純なトレンドフォロー戦略システムと、そのとき使った指数や、この単純な手法のクライシスアルファの分解について、200年のパフォーマンスをいくつかの期間に分けたり、直近の期間に注目したりして検証できる（前項で業界の指数を使って比較したように）。**図4.12**は、1813〜2013年を50年ずつに分けてクライシスアルファを分解したもので、これはニューエッジCTA指数（2000〜2013年）とほぼ同じ期間になっている。この分解は、同じ期間の危機期間の割合と合わせて示してある。**図4.13**は、クライシスアルファと危機の期間の割

図4.12　1813～2013年を50年ごとに分けたときの（直近は2000～2013年）クライシスアルファの構成。危機の時期は第1章の株式指数のリターンが－5％未満の時期。リスクフリーレートは、第1章の債券指数の利回りの50％としている。危機の割合は対象期間の危機の月の数をその期間の月数で割った値

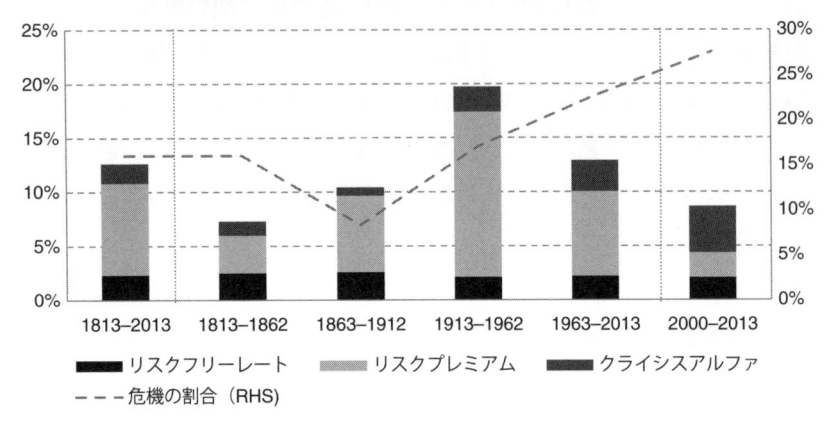

合を示している。これらの図からは、クライシスアルファがプラスの貢献をしており、期間ごとの危機の割合とある程度相関性があることは明らかだ。平均すると、トレンドフォローシステムは危機のときはそれを利用しているようだ。特に、直近の期間は危機の割合とクライシスアルファの貢献が最も高くなっている。また、投機的なリスクプレミアムは、期間ごとに大きく変わっていることにも注目してほしい。このことは、危機以外のときでもトレンドが多い期間とそうでない期間があるということを示している。もしかしたら、このケースはクライシスアルファを株式市場のみで定義するということが重要なのかもしれない。つまり、株式市場と相関のない投機的なリスクチャンスがあれば、それは投機的なリスクプレミアムとして扱えるということだ。例えば、3番目の期間である1913～1962年は、世界大恐慌から長期的に回復する間に、トレンドフォローシステムは素晴らしいパフォーマンスを上げた。この分析が、より掘り下げた数量的な研究の代用にな

**図4.13　1813〜2013年を50年ごとの期間に分けた場合（直近は
2000〜2013年）のクライシスアルファと危機の割合**

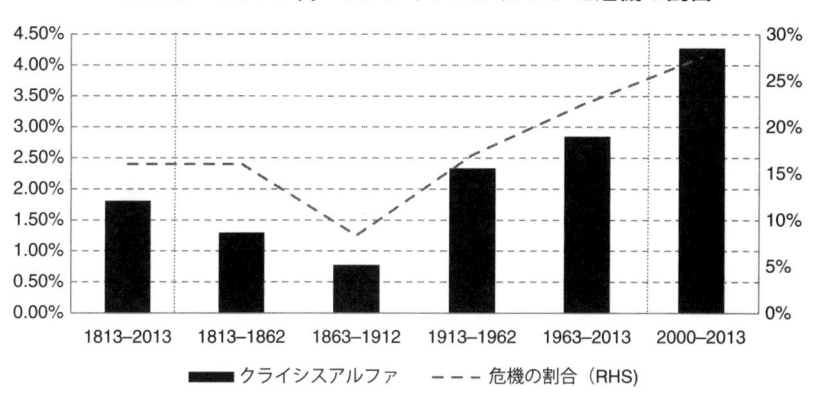

るとは思っていないが、過去15年間に投資家が多くの疑問を抱いてき
たクライシスアルファについて歴史的視点を与えてくれる。

　これらの期間をさらに危機のときと危機でないときに分けたのが**図
4.14**である。これを見ると、危機の時のパフォーマンスと、危機の割
合はほぼ比例している。さらに面白いのは、トレンドフォロー戦略の
条件付きパフォーマンスは、直近の50年を除くと、危機ではない時期
のほうが高くなっている。ちなみに、直近の50年については過去13年
に危機のときのパフォーマンスが突出しているからだと考えられる。こ
の質的かつ記述的な調査では、その理由を予想することはできないが、
長期的な分析を行えば、直近の期間の影響を抑えることができる。第
5章では、この見方を補完するため、トレンドフォロー戦略をリスク
の観点から理解していく。

　トレンドフォロー戦略は、市場がダイバージェンスの時期に高いパ
フォーマンスを上げているように見える。本章では、株式市場の金融
危機という特定の極端な出来事に注目してきた。クライシスアルファ
は、トレンドフォロー戦略の条件付きパフォーマンスの主な原動力の

図4.14　危機の時期と危機でない時期のトレンドフォローシステムのパフォーマンス（1813～2013年）

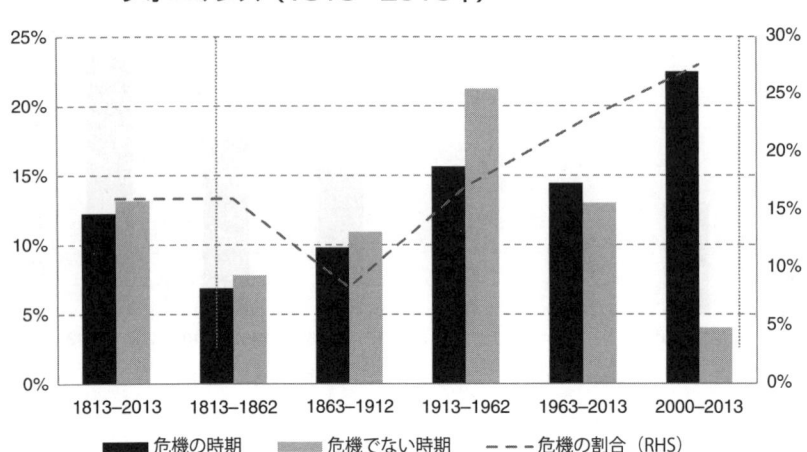

1つである。ただ、**図4.12**と**図4.14**を見ると、投機的なリスクプレミアムやそのほかの力も明らかに働いている。この分析を始めるために、市場のダイバージェンスについて書く準備として、**図4.15**にトレンドフォロー戦略のパフォーマンスを、株式市場の大きな動き（3％以上）と小さな動き（3％未満）に分けて示した。この項のほかのグラフと同様に、この図も株式市場の動きによってトレンドフォロー戦略のパフォーマンスが変化することを示している。過去13年間に、株式市場の大きなマイナスの動きがトレンドフォロー戦略にとってはプラスになっていた一方で、大きなプラスの動きはなっていなかった。しかし、1863～1912年の期間はその逆で、株式市場の大きなプラスの動きがトレンドフォロー戦略にとってもプラスになっていたが、大きなマイナスの動きはそうでもなかった（リスクプレミアムのほうがクライシスアルファよりもはるかに大きかった）。**図4.15**は、市場の動き（あるいは市場のダイバージェンス）によってパフォーマンスが変わる

図4.15　株式市場が大きく動いた時期と小さく動いた時期のトレンドフォローシステムのパフォーマンス。大きい動き（小さい動き）は第1章の株価指数が3％以上（3％未満）動いた時期。期間は1813〜2013年で、それを50年ごとに分けている（直近は2000〜2013年）

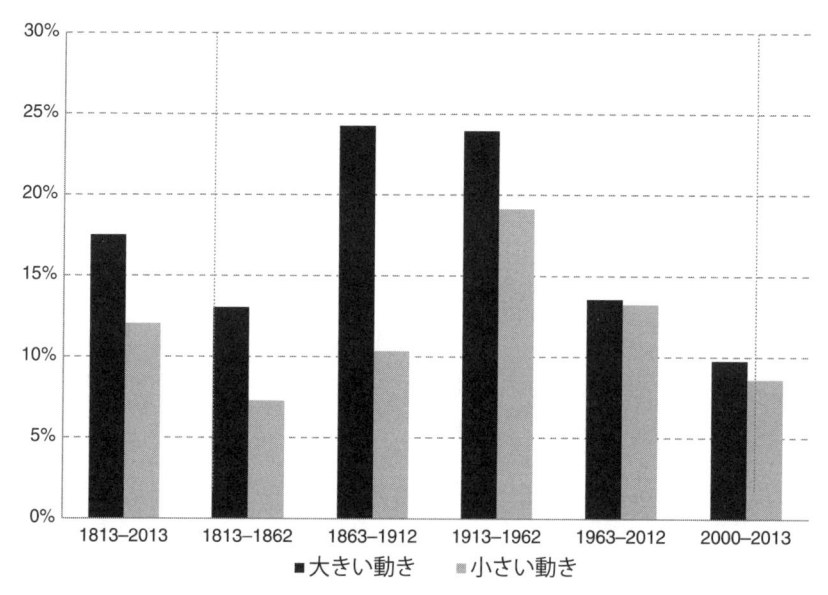

可能性を示している。そして、このことが、第5章の考察につながっていく。

まとめ

　適応的市場仮説によると、自然淘汰の力、つまり種の組み合わせと市場の競争レベルや、変異し、適応し、競争する能力が金融市場における成否を分ける。このように考えると、トレンドフォロー戦略は長期間にわたってクライシスアルファのチャンスを見つけることができる数少ない戦略である。それを流動性を保ち、信用リスクを低くし、行

動バイアスに縛られないことで実現しているのだ。そして、危機の期間は、危機に適応してチャンスを見つけることができる。適応的市場仮説に話を戻すと、投機的なリスクプレミアムについても書いた。トレンドフォロー戦略の場合、投機的なリスクプレミアムはリスクフリーレートと危機でない時期のリスクプレミアムとクライシスアルファで構成されている。一般的な業界の指数も、経験的にリスクフリーレート（プラスのキャリー）と危機でないときの投機的なリスクプレミアムとクライシスアルファに分けることができる。ただ、直近の期間のクライシスアルファの貢献はかなり大きい。ちなみに、長期間（200年）のトレンドフォロー戦略のパフォーマンスと株式市場のデータを検証すると、クライシスアルファの割合は期間によってかなり違うが、それでもクライシスアルファは、常にプラスで、危機の広がり（危機の割合）と相関性がある。投機的なリスクプレミアムもパフォーマンスに貢献してはいるものの、時期によって大きな差がある。最後に、トレンドフォロー戦略のパフォーマンスを株式市場の大きな動きと小さな動きに分けて見ると、この戦略が市場のダイバージェンスに依存していることが分かる。

参考資料

Bossaerts, P., A. Bruguier, and S. Quartz. "Exploring the Nature of Trader Intuition." Journal of Finance 65(2010): 1703-1723.

Brennan, T., and A. Lo. "The Origin of Behavior." Quarterly Journal of Finance 1(2011):55-108.

Brennan, T., and A. Lo. "An Evolutionary Model of Bounded Rationality and Intelligence." PLOS One , 7(2012).

Dijksterhuis, B., and L. Nordgren. "A Theory of Unconscious Thought." Perspectives on Psychological Science 1, no.2(June 2006): 95-109.

Hasanhodzic, J., and A. Lo. "Black's Leverage Effect Is Not Due to Leverage." Working paper, 2012.

Hurst, B., Y. Ooi, and L. Pedersen. "A Century of Evidence on Trend-Following." AQR Capital white paper, 2012.

Kaminski, K. "Diversify Risk with Crisis Alpha." Futures Magazine, February 1, 2011.

Kaminski, K. "In Search of Crisis Alpha: A Short Guide to Investing in Managed Futures." CME Market Education Group, 2011.

Kaminski, K. "Regulators' Unintentional Effect on Markets." SFO, July 2011.

Kaminski, K. "Understanding the Performance of CTAs during Market Crisis in the Context of the Adaptive Markets Hypothesis." RPM working paper, November 2010.

Kaminski, K., and A. Lo. "Managed Futures and Adaptive Markets." Working paper, 2011.

Kaminski, K., and A. Mende. "Crisis Alpha and Risks in Alternative Investment Strategies." CME Market Education Group, 2011.

Knutson, B., and C. M. Kuhnen. " The Neural Basis of Financial Risk Taking." Neuron 47, no.5(2005): 763-770.

Lee, S., and N. Schwarz. " Bidirectionality, Mediation, and Moderation of Metaphorical Effects: The Embodiment of Social Suspicion and Fishy Smells." Journal of Personality and Social Psychology 103 , no.5(2012): 737-749.

Lo, A. "The Adaptive Markets Hypothesis: Market Efficiency from an Evolutionary Perspective." Journal of Portfolio Management 30(2004): 15-29.

Lo, A. "Adaptive Markets and the New World Order," Financial Analysts Journal 68(2012): 18-29.

Lo, A. "Fear, Greed, and Financial Crises: A Cognitive Neurosciences Perspective." In Handbook of Systemic Risk, edited by J.-P. Fouque and J. A. Langsam, 622-662. New York: Cambridge University Press, 2011.

Lo, A. "Reconciling Efficient Markets with Behavioral Finance: The Adaptive Markets Hypothesis." Journal of Investment Consulting 7 (2005): 21-44.

Lo, A. "Survival of the Richest." Harvard Business Review , March 2006.

Lo, A., and M. Mueller. " WARNING!: Physics Envy May Be Hazardous to Your Wealth." Journal of Investment Management 8(2010): 13-63.

Moskowitz, T., Y. Ooi, and L. Pedersen. "Time Series Momentum." Journal of Financial Economics 104(2012): 228-250.

Shull, D. K., K. Celiano, and A. Menaker. " The Surprising World of Trader's Psychology." In Investor Behavior: The Psychology of Financial Planning and Investing, edited by B. Baker and V. Ricciardi(pp. 477-493). Hoboken,

NJ : John Wiley & Sons, 2014.

第 5 章

ダイバージェンスとトレンドのトレード可能性

　リスクテイキングは人間の経験の所産と言える。私たちは、さまざまな戦略とテクニックを使って目の前のリスクに対処しようとする。要するに、私たちのリスクテイキング戦略は、私たちが金融市場をどのようにとらえているのか（いわゆる金融の世界観）に依存している。そう考えると、リスクテイキング戦略はコンバージェント（収束）とダイバージェント（乖離）に分けることができる。この2つのアプローチは、2つの基本的なタイプのリスクテイキングを含んでいる。本章では、リスクの基本的な教義と不確実性をおさらいし、私たちの金融の世界観がいつどのようにしてコンバージェント戦略やダイバージェント戦略につながるのかを説明していく。リスクテイキングのコンバージェント戦略やダイバージェント戦略は、簡単に適応的市場仮説と関連付けることができるため、長期的な利用方法を明確に理解することができる。そして、トレンドフォロー戦略は、市場のダイバージェンスを利用して利益を上げるダイバージェントリスクテイキング戦略である。ここでは、市場のダイバージェンスについて簡単なポートフォリオレベルの基準であるMDI（マーケットダイバージェンス指数）の定義と合わせて書いていく。経験的に、市場のダイバージェンスとそのスピードは長期間変わらない。この経験的な結果は、市場のダイバージェンスが金融市場の普通の現象だということを示唆している。た

だ、トレンドフォロー戦略の予測性とトレード可能性は、時間の経過とともに変わっていく。

リスクと不確実性

金融の世界でも人生でも、私たちは個人として常に何らかのリスクをとっている。リスクテイキングは、簡単に言えば決定規則とリスク許容量とそれに伴う行動を合わせたことである。これは、昼に何を食べるかといったことから、株でいつ弱気になるかといったことまで、さまざまなことが含まれている。金融の世界では、差し迫ったリスクも過去のリスクもボラティリティという言葉で表される。ボラティリティは、将来の期待値のレンジと過去の実現値のレンジの2つを示している（将来の未知のボラティリティとすでに実現したボラティリティ）。この2つのタイプのボラティリティはまったくの別物なので、過去と将来の違いは重要である。

ボラティリティはたいてい原資産の証券や資産のポジションに関するリスク、または不確実性と定義されることが多い。ボラティリティが高ければ、原資産の価値の変動も大きくなる。リスクは、物事が期待どおりにいかない可能性と定義できる。不確実性は、もしかしたらもっと不吉で、結果や範囲や状況の深刻さ、条件、出来事などが分からない状態である（**図5.1**参照）。この概念を説明するため、Aという大きなつぼに100個のボール（赤が50個、黒が50個）が入っていると想像してほしい。もしつぼの中から正しい色を取り出せば1万ドルが当たるが、1回しか引くことはできない。ここで考えてほしい。あなたはこのゲームにいくらなら参加するだろうか。普通の人（リスク中立的な人）の多くは5000ドルと考える、5000ドルを失いたくない人はリスクを回避して、もっと安くなければ参加しない。ちなみに、カジノではほとんどの人が同じようなゲームに5000ドル以上を支払っている。

図5.1　リスクと不確実性

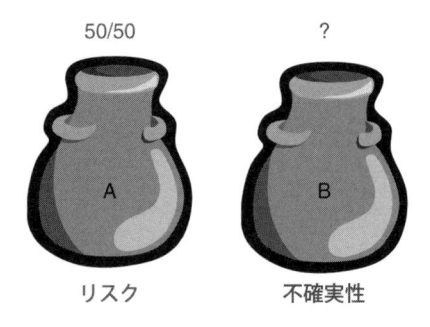

ここで、新しいつぼBを想像してほしい。ここにも赤と黒のボールが入っているが、その割合は分からない。このBのつぼからボールを引くゲームには、いくらならば参加するだろうか。つぼAよりも多く払うだろうか、それとも少ないだろうか。この場合、だれでもつぼBのほうを嫌がるため、BはAよりも安くあるべきだと考える。行動ファイナンスでは、このような状況を不確実性回避と呼んでいる（不確実性の概念とは、ナイトが1921年に発表した「ナイトの不確実性」とも呼ばれている。この概念を基に、行動ファイナンスの不確実性回避や曖昧さ回避に関する論文が生まれた）。つぼAは、リスクの例だが、つぼBは不確実性の例である。この2つの状況を比較した場合、重要なことは、金融市場におけるボラティリティという概念は、だいたいにおいて不確実性であり、率直に言えば不確実性は私たちを不安にするということである（第4章で簡単に述べたとおり、LoとMueller［2010年］は、ファイナンスという分野は部分的に簡略化できる不確実性だと言っている。つまり、ここには数量化できない部分が必ずあるため、ときどき数理モデルがシステマティックに対処できなくなる。リスクから不確実性へと変わっていくスペクトラムのなかで、一方の端に不確実性がほとんどない分野［リスクとして認識できる］として物

理学と数学があり、もう一方には純粋な数量化も簡略化もできない不確実性としての宗教が存在し、ファイナンスや心理学や経済学はその間にあると、彼らは説明している。彼らの研究は、分類法とファイナンスにおけるリスクと不確実性の小さな違いを分類し、掘り下げて見ていくことに大いに貢献した）。金融市場にあるのがリスクなのか不確実性なのかは、ヒトが本質的に知り得ることと本質的に知り得ないことによって決まる。私たちが直面しているのがリスクなのか不確実性なのか（知り得るのか知り得ないのか）は、私たち自身が自分の金融資産に関する知識体系を信じられるかどうかによって変わってくるのである。

コンバージェンスとダイバージェンス

　私たちがリスクをとるとき、私たちの行動（またはリスクテイキングの手法の選択）は、本来、差し迫ったリスクについて、私たちが知識体系をどれだけ信頼できるかによって変わる。私たちの行動と選択は、自分が直面しているのが不確実性なのかリスクなのかといった認識の違いによって左右される。もっと簡単に言えば、私たちがファンダメンタルズに強く納得するのか、それとも差し迫ったリスクの構造に対するあからさまな無知を認めるのかどうかにかかっている。私たちの見方が、リスクテイキングに関する判断のタイプを決めるのである。リスクテイキングが人間の経験の所産であることを考えると、リスクテイキングの手法を詳しく調べ、それが金銭的なパフォーマンスや期待にどのような影響を与えるのかを見ていく必要がある。

　マーク・ゼプチンスキーが1999年にこのことに関する影響力の大きい記事を書いており、このなかで2つの非常に異なる世界観がリスクテイキングのスタイルに影響を及ぼしているとしている（Rzepczynski［1999年］は、リスクテイキングについてトレードの観点から考察して

いる）。2つのタイプのリスクテイキングは、私たちの根底にある考え方の枠組みであるコンバージェントとダイバージェントに基づいて分けることができる。コンバージェントリスクテイキングを選択する人は、世界は構造的で、安定していて、ある程度信頼できると考えている。ダイバージェントリスクテイキングは、潜在リスクやメリットに関する真の構造に関する自分の無知を認め、何が信頼できて、何ができないのかについても少し疑問視している。このことを説明するためには、まず例を見るのが分かりやすいと思う。

コンバージェントリスクテイキングとダイバージェントリスクテイキングの例

2つの単純な戦略があるとする。コンバージェント戦略Cとダイバージェント戦略Dである。この2つを運で勝敗が決まる簡単なゲームに長期間、応用していく（一般的な話をするため、ゲームの確率については何の仮定もしない）。まず、戦略Cは、勝つと利益が確定し、新たに次のゲームを始める。しかし、負けると同じゲームを（勝つまで）継続し、勝ったときに新しいゲームを始める。このゲームでは、敗けゲームのポジションを増やし、勝ちゲームのポジションを閉じることになる。戦略Cは利益確定を急ぐ戦略で、損失の場合はポジションサイズを2倍にすることで損失を回復しようとする。このような戦略では、たくさんの小さい利益がある一方で、ときどき壊滅的な損失を被ることになる。戦略Cを用いる人は、そのシステムを信じ、長期的には勝てると信頼している。しかし、それが正しくないことが明らかになると、状況が良くなるまで待って、その考えが再確認されるのを待つ。

次に、戦略Dは損失が出るとゲームをやめ、損切りして新しいゲームを始める。そして勝ちが続くと、やめるのではなく、掛け金を倍に

図5.2　戦略Cと戦略Dの損益分布のシミュレーション結果

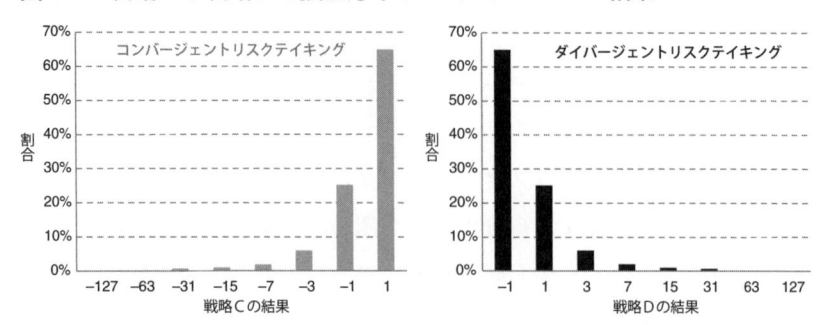

していく。この戦略は、負けポジションを信頼せず、ツキがありそう
なところに追従する。戦略Dは、どのゲームでも負けポジションから
は撤退するため、たくさんの小さい損失を被るが、ときどき特大の勝
ちがある。

　コンバージェント戦略Cとダイバージェント戦略Dの損益分布を比
較すると、戦略Cは勝ちが多く、ほぼ予想どおりに行く。一方、戦略
Dはたくさんのリスクをとることに懐疑的で、1つのゲームに大金を
賭けることはない。この2つのアプローチはそれぞれの結果にも反映
されている。コンバージェント戦略は、たくさんの小さな利益が上が
るが、壊滅的な損失もある。一方、ダイバージェント戦略は、たくさ
んの小さな損失が出るが、有頂天になるような大勝ちもある。このゲ
ームでいくつかの単純な仮定をしたときの、2つの戦略の損益分布の
例を**図5.2**に示してある。この2つの極端だが簡単な例を見ると、コ
ンバージェント戦略のリターンはネガティブスキューで、ダイバージ
ェント戦略はポジティブスキューだということが分かる。

コンバージェントとダイバージェントに関する考察

　通常、人生におけるさまざまな活動において、私たちの行動や意思決定はコンバージェントリスクテイキングとダイバージェントリスクテイキングの手法（あるいはその組み合わせ）を応用している。例えば、道を渡るときは、多くの人がコンバージェントリスクをとっている。ほとんどの場合、道の反対側に行くことができるという小さな利益を得ているが、まれに悲観的な出来事（車にひかれる）が起こり、大きな損失を被るからだ。この例では、私たちは道を渡ることを通常安全なことだと考える傾向がある（イギリスで、旅行者が左ではなく右を見て道を渡ろうとすることがよくある。彼らは気づきもしないうちに大きなリスクをとっている）。もう１つ、ソーシャルネットワークの例も見ておこう。成功しているソーシャルネットワーカーは、たいていダイバージェントリスクテイキング戦略を用いている。彼らはできるだけ急いでたくさんの人と話をすることで、密かに関心がない相手を切っているのだ（損切り）。実力のあるソーシャルネットワーカーは、契約してくれる人にたどりつくまでに無数の相手に当たらなければならないことを理解している。しかし、コンバージェントリスクテイキング戦略を用いるソーシャルネットワーカーは、すでに知り合いで、興味を持ってくれている人としか話をしないため、その人たちとの関係性は深まっても、新しい関係はなかなか広がらない。ダイバージェントリスクテイキングが最も重要な分野はほかにもたくさんある。起業家、ベンチャーキャピタリスト、研究者などは、たくさんの異なるアイデアや手法を大当たりが出るまで試し続ける（これはナシーム・タレブが「いじくり回し［tinkering］」と名付けたプロセス。彼は著書『反脆弱性』［ダイヤモンド社］のなかで、いじくり回しが基も重要な発見につながる様子を書いている）。

　再び単純な金融の例を見ていこう。株式投資は、多くの投資家がそ

の正当性を信じている。彼らは、ファンダメンタルズ的な価値がもたらす長期間における株のリスクプレミアムの存在と金融市場の効率性を信じているのだ。コンバージェント・ダイバージェントという枠組みのなかで、株式市場の投資はコンバージェントリスクテイキングの行動と言える。このことは、損益分布を見ても分かる。株はプラスのリターンが期待できるが、リターンの分布はネガティブスキューで、左のテールが太くなっている。金融界のダイバージェントリスクテイキングで最も分かりやすい例はトレンドフォロー戦略である。この戦略を使う人は、チャンスのみを信じ、市場のファンダメンタルズ的な構造に対する無知を認め、市場はときにケインズのいわゆるアニマルスピリットに牽引されてチャンスの時期が訪れると考えている。彼らはトレンドを見つけるとそれに追従し、ファンダメンタルズについては考慮しない（実際、ほとんどのトレンドフォロー戦略のポジションの負け率は50％を超えている。これは、ほとんどのトレードで資金を失うが、勝ちトレードの利益が長期間の小さな損失を上回るということである）。実際、トレンドフォロー戦略の期待値はプラスで、リターン分布もポジティブスキューになっている。表5.1に、ゼプチンスキー（1999年）による金融の世界観の分類を、コンバージェントリスクテイキングとダイバージェントリスクテイキングに分けて示してある。

　通常、コンバージェントなトレードシステムは、たくさんの小さな利益を狙うが、時に極端な損失を被る。一方、ダイバージェントなトレードシステムは、たくさんの小さな損失に耐えながらときどきある極端な利益を狙う。コンバージェント戦略は、ペイオフ関数が上に凸で、リターンの分布がネガティブスキューになっている。ダイバージェント戦略は、ペイオフ関数が下に凸で、リターンの分布はポジティブスキューになっている。コンバージェント戦略は、ネガティブコンベクシティで、時にはブラックスワン的な損失もある。コンベクシティとは、インプットや当初のリスクが、インプットよりもはるかに大

表5.1 ゼプチンスキー（1999年）によるコンバージェントとダイバージェントな金融の世界観

コンバージェント	ダイバージェント
定常で安定した世界	非定常
世界は知り得ることができ、静止している。構造的な知識	世界は不確実で動的。構造的な無知
市場参加者は概ね合理的な期待を持っている、エラーはランダム	市場参加者は合理的な考えを持っているが、多くが間違いを犯すしバイアスを持っている
市場は新しい情報に合わせて調整する	学習には時間がかかる。情報に合わせて調整はゆっくりと起こる
均衡状態からのダイバージェンスは長くは続かない	ダイバージェンスは存在し、時には劇的になる
ファンダメンタルズは短期的に劇的には変わらない	ファンダメンタルズ的な変化はたいてい予期せず起こる

きい要素によって拡大されることである。ポジティブコンベクシティは、少額（あるいは埋没費用）をリスクにさらして、それよりもはるかに大きいアウトプットを得る場合を指す。ポジティブコンベクシティの最も簡単な例が宝くじである。宝くじが当たった人は、くじの価格とは比較にならないほどの大金を受け取る。この性質によって、ダイバージェントのリスクテイキングを好む人は宝くじに興味を引かれ、スリルを感じる。ただ、宝くじの問題は、期待利益がマイナスであることだ。一方、ネガティブコンベクシティでときどきブラックスワン的なことがある投資は、ほとんどの場合、少額の利益が上がるが、まれに巨額の損失がある。株に投資していて、リーマンショックを経験したすべての投資家にとって、株式市場の危機はネガティブコンベクシティの出来事だった。ゼプチンスキー（1999年）は、コンバージェントリスクテイキング戦略とダイバージェントリスクテイキング戦略のトレードとリターンの動きを分類した。それを**表5.2**にまとめてある。

表5.2　ゼプチンスキー（1999年）によるコンバージェントとダイバージェントのトレードとリターンの関係

コンバージェント	ダイバージェント
フェアバリューに対する強い感覚	フェアバリューを予測しない
アービトラージトレード、バリュートレード、逆張り	トレンドフォロー、モメンタム
ネガティブコンベクシティ	ポジティブコンベクシティ
平均回帰や長期のリスクプレミアムによる利益	極端で平均値が速く動く出来事による利益
上に凸のペイオフ関数	下に凸のペイオフ関数
ネガティブスキュー	ポジティブスキュー

　ほとんどの投資戦略は、コンバージェントかダイバージェントのリスクテイキングの手法に分類できる。例えば、株式市場で買いポジションを持つということは、株のリスクプレミアムを信じているか、平均回帰を信じていると考えられる。さまざまな株の戦略のなかで、成長戦略はバリュー戦略よりもダイバージェントと考えられる。特に長期的に見ると、成長企業はファンダメンタルズモデルを使ってモデル化したり予想したりするのが特に難しい（成長企業の将来のキャッシュフローはたいていはっきりとは分からない。そのため、ディスカウントキャッシュフローモデルやそのほかのファンダメンタルズモデルで資産評価するのが非常に複雑になる）。相対的に見ると、バリュー戦略はバリュー企業の本質的価値を計算することができるため、コンバージェントな戦略と言える（評価において特定の見方や確信を持つことができる）。未公開株の世界の大規模なLBO（レバレッジバイアウト。対象企業の資産を担保とした借入金による買収）などの再編プロジェクトは、コンバージェントリスクテイキングに近い。成熟企業は評価しやすいからだ。その一方で、ベンチャーキャピタリストは、ダイバージェントリスクテイキングに挑む。通常、彼らは少額を大きな

表5.3　ゼプチンスキー（1999年）によるコンバージェント戦略とダイ
　　　　バージェント戦略のトレード

資産クラス	コンバージェント	ダイバージェント
株	バリュー投資、逆張り、アービトラージ（ペアトレード）	モメンタム、グロース
債券	アービトラージ、信用評価	金利の方向性
ヘッジファンド	アービトラージ（債券、転換社債）、株のロングショート、セクターファンド、通貨アービトラージ	マネージドフューチャーズ、トレンドフォロー、テクニカル分析

企業プールに投資して、次のスーパースターが出てくることを期待す
る（成熟したLBO相手という少数の堅実な投資をするのではなく）。も
う1つ、直観的な例を挙げておこう。ボラティリティの買いや売りの
戦略である。ボラティリティの買い戦略は、安定した時期はたいてい
ネガティブキャリーに苦しむが、不安定になると無限のリターンが期
待できる。また、ボラティリティの売り戦略は、長期間、少額のプレ
ミアムを得られるが、ときどき破綻する。ボラティリティ戦略は、将
来のボラティリティへの投資（負債）なのである。将来のボラティリ
ティは、リスク（コンバージェントな部分）と不確実性（ダイバージ
ェントな部分）の両方に依存している。第4章で述べたとおり、ボラ
ティリティプレミアムは投機的なリスクプレミアムの一例である（例
えば、短期間ならば通常はネガティブキャリーになるが、長期的には
ボラティリティの買い戦略は期間によってはポジティブスキューとプ
ラスのプレミアムを示すように見える。ボラティリティの買い戦略は、
保険と似ている。また、ボラティリティの売り戦略は、買い戦略の「保
険料」が高すぎると投機的なリスクプレミアムを提供してしまうこと
になる）。ゼプチンスキー（1999年）は、いくつかの一般的なトレード
スタイルの違いを**表5.3**のように説明している。

適応的市場仮説とのつながり

　リスクをとることと、リスクに反応してとる行動は、私たちの信念構造や金融の世界観と直接つながっている。そのため、これが時間の経過とともに私たちの投資の仕方を変えるかもしれない。そうなると、投資することの意味は何なのだろうか。何が投機で何が投資なのか、それともそんなことはどうでもよいのだろうか。投資の定義は、将来値上がりすることを期待して資産や品物を買うことである。もし私たちの見方を二極化し、例えば市場が効率的と考えるか、それとも根拠なき熱狂に感染すると考えるかによってコンバージェントとダイバージェントのどちらかに分かれる。2013年のノーベル賞は、世界観が大きく異なる実証的な資産価値の研究者に贈られた。一方の研究は効率的市場仮説で、もう一方は行動ファイナンスだったのである（2013年のノーベル経済学賞は、実証的な資産価格の研究への貢献に対して、ユージン・ファーマとラース・ピーター・ハンセンとロバート・シラーに贈られた。ファーマは効率的市場仮説に関する研究で知られており、シラーは行動ファイナンスの先駆者の１人である）。もし両方の見方が重要ならば、金融市場で高いパフォーマンスを上げて成功するためには、どちらのリスクテイキングスタイルも重要ということになる。

　もし市場が効率的ならば、核となるファンダメンタルズ的な構造が維持される資産には、コンバージェント戦略を使うべきかもしれない。例えば、株の長期的な投資で損切りをしないことが理にかなっている時期もある。その一方で、私たちは「アニマルスピリット」に屈する金融市場の本当の構造に関する無知を認める必要がある。そして、このようなときは未知のことや不確実なことにうまく対応できるダイバージェントリスクテイキング戦略が適している。最適な組み合わせは、金融市場の状態と、そこに参加しているプレーヤーたちによって決まる。また、全体としての最善策は、両方のリスクテイキングの手法か

ら少しずつ取り入れる必要がある（その一例として、ChungとRosenbergとTomeo［2004年］が、コンバージェントとダイバージェントの手法を使ったヘッジファンドのポートフォリオの資本配分について書いている。彼らは、概念的にも経験的にもこれが実践できることを示した）。要するに、コンバージェントのリスクテイキングは長期的に競争し、価値を維持できる反面、隠れたリスク（いわゆるブラックスワン）にさらされることになる。しかし、ダイバージェントリスクテイキングならば、市場がストレスにさらされているときも適応し、革新し、もしかしたら生き残ることができる。

　適応的市場仮説は、価格はその市場の生態系の参加者と、そこにある資源のレベルと、参加者の適応力や競争力の組み合わせによって決定されるとしている。時間とともに環境が変化するのに合わせて、資源と競争は変わっていく。リスクテイキングの概念に話を戻すと、金融市場では時期によってコンバージェントリスクテイキングが適切なことも、ダイバージェントリスクテイキングが適切なこともあれば、2つを組み合わせるのが理にかなっていることもあるかもしれない。コンバージェントリスクテイキングは、市場が比較的安定していて既知のときに競争力を維持するには適している。一方、ダイバージェントリスクテイキングは、それまで累積した損失を上回る特大の成功がまれにある。コンバージェントリスクテイキングは、長期間成功し、競争力もあるが、壊滅的な損失（金融制度や投資を悩ますブラックスワン）もあり得る。ダイバージェント戦略は、革新と適応とカオスや混乱から価値を生み出すことを可能にする（この概念はナシーム・タレブの『反脆弱性』（ダイヤモンド）の主張と似ている。タレブは、ボラティリティとストレスが金融制度を強化すると書いている。本書とのかかわりで言えば、コンバージェントリスクテイキングの手法は、ダイバージェントな性質を組み合わせたほうが長期的にはより堅固になる。純粋にダイバージェントの手法は、市場の安定期にはパフォーマ

ンスが低いが、ストレス時にはうまく対応できる。コンバージェント
戦略は、安定している時期は高いパフォーマンスを上げるが、本質的
に脆弱である）。

コンバージェンスとダイバージェンスを測定する

　人生におけるリスクと同様に、コンバージェントリスクテイキング
もダイバージェントリスクテイキングも、時期によっては理にかなっ
ている。これらのリターンの上がり方はかなり違うため、その効用も
かなり違う。また、ある手法がうまくいくかどうかは、当然ながらそ
の資産クラスのリスク構造をどれくらい知り得るか、あるいは知り得
ないかによって決まる。例えば、リスクと不確実性に話を戻すと、資
産の動きを支配するリスクや不確実性のレベルは、コンバージェント
戦略とダイバージェント戦略のどちらがうまくいくのかを示している
のかもしれない。もっと具体的に言えば、ダイバージェント戦略はた
いてい不確実な状況のほうがうまくいく。適応的市場と同じで、この
関係は時期によって変わる。長期的に見れば、どちらのタイプのリス
クテイキングのパフォーマンスも時期によって変わっていく。株の例
で言えば、時期によってバリュー戦略が成長戦略を上回るときもあれ
ば、逆のときもある。ちなみに、バリュー戦略はコンバージェントで、
成長戦略はダイバージェントである。特定の市場のダイバージェンス
の度合いを測定するには、その市場のリスク不確実性比率（RUR）を
求めるとよい。簡単に言えば、この比率は説明可能なボラティリティ
を不確実なボラティリティで割って求めることができる。

RUR ＝説明可能なボラティリティ÷説明できないボラティリティ
　　＝説明可能なボラティリティ÷
　　　［すべてのボラティリティ－説明可能なボラティリティ］

　説明可能なボラティリティは、適正価値やファンダメンタルズモデルで説明できる。説明可能なボラティリティは「知り得る」リスクの高さで、説明できないボラティリティは、説明できない要素に由来するボラティリティの高さを指している。

　RURが分かると、資産クラスを検証して説明可能なボラティリティと説明できないボラティリティがどれくらいかを判断できる。RURが高いと、コンバージェントリスクテイキング戦略のほうが適しているし、逆も言える。例えば、通貨のファンダメンタルズモデルは、価格のボラティリティについてほとんど説明していない。実際、通貨トレードではたいていテクニカル分析が使われている（ファンダメンタルズ分析ではなく）。株でさえ、過度なボラティリティという現象が、行動ファイナンスで市場のアノマリーとしてよく取り上げられている。このような現象は株価のボラティリティがファンダメンタルズモデルの予想よりもはるかに大きいことを示している。コンバージェント・ダイバージェントという観点から言えば、不確実性は株のボラティリティに含まれていることになる。商品市場のRURも低いが、これはファンダメンタルズモデルの信頼度が低いため、コンバージェントなリスクテイキングがより難しいことを意味している。

不確実性を流動性と信用リスクに結びつける

　信用リスクは、カウンターパーティーが負債を返済できなかったり、契約やポジションを履行できなかったりするリスクである。信用リスクは、個人の行動に依存している。そこでの関係性のネットワークは複雑だ。通常、ストレスがかかった状態で人々がどのように反応するのかを理解するのは単純ではない。流動性リスクは、市場性がなかったり、損失を避けたり最小限に抑えたりするために素早く買ったり売ったりできないことによって発生する。通常、流動性の測定は複雑で、

予想するのも簡単ではない。流動性は、今あったとしても、需給バランスが崩れると急になくなってしまうこともあるのだ。流動性を必要としている人にとって、これは深刻な懸念材料になる（大きな不確実性がある）。

多くの研究者が信用リスクと流動性リスクの動きを特徴づけようと試みてきたが、まだその予測は難しいし、分かっていないことも多い。これらはたいていショックとともに訪れ、その広がりをモデル化したり制御したりすることも難しい。各種の研究によってこれらのリスクは多少は知り得るようにはなったが、それでもまだとらえにくいし、知り得ない部分が多くある。コンバージェントリスクテイキングでは、これらのリスクを知り得るものと考えるかもしれない。しかし、それで安心して長期的なリスクをとっても、それが当初の想定よりも深刻になると、壊滅的な損失の危険にさらされるかもしれない。

トレンドフォロー戦略の対応の仕方

トレンドフォロー戦略は、ダイバージェントリスクテイキングの手法である。前出の戦略Dと同様に、トレンドフォロー戦略はたくさんの市場でたくさんの小さいポジションを建てる。そして、逆行すれば素早く損切りし、順行すれば増し玉していく。トレンドフォロー戦略の長期的なパフォーマンスのリターン分布はポジティブスキューで、ポジティブコンベクシティで、ポジションの勝率はおおむね50％を下回っている。この戦略は、市場のダイバージェンスで利益を上げ、市場が極めて混乱しているときにクライシスアルファを生み出す（均衡が途切れた瞬間については第4章参照）。リスクの観点から言えば、これらの戦略は、さまざまな資産の市場価格についてダイバージェントな見方をしている。公平に見て、トレンドフォロー戦略は価格についてはダイバージェントリスクテイキングであっても、流動性と信用に関

図5.3　純粋なトレンドフォローシステムとほかのさまざまな戦略の月次リターンの歪み

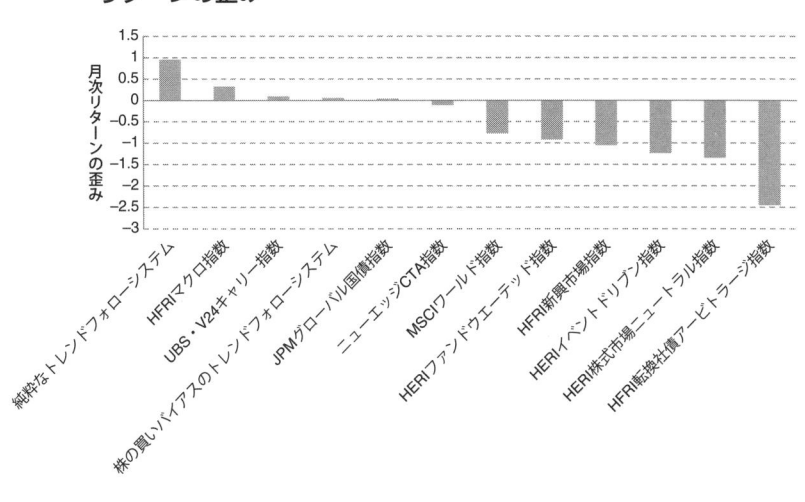

しては、コンバージェントリスクテイキングである。カウンターパーティーリスクや流動性リスクを避け、カウンターパーティーリスクの質や流動性に関するダイバージェンスから直接的に利益が上がるようなポジションは取らないからだ。結果として価格に反映されたこれらの要因の効果で利益を上げることがあるとしても、構造的に見て予想が難しすぎることから、これらのリスクを能動的にはとらない。また、このような問題は、損切りや価格トレンドに適応する妨げになる。このことをより明確に説明するため、別のダイバージェントリスクテイキングの手法としてベンチャーキャピタル（未公開株のLBOではなく）を見てみよう。このタイプのダイバージェントリスクテイキング戦略は、たくさんの起業家に小さく賭けて（損失を限定する）、そのなかから次のスーパースターが生まれることを期待する。この種の戦略は、どのような人に投資するか（カウンターパーティーリスク）と、新しいアイデアを売って利益を得られるかどうか（流動性リスク）に依存している。例えば、**図5.3**は、トレンドフォロー戦略やそのほかの

代替戦略のリターンの歪みを示している。これを見ると、トレンドフォロー戦略はプラスの歪度が最大で、これはほかの戦略よりもダイバージェントだということが分かる。

この説明では、リスクテイキングはリスクをとる人の金融の世界観に依存しているという事実が強調されている。ただ、このなかには市場は知り得ることと知り得ないことの間で揺れ動くという金融の世界観もある。これは、その人が考えているリスクのタイプに依存している。人生のほとんどのことと同様に、リスクテイキングも文脈に依存している。トレンドフォロー戦略は、市場価格の構造に対する無知を認めている（2013年末に、エコノミスト誌が2008年以降でトレンドフォロー戦略のパフォーマンスが悪かった時期に関する記事を掲載した。この記事は、クオンツの運用者はファンダメンタリストに比して「楽観的」だとしている。トレンドフォロー戦略で運用している人たちは、本質的に市場を予測することなどできないため、システマティックにリスクを配分するシステムを作るしかないと考えているというのだ）。ただし、信用リスクと流動性リスクはとる価値がないという構造的な見方は持っている。

モメンタムと市場のダイバージェンス

多くの投資家が、トレンドフォロー戦略をモメンタム戦略だとしている。実際、モスコウイッツとウーイとペダーセン（2012年）も、彼らが時系列モメンタムと定義した現象について論文を書いている。時系列モメンタムは、特定の資産クラスの異なる資産間の価格の動きを横断的にとらえるクロスセクションモメンタムとは違う。時系列モメンタムは、資産クラス全体を対象とし、時間の経過とともに変化するモメンタムで、トレンドフォロー戦略の特徴を単純に表している。ただ、モメンタムという概念の主な問題点は、これが原因ではなく効果

表5.4　ダイバージェンスと変調とモメンタムの定義

用語	生物学的な定義	金融的な解釈	原因
ダイバージェンス	共通の祖先を持つ動物や植物が生息する場所によって異なる形態に進化する傾向や過程	市場参加者や市場の種のグループが進化し、新しい市場環境に適応する過程	リスク選好の変化、需給の相殺、行動バイアス、センチメント、危機や市場の摩擦、システミックリスク
変調	移行のための行動または移行されている状態、標準または安定状態からの途絶	価格が無裁定関係ではなくなる	ダイバージェンスがゆっくりと進行するか長引く
モメンタム	物理的な対象やイベントの進行が移動する力や速さ	価格が一定期間、一方向に動き続ける	ダイバージェンスがゆっくりと進行するか長引く

だというとである。モスコウイッツとウーイとペダーセン（2012年）をはじめとするモメンタムに関するほとんどすべての実証研究は、モメンタムの原因として長いリストを示すだけに終わっている。このなかには、適応的市場仮説の観点から言えば、モメンタムは単純に市場のダイバージェンスがゆっくり進行したか長引いたことによって起こる。進化生物学と同じで、金融制度も人と、人が動かすコンピューターで構成されている。パスカリエロ（2014年）は、モメンタムと多少似ている市場の変調の経験的な証拠を示した。市場の変調は、価格が単純な無裁定関係から逸脱している期間と定義できる。市場の変調もモメンタムも、市場のダイバージェンスが長引いた影響なのである（生物系と同じて、ほとんどの変化は体系の安定性を損なうほど激しくはない）。表5.4に、ダイバージェンスと変調とモメンタムの定義をまとめてある。ここではそれぞれに生物学の定義と、金融的な解釈を合わせて示してあり、進化生物学とのつながりが分かるかと思う。

行動バイアスから市場の摩擦まで、さまざまな説明がなされている。

表5.5　トレンドフォロー戦略をダイバージェントリスクテイキング戦略たらしめる原理と特徴のまとめ

純粋なトレンドフォロー戦略の原理と手法	実施と実証証拠
マクロに関するファンダメンタルズ的な見方はない*	過去の価格情報のみに基づいてポジションを建てる
資産クラスのバイアスはない	幅広い資産クラスにリスクを分散する
システマティックな損切り	裁量でポジションを建てない。トレンドが逆行したら損切りする
たくさんの小さい損失による最低のパフォーマンス	通常、トレードの勝率は50%未満。ドローダウンと勝率は逆相関性が高い**
最高のパフォーマンス、大勝ちすることはあまりない（ポジティブコンベクシティ）	勝ちの大きさ（損益）と最高のパフォーマンスには直接的な関係がある
プラスの歪度、コンベクシティ	統計的にポジティブスキュー、リターンプロファイルのコンベクシティ（左ではなく右のテールが太い）
市場のダイバージェンスで利益を上げる	パフォーマンスは市場のダイバージェンスと相関性が高い***

*　　経済学者の立場ではトレンドフォロー戦略は価格が部分的に簡略化できない不確実性に支配されているかぎり、合理的なのかもしれない（LoとMueller、2010年参照）
**　　詳しくは第9章参照
***　次項から市場のダイバージェンスの評価について書く。それを使うと、トレンドフォロー戦略のパフォーマンスと市場のダイバージェンスの相関係数は約0.75になる

トレンドフォロー戦略におけるダイバージェントリスクテイキングの実証証拠

　前項で、トレンドフォロー戦略がダイバージェントリスクテイキング戦略である理由を質的に説明した。本章では、これ以降もこの概念を使い、第12章ではスタイル分析を発展させていく。まずは、純粋なトレンドフォロー戦略の原則と手法とその実証的な資質を**表5.5**に示しておく。

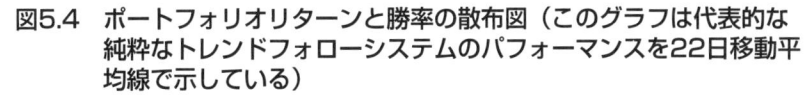

図5.4　ポートフォリオリターンと勝率の散布図（このグラフは代表的な純粋なトレンドフォローシステムのパフォーマンスを22日移動平均線で示している）

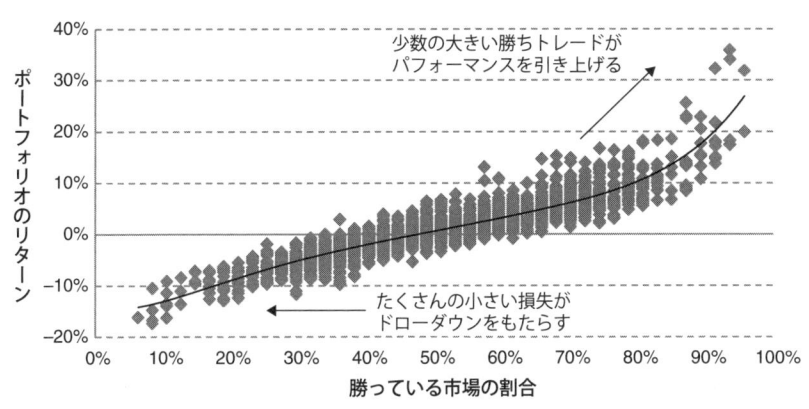

　何よりもまず、トレンドフォロー戦略ではマクロ的な効果についてファンダメンタルズ的な見方をしない。最も純粋なトレンドフォローシステムは、特定の資産クラスや、買いや売りに対するバイアスも持っていない。判断は、純粋に価格データのトレンドシグナルとトレンドの強さに基づいて下しているのだ。システマティックなアプローチによって、トレンドフォローシステムはリスクをたくさんの資産クラスに割り振り、シグナルと逆行したらシステマティックに損切りする。最悪のパフォーマンスになるときは、たくさんの小さい損失が重なったときである。1トレード当たりの勝率は、実証的には50％を下回っており、ドローダウンの大きさと高い相関性がある。一方、最高のパフォーマンスは、たくさんの勝ちトレードと大きな勝ちによってもたらされる。体験的に、勝ちトレードの数と、勝ちトレードと負けトレードの大きさは、最高のパフォーマンスと関連している。**図5.4**は、勝ちトレードの割合とトレンドフォローシステムのパフォーマンスの関係を示している。**図5.4**のグラフは、トレンドフォロー戦略のリター

ンが下に凸型になっていることを示している。そして、最後の最も大事な点は、トレンドフォロー戦略が市場のダイバージェンスをロングする戦略だということである。市場のダイバージェンスという概念については、本章でさらに詳しく検証していく。

ポートフォリオのレベルで市場のダイバージェンスを測定する

ダイバージェントリスクテイキング戦略は、市場が極端なレベルのダイバージェントになっている環境で大きな利益を上げる（この定義は、ナシーム・タレブが2012年に著書の『反脆弱性』［ダイヤモンド社］で提唱した「反脆弱性」という概念と関係している。この本の言葉を借りれば、ダイバージェントなリスクテイキング戦略は反脆弱性を持ち、コンバージェントリスクテイキング戦略は脆弱性を持っているということになる）。トレンドフォロー戦略を使う人はトレンドに追従するため、市場のダイバージェンス（ただのボラティリティではない）がパフォーマンスを高める。市場のダイバージェンスという概念を知らない人のために、簡単な定義といくつかの例を挙げておこう。ボラティリティを標準偏差で測定できるように、市場のダイバージェンスも実証的に測定することができる（ボラティリティはリスクと不確実性を表している概念だということを思い出してほしい。標準偏差は、リスクを「表す」単純な基準として広く受け入れられている。しかし、現実にはリスクは標準偏差よりもはるかに複雑だし、市場のダイバージェンスも単なるMDIの測定値ではない）。図5.5には、いくつかの価格トレンドが描かれている。上段は、ノイズのない価格トレンドで、残りは小さいノイズと大きいノイズが含まれている。左側は、100日かけて上昇する長いトレンドで、右側は比較のために同期間の短く急な20日のトレンドを描いてある。トレンドの値幅はどちらも同じで、価

図5.5　価格トレンドにノイズがない場合とある場合。100日における 100日SNRを算出。ノイズ付きのほうはリターンのボラティリティが10%、ノイズが多いほうはボラティリティが40%

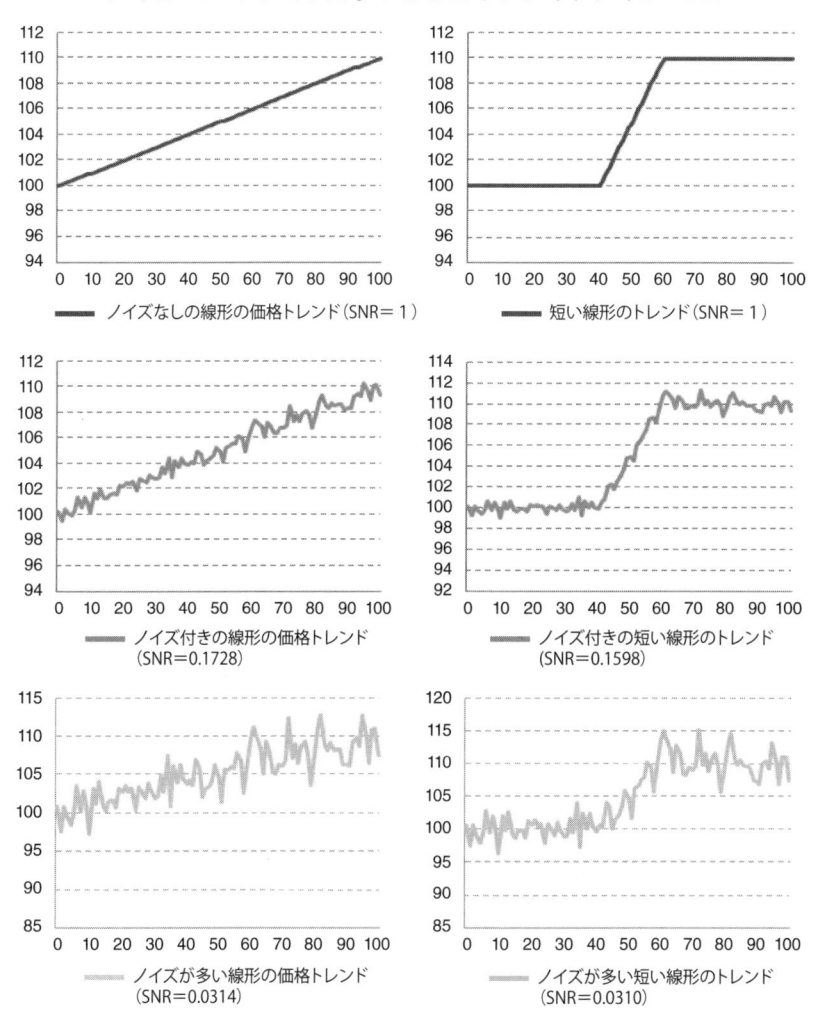

格は10ドル上がっている。

　特定の価格系列のダイバージェンスのレベルを測定するためには、
SNR（シグナル・トゥ・ノイズ・レシオ）を検証する必要がある。SNR
は特定期間のトレンドと、価格の変化の比率である。特定の価格系列
について、ある日の時間（t）のSNRを SNR_t、観察期間を（n）とする
と、SNRは次の式で求めることができる。

$$SNR_t(n) = \frac{|P_t - P_{t-n}|}{\sum_{k=0}^{n-1} |P_{t-k} - P_{t-k-1}|}$$

　ここで、（P_t）は時間（t）の価格、（n）はシグナルの観察期間にな
っている。中長期のトレンドフォロー戦略では、この期間をたいてい
100日にしている。ちなみに、**図5.5**もすべて100日SNRを使っている。
完璧な価格トレンドは、SNR＝1になっている。SNRが高いというこ
とは、株のトレンドの質が高いということか、その市場の価格のダイ
バージェンスが大きいということである。ノイズ（またはボラティリ
ティ）が価格トレンドに入り込むと、トレンドが見つけにくくなるた
め、SNRは低くなる。例えば、線形の価格トレンドの小さいノイズ付
きと大きいノイズ付きのSNRは、0.1728と0.0314だった。最初のノイ
ズ付きの価格トレンドは、トレンドフォロワーにとって興味深いが、2
つ目はボラティリティが高すぎる。この簡単な例は、トレンドフォロ
ー戦略がボラティリティと複雑に関係していることを示している。高
いボラティリティを伴った価格系列では、価格トレンドの魅力が減る。
その一方で、価格にトレンドがあると、価格系列は一般的に高いボラ
ティリティを見せる。このことは、方向性のボラティリティと呼ばれ
ることもある（第8章で、トレンドフォロー戦略にとってボラティリ
ティの変化がいかに大事かを詳しく説明する）。**図5.5**の右側は、100
日間に短いトレンドで同じだけ上昇をした場合を示している。値上が

りという意味で2つの価格の動きは同じだが、100日間の動きとして比べると、2つ目のトレンドは望ましくない。ノイズ付きの線形の価格トレンドのSNRが0.1728なのに対して、短いトレンドのほうが0.1598になっていることに注目してほしい（SNRを比較するために、同じノイズを使っている）。ちなみに、ボラティリティが年率40％になると（ノイズが大きい）、線形のトレンドも短期トレンドもあまり利用できなくなる。

　SNRは市場ごとに算出できる。次は、ポートフォリオの相対的な「トレンド性」を調べていく。それぞれの市場（i）に対する市場のダイバージェンス（「トレンド性」）は、SNRの平均で算出できる。この値が、特定のシグナル観察期間（n）のMDIとなる（MDIにはさまざまなバージョンがある。例えば、本書では絶対値の指標を使っているが、SNRを2乗したり平方根を使ったりすることもできる。ほかにも、ポートフォリオ内の市場を単純平均する代わりに加重することもできる。例えば、2乗すると極端な動きがあったときに指数全体に与える影響が大きくなる。MDIのデザインと使い方は、それを適用する状況によって変わる）。

$$MDI_t(n) = \frac{1}{M} \sum_{i=1}^{M} SNR_t^i(n)$$

　（SNR_t^i）は市場（i）のSNRで、（n）はシグナル観察期間、（M）はここに含まれる市場の数を表している。MDIは価格系列のボラティリティ（ノイズ）を考慮した単純かつ総合的な「トレンド性」である（MDIはランダムウォーク指数［RWI］と関係がある。http://tradingsim.com/blog/random-walk-index/　の例参照。RWIの算出方法は細かい点が違う。ここではMDIをポートフォリオレベルでのみ計算している）。MDIが高いときは、ポートフォリオのなかの市場も「トレンド

図5.6　2001〜2013年にかけたMDIと純粋なトレンドフォローシステムのリターンの100日移動平均

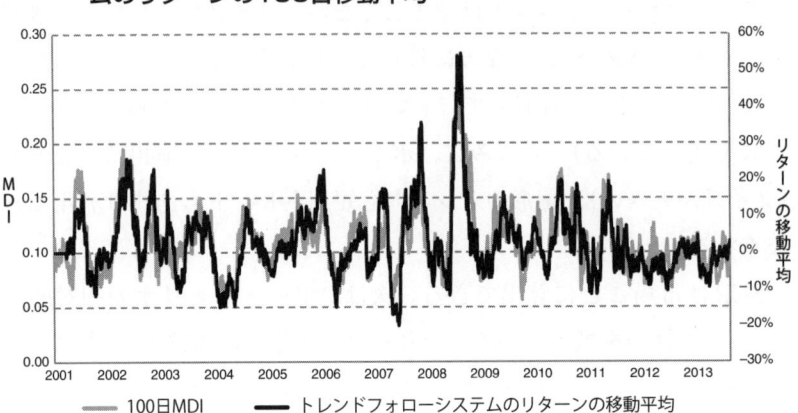

　　　　　── 100日MDI　　── トレンドフォローシステムのリターンの移動平均

が大きい」環境になる。

市場のダイバージェンスとトレンドフォロー戦略のパフォーマンス

　トレンドフォロー戦略がトレンドに追従することを考えると、MDIが高ければ、トレンドフォロープログラムの利益率も高くなる。**図5.6**は、2001〜2013年にかけた100日のMDIと純粋なトレンドフォローシステムのリターンの100日移動平均を示している。このトレンドフォローシステムには、すべての資産クラス（商品、株価指数、債券、通貨）が含まれている。トレンドフォロープログラムの100日MDIとリターンの100日移動平均の相関係数は0.74だった。この高い相関性は、市場のダイバージェンスとトレンドフォローシステムのパフォーマンスに直接的なつながりがあることを示している。

　また、MDIはポジティブスキューで、右に長いテールができる傾向

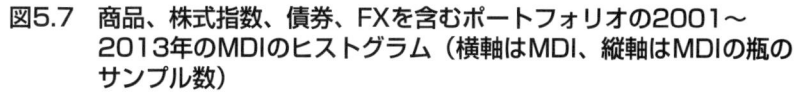

図5.7　商品、株式指数、債券、FXを含むポートフォリオの2001〜
　　　　2013年のMDIのヒストグラム（横軸はMDI、縦軸はMDIの瓶の
　　　　サンプル数）

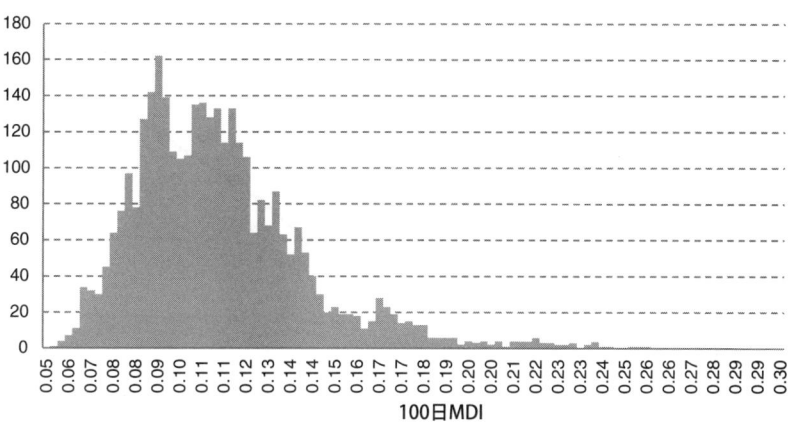

がある。そして、極端な出来事は市場が劇的に乖離している時期を示している。例えば、**図5.6**ではリーマン危機、フラッシュクラッシュ、ほかの大きな出来事がMDIのピークと一致している。**図5.7**は、**図5.6**と同じ時期の100日MDIのヒストグラムで、この間にこのポートフォリオはMDIの中間値が0.11、標準偏差が0.03だった。分布はポジティブスキューで、トレンドフォローシステムのリターンの分布と同じになっている。また、トレンドフォローシステムのパフォーマンスが市場のダイバージェンスにどれほど依存しているかを理解するのも面白い。**図5.7**は、MDIとトレンドフォローシステムのリターンの100日移動平均の関係を示している。これを見ると、MDIが0.10以上のとき、トレンドフォローシステムの過去100日のパフォーマンスはプラスになると期待できる（このポートフォリオでは0.1が適切な基準値。基準値は、ポートフォリオの性質によって決まる）。市場のダイバージェンスとトレンドフォローシステムの関係は、ほぼ線形と言ってよい。

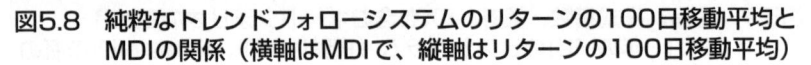

図5.8　純粋なトレンドフォローシステムのリターンの１００日移動平均と
　　　　MDIの関係（横軸はMDIで、縦軸はリターンの１００日移動平均）

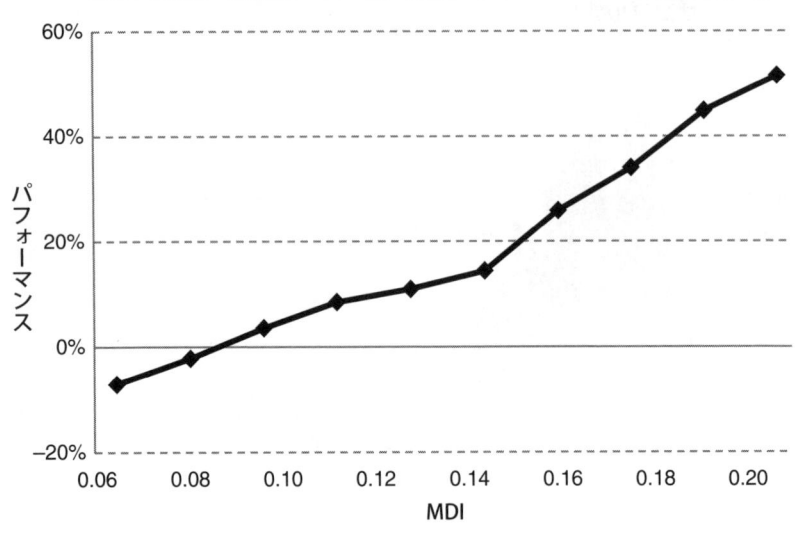

クライシスアルファとダイバージェントリスクテイキングのつながり

　図5.8は、市場のダイバージェンスが極端になるまではトレンドフォローシステムのパフォーマンスが線形だということに注目してほしい。ダイバージェンスは危機の時期に極端な水準になり、そのときトレンドフォローシステムのパフォーマンスも最も高くなる。**図5.8**では、MDIが0.10から0.18（ダイバージェンスが極端な時期）に増えると、トレンドフォローシステムのパフォーマンスは２倍になり、MDIの約10倍増えている。この例では、MDIが0.03増えると、期待利益は30％増えているのだ。ちなみに、MDIが緩やかなときは危機のときではなく、トレンドフォローシステムは投機的なリスクプレミアムを得ている。つまり、MDIが極端な水準であることとクライシスアルファ

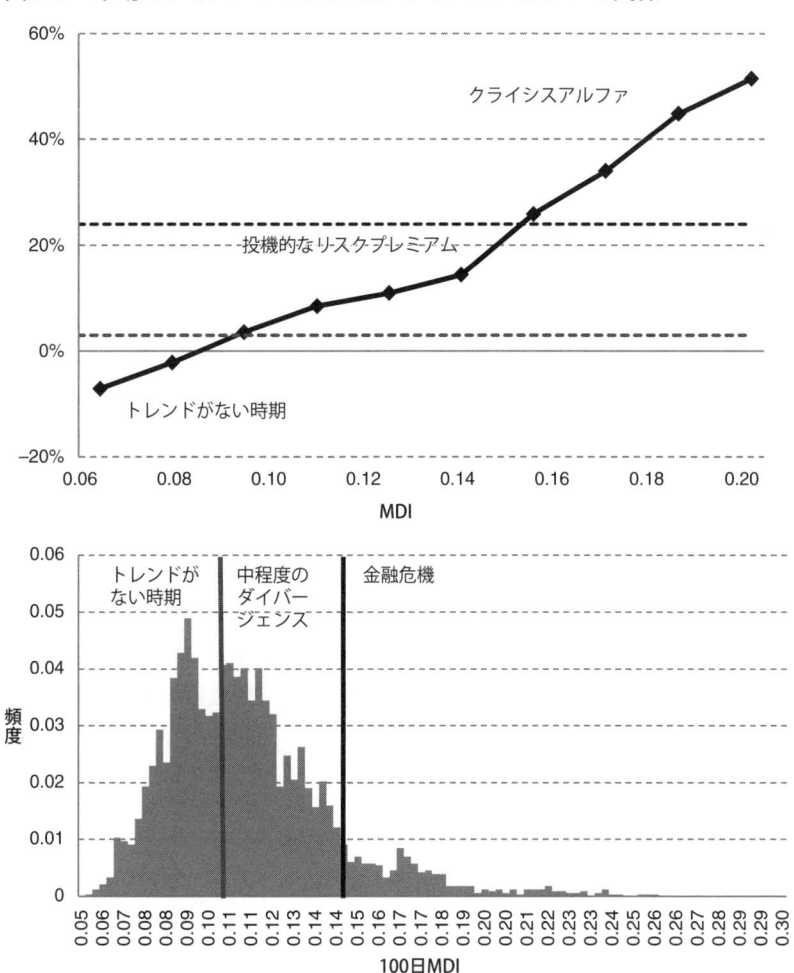

図5.9　市場のダイバージェンスとクライシスアルファの関係

には直接的なつながりがある。

　ダイバージェントリスクをとる人は、長期的にはたくさんの小さい
リスクをとり、勝ちトレードがあればそれに乗り続ける。**図5.8**では、
それぞれの点が均等ではないことに注目してほしい。**図5.9**は、第4

章で書いたとおり条件付きのパフォーマンスや頻度と、クライシスア
ルファの関係を示している。これを見ると、リターンが低い時期のほ
うがはるかに多い。実際、トレンドフォロー戦略では、トレードの3
分の1以上がプラスのリターンになっている。この例で、MDIの中間
値が0.11だということを考えれば、MDIが平均値のときトレンドフォ
ロー戦略のポートフォリオのパフォーマンスはゼロに近く、MDIが平
均以下のときはマイナスになる。市場のダイバージェンスが高いとき、
トレンドフォロー戦略のポジションの多くは利益が上がる。市場のダ
イバージェンスの分析とトレンドフォローシステムのパフォーマンス
と市場のダイバージェンスの関係を知ると、ますますトレンドフォロ
ー戦略をダイバージェントリスクテイキング戦略と呼んでよいと思う。

市場ダイバージェンスの速度

　もし市場が本当に効率的ならば（効率的市場仮説が正しければ）、
MDIはプラスになるが、トレンドは**図5.5**の右側の短期トレンドがさ
らに速くなったようなものになる（例えば、効率的市場仮説ではすべ
ての情報が即座に価格に織り込まれるとしている。そうなると、価格
はその情報が入手可能になった時点で急変する）。もしそうではなく、
市場価格が市場の環境の変化に合わせて適応するのならば、価格は急
変するのではなく、調整する期間がトレンドになる。ダイバージェン
スの速さを検証するためには、MDIの速度を検証すればよい。それを
するため、この項ではシグナル処理の典型的なツールであるフーリエ
変換を使うことにする。フーリエ変換は、シグナルを時間領域から周
波数領域に変換して単純化することで、時系列データを周波数（速度
のようなもの）で表す（数学的には、関数 $f(t)$［この場合はMDI］に
ついて、フーリエ変換 $F(k)$ は、次のように計算できる。

図5.10　図5.6の100日MDIのピリオドグラム（MDIの周波数部分の強さを表している。ただし、周波数が非常に低いものはチャートから除いてある）

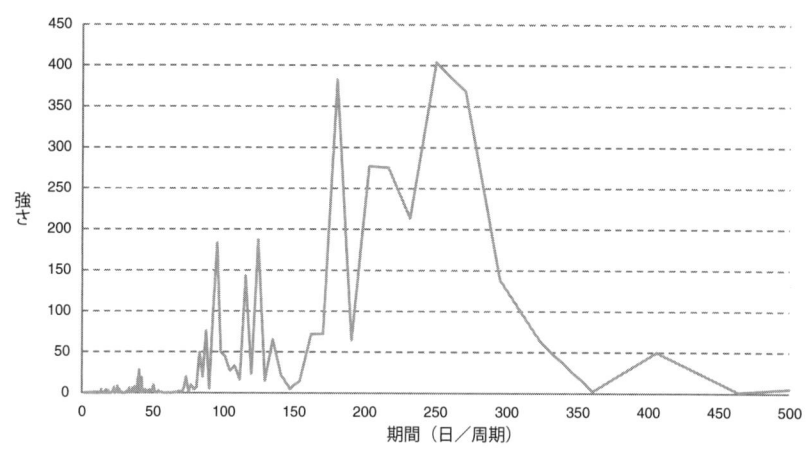

$$F(k) = \int_{-\infty}^{\infty} f(x)e^{-2\pi i k x} dx)_{\circ}$$ **図5.10**は、MDIのピリオドグラムで、y軸は周波数（または速度）の強さを示している。MDIの平均速度を予想するため、周波数（または期間）の強さで加重平均してMDIの平均速度を予測することができる。この項で使っているトレンドフォローシステムについては、強さで加重平均した期間は約14カ月だった。この予想値は、好ましい環境と好ましくない環境が約半年ごとに来ることを示している。フーリエ変換は、第14章で再び使う。

市場のダイバージェンスの定常性を検定する

適応的市場仮説は、市場が金融環境の変化に適応し、調整するとしている。環境が変わると、市場参加者間の競争が急増し、ショックが市場環境を乱し、それ以外の要素も市場を劇的に変える。そして、現在の環境と、市場参加者間の競争の分布と水準が価格に反映される。

生態系と同じように、ショックが体系に新たな均衡をもたらすのだ。適応の過程は、ときに価格のダイバージェンスを生み出す。簡単に言えば、変化する環境と、市場参加者の分布の不均衡は、価格が調整の過程で動くときにダイバージェンスを生み出す。もし市場が適応し、その過程が瞬時でないならば（生物体系のように）、短い適応期間があり、それが市場のダイバージェンスを生み出す。繰り返しになるが、生物体系と同じように、調整期間はショックの大きさとそれが体系の安定をどれだけ崩したかによって変わってくる（例えば、心拍数はバスに乗るために走れば上がるが、乗ってしまえば少しずつ下がっていく。しかし、もしバスにひかれそうなわが子を助けるために走れば、心拍数が上がり、アドレナリンが噴き出し、助けたあとも2〜3分は震えが止まらないだろう。どちらのケースも環境のショックだが、2つ目のショックのほうが循環系を激しく乱すことになる）。もし市場が本当に適応するならば、コンバージェンスもダイバージェンスも金融市場の核心部分と言える。効率的市場仮説やそのほかの経済学の伝統的な理論によって、コンバージェンスの役割は幅広く受け入れられてきた。しかし、ダイバージェンスの役割については反論が多かった。そこで、市場のダイバージェンスが価格の一時的な特性であるかどうかを検証するために、MDIの定常性を実証的に検定してみた。CTA（商品投資顧問業者）業界が大きく変化し、先物市場は素晴らしい成長を見せ、経済環境は幅広いにもかかわらず、市場のダイバージェンスは市場の安定した特性だと言ってよいと思う（厳密に言えば、過去の実証研究では市場のダイバージェンスが非定常性だという仮説を棄却することはできない）。

> **市場のダイバージェンスは機能している金融市場の安定した性質である。**

図5.11　1949〜2013年の農産物の6市場のポートフォリオのMDI

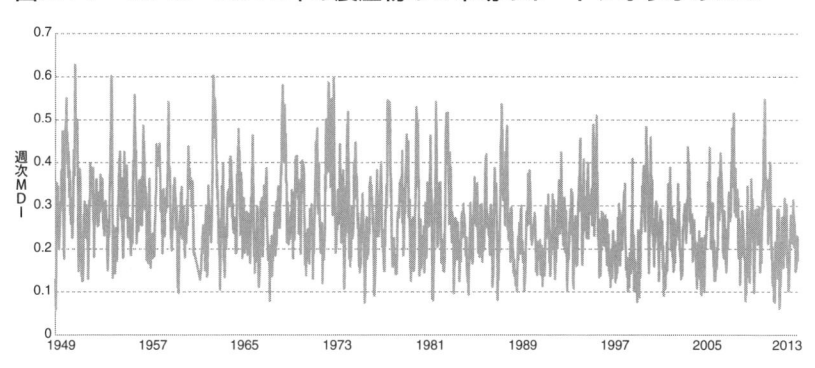

市場のダイバージェンスの定常性を検定する

　MDIを使うと市場のダイバージェンスを測定できる。経験的に、定常性の統計的検定は市場のダイバージェンスがどれくらい安定しているかを判断するものである。農産物の先物取引の長い歴史を考え、この項の分析は、長期間の価格データがある6つの農産物市場を使っている（MDIの算出には古くは1949年以降の農産物の週次の現物価格を使っている。経験的に、現物価格に基づいたMDIと先物価格に基づいたMDIは、相関性が高い。今回のサンプルでも、相関係数は0.85を超えている。もし日々の価格変動がランダムウォークになると想定されるならば、MDIに基づいた週次の価格変化は、単純にMDIに基づいた日々の価格変化の2.2倍になる。価格変化は、SNRを計算するときの分母だということを忘れないでほしい）。**図5.11**は、1949年6月以降の農産物対象のトレンドフォロー戦略のポートフォリオの100日MDIを示している。クウィトコフスキーとフィリップスとシュミットとシン（1992年）は、このMDIの時系列が定常性であるという帰無仮説を検定するために、KPSS検定が使えることを示した。KPSS検定には、重要な入力引数が1つ必要になる。ニューイとウエスト（1987年）の長

期の推定に含まれる自己共分散のラグの数である。CTA業界は過去30年間で成熟し、先物市場は飛躍的に成長し、フェデラルファンドレートは大きく変動した。経済環境が変化するなかで、ほんのいくつかでもラグがあれば、KPSS検定はMDIが5％の有意水準で非定常性であるという帰無仮説を棄却することができなくなる。1949〜2011年にかけては大きなラグがあり、KPSS検定はやはり有意水準の0.5を棄却できない（Newey-West［1987年］の推定との整合性を保つため、サンプルのサイズが大きくなればラグの数も増えることとする）。これらの結果を考え合わせると、市場のダイバージェンスは定常性だと言える。このことは、ときどきある「トレンド性」が、市場で長期的に見られる安定した性質だということを意味している。

市場のダイバージェンスの速度の定常性

　トレンドはその存在だけでなく、速さも重要である。トレンドの速度を詳しく観察すると、トレンドがどれくらいの速さで生まれるかについても洞察を得ることができる。KPSS検定は、MDIの速度（フーリエ変換で定義している）にも応用できる。フーリエ変換は、MDIの算出に使った20年移動平均と乗数加重平均に適用されている（週次のMDIはここで使われている。例えば、20年間のデータに含まれるサンプル数は1040）。農産物先物のポートフォリオの乗数加重平均の期間は、**図5.12**に示してある。平均すると、1970年代以降のMDIのサイクルは19カ月になっている。CTA業界に大きなシフトや変化があり、先物市場は飛躍的な成長を遂げたにもかかわらず、トレンドの速度（乗数加重平均で表したMIDの速度）は、大きな影響を受けていない。KPSS検定を速度の時系列に応用すると、有意水準の0.05を棄却することができない。このことは、1970年代以降、MDIの速度が定常性だということを意味している。さらなるロバスト性試験を行うと、市場のダイ

図5.12　MDIの速度を1949～2013年にかけた農産物の8市場のポートフォリオの乗数加重平均期間で表したもの

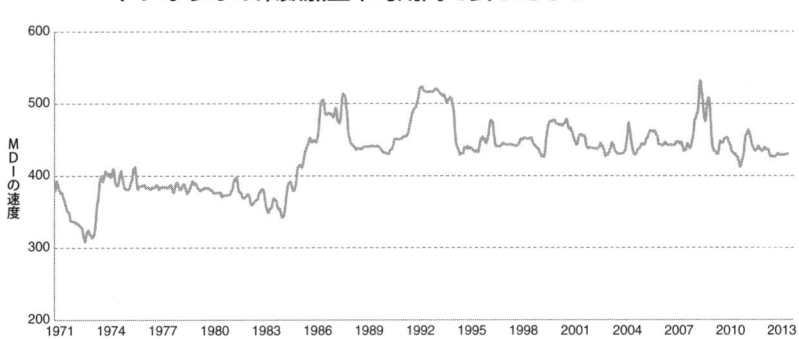

バージェンス（トレンド性）を全体の経済環境の代わりにフェデラルファンドレートと比較することもできる。今回のサンプルでは、MDIとフェデラルファンドレートの100日移動平均線の相関係数は0.03だった（1960年代以降のp値は0.09）。

　この項では、市場のダイバージェンス（MDIで観測）が市場の定常的な特徴であることを、数十年間の実証証拠で示す。トレンドフォロー戦略にとって好ましい市場環境（MDIが高い）と好ましくない環境（MDIが低い）は、幅広い市場環境や市場参加者の分布において統計的に近い結果になっているように見える。また、MDIのフーリエ変換を使ってダイバージェンスの速度を詳しく見ると、好ましい市場環境と好ましくない環境への適応スピードは、1970年代以降、かなり安定している。

トレンドのトレード可能性

　トレンドフォロー戦略は、かなり懐疑的に見られている。主な懸念の1つは、過去のデータにトレンドは存在するかもしれないが、それ

が必ずしもトレード可能とは限らないというものだ。ほかにも、データスヌーピングや、リターンの予測可能性などが懸念されている。4つの重要な疑問点を挙げておく。

1．仕掛けと手仕舞いの変数はどれくらい重要か
2．ポジション管理はどれくらい重要か
3．過去の結果はどれくらい変数の選択と仕様に依存しているか
4．トレンドは自己達成的なプロセスか

この項では、これらの懸念についてさらに詳しく検証していく。

トレンドリーケージ──仕掛けに注目する

将来のトレンドが分かっている完璧な世界を想像してほしい。過去のデータ系列から、将来のトレンドが分かるし、トレンドがいつリークするかを詳しく見極めて仕掛けを判断できるのだ。ここでは、トレードシステムは、トレンドのサインが将来のトレンドと同じになるときにトレンドを見つけるシステムであると定義できる。実践的に言えば、トレンドリーケージは、将来のトレンドと同じサインのポジションの割合と、反対のサインのポジションの割合の差を計算することで簡単に分かる。トレンドのリークの測定は、①将来のトレンドの大きさ、②将来のトレンドを探すための先読み期間──に依存している。トレンドの大きさは、価格のボラティリティのスカラー倍でグループ分けした価格の動きで測定する。先読み期間は、将来のトレンドの観察ウインドウである。

トレンドリーケージが高いときは、トレンドフォローシステムのシグナルが仕掛けを判断するためのトレンドに関する何らかの情報を得ているように思える。もしトレンドリーケージがマイナスならば、仕

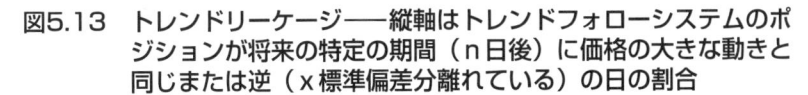

図5.13　トレンドリーケージ──縦軸はトレンドフォローシステムのポジションが将来の特定の期間（n日後）に価格の大きな動きと同じまたは逆（x標準偏差分離れている）の日の割合

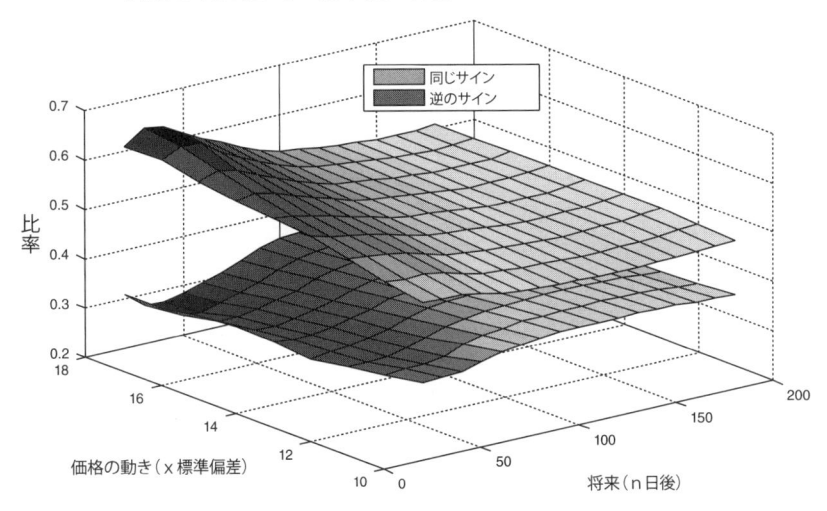

掛けのシグナルは間違ったポジションを示唆していることのほうが多い。将来のトレンドの大きさ（ボラティリティの倍率で表した価格の動き）と先読み期間の両方のレンジについて、**図5.13**はトレンドポジションが将来のトレンドと同じサインになる日の割合と、反対のサインになる日の割合を示している（この図は、2003～2013年の株価指数や商品や債券やFXを含むポートフォリオのブレイクアウトシステムに基づいている）。この図では、先読み期間のレンジは20～180日で、価格の動きのレンジはボラティリティの10倍（10×）～18倍（18×）になっている。この2つの比率の違いが合計トレンドリーケージの定義である。**図5.13**は、単純なブレイクアウトトレンドフォローシステムであっても、幅広い先読み期間に対して大きく動けばトレンドリーケージがあることを示している。現実的に言うと、これは極端なケースならばトレンドが価格にリークするということを示唆している。つま

図5.14　トレンドリーケージを将来のトレンドの大きさの関数で表した
グラフ。トレンドの大きさは価格の動き（ボラティリティのス
カラー倍）で測定している

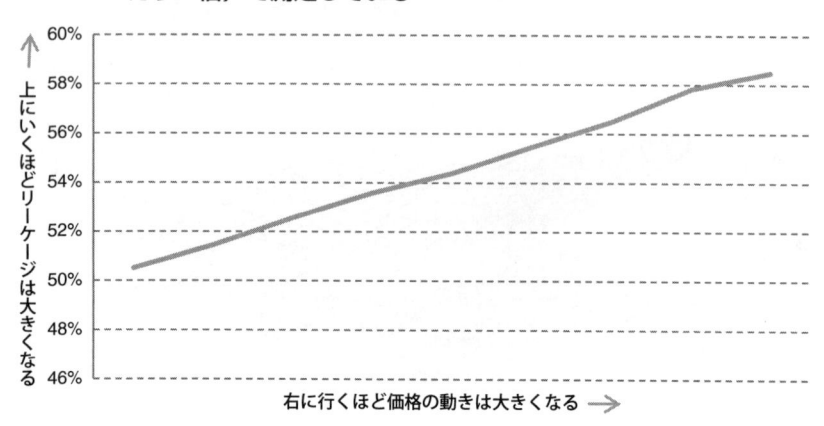

り、もしトレンドリーケージがあれば、情報は十分ゆっくりと広がっ
て過去の価格からとらえることができるかもしれないことである。も
し効率的市場仮説が本当ならば、トレンドリーケージはゼロになるは
ずだし、市場が適応的ならば、市場が時間をかけて適応する間に一時
的にトレンドリーケージが起こる期間があると考えられる。極端なシ
ョックや大きな動きは、通常の出来事以上に市場の安定を崩す。**図
5.14**は、平均的なトレンドリーケージを価格トレンドの関数として表
している（価格の動きはボラティリティのスカラー倍）。トレンドリー
ケージと将来のトレンドの大きさはほぼ線形関係にある。このことは、
将来のトレンドが大きいほど、トレンドフォローシステムが仕掛けシ
グナルをとらえる可能性が高いということを示している。

トレンドリーケージの定常性

前項では、トレンドリーケージを、ポジションが将来のトレンドと

**図5.15　1982年以降の農産物市場のポートフォリオにおけるトレンド
リーケージの１年移動平均**

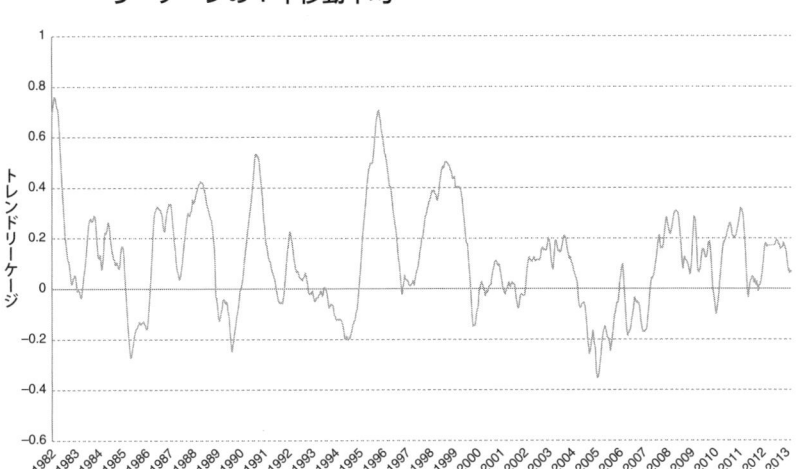

同じサインのときの割合と逆のサインのときの割合の差で測定した。価格の大きい動きに対してトレンドリーケージの統計的な証拠があるにもかかわらず、市場がより効率的になったり競争が激しくなったりしたように見えるときにリーケージが起こる頻度や、それが減るかどうかを検証するのも興味深い。市場のダイバージェンスのときと同様に、トレンドリーケージについても定常性を調べることができる。より長い価格系列に関するトレンドリーケージは、農産物市場のポートフォリオを使って算出できる（このポートフォリオには、前項のMDIの分析よりもたくさんの市場が含まれており、そのすべてに1970年代後半以降の先物価格のデータがある）。トレンドリーケージの平均的な水準は、ポートフォリオに含まれる市場すべてについて計算してある。１年移動平均を使うと、トレンドリーケージをトレンドの大きさと、将来のトレンドに関する先読み期間の長さで分類することができる（トレンドの大きさは１日の価格変動の10～18標準偏差、先読み期間や将来のトレンド日数は20～180日で表している）。**図5.15**は、1982年６月

以降のこのポートフォリオのトレンドリーケージの平均水準を示している。KPSS検定をこのトレンドリーケージの時系列に適用すると、0.05という有意水準について帰無仮説を棄却することができない。このことは、過去30年間のトレンドリーケージの水準が非定常性だと主張することはできないということを意味している。この実証証拠は、トレンドフォローシステムの仕掛けシグナルがトレード可能だということを示している。トレンドフォローシステムが十分早いタイミングでポジションを仕掛けて大きな価格の動きをとらえることができる確率は、長期にわたって統計的に近い値になっている。CTA業界や、幅広い経済状況や、市場のインフラやトレードの技術が大きな変化を遂げたことを考えれば、トレンドが今でも散発的にリークしているように見えることはむしろ驚くべきことと言える。

手仕舞い方に注目する──ランダムな仕掛けシステム

　トレンドフォローシステムの中心原理は、「利益は大きく、損失は小さく」である。不可知論的なダイバージェントリスクテイキングシステムで、初歩的な仕掛けの方法が使われているものに、ランダムエントリーシステムがある。これは、売りや買いのポジションを同じ確率で仕掛け、トレイリングストップに達したときのみ手仕舞うという方法である。トレイリングストップは、長期的な過去の価格の動きに倣ったルールである（トレイリングストップについては第12章で詳しく述べる）。この種のシステムは、仕掛けシグナルにはほとんど依存していない。ランダムエントリーシステムは、比較的簡単に手仕舞いの判断の役割を評価する独特な方法を提供している（例えば、ランダムエントリーシステムを単純な12カ月モメンタム戦略と比べると、12カ月の重要性も、パフォーマンスが仕掛けシグナルと手仕舞いシグナルのどちらによるものかも明確ではない）。この種のシステムは、トレイリ

**図5.16　1980〜2013年にかけたランダムエントリーシステムの勝ち
トレードと負けトレードの平均勝率と平均損益率**

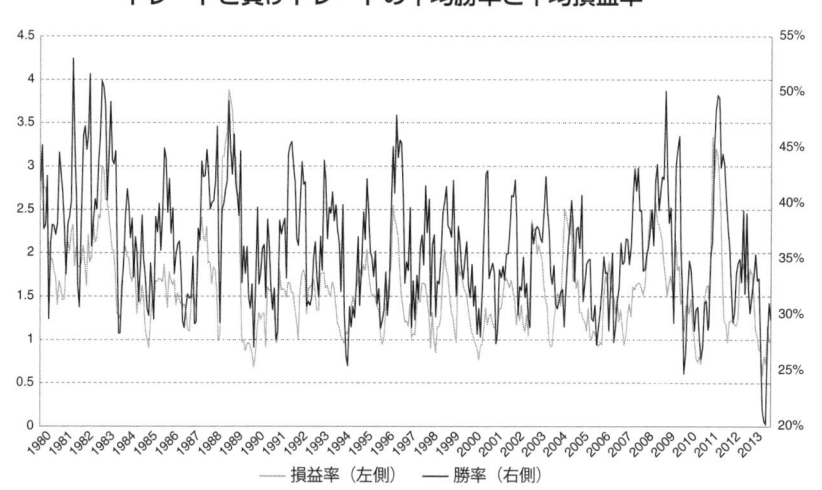

ングストップの近さや損失の許容量が主な変数となっている。損失の
許容量は、価格の過去のボラティリティのスカラー倍で測ることがで
きる。過去の標準的なリターンのボラティリティのスカラー倍で示し
た損失許容量と、過去のリターンのボラティリティを推測するための
特定の観察期間が分かれば、与えられた変数の組み合わせに対してた
くさんのランダムトレーダー（あるいはランダムエントリーシステム）
を集めたポートフォリオのリターンを推測することができる。それぞ
れの変数について、たくさんのランダムなシステムを走らせるのだ。**図
5.16**は、勝ちトレードと負けトレードの平均勝率と平均損益率を示し
ている。勝ちトレードの割合は36％で、損益率は1.6だった。仕掛けが
独立していても、数十年のデータに基づいた比率は、比較的安定して
いるように見える。また、これはトレンドフォローシステムの典型的
な値にも見える。経験的に言えば、どちらの時系列も、KPSS検定は
有意水準である0.05について、帰無仮説を棄却することができない。こ

の統計的な証拠は、トレンドフォロー戦略の手仕舞いの判断やポジション管理の影響が基本的に変わっていないことを意味している。損切りの影響が長期のサンプル期間において下がっていないのである。もしトレンドが単純に自己達成的な予言ならば、既存のポジションのメカニズム（損切り）の効果は劣化していくはずだ。これについては、観察されたスリッページ（シグナル価格と執行価格の差）が実際に下がっていることもさらなる反証と言える（スリッページが下がっていることは、独立的な分析で確認されており、マン・インベストメンツも公開されているスリッページのデータを使った例を、2010年に発行している）。

仕掛けと手仕舞いはどちらが重要か

第3章では、トレンドフォローシステムの構造について書いた。典型的なトレンドフォローシステムは、次の4つの判断で構成されている。

1．いつポジションを仕掛けるか（仕掛け）
2．いつポジションを手仕舞うか（手仕舞い）
3．ポジションをどれくらいの大きさにするか
4．セクターや市場にどれくらいのリスクや資本を配分するか

3と4はポジションサイズと資本の配分に関することで、これらについては本書後半で何回も出てくる。この項では、単純だが重要な質問である「仕掛けと手仕舞いはどちらがより重要か」ということについて考えていく（この分析を最初に提案したのは、ミント・インベストメントを始めたころのラリー・ハイトだった）。まず、文脈によって、どちらかがより重要という場合があるかもしれない。また、流動性が

低い証券の場合は（例えば、不動産）、仕掛けのほうが重要かもしれない。ほかにも、一部のディストレスト戦略や場合によってはアクティビスト戦略でも、仕掛けのタイミングのほうが重要になる。しかし、流動性が非常に高い先物市場では、どちらがより重要かは不明だ。そこで、この疑問に答えるための簡単な実験をしてみよう。ここに２つのトレードシステムがあるとする——Aはランダムエントリーシステム、Bは「水晶玉」システムだ。

ランダムエントリーシステムについては前項で書いた。「水晶玉」システムは、透視力を備えているように見えるものだ。このシステムは、仕掛けるときに１年後の価格を見て、高ければ買い、安ければ売る。長期的に、すべてのトレードで100％の勝率になるのだ。ただし、ポジションを保有する１年の間に、大きなドローダウンに見舞われることはある。例えば、１年後に原油価格が20ドル値上がりしていることが分かっていても、その間の価格はさまざまな方向に動く可能性があるのだ。水晶玉システムのポジションの純資産価値は、ポジションを管理しなければ、ボラティリティがかなり高くなる。そして、水晶玉の透視力が下がると、ボラティリティによってドローダウンが大きくなり、パフォーマンスは低下していく。たとえ透視力の確率が比較的高くても、このシステムはリスク調整済みパフォーマンスという観点からは本質的に役に立たない。システムが概念的に100％正しくても、実践的には途中の追証に耐える資本が足りなくなる可能性があるのだ。

トレンドフォローシステムは、現実的にはポジションを手仕舞ったり調整したりするために、一連の手仕舞いのルールを用いている。トレイリングストップなどの手仕舞いのルールは、実質的にトレンドフォローシステムのリスク管理ツールになっている。手仕舞いルールを使ったリスク管理の重要性は、簡単な実験で示すことができる。仮に、予測の精度がx％の「水晶玉」システムがあるとする。全トレードのx％は１年後の価格が正確に分かるということである。

図5.17　予想制度がx％の「水晶玉」システムで、トレイリングストップでリスク管理をした場合としない場合のシャープレシオ（左）と最大ドローダウン（右）の関係。予想はモンテカルロ法で1カ月のリスクを5％として算出している

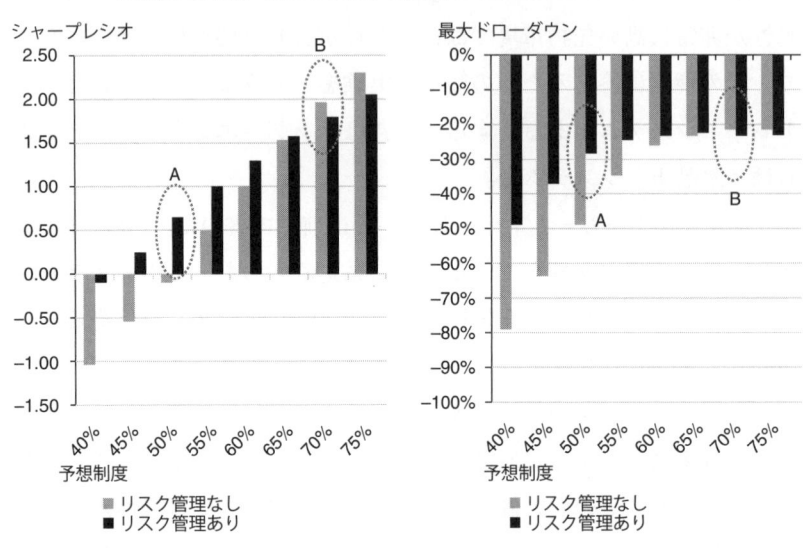

　最初の「水晶玉」システムは、リスク管理をしていなかった（ポジション調整もトレイリングストップもない）。このシステムは、精度が下がるとパフォーマンスも下がるはずである。そこで、手仕舞いルールやリスク管理を追加すると、この予想に基づいたシステムがどれくらい改善するかを見てみよう。**図5.17**は、「水晶玉」システムのシャープレシオや最大ドローダウンと予測力の正確さ（x％）との関係を、リスク管理（手仕舞いルールを追加して）をした場合としない場合に分けて示している。**図5.17**は、もしリスク管理（手仕舞いルール）を「水晶玉」システムに加えると、予測精度が低下してもパフォーマンスが改善することを示している。予測の精度が高いときは（追証は無視する）、手仕舞いルールによるリスク管理の必要性は下がるということだ。

　例えば、予測精度が50％の「水晶玉」システムは、正しい確率も間違う確率も50％だが、シャープレシオは0に近い（理論的には、この場合のシャープレシオは0になる。予想値が0にならないのは、データにノイズがあるため）。このポイントを**図5.17**のＡとする。ところが面白いことに、リスク管理（手仕舞いルール）を加えると、予測精度50％の「水晶玉」システムのシャープレシオは0.5を超え、ドローダウンも50％から30％未満に改善する。この例では、予測精度が70％になるまで（図のＢ）、リスク管理（手仕舞いルール）がこのシステムのパフォーマンスを改善している。

　一方、ランダムエントリーシステムは、「水晶玉」システムとは逆の結果になった。ランダムエントリーシステムは、どちらかといえばトレンドに追従するというよりもトレンドを探すタイプで、予測は行わない。そして、トレイリングストップ（手仕舞いルール）がパフォーマンスを左右する。前項では、ランダムエントリーシステムの長期的なパフォーマンスは緩やかなプラスだった。「水晶玉」システムと比較すると、トレンドフォローシステムの手仕舞い方の重要性が分かる。手仕舞い方とポジションサイズのほうが仕掛けのタイミングよりもはるかに重要で、仕掛けのタイミングがほぼ関係ないと言えるケースすらあるのだ。

まとめ

　リスクテイキングは、連続して判断を下していく動的なプロセスである。リスクをとるときは、私たちの基準の枠組みと金融の世界観が基本的な行動を決めている。動的なリスクテイキングの手法は、概念的に２つの核となる手法であるコンバージェントとダイバージェントに分けることができる。コンバージェント戦略は、差し迫ったリスクの構造にある程度の確信を持っているときに使う。一方、ダイバージ

ェント戦略は、差し迫ったリスクの根本的な構造について自分の無知を認めているときに使う。もし市場が適応的ならば、コンバージェントとダイバージェントの手法はまったく異なる市場環境でうまくいく。ちなみに、トレンドフォロー戦略はダイバージェントリスクテイキングの戦略である。つまり、市場のダイバージェンスがトレンドフォローシステムのパフォーマンスを高めてくれる。MDIは、ポートフォリオレベルのダイバージェンスを測定するための単純な基準として紹介した。市場のダイバージェンスは時とともに大きく変化していても、機能している金融市場に安定的に存在している。最後に、トレンドフォロー戦略のトレードの可能性を仕掛けと手仕舞いの観点から述べた。トレンドリーケージは、大きく変動するにもかかわらず全体としては長期間安定している。トレンドリーケージを詳しく見てみると、短期間の極端な値動きは、適応的市場に基づく見方にかなった価格変化と思われるものを示唆している。ランダムエントリーシステムには、本章前半で述べたダイバージェントリスクテイキングと簡単なつながりがあった。ランダムエントリーシステムは、トレンドフォローシステムのパフォーマンスの大部分が手仕舞いの判断で説明できることを示している。また、ランダムエントリーシステムと透視力がある「水晶玉」システムを比べると、リスク管理（手仕舞いの判断）がトレンドフォロー戦略の予測よりも重要だということが分かる。

参考文献

Casa, T., A. Lehmann, and M. Rechsteiner. "De-Mystifying Managed Futures: Why First Class Research and Innovation Are Key to Stay Ahead of the Game." Man Investments white paper, 2010.

Chung, S., M. Rosenberg, and J. Tomeo. " Hedge Fund of Fund Allocations Using a Convergent and Divergent Approach." The Journal of Alternative Investments(Summer 2004).

"Computer Says No," The Economist, November 30, 2013.

Greyserman, A. "Trend Following: Empirical Evidence of the Stationarity of Trendiness," ISAM white paper, February 2012.

Hite, L. and S. Feldman. "Game Theory Applications." The Commodity Journal (May-June 1972).

Knight, F. H. Risk, Uncertainty, and Profit. Library of Economics and Liberty. Originally published 1921. Retrieved May 21, 2014 from www.econlib. org/library/Knight/knRUP.html.

Kwiatkowski, D., P.C.B. Phillips, P. Schmidt, and Y. Shin. " Testing the Null Hypothesis of Stationarity against the Alternative of a Unit Root." Journal of Econometrics 54(1992): 159-178.

Lo, A. "The Adaptive Markets Hypothesis: Market Effi ciency from an Evolutionary Perspective," Journal of Portfolio Management 30(2004), 15-29.

Lo, A. "Reconciling Effi cient Markets with Behavioral Finance: The Adaptive Markets Hypothesis." Journal of Investment Consulting 7(2005): 21-44.

Lo, A. "Survival of the Richest." Harvard Business Review, March 2006.

Lo, A., and M. Mueller. "WARNING!: Physics Envy May Be Hazardous to Your Wealth." Journal of Investment Management 8(2010): 13-63.

Moskowitz, T., Y. Ooi, and L. Pedersen. "Time Series Momentum." Journal of Financial Economics 104(2012): 228-250.

Newey, W., and K. West. "A Simple Positive Semidefi nite, Heteroskedasticity and Autocorrelation Consistent Covariance Matrix." Econometrica 55(1987): 703-708.

Pasquariello, P. "Financial Market Dislocations." Review of Financial Studies. Published electronically February 12, 2014.

Rzepczynski, M., " Market Vision and Investment Styles: Convergent versus Divergent Trading," Journal of Alternative Investments(Winter 1999).

ナシーム・タレブ著『反脆弱性』（ダイヤモンド）

第 6 章

金利とロールイールドの役割

The Role of Interest Rates and the Roll Yield

　第2章では、先物市場と先物取引とマネージドフューチャーズ業界についておさらいした。そのうえで言えば、信用取引にかかわる問題や担保の影響やさまざまな市場での借り入れがトレンドフォロー戦略に影響を及ぼすことは明らかだ。そのうえ、金利のトレンドも、長期的に見ればトレンドフォロー戦略のパフォーマンスに影響している。株式市場の危機が市場のダイバージェンスをもたらすように、金利の動きも市場のダイバージェンスを生むことがある。近年、市場は歴史的な低金利に苦しめられている。1970年代以降、長期的に金利が低下していたなかでトレンドフォロー戦略の成功を考えれば、この戦略が金利が上昇したときにどうなるかも当然気になるところだ。

　金利の影響が考えられるのは主に、①担保利回り、②先物価格のトレンド（特に債券先物）──である（**図6.1**参照）。担保利回りは、ポジションを保有するために証拠金口座に置いている担保にかかるリターンである。先物のトレードは信用取引で行われ、担保の現金はかなりの部分が短期国債（例えば、米国債）で運用されている。もし証拠金口座に代用有価証券ではなく現金しか入れていないのであるならば、利息は投資した現金に対する金利収入またはキャッシュリターンとも言える。金利が高い時期（例えば、1980年代）は、現金投資による金利収入がかなり大きかった。このような時期は、担保利回り（と金利

図6.1　トレンドフォロー戦略に金利が及ぼす影響の主な原因

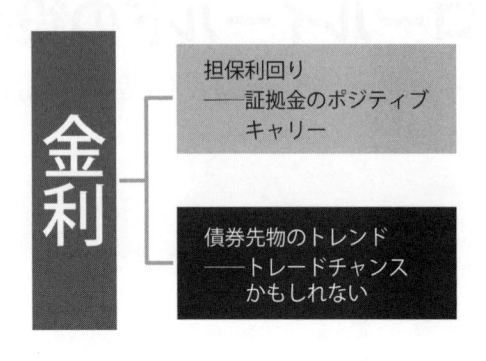

収入）がマネージドフューチャーズ戦略のプラスのキャリーとなり、こ
れは第4章で紹介したクライシスアルファの分解のケースと似ている。

　2つ目の影響はさらに分かりやすい。債券先物のトレンドがチャン
スを生むかもしれないことだ。債券先物の価格のトレンドも明らかに
トレンドフォロー戦略に影響を及ぼすが、この関係は評価も分析も複
雑で、分かりにくい。金利が先物価格（もっと正確に言えば、価格変
動）に影響を及ぼす仕組みは2つある。1つ目は、金利の明確な動き
である。金利が変わると、それが直接的に債券価格を動かし、その債
券が原資産となっている債券先物に影響を及ぼす。例えば、金利が上
がると、債券価格が下がり、債券先物も一緒に下がる。2つ目の仕組
みは、長期的な金利の動きである。これは先物のロールイールドの重
要な要素で、先物価格を牽引している。最後に、すべての先物取引は
将来の価値の割引率に左右されるため、資金の時間的価値とさまざま
な市場の借り入れコストも、債券先物だけでなくすべての先物市場に
影響を及ぼす。例えば、金利が動けばFXや短期金利や株式先物の価
格も動く。本章では話を単純にするために、債券と商品に絞って話を
していく。

図6.2　1980年以降の米３カ月物国債の利回り

出所＝グローバルファイナンシャルデータ

担保利回り

　現在の歴史的低金利の状況では、金利収入と担保利回りにあまり大きな意味はない。しかし、金利が高かったときは（例えば1980年代）、現金投資の金利収入はかなり大きかった。**図6.2**は1980年以降の米３カ月物国債の利回りを示している。金利は1980年代以降、下降トレンドを維持している。

　担保利回りやキャッシュリターンは、資金運用によってマネージドフューチャーズ戦略をポジティブキャリーにする。そのため、担保利回りを含めるとトータルリターンとシャープレシオは改善し、ドローダウンは減る。シャープレシオへの影響は、単純に固定金利と特定のシャープレシオ（話を簡単にするために、すべてのシャープレシオはリスクフリーレートを０として計算している）のリターン系列を足して算出できる。**表6.1**は、シャープレシオが0.75と1.0、ボラティリティが年率10～20％の場合のリターンを示している。これを見ると、短期米国債の利回りが２％でも、リターンが20％以上改善することが分かる（金利収入は米３カ月物国債の90％としている。計算を簡単にす

表6.1　資金運用による金利収入がシャープレシオに与える影響（金利収入は２～８％、ボラティリティは１０～２０％）

	シャープレシオ＝0.75				シャープレシオ＝1.0		
	2%	5%	8%		2%	5%	8%
10%	0.93	1.20	1.47	10%	1.18	1.45	1.72
15%	0.87	1.05	1.23	15%	1.12	1.30	1.48
20%	0.84	0.98	1.11	20%	1.09	1.23	1.36

るため、金利収入はトレンドフォローシステムのリターンとは相関性がなく、ボラティリティを０としてシャープレシオを計算している）。

　リターンは、担保利回りと資金運用による追加的な金利収入があると、プラスのキャリーになると同時に、全体的にドローダウンの大きさと期間を減らすことができる。キャッシュリターンがドローダウンに与える影響を評価するため、担保利回りを過去20年間の代表的かつ純粋なトレンドフォローシステムのリターンに足してドローダウンを再計算してみた（この代表的かつ純粋なトレンドフォローシステムは、株価指数、商品、債券、FXなどに分散して運用している）。３カ月以上のドローダウンについて金利収入を元々のリターンに足し、最大ドローダウンの大きさと長さを再計算した。**図6.3**はドローダウンの大きさの変化で、短期国債の利回りが８％ならば、最大ドローダウンは最高で350ベーシスポイントも減っている。**図6.4**はドローダウンの長さの変化で、米国債の金利が２％上がっただけでも、ドローダウンの期間はかなり短くなる。例えば、約５カ月のドローダウンが、３カ月未満になっているのである。

ロールイールドと現物価格に分解する

　トレンドフォローシステムのシグナルは、先物価格の動きによって

図6.3 資金運用による金利収入がドローダウンの大きさに与える影響（金利は2～8％。右側は元々のドローダウンの大きさ）

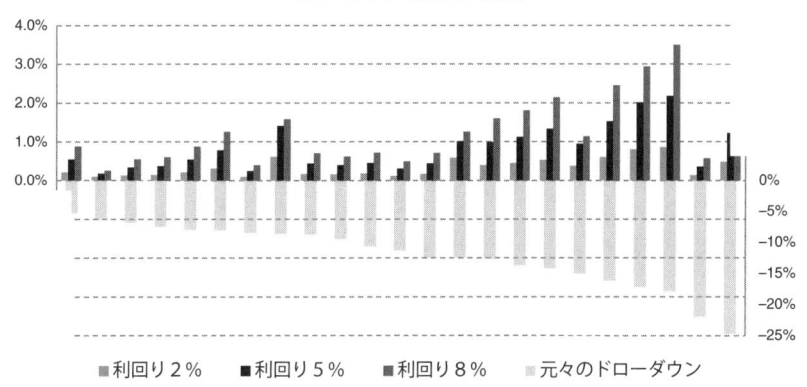

ドローダウンの大きさの変化

■利回り2％　■利回り5％　■利回り8％　■元々のドローダウン

図6.4 資金運用による金利収入がドローダウンの長さに与える影響（金利は2～8％。右側は元々のドローダウンの長さ）

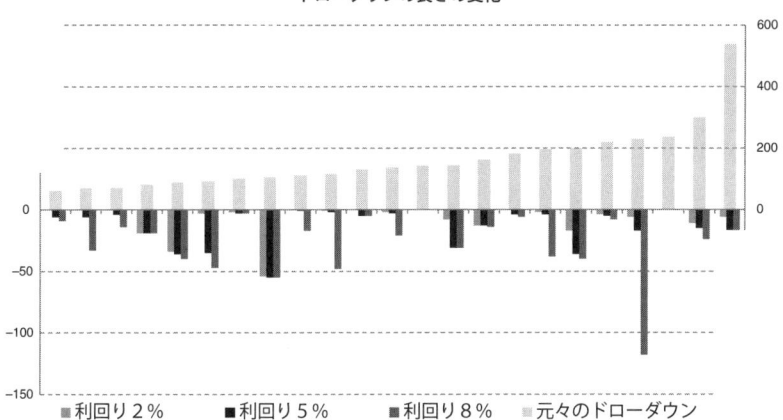

ドローダウンの長さの変化

■利回り2％　■利回り5％　■利回り8％　■元々のドローダウン

変わる。時間 0、限月（T）の先物取引の価格（$F_{0,T}$）は、理論的に次のように表すことができる。

$$F_{0,T} = S_0(1 + r_{f,T} + \hat{y})^T$$

　（S_0）は原資産の現物価格、（$r_{f,T}$）は限月（T）までの金利（リスクフリーレート）、（$\hat{y}$）はネットコンビニエンスイールドで、ここには限月間の保管費用やメリットが含まれている。債券の場合、これはクーポンレートによって変わる。ただ、商品の場合はもっと複雑で、商品間のコンビニエンスイールドは、限月までの原資産の需給バランスに左右されると言われている。債券先物には利払いがないため、金利収入を差し引く。これは、債券先物のネットコンビニエンスイールドの一部となる。商品の場合、金利に加えてコンビニエンスイールドが将来の先物価格や利回りに影響を及ぼす。そして、コンビニエンスイールドと金利が、ロールイールドの一部を構成している。ロールイールドは、期近と期先の価格差の平均である。もしロールイールドがプラスならば、それは期近の価格が期先よりも高いということである（日数で調整する）。この場合、ロールオーバー戦略は、現物価格の上昇に合わせて単純に期近の取引をロールオーバーしてロールイールドを得ることである。この戦略は、市場が逆ザヤ（バックワーデーション）のときは利益が上がるが、順ザヤ（コンタンゴ）のときは損失が出る（順ザヤ［逆ザヤ］のときの限月カーブは下降［上昇］している）。

　ここまでの説明で、先物価格の変動が現物価格の変動とロールイールドに分解できることが分かった。現物価格とロールイールドの両方の変化が、先物価格に影響を及ぼしているのである。この2つの変化の相互作用が、価格のトレンド性を決めることになる。第5章で説明したとおり、市場のトレンド性は、トレンドフォローシステムの利益率と直接的な相関性がある。**図6.5**は、先物価格の変化と、現物価格

図6.5　先物価格と現物価格とロールイールドの関係

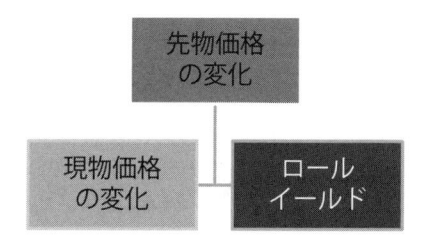

の変化とロールイールドの関係を表している。

　誤解のないように書いておくと、ロールイールドの（$Roll(t)$）は、おおむね次のように定義できる。

$$Roll(t) = \frac{(F_{t,T_n} - F_{t,T_f})}{T_f - T_n}$$

　この式のF_{t,T_n}とF_{t,T_f}は、時間tにおける期近と期先の先物価格で、（T_n）と（T_f）はそれぞれの限月を示している。この場合、ロールイールドは期近と期先の価格差を、限月間の日数で正規化した値になる。通常、期先の価格の信頼度のほうが低いため、5日移動平均線を使ってこの間の価格の動きをならしている。ロールイールドが分かると、現物価格は価格の変動からロールイールドを引いて算出できる。**図6.6**は、トウモロコシ先物の将来の先物価格の変化とロールイールドと現物価格に基づいて、累積リターンを分解したものである。

　このように考えると、トレンドフォローシステムのパフォーマンスは、現物価格の変動とロールイールドの2つに分解できる。**表6.2**に、代表的かつ純粋なトレンドフォローシステムのパフォーマンスを分解してある。先物価格と現物価格のパフォーマンスの差が、ロールイー

図6.6 トウモロコシ先物の価格とロールイールドと現物価格に基づいた累積リターン

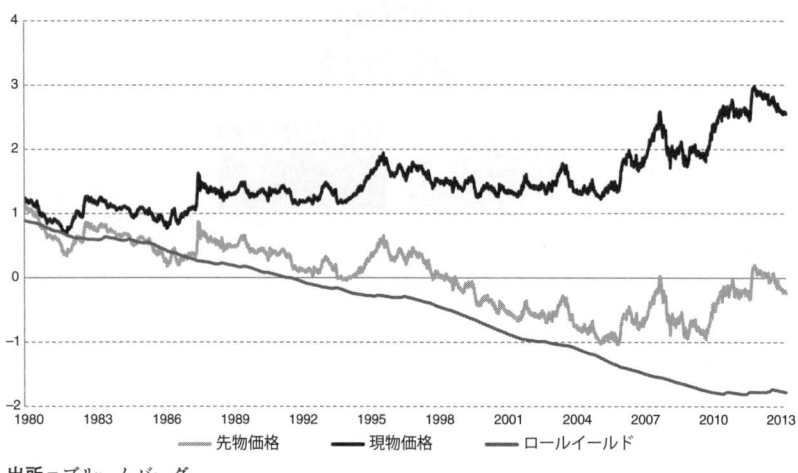

先物価格　　現物価格　　ロールイールド

出所＝ブルームバーグ

表6.2 代表的かつ純粋なトレンドフォローシステムの先物価格と現物価格のみのパフォーマンス

		シャープレシオ	月次リターン (%)	月間リスク (%)
トータルリターン	先物	0.74	1.01	4.65
	現物	0.46	0.63	4.64
債券	先物	0.51	1.45	9.64
	現物	0.21	0.60	9.63
STIR	先物	1.12	2.95	8.90
	現物	0.98	2.57	8.88
株	先物	0.08	0.20	8.08
	現物	0.09	0.21	8.08
商品	先物	0.73	1.00	4.60
	現物	0.35	0.47	4.59
FX	先物	0.39	0.93	8.10
	現物	0.28	0.66	8.10

図6.7　金利変動とイールドカーブの傾斜のシナリオが先物価格のトレンド性の異なる結果につながっている

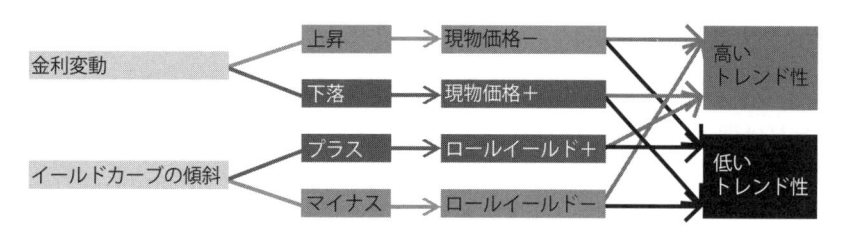

ルドである。この表で、ロールイールドが債券セクターと商品セクターのパフォーマンスのほとんどを占めていることは明らかだ。現物価格の変動は、株価指数と通貨（FX）と短期金利（STIR）のパフォーマンスに大きく貢献している。要するに、トレンドフォローシステムのパフォーマンスの約3分の1をロールイールドが担っているのである。

債券先物の金利とロールイールド

　価格の変動には多くの要素がかかわっている。債券先物の場合は、金利水準が現物価格に影響を及ぼす。ロールイールドは、まずはイールドカーブの変化に影響される。また、金利が上昇すると、現物価格は下がることが期待される。さらに、イールドカーブが上昇すれば、ロールイールドも上がる。**図6.7**は、金利とイールドカーブが変わるいくつかのシナリオを示している。

　債券先物の価格の変動は、現物価格の変動とロールイールドの変化が組み合わさっている。現物価格の変化の符号とロールイールドの変化の符号が同じならば、それは先物価格がトレンドを形成する望ましい環境と言える。現物価格の変化の符号とロールイールドの変化の符

号が違うときは、相互作用によって、トレンドが発生する可能性は低くなる。**図6.7**によると、金利が上昇し、イールドカーブの傾斜がプラスならば、トレンド性は低くなる。この場合、現物価格が下がるとプラスのロールイールドを相殺するため、最終的には先物価格のトレンドは弱まることになる。

　現在の低金利の状況で、金利上昇のシナリオに特に関心があるのは、トレンドフォロー戦略の投資家だろう。金利の変動とロールイールドの変動の関係は、過去のデータを使って実証的に評価できる。米国債の3カ月物と1年物については、1959年からのデータがある（出所はブルームバーグ）。また、1年物の利回りから3カ月物の利回りを引いた差は、ロールイールドとして使うことができる。そして、金利の変動は、フェデラルファンドレートの月間または年間の変化で代用できる。

　図6.8は、同じ期間の月間と年間のロールイールド（1年と3カ月の利回りの差の平均）と金利変動（フェデラルファンドレートの変動）の散布図である。これを見ると、50年間の利回り（ロールイールドで代用）の差と金利の間に明確な関係があるようには見えない。実際、月間平均も年間平均も、ロールイールドと金利変動の相関係数は0に近かった。この実証的な発見は、金利の上昇時は低下時ほどイールドカーブが現物価格の変動に反応しない可能性が高いことを示している。言い換えれば、金利が上昇するなかで現物価格の変動によってロールイールドがトレンド性を下げる可能性が高いという仮説を支持する統計的に明らかな証拠はないということだ。

市場のダイバージェンスとロールイールド

　前項で見たとおり、現物価格の変化とロールイールドの関係を分析すると、金利の上昇はイールドカーブが上昇しているトレンド性にネ

図6.8　ロールイールド（１年と３カ月の利回りの差）と金利変動（フェデラルファンドレートの変化）の散布図。上の図は月間平均で下の図は年間平均

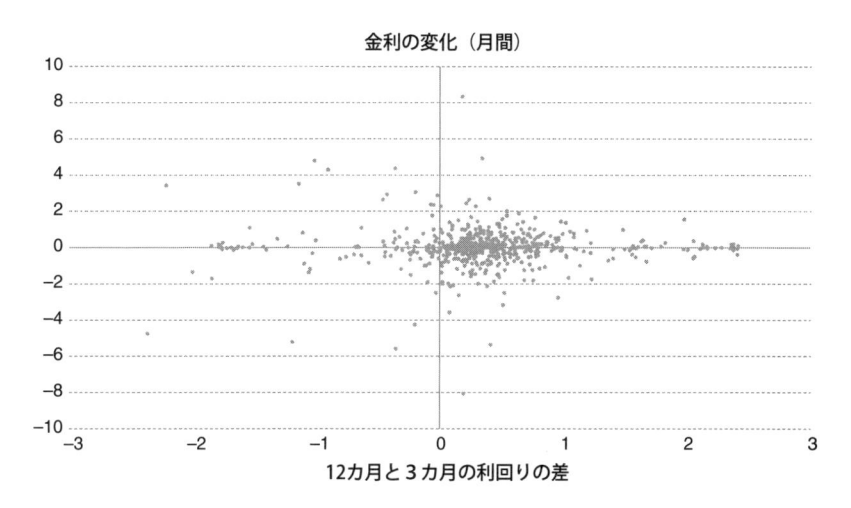

金利の変化（月間）

12カ月と３カ月の利回りの差

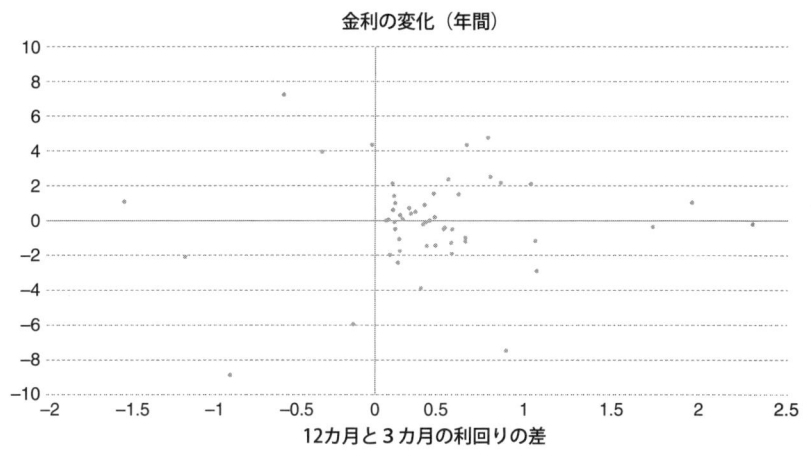

金利の変化（年間）

12カ月と３カ月の利回りの差

ガティブな影響を与えないことを示していた。次は、MDI（マーケットダイバージェンス指数）が高い時期の金利の変化とロールイールドの関係について書いていく。MDIは、第５章で実際の先物価格のデー

図6.9　同じ期間にロールイールドと金利の変化（フェデラルファンドレートの平均的な変化）がMDI（米30年物国債）に与えた影響を示す散布図

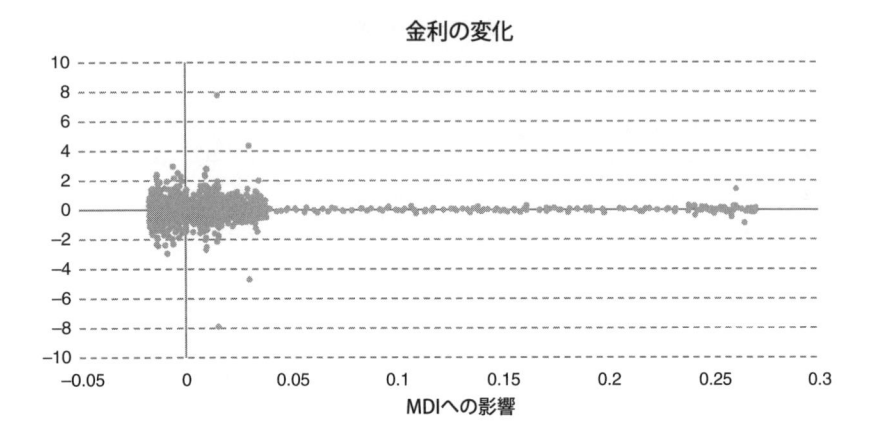

タを使って算出する価格のトレンド性の簡単な基準として紹介した。米30年物国債は、先物市場でトレードされた最初の債券の1つなので、これを使えば1980年までさかのぼって比較的長期にMDIの分析ができる。

　ロールイールドが市場のMDIに与える影響を評価するためには、先物価格の変化に基づくMDIと現物価格の差を算出すればよい。現物価格の変化は先物価格の変化からロールイールドを引いて算出できる。**図6.9**は、同じ時期のロールイールドと金利の変化（フェデラルファンドレートの変化の平均）がMDIに与えた影響を示す散布図である。ここでは、ロールイールドがMDIに与える影響が平均するとプラスになっている。そして何よりも、金利の変化とMDIへの影響に明らかな関係は見られなかった。具体的に言えば、金利が上昇しているときに、ロールイールドがトレンド性を下げるということはなかった。ロールイールドがMDIに与える影響と金利の変化の相関性には、ほとんど有意性がなかったのだ。

商品市場とロールイールド

前項の分析は、ほとんどが債券先物を対象としていたが、この項では商品先物について見ていくことにする。**表6.2**は、トレンドフォローシステムのパフォーマンスの約半分をロールイールドが担っていることを示している。トレンドフォローシステムのパフォーマンスは市場のダイバージェンスによって生み出されているため、商品セクターで金利が市場のダイバージェンスにどのように影響しているのかを検証してみるのも面白い。この点は、現物価格の変化とロールイールドを使ってMDIを検証することでも分かる。金利は上昇しても低下しても、現物価格に同じように影響する。つまり、金利が上がれば現物価格は下がり、金利が下がれば現物価格は上がる。しかし、ロールイールドへの影響はそこまで明確ではない。そのため、実証分析がさらなる洞察を与えてくれるかもしれない。理論的には、ロールイールドが上がれば、期近と期先の差が大きくなり、トレンド性も上がるはずである。実証的に、商品セクターではロールイールドが高いと市場のダイバージェンスも大きくなる（MDIが高くなる）。**図6.10**は、現物価格ではなく先物価格を使った場合のMDIの変化をヒストグラムで示したもので、平均も中央値もプラスになっている。これは、商品先物価格が現物価格よりもMDIの変化の影響を受けていることを示唆している。

　ロールイールドの貢献と、金利変化の貢献の関係についてはぜひ書いておく必要がある。**図6.11**は、トータルリターンと現物価格に基づいたリターンのシャープレシオの差の2年移動平均、つまり商品セクターのロールイールドの貢献を表している。**図6.12**は、2つのリターンの差の2年移動平均線である。2つの図にはフェデラルファンドレートも併せて示している。通常、リスクを調整していてもしていなくても、金利が高いときのほうがトータルパフォーマンスにおけるロー

**図6.10　商品セクターで現物価格ではなく先物価格を使ったMDIの差の
ヒストグラム**

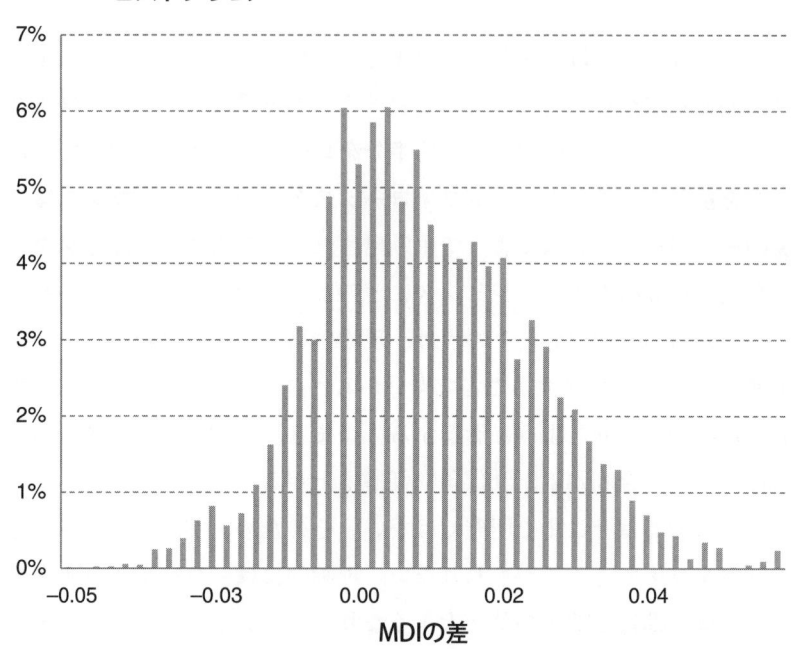

**図6.11　商品先物のトータルリターンと現物価格に基づいたリターン（ロー
ルイールドの貢献によるリターン）のシャープレシオの2年
移動平均の差とフェデラルファンドレート**

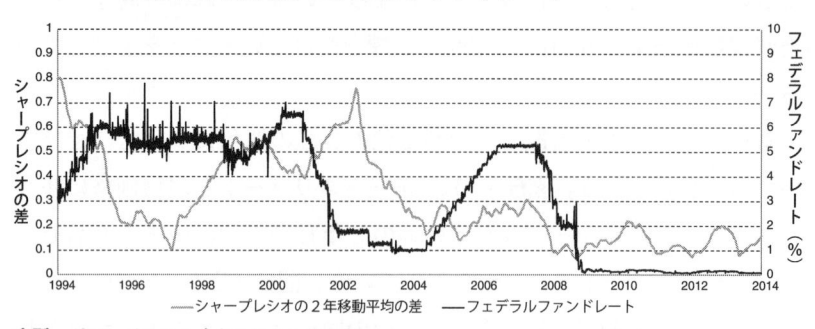

出所＝グローバルファイナンシャルデータ

図6.12　先物市場のトータルリターンと現物価格に基づいたリターンの
　　　　２年移動平均の差とフェデラルファンドレート

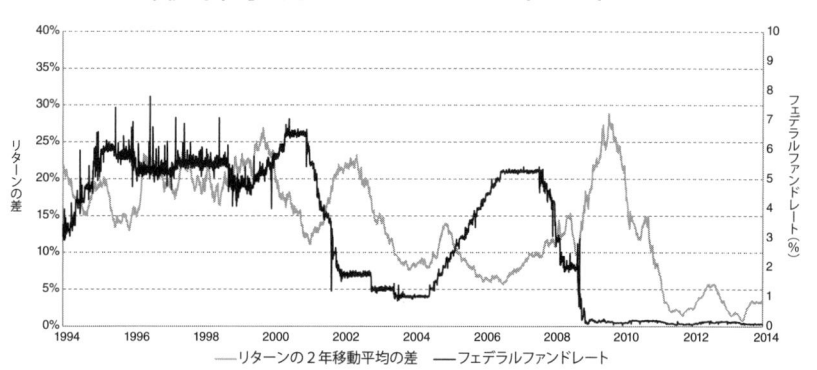

出所＝グローバルファイナンシャルデータ

ルイールドの貢献は大きいように見える。同じ時期のシャープレシオ
の移動平均線の差とフェデラルファンドレートの移動平均線の差の相
関係数は0.66だった。これは、金利が高いと商品セクターでのトレン
ドフォローシステムのパフォーマンスが上がることを示唆している。こ
のパフォーマンスの改善は、ロールイールドが担っていることになる。

まとめ

　先物トレードには、複雑だが重要な金利との関係がある。トレンド
フォロー戦略にとって、この影響は２つある。担保利回り（場合によ
ってはキャッシュリターン）と、先物価格のトレンドだ。本章では、最
初に担保利回りの影響と金利収入について書いた。金利はトレンドフ
ォロー戦略にとってプラスのキャリーになり、それがトータルリター
ンとシャープレシオを増やす一方で、ドローダウンの大きさと期間を
減らす。このような影響は、金利水準と直接的に関係がある。２つ目
の影響は、先物価格のトレンドを生み出すことである。この影響は直

感的には明らかだが、分析的にはそこまで明らかではない。金利水準は現物価格に影響し、イールドカーブの傾斜はロールイールドに影響を及ぼす。どのセクターでも、債券と商品はロールイールドや金利変動の影響が最も大きく出る。特に商品セクターは、現物価格とロールイールドの変化が、先物の価格変動に影響を及ぼしている可能性がある。商品先物の場合、金利が高いときや上昇しているときは、ロールイールドがトレンドフォローシステムのパフォーマンスにより大きく影響している。

参考文献

Greyserman, A. "Rising Interest Rates and Roll Yield." ISAM White paper, 2013.

第 4 部

代替資産クラスとしての
トレンドフォロー戦略

Trend Following as an Alternative Asset Class

第 7 章

トレンドフォロー戦略のリターンの特性

　トレンドフォロー戦略は、市場のダイバージェンスを利用して幅広い資産クラスに体系的に資本を配分して利益を得る動的なリスクテイキング戦略である。これがリスクテイキングの分野において補集合となる手法だということを考えれば、トレンドフォロー戦略は多くの伝統的な投資戦略を自ずと補完していることになる。トレンドフォロー戦略の長期的なパフォーマンスを理解するために、本章ではトレンドフォロー戦略のリターンの主要な統計的特性をいくつか見ていく。まず、ダイバージェンスに注目したパフォーマンスの2つの基準で、トレンドフォロー戦略のリターンの補完的な性質の基準として使うことができるクライシスアルファとクライシスベータについて説明していく。次に、トレンドフォロー戦略のリターンの主な統計的特性についておさらいする。このなかには、トータルリターン、危機の時期のパフォーマンス、株との相関性、歪みなどが含まれている。これらの統計は、さまざまな時期におけるトレンドフォロー戦略のパフォーマンスを、異なる方法で理解する助けになる。これらの統計を純粋なトレンドフォローシステムとそのバリエーションについて見ていくと、システムデザインによって統計的な特性が変わることが分かる。

代替資産クラスとしてのトレンドフォロー戦略

　伝統的な資産は経済的な資源で、価値を保有したり維持したりできるものである。資産クラスは、証券の種類、またはそれと似た性質の資産と定義できる。代替資産クラスは、株や債券といった伝統的な資産クラス以外の資産と定義できる。トレンドフォロー戦略は通常、モメンタム戦略とされている。これは正しいが、問題はモメンタムという言葉が現象を記述したにとどまっており、原因を表していないことである。もっと具体的に言うと、原因はダイバージェンスで、モメンタムはその効果にすぎない。モメンタムは、市場の一定の動きが長引いている状態である。適応的市場の観点から言えば、市場のダイバージェンス（数式ではなく概念として）が、価格のモメンタムを引き起こしているのだ。そう考えると、トレンドフォロー戦略は一般的には市場のダイバージェンスをロングする戦略で、多くのコンバージェント投資戦略（株のリスクプレミアムの買いや市場のダイバージェンスの売りなど）はダイバージェンスをショートする戦略なのである。

　ダイバージェンスは、もう1つの資産クラスであるボラティリティと比較することができる。ボラティリティという概念は数式ではなく、私たちが市場参加者として価格の不確実性にどう対処するかの基準または表現である。市場参加者が将来のボラティリティに左右される資産や契約を買ったり売ったりして行動を起こすと、彼らの将来の不確実性に対する見方や知覚が価格に織り込まれる。株に話を戻すと、過去の株価は私たちが評価した価格、将来の価値は私たちが知覚している将来の価値を表している。同様に、過去のボラティリティや実現ボラティリティは、過去に直面したリスクを教えてくれるが、将来のボラティリティは未知の将来を私たちがどう知覚しているかを表している。ダイバージェンスの場合、過去のトレンドは実現したモメンタムだが、将来のダイバージェンスは金融市場を構成する複雑な生態系の

表7.1　株と債券という伝統的な２つの資産クラスとボラティリティとダイバージェンスという２つの代替資産クラス（このことについてはカミンスキー［2012年b*］でも部分的に述べている）

伝統的な資産クラスと代替資産クラス	過去	将来
株	過去の価格は会社の実現価値	将来の期待価値
債券	過去の価値はさまざまな時期のお金の実現リターン	さまざまな時期にお金が生むリターン
ボラティリティ	実現ボラティリティは市場が直面した実現リスク	将来のリスクと不確実性の期待水準
ダイバージェンス	過去のトレンドは市場の実現モメンタム	将来のダイバージェンスの期待水準
知覚の基準	**過去の基準**	**将来の予想**
株	過去の価格	評価モデル
債券	過去のリターン	金利モデル
ボラティリティ	標準偏差	インプライドボラティリティ、ボラティリティモデル
ダイバージェンス	SNR、MDI、市場の変調	システミックリスクモデル、脆弱性の基準**

*　Kaminski［2012年b］に代替資産クラスとしてのボラティリティの概念的な見方が説明されている

**　多くの研究者が将来、金融制度が脆弱になったときを判断するための基準について検証しているが、本書ではこの概念については詳しく述べない。一例を挙げると、LoとZhou［2012年］は、システミックリスクの基準について詳しく述べている。彼らは、いくつかのヘッジファンドに基づいた指標に、システミックリスクの水準を判断するある程度の予測力があることを発見した

構造的なシフトとショックの潜在的可能性について教えてくれる。**表7.1**に、２つの伝統的な資産クラス（株と債券）と、２つの代替資産クラス（ボラティリティとダイバージェンス）についてまとめてある。このような見方をすると、ボラティリティとダイバージェンスは、違いはあっても関連する概念だということが分かる。不確実性は、結果や範囲や大きさが分からない状況である。過去は不確実ではないが、将来にはリスクと不確実性がある。市場のダイバージェンスは、ホモサピエンスの進化の歴史と同様に、過去のトレンドは分かっている。そ

して、市場という生態系の将来のダイバージェンスのレベルも、構造的なシフトの大きさと発生と、市場環境へのショックによって決まる。そのため、ダイバージェンスの大きさは、ボラティリティの変化（または不確実性やリスクのレベルの変化）と関連しているのである。

　第4章と第5章で、適応的市場の概念とダイバージェンスについて紹介した。本章では、トレンドフォロー戦略の代替資産クラスとしての側面について述べていく。この戦略のダイバージェントなリスクテイキングの手法に基づくと、トレンドフォロー戦略は市場のダイバージェンスをロングすることになる。この項では、この代替資産クラスの独自の性質をとらえる助けになる2つの基準について述べていく。それが、クライシスアルファとクライシスベータである。

クライシスアルファ

　第4章で、適応的市場仮説（AMH）を枠組みに使ってトレンドフォロー戦略がクライシスアルファを提供できる理由を説明した。クライシスアルファのチャンスは、危機のときにさまざまな市場で発生する持続的なトレンドから得られる利益である。クライシスアルファは、機関投資家にとってパフォーマンスの重要な基準である。理由は、市場にストレスがかかり、ダイバージェンスになって、多くの投資戦略がうまくいかない時期にクライシスアルファを使って戦略のパフォーマンスを測定できるからだ。この枠組みのなかで、トレンドフォロー戦略のパフォーマンスを、クライシスアルファと投機的なリスクプレミアムとリスクフリーレートという3つの部分に分けることができる。この3つの構成要素は、株の各リスクプレミアムと同じように、事後的に見積もることができる。まず、いくつかの業界の一般的な指数の月次リターンを単純に分解する。この分析では、危機のときのパフォーマンスが、トレンドフォロー戦略の長期的なパフォーマンスのなかで

重要な役割を担っていることが明らかになる。ちなみに、危機はMDI
（マーケットダイバージェンス指数）で測定した市場のダイバージェン
スが最も高い期間である。

　クライシスアルファを測定するときの主な課題は、危機期間の定義
である。第4章では、クライシスアルファを基準を下回る一連のマイ
ナスリターンと定義した。この手法は、長期的な研究や長期のリスク
プレミアムの算出に適している。ただ、このときの基準は、ある程度
主観的にならざるを得ない。そこで、ボラティリティとダイバージェ
ンスの変化には関連があることから、代替的な手法として危機の期間
をボラティリティの極端な変化とすることもできる（トレンドフォロ
ー戦略と市場のボラティリティの関係については第8章で詳しく述べ
る。トレンドフォロー戦略のパフォーマンスに影響を及ぼすのは、ボ
ラティリティの変化なのである。ポジションサイズは、ボラティリテ
ィで加重しているが、この加重はボラティリティの予想としてはラグ
がある。ボラティリティの変化は、トレンドフォロー戦略のポジショ
ンのベガニュートラル度に影響する）。例えば、VIXを使って危機期間
をシステマティックに定義することができる。前月末のVIXが20％を
超える月は、危機の月とするのだ。市場のボラティリティ（VIX指数）
を使って市場の危機的な出来事を定義するというテクニックは、一般
的に使われており、いくつかの論文にも見られる（例えば、Vayanos
［2004年］やBrunnermeierとPedersen［2009年］など。Kaminskiに
よる白書［2012年a］は、ボラティリティが減少していくサイクルに
あるとき、トレンドフォロー戦略はボラティリティに長期的に影響を
受けるということを説明している）。**図7.1**は、S&P500の値動きで、グ
レーの期間はVIXで定義した危機期間を示している。

　図7.1からは、VIXを使った危機期間の定義がS&P500が大きく下げ
た時期と一致していることが分かる。ただ、このVIXを使った方法に
は主に3つの問題がある。1つ目は、VIXが株のボラティリティに基

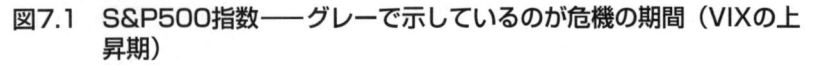

図7.1　S&P500指数──グレーで示しているのが危機の期間（VIXの上昇期）

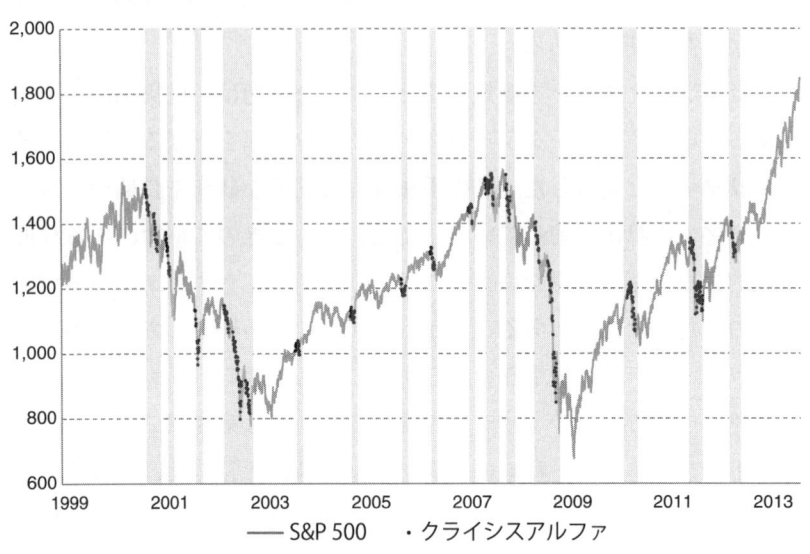

づいているため、ほかの資産クラス（例えば、商品や債券）には応用しにくいことだ。ほかの資産クラスのボラティリティを測定するためには、少し面倒だがオプション価格のインプライドボラティリティを使う必要がある。2つ目は、リターンを使ったクライシスアルファと同じように、特定のサンプル期間に危機が観察されないと、それが問題になる。実は、クライシスアルファは通常、長期的なストレステストとして使うことが想定されており、短期の戦略的資産配分の判断に使うようにはできていないのである。3つ目は、VIXに基づいたクライシスアルファが、投資家にとって直感的に理解しやすいものではないことである。このように書いていくと、ボラティリティを使ったトレンドフォロー戦略がボラティリティの買い戦略だという誤解を招くかもしれないが、それは少し違う。ちなみに、トレンドフォロー戦略とボラティリティ戦略の相関性は、サンプル期間によって違うが、通

常は10〜20％しかない。

さまざまな資産クラスのクライシスアルファ

トレンドフォロー戦略は適応力があり、日和見的に使うことができる投資戦略で、市場のダイバージェンスやそれに伴う価格のモメンタムを利用して利益を上げることができる。通常、価格のモメンタムは株式市場に限らず存在する。大きな違いは、投資業界で歴史的に株式市場が偏重されてきたことと、企業の自己資本規制の副次的効果によって、すべての資産クラスの市場のダイバージェンスが株の危機のときに最も顕著になることである（株式市場に関しては、業界全体で買いバイアスがある。また、市場参加者の期待は株式市場に左右される傾向がある）。例えば、過去いくつかの市場危機では、すべての資産クラス（債券、商品、不動産、エネルギー市場など）でダイバージェンスが起こった。簡単に言えば、株式市場が下げると、ほかの市場もすべてどちらかの方向に大きく動いたのである。

株式市場の危機以外のショックで市場がダイバージェンスになっているときも、同じように考えることができる。ただ、金融危機以外だとモメンタムがすべての市場に広がることはあまりないところが大きく違う。適応的市場に話を戻すと、何らかのダイバージェンスがある市場環境では、最も適応力があり、チャンスを生かすことができる市場参加者が、やはり高いパフォーマンスを上げる。そう考えると、クライシスアルファの概念を債券や商品の危機のときにも広げてよいはずだ。世界的な株価指数に加えて、よく使われている世界的な債券指数と幅広い商品指数も危機期間を定義するのに使うことができる。そして、それぞれの指数を使えば、その資産クラスのクライシスアルファを算出することができる。ある戦略のセクター特有のクライシスアルファは、そのリターン系列と、そのなかの危機の時期のリターンを

図7.2　クライシスアルファのローリングウインドウ（危機の月の定義は対象の指数が5年移動平均から2標準偏差を引いた値を下回ったとき）

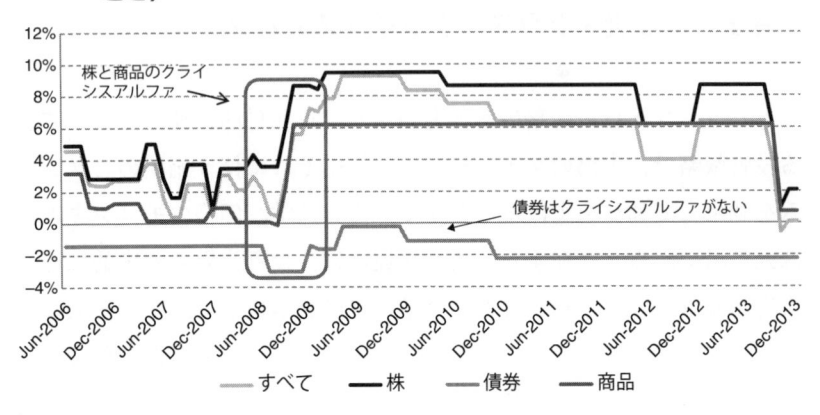

米3カ月物国債で代用したリターン系列の差と定義することができる。この方法は、第4章で紹介した株価指数を使った方法とよく似ている。危機の期間は、指数のリターンがある基準よりも低いときと定義した。今回の場合、その基準はすべての資産クラスに一貫性を持たせるために、過去のリターンの移動平均と標準偏差に基づいている。ここでは、株と債券と商品について、長期に幅広く使われている3つの指数をベンチマークとして選んだ。それがMSCIワールド指数と、JPMグローバルボンド指数と、CRBコモディティ指数である（CRBはトムソン・ロイター／ジェフリーCRB指数。CRBはコモディティ・リサーチ・ビューローの略。この指数は、商品市場の動的なトレンドを反映するようにデザインされている）。

　図7.2と**図7.3**は、商品のクライシスアルファと債券のクライシスアルファと株のクライシスアルファと3つの平均（「すべて」）の水準を示している。ただ、3つの市場の危機期間の定義は異なっている。クライシスアルファの値は5年移動平均線になっている。2つのグラフ

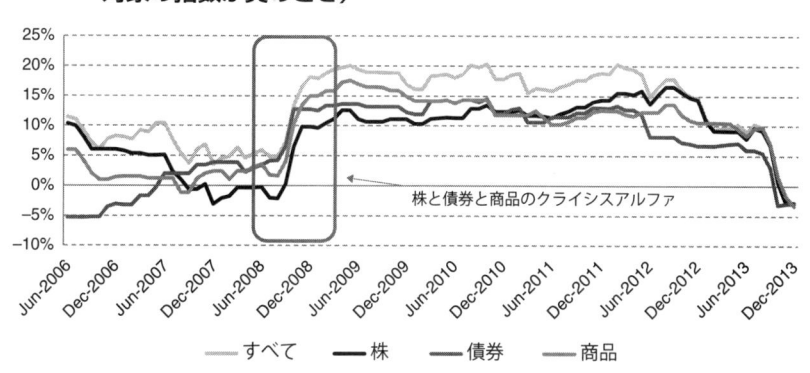

図7.3　クライシスアルファのローリングウインドウ（危機の月の定義は対象の指数が負のとき）

の共通点は、どちらも信用危機をとらえていることだ。移動平均線で見ると、クライシスアルファが時間の経過とともに累積していくことが分かる。**図7.2**は5年移動平均から2標準偏差を引いた値を危機期間の基準としている。ただ、このクライシスアルファの定義は限定的で、危機に該当する月が2〜3カ月しかない。クライシスアルファの移動平均はあまり変化せず、分布の左側のテールに集中している。債券の場合、今回の限定的な定義と今回のサンプル期間ではクライシスアルファがあまりなかった。**図7.3**は、危機の月の定義を緩め、移動平均が負の値を取る月とした。この場合、ほとんどの期間でクライシスアルファが認められることになる。この2つの図は、危機期間の定義によるクライシスアルファの感度の違いを示している。

クライシスベータ

　商品でも株でも債券でも、クライシスアルファは危機期間の定義によって敏感に変わる。ただ、ボラティリティを使ってもリターンを使っても、過去のデータに基づいていることに変わりはない。これらの

パフォーマンスは、過去のいくつかの危機に基づいているのだ。そのため、クライシスアルファは戦略の長期的なストレステストに適している（短期の移動平均［例えば、2年］を使うと、観察期間に危機が観察されない場合もよくある）。ただ、戦略的な資産配分を決めるときには、将来を見据えたパフォーマンスの基準を使うほうが望ましい。このような基準は、過去の出来事に合わせるのではなく、将来あり得る構造的な関係に注目する（ティルヘッジがその好例。もしある戦略が将来のリーマン・ブラザーズの破綻をヘッジしても、次の金融危機が過去と同じ形で起こる可能性は極めて低い）。この基準は、最近のトレンドフォロー戦略と伝統的な資産クラスのベンチマーク指数の構造的な関係を示している。ほとんどの資産クラスは、それぞれのベータと伝統的なベータを使って検証できる。この場合、伝統的なベータはおおむね0である。そして、この方法の代わりにクライシスベータを定義できる。クライシスベータは、対象の指数との条件付きの相関性を推定するためにデザインされている。例えば、トレンドフォロー戦略は、株のブル相場と相関し、ベア相場と逆相関になっている。伝統的な相関の基準では、これら2つの良好な相関関係は足されるのではなく相殺されることになる。トレンドフォロー戦略のこのような特性を考えると、トレンドフォロー戦略の標準的なベータは0に近くなる。標準的なベータは、次の式で定義できる。

$$\beta = \frac{cov(r, r_M)}{var(r_M)}$$

r_Mは対象のベンチマークのリターンである。共分散のポジティブな効果とネガティブな効果を考慮すると、先の伝統的なベータは次のように2つに分解できる。

$$\beta = \frac{cov(r, r_M)}{var(r_M)} = \frac{cov(r, r_M^-)}{var(r_M)} + \frac{cov(r, r_M^+)}{var(r_M)}$$

ここでは、r_M^+は指数のプラスのリターンのみ、r_M^-はマイナスリターンのみで、どちらのベンチマークも残りのリターンは0で代用する。伝統的なベータのマイナスは、その戦略が指数とはおおむね逆行することを示している。伝統的なベータの場合、通常、ベータの値が負であることは分散効果を狙ったのでなければ、投資家にとって望ましくない。例えば、ベンチマークの指数を売れば、かなりの負のベータを得られる。クライシスベータは、伝統的なベータの定義の負のベータの符号を変えず、ポジティブな効果の項に負号を付けることで、次のように定義できる。

$$\beta_c = \frac{cov(r, r_M)}{var(r_M)} = \frac{cov(r, r_M^-)}{var(r_M)} - \frac{cov(r, r_M^+)}{var(r_M)}$$

伝統的なベータに簡単な操作を加えた新しいクライシスベータという基準を使うと、トレンドフォロー戦略との条件付き相関性のレベルを測定することができる。クライシスベータは値が低いほど、対象の指数を買うのみの投資家にとってはメリットがある。クライシスベータは、クライシスアルファと比べると、トレンドフォロー戦略と特定の資産クラスの最近の関係に注目することで、クライシスアルファの設計上の問題の一部を克服することができる。つまり、危機の期間の標準的な定義が不要になる。

図7.4と**図7.5**と**図7.6**は、代表的かつ純粋なトレンドフォロー戦略の2002〜2013年のパフォーマンスを使って株と債券と商品の指数のクライシスベータの2年移動平均を示している。また、**図7.7**は、クラ

図7.4　株のベンチマークの指数であるMSCIワールド指数を使ったトレンドフォロー戦略のクライシスベータの2年移動平均線

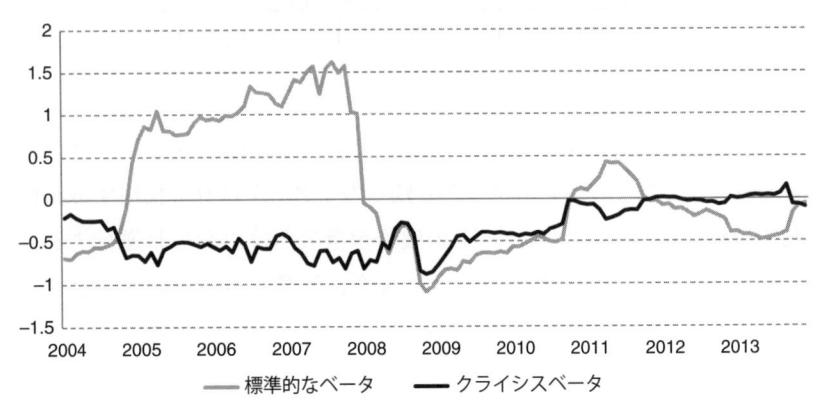

出所＝ブルームバーグ

図7.5　債券のベンチマークの指数であるJPMグローバルボンド指数を使ったトレンドフォロー戦略のクライシスベータの2年移動平均線

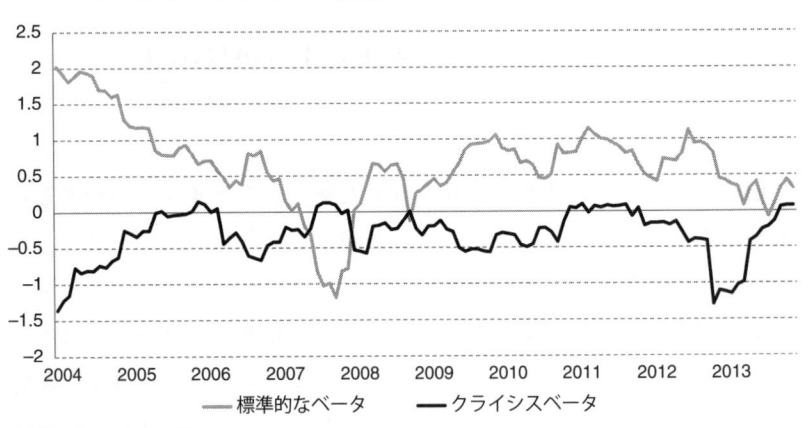

出所＝ブルームバーグ

イシスベータの全体的な平均と、3つのセクターのクライシスベータの単純平均を示している。比較のために、それぞれの図には伝統的なベータも示してある。3つの図を見ると、明らかに伝統的なベータの

226

図7.6　商品のベンチマークの指数であるCRBオール・コモディティ指数を使ったトレンドフォロー戦略のクライシスベータの２年移動平均

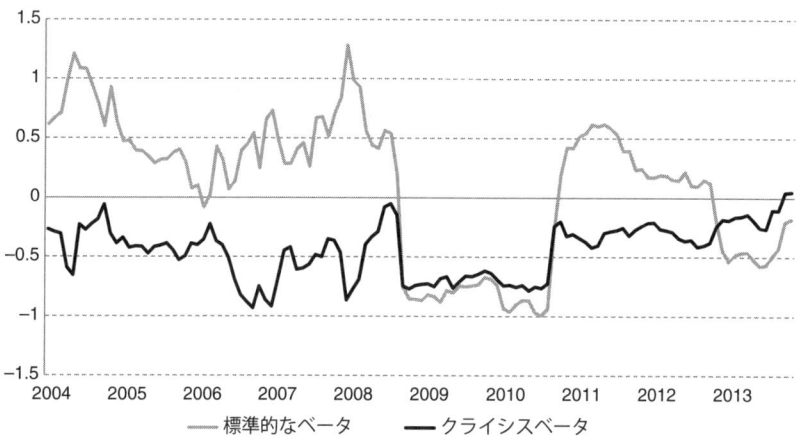

出所＝ブルームバーグ

図7.7　トレンドフォロー戦略のクライシスベータの２年移動平均（クライシスベータは３つのセクターのベンチマーク指数の平均）

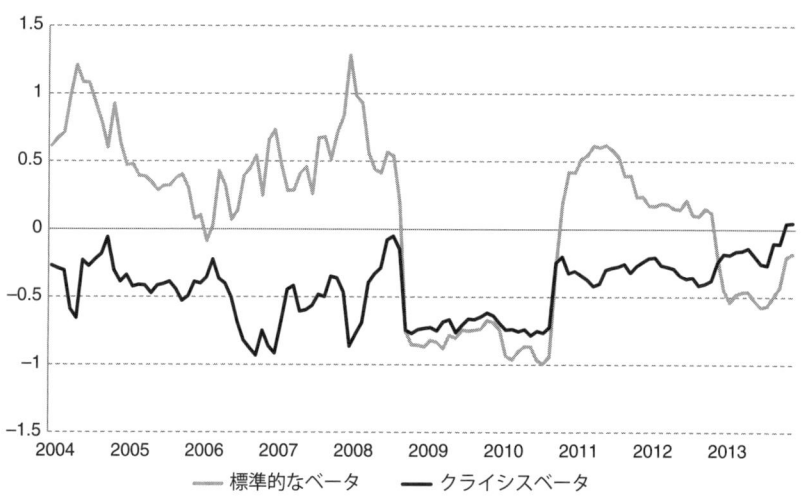

出所＝ブルームバーグ

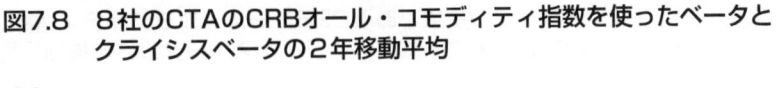

図7.8　8社のCTAのCRBオール・コモディティ指数を使ったベータと
クライシスベータの2年移動平均

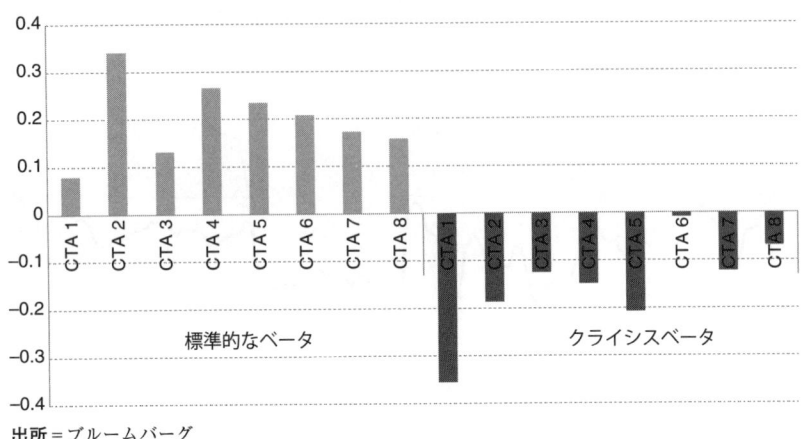

出所＝ブルームバーグ

ほうが大きく変動しており、クライシスベータは、むしろ安定的にマイナスになっている。

　次に、いくつかの主要なトレンドフォロー系CTA（商品投資顧問業者）のクライシスベータを検証してみよう。**図7.8**〜**図7.11**は、2002〜2013年にかけた8つのCTAファンドのパフォーマンスのデータを使った伝統的な資産クラスのベータの平均と、同じ時期のクライシスベータの2年移動平均である（リターンのデータは2001年6月から2013年12月のものだが、CTA5だけは2004年4月から始まっている）。CTAのなかには、すべてのベンチマークについてクライシスベータがマイナスのところもある。**図7.12**は、すべてのベンチマークに関するすべてのCTAファンドのクライシスベータの2年移動平均である。このグラフは、クライシスベータがトレンドフォロー戦略のリターンの安定した性質だということを示している。

図7.9　８社のCTAの株のベンチマーク指数であるMSCIワールド指数を
使ったベータとクライシスベータの２年移動平均

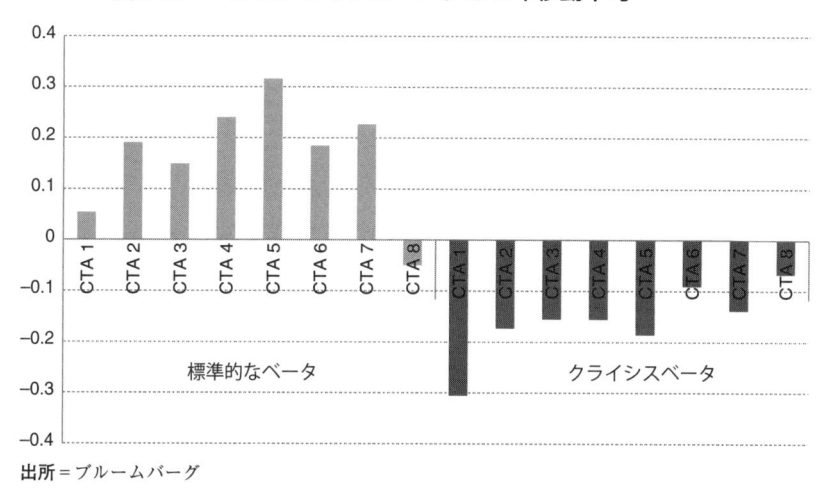

出所＝ブルームバーグ

図7.10　８社のCTAの債券のベンチマークであるJPMグローバルボンド
指数を使ったベータとクライシスベータの２年移動平均

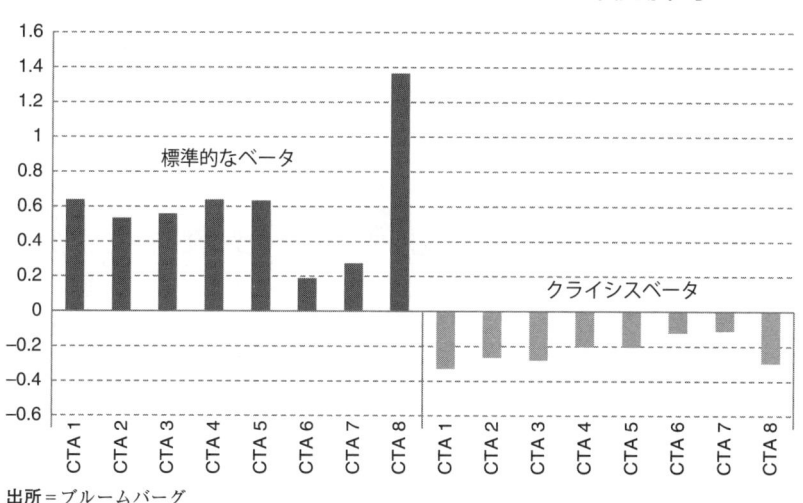

出所＝ブルームバーグ

図7.11　8社のCTAの3つのベンチマーク（MSCIワールド指数、JPM グローバルボンド指数、CRBオールコモディティ指数）を使ったベータとクライシスベータの2年移動平均の平均

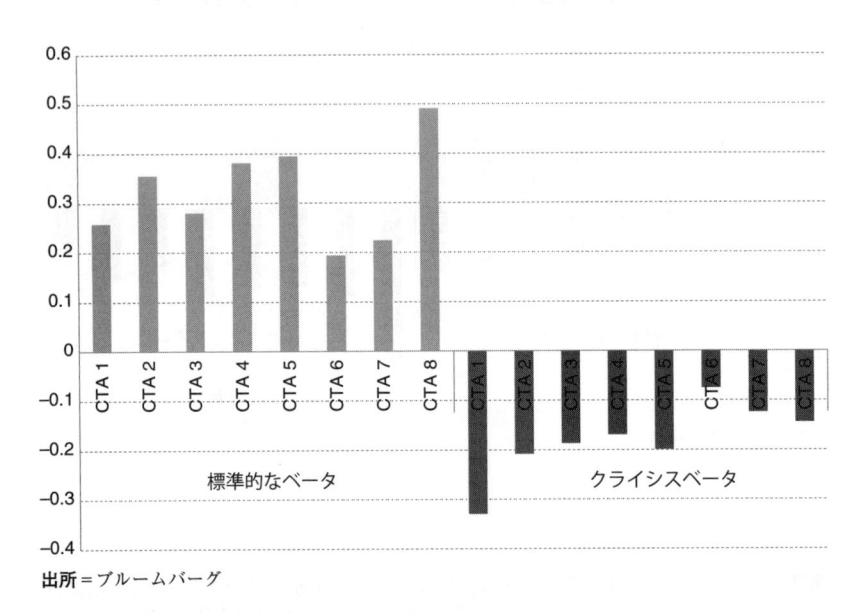

出所＝ブルームバーグ

図7.12　数社のCTAの3つのベンチマークを使ったクライシスベータの2年移動平均

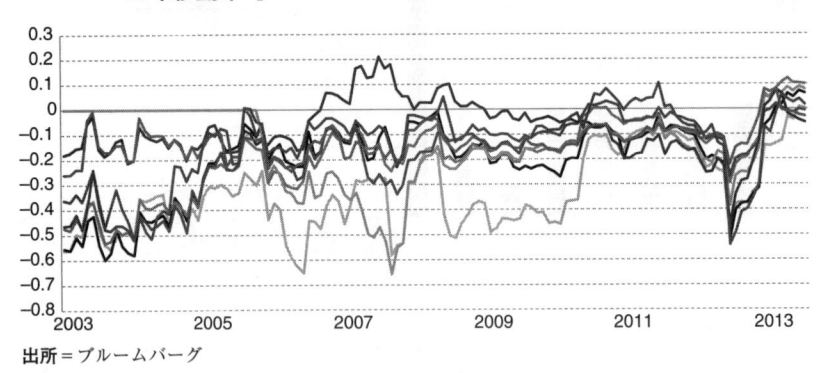

出所＝ブルームバーグ

230

表7.2　3つの特徴（株の買いバイアス、資本配分、保有期間）を持った 8つのトレンドフォローシステム（ここで「長期保有」が×になっているのはトレード期間が中期であることを示す）

	株の買いバイアス	市場規模で加重	長期保有
1	×	×	×
2	○	×	×
3	×	○	×
4	×	×	○
5	○	○	×
6	×	○	○
7	○	×	○
8	○	○	○

主な統計的性質

　前項では、トレンドフォロー戦略の2つの独特な基準を紹介した。この項では、トレンドフォロープログラムのより一般的な統計的性質について見ていく。ここでは、8つのトレンドフォローシステムを使って、システムの構成と統計値を比較していく。トレンドフォローシステムの違いは、**表7.2**に示してある。システムの分類の仕方については第3章を参照してほしい。

　8つのトレンドフォローシステムに関する主な統計的性質を、**図7.13**の箱ひげ図にまとめてある。それぞれの箱の中の線は中央値、箱の両端は第1四分位と第3四分位、つまり四分位範囲（IQR）である。ひげの部分は外れ値を除いた最大値と最小値を示している（このチャートの外れ値は、箱の端から箱の高さの1.5倍を超える範囲）。ひげの外側の＋は外れ値を示している。ここでは、株や商品や債券や通貨などの分散した50の市場と8つのトレンドフォローシステムを使って、この主要な性質を分析している（この分析には1993〜2013年にかけた20

**図7.13　表7.2の8つのトレンドフォローシステムの1993〜2013年に
かけた年間リターンのばらつき**

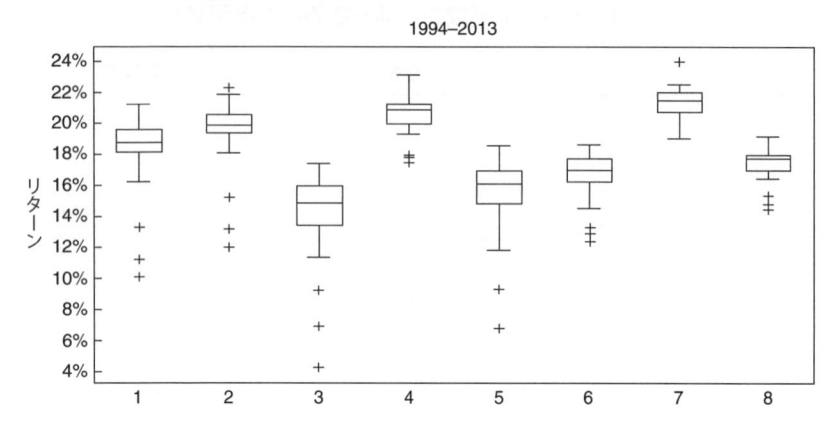

年以上の日々のデータが使われている）。異なるアプローチのトレンド
フォローシステムのパフォーマンスや違いは、長期のリターンやシャ
ープレシオ、ポートフォリオの歪み、クライシスアルファ、クライシ
スベータ、条件付きの相関性などで検証していく。

長期のリターン

図7.13は、8つの異なるトレンドフォローシステムの、過去20年間
のリターンのばらつきを示している。この間、最高の利益を上げたの
はシステム1とシステム2とシステム4とシステム7で、4つとも均
等リスク配分で運用している。このことは、たくさんの市場にリスク
配分した均等加重に似た手法が長期的に利益率が高いことを示唆して
いる（このことは第12章のスタイル分析と関連している。市場サイズ
ファクターについては、のちに詳しく書く。運用規模と市場規模と流
動性の低さについては15章で述べる）。また、このことは運用額が大き
いトレンドフォローシステムが規模の制約に直面し、流動性の高い金

融先物に集中する（時価総額で加重するのに似ている）と、長期的にはリターンが低くなる可能性も示唆している。20年を超える期間で、株の買いバイアスを追加しても、トータルリターンはあまり変わらなかった。このことは、ブル市場のときの株の買いバイアスのメリットが、ベア相場のときのデメリットを上回っていることを示唆している（株のバイアスの役割については、第12章のスタイルファクターのところでも検証する）。

スキュー

トレンドフォロー戦略のリターン分布は、ポジティブスキューになることで知られている。この戦略はダイバージェントリスクテイキングの手法なので、たくさんの小さい損失と少ない大きな利益を取ることになる。つまり、トレンドフォロー戦略のリターンの分布はポジティブスキューになる。統計的に言えば、ドローダウンが小さく、うまく分散するという性質を持っているため、このような分布は望ましい。**図7.14**は、異なるトレンドフォローシステムのリターン分布の歪度を示している。このなかで、システム5とシステム8は大きなネガティブスキューになっている（ポジティブスキューではなく）。この2つは、株の買いバイアスがあり、市場規模で加重している。これは、株の買いバイアスと金融市場に集中するとトレンドフォロー戦略がよりコンバージェント戦略に近づくことを示している。大きいポジティブスキューになったシステム1とシステム4は、バイアスがなく、リスクを均等に配分している。この簡単な例は、株式市場の方向性とリスクの配分先を考えないことが、リターン分布のポジティブスキューという意味で最もダイバージェントなリスクテイキングの手法になることを示している。概念的には、ポートフォリオに株のバイアスと市場規模の加重を加えると、戦略がよりコンバージェントになる。経験的に言

図7.14　8つのトレンドフォローシステムの月次リターンの平均歪度 （1993〜2013年）

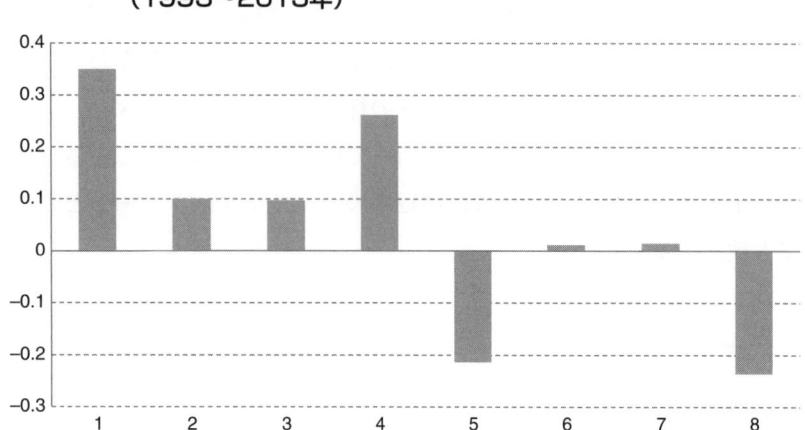

えば、このような性質はリターン分布のスキューに現れることもある。

危機のときのパフォーマンス

リターンに基づいた手法を使うと、危機の期間は株のリターンが長期の中央値よりも1標準偏差下回った月と定義できる。**図7.15**は、株のMSCIワールド指数を使って、8つのトレンドフォローシステムの危機期間の平均月次リターンを示している。ここでも、システム1とシステム4（株のバイアスがなく、リスクは均等に配分）はクライシスアルファが最も高くなり、システム5とシステム8（株の買いバイアスと市場規模に基づいた配分）は最も低くなった。このことについては、第14章と第15章でさらに詳しく検証する。

株式市場との相関性

互いに逆相関の関係にある投資をすると、大きな分散効果を得るこ

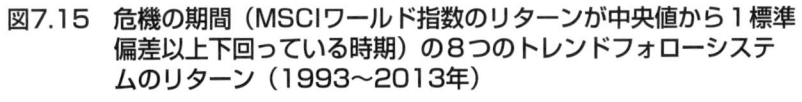

図7.15　危機の期間（MSCIワールド指数のリターンが中央値から１標準偏差以上下回っている時期）の８つのトレンドフォローシステムのリターン（1993～2013年）

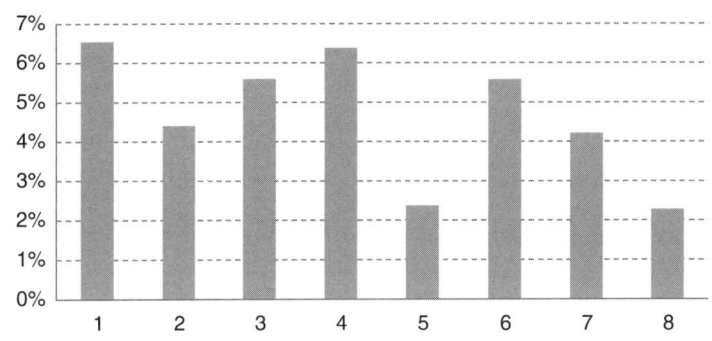

とができる。逆相関の投資は、ベンチマークが下がるとリターンが上がる可能性が高い。この関係は、望ましい分散効果を与えてくれる。MSCIワールド指数を使った８つのトレンドフォローシステムの相関性を検証してみよう。**図7.16**は、1993～2013年にかけた８つのトレンドフォローシステムの相関値とベンチマークのMSCIワールド指数を示している。システム１とシステム４（株のバイアスがなく、リスクは均等に配分）が、ベンチマークとの逆相関が最も大きく、システム５とシステム８（株の買いバイアスと市場規模に基づいた配分）はベンチマークと若干の相関性があった。相関係数は通常の場合と危機の場合とをネットした測度なので、クライシスベータほどの効果はないかもしれない。

　この項では、８つのトレンドフォローシステムの主な統計的性質について見てきた。異なるトレンドフォローシステムは、リターンの分布も統計的性質も違う。最もダイバージェントなトレンドフォローシステムは、株のバイアスがなくリスクを均等配分したもので、リターンがダイバージェントなリスクテイキングの手法と最も近かった。つ

図7.16　8つのトレンドフォローシステムの月次リターンとMSCIワールド指数の相関性の平均（1993〜2013年）

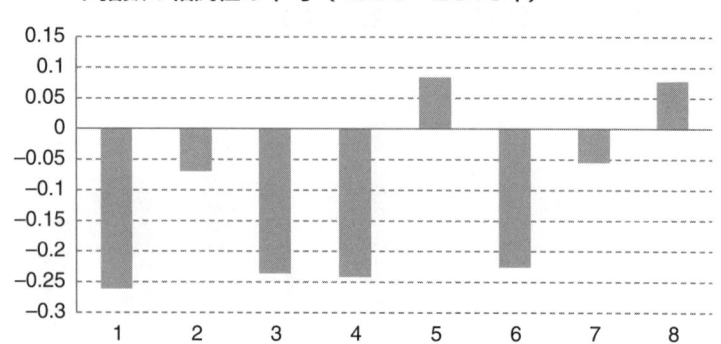

まり、危機の時期のパフォーマンスが最も高く、最もポジティブスキューになっていて、株式市場との相関性が最も低かったのだ。長期的に見ると、リスクパリティポートフォリオのように、トレンドフォローシステムでもリスクを均等配分した手法のほうがリターンは高くなる。

まとめ

　トレンドフォローという投資戦略は、幅広い資産クラスに、動的かつシステマティックにリスクを配分していく。この日和見的な戦略の特性を考慮して、クライシスアルファとクライシスベータという2つの独自の基準について書いてきた。また、異なるトレンドフォローシステムについてさまざまな統計的性質（トータルリターン、リターン分布のスキュー、危機のときのパフォーマンス、条件付きの相関性など）を検証した。対象の市場の見方と同様に、リスクを均等配分し、株のバイアスがないトレンドフォローシステムは、危機の時期に高いパフォーマンスを上げ、株式市場との相関性が低く、ポジティブスキュ

ーの度合いが最も大きかった。

付録——一般的なパフォーマンスの基準

　投資のプロは、パフォーマンスを幅広い基準で評価している。この項では、いくつかの一般的なパフォーマンスの基準をまとめておく。これらの基準はどれも限界と前提がある。そのうえ、動的なトレード戦略の場合は、パフォーマンスの評価がさらに複雑になる。

シャープレシオ

　シャープレシオは、投資のパフォーマンスを測るときに、最も幅広く使われている基準の1つで、リスク調整済みパフォーマンスの簡単な基準である。シャープレシオは、単純で直観的だが、動的なトレード戦略の複雑さを適切に考慮できない場合もある。特に、シャープレシオはリターンの標準偏差で定義するリスクに注目しているため、さまざまな代替投資戦略のリスクが隠れてしまう可能性もある。実際、シャープレシオを基準に評価するということは、リターンの分布についてリターンが正規分布になっていることや、標準偏差が包括的なリスクの基準になっていることなどを前提にしていることになる。通常、標準偏差の考え方で価格リスクをとらえることはできるが、ほかのリスクも隠れているかもしれない。トレンドフォロー戦略は、主に価格リスクをとっているため、ほかの代替戦略と比べてシャープレシオは低くなることが多い。この概念は、第9章で詳しく述べる（ヘッジファンドマネジャーはシャープレシオを操作することも可能である。例えば、動的なレバレッジを使ってオプションを売り、リターンをならすなどのテクニックを駆使するなど。FersonとSiegel［2001年］、Goetzmannほか［2002年］、Lo［2002年］参照）。典型的なシャープレ

シオの値は、株の買いのみの戦略では0.25〜0.50、長期的なトレンドフォロー戦略では0.50〜0.70、多くのヘッジファンドでは0.50〜1.50程度になっている。

オメガレシオ

シャープレシオの代わりにオメガレシオを使うこともできる。オメガレシオは、加重利益と加重損失の比率で、リターンの分布に関する前提はない。そのため損益の分布の歪みによって、高いリターンが存在することを考慮に入れることができる。

オメガレシオは、基準値がリターンの中央値ならば1になる。実際、オメガレシオは同じ期間における投資をランク付けするのにも使える。リターンが正規分布のときや、隠れたリスクがないときは、オメガレシオとシャープレシオはたいてい一致する。

インフォメーションレシオ

多くの投資家が、インフォメーションレシオを使ってベンチマークに対するパフォーマンスを計算している。インフォメーションレシオは、ベンチマークを上回ったリターンの年率とトラッキングエラーの比率である。トラッキングエラーは、ベンチマークの超過リターンの標準偏差と定義できる。インフォメーションレシオの主な問題点の1つは、適切なベンチマークを使えるかどうかだ。トレンドフォロー戦略のベンチマークは、伝統的にCTA業界の一般的な指数が使われてきたが、これには投資することができない運用会社が多数含まれている。

下方リスク

ドローダウンの時期のパフォーマンスのばらつきを理解するため、多くの投資家が下方リスクを計算している。下方リスクは、最低利益率を下回ったときのばらつきを測定した値。最低利益率には、０やリスクフリーレートや何らかの固定値などがある。そして、その基準を上回っていれば、下方リスクは０となる。

まとめ

ここでは、パフォーマンスを評価するための一般的な基準をいくつか紹介してきた。シャープレシオやオメガレシオといった基準は、トレンドフォロー系の資産運用会社をランク付けしたり差別化したりする目安になるため、運用会社も投資家も理解しておく必要がある。

参考文献

Brunnermeier, M., and L. Pedersen. "Market Liquidity and Funding Liquidity." Review of Financial Studies 22, no.6(2009): 2201-2238.

Chan, N., M. Getmansky, and S.M. Haas. "Systemic Risk and Hedge Funds." In The Risks of Financial Institutions and the Financial Sector, edited by M. Carey and R. Stulz. Chicago : University of Chicago Press, 2006, 235-338.

Ferson, W., and A. Siegel. "The Efficient Use of Conditioning Information in Portfolios." Journal of Finance 3(June 2001) : 967-982.

Goetzmann, W., J. Ingersoll, M. Spiegel, and I. Welch. "Sharpening Sharpe Ratios." National Bureau of Economic Research Working Paper No.W9116, 2002.

Greyserman, A. "Crisis Alpha: ISAM Systematic." ISAM White paper, 2013.

Kaminski, K. "Managed Futures and Volatility: Decoupling a Convex Relationship with Volatility Cycles." CME Market Education Group, May 2012a.

Kaminski, K. "Unveiling the World of Uncertainty Specialists: A Short Guide to Investing in Volatility." Unpublished white paper, Stockholm School of Economics, 2012b.

Keating, C., and W. Shadwick. "An Introduction to Omega." London: The Finance Development Centre, 2002.

Khandani, A., A. Lo, and R. Merton. "Systemic Risk and the Refinancing Ratchet Effect." Journal of Financial Economics 108, no.1(2013): 29-45.

Lo, A.W. "The Statistics of Sharpe Ratios." Financial Analysts Journal 58(2002): 36-52.

Lo, A., and A. Zhou. "A Comparison of Systemic Risk Indicators." Unpublished working paper, MIT Laboratory for Financial Engineering, 2012.

Pasquariello, P. "Financial Market Dislocations." Review of Financial Studies. Published electronically February 12, 2014.

Vayanos, D. "Flight to Quality, Flight to Liquidity, and the Pricing of Risk." NBER Working Paper, 2004.

第 **8** 章

ドローダウンとボラティリティと相関性の特徴

Characteristics of Drawdowns, Volatility, and Correlation

　第7章では、トレンドフォロー戦略の主要な統計的性質のいくつかについて述べ、まずは長期間のパフォーマンスを見た。本章では、トレンドフォローシステムの内部を、リスクと分散の3つの基準であるドローダウンとボラティリティと相関性について詳しく見ていく。これらの性質は、ポートフォリオのレベルで検証することによって、トレンドフォローシステムがどのようにドローダウンに陥るか、市場のボラティリティと戦略のボラティリティとポートフォリオのボラティリティの違いは何か、さまざまな市場の分散と相関性がトレンドフォロー戦略のポートフォリオにどのような影響を及ぼすか——などといったことについてより大きな洞察を与えてくれる。

ドローダウンの性質を理解する

　ドローダウンは、過去の純資産価値（NAV）のピークからの損失を測った値である。リターンは変動することを考えると、ドローダウンは、リターン系列のなかの一部分にすぎない。特に、一定期間の最大ドローダウンは、重要なリスク基準としてよく使われている。最大ドローダウンは、投資家がファンドを最高値で買って最安値で売ることで取り得る最大の損失である。この基準は、たいてい最悪のシナリオ

に使われる。また、最大ドローダウンと関連付けた基準もある。例えば、多くの投資家が、ドローダウンからの回復期間に関心を持っている。また、パフォーマンスを最大のドローダウンによって調整する基準もある。例えば、カルマーレシオやスターリングレシオは、シャープレシオのような一般的なリスク調整済みリターンの基準だが、最大ドローダウンを使っている（カルマーレシオとスターリングレシオは、特定の期間のリターンを、その期間の最大ドローダウンで正規化したもの。通常は、どちらも3年間で算出する。スターリングレシオの分子は、最大ドローダウンから一定数［例えば10％］を引いた値になっている）。ただ、最大ドローダウンは期間によって変わるため、これらの基準の測定は簡単ではない。具体的に言えば、これらの比率はサンプリングの頻度が違うと簡単には比較できない。例えば、日次のレシオと年次のレシオを簡単に比較することはできないのだ。

　厳密に言えば、最大ドローダウンはリターン系列の極値中の極値である（純資産価値のピークから谷までの損失のなかの最大値）。この定義を考えると、最大ドローダウンはかなりの経路依存、つまりそれまでの実績のいくつかの要素（データのサンプルの頻度、長さ、ボラティリティ、平均リターン、リターンの系列相関など）に依存している。トレンドフォロー戦略のドローダウンの統計や性質について書くまえに、**図8.1**を見てほしい。これは、1965～2013年にかけて8つの農産物市場でトレンドフォローシステムを運用したときのドローダウンの一例である。長い期間を検証するため、**図8.1**のシステムは農産物のみを対象とした（このシステムは、ブレイクアウトシグナルに基づいており、シャープレシオは0.9、月間リスクは6％）。驚くかもしれないが、このシステムはほとんどの期間でドローダウンに陥っている。実際、この例ではドローダウンになっていなかった期間が全体の6％未満で、その間は純資産価値は高値を更新している。この約50年間に、このシステムが最大ドローダウンを付けたのは1969年で、最長ドローダ

図8.1　単純なトレンドフォローシステムを農産物の8市場で運用した場合の日々のリターンに基づいたドローダウン（日次データ使用）

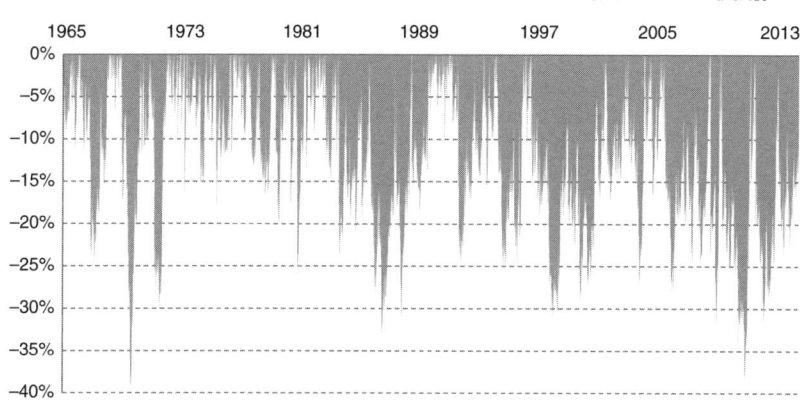

ウンは1996〜2001年だった。

　これまで数人の研究者が、ドローダウンの基準の理論的な性質、特に期待最大ドローダウンについて調べた（AtiyaとAbu-MostafaとMagdon-Ismail［2004年］、Casati［2010年］、Belentepe［2003年］参照）。この分野の研究のほとんどは、モンテカルロシミュレーションによるブラウン運動を使って生成したリターンに基づいている。グロスマンとゾー（1993年）やストラブ（2012年）は、ドローダウンを制御する目的でポートフォリオの最適化とトレードサイズの最適化について書いている。さらに、ククロバとマーティン（2011年）は、ドローダウンと生存状況を、先物ファンドのポジティブな指標とする興味深い議論を展開している。次は、期待最大ドローダウンとその期待期間とドローダウンからの回復期間についておさらいする。期待最大ドローダウンは、ドローダウンの大きさを測定するための基準値となる。期待ドローダウンの期間は、ドローダウンの厳しさの基準となる。また、期待回復期間は、ドローダウンから回復するために必要な期間を示している。これらの基準が分かったところで、ドローダウンの期間のト

レード統計とそのほかのリターンの性質について書いていく。最後に、分散とドローダウンの関係と、それがどれほど投資家のポートフォリオに影響を及ぼすのかについて少し触れるが、詳しくは第14章で述べることにする。

期待最大ドローダウン

期待最大ドローダウンは、リターン系列の最大ドローダウンの期待値である。累積リターン系列がランダムウォークになるという前提に基づいて、アティヤとアブ・モスタファとマグドン・イズメール（2004年）が長期的な期待最大ドローダウンを中央値とボラティリティと過去のドローダウンの長さを使って求める方法を紹介した。次の期待最大ドローダウン E「MDD」の公式は、ドリフトがプラス（$\mu > 0$）のとき有効である。

$$E\left[MDD\right] = \frac{\sigma^2}{\mu}\left(0.63519 + 0.5\log T + \log\frac{\mu}{\sigma}\right)$$

ここでは、（μ）と（σ）はそれぞれリターン系列の単位時間当たりのドリフトとボラティリティ、（T）は全期間を表している。この関数を少し変えると、単位リスク当たりの期待最大ドローダウンは、シャープレシオとデータ期間の長さの関数になる。シャープレシオとデータ期間の長さについては、**図8.2**の最大ドローダウンの期待平均値をボラティリティのスカラー倍（モンテカルロシミュレーションに基づいて0xから2x）で示してある。データ期間が長いと、期待最大ドローダウンも長くなり、シャープレシオが高いと期待最大ドローダウンは低くなる。シャープレシオが0.75～1の間ならば、1年間の期待最大ドローダウンはボラティリティの年率の約1倍になる。このことを、ト

図8.2　シャープレシオとデータ期間の長さの関数として算出した単位リスク当たりの期待最大ドローダウンE[MDD]

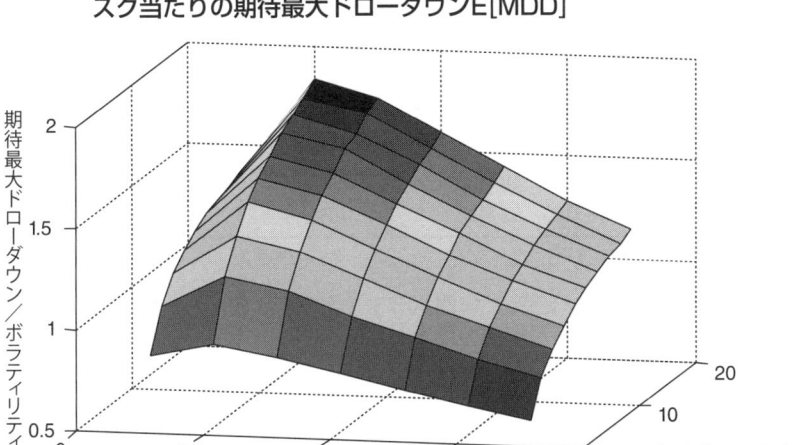

表8.1　2001～2013年にかけた代表的かつ純粋なトレンドフォローシステムとS&P500の年の途中の最大ドローダウン（トレンドフォローシステムのこの期間のボラティリティは約18%だった）

年	2001	2002	2003	2004	2005	2006	2007
代表的なトレンドフォローシステム	14.1%	14.5%	18.1%	24.5%	11.5%	25.0%	20.2%
S&P500	29.7%	33.8%	14.1%	8.2%	7.2%	7.7%	10.1%

年	2008	2009	2010	2011	2012	2013	平均
代表的なトレンドフォローシステム	19.7%	15.2%	10.2%	17.3%	17.2%	18.1%	17.35%
S&P500	48.0%	27.6%	16.0%	19.4%	9.9%	5.80%	18.26%

レンドフォローシステムのパフォーマンスに関するすべてのデータを使って検証したのが**表8.1**で、2001～2013年の年の途中の最大ドローダウンを示してある。比較のために、S&P500の値も示しておく。**図8.2**のシミュレーションと同様に、年の途中の最大ドローダウンは平

表8.2 データ期間が10〜30年で年間ボラティリティが10〜20%の月次リターンに基づいた期待最大ドローダウン

	シャープレシオ = 0.75				シャープレシオ = 1.0		
	10	20	30		10	20	30
10%	16.40%	19.80%	21.60%	10%	14.10%	16.80%	18.20%
15%	23.50%	28.00%	30.60%	15%	20.20%	23.90%	26.10%
20%	29.60%	35.30%	38.50%	20%	25.90%	30.40%	33.10%

図8.3 年間リターン15%、年間ボラティリティ15%のトレンドフォローーシステムの10年間の最大ドローダウンのヒストグラム

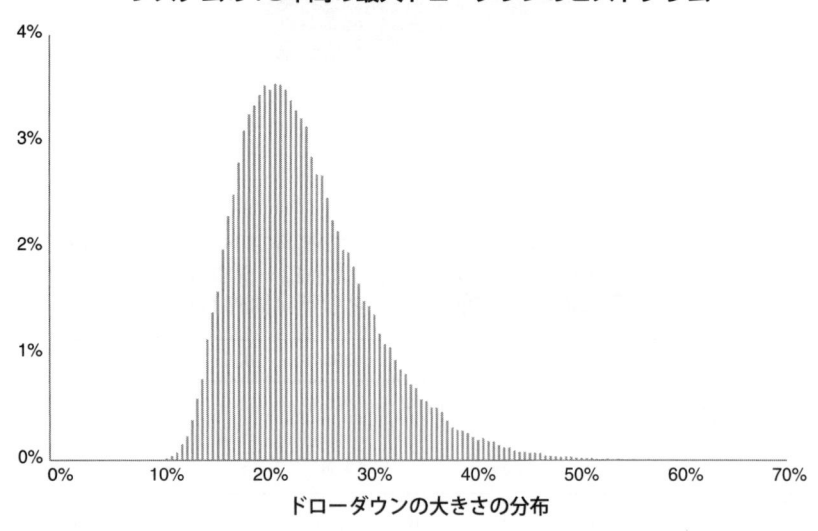

均17.35％で、これはトレンドフォローシステムのボラティリティの1倍と近い。2001から2013年のS&P500の年の途中の最大ドローダウンの平均は18.26％で、これも同期間のボラティリティの約1倍だった。

　表8.2を見ると、シャープレシオが0.75と1.0のとき、10〜30年間のデータと年率ボラティリティ10〜20％のときの期待最大ドローダウンが分かる。また、**図8.3**は、リターンもボラティリティも年率15％の場合の10年間の最大ドローダウンのヒストグラムを示している。

図8.4　単純かつ純粋なトレンドフォローシステムを農産物の8市場で運用した場合の毎月のリターンに基づいたドローダウン（月次データ使用）

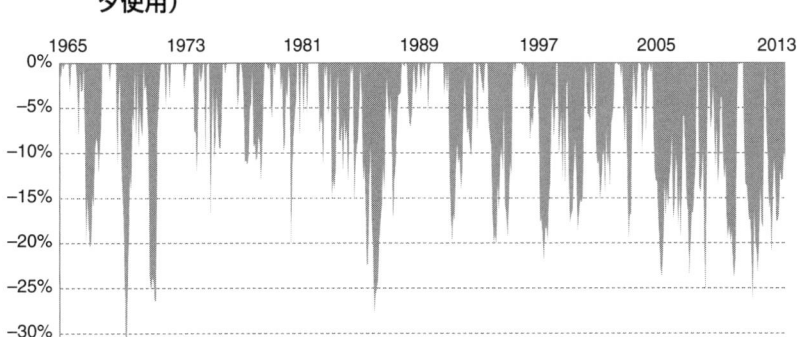

アティヤとアブ・モスタファとマグドン・イズメール（2004年）が提唱した理論的な公式は、リターンの系列相関を考慮していない。実際、多くのリターン系列が何らかの系列相関を示している。単純なモンテカルロシミュレーションでも、大きい（小さい）最大ドローダウンで正（負）の系列相関を確認できる。経験的に、トレンドフォロー戦略の日々のリターンの系列相関係数は−0.1くらいである。このようにトレンドフォロー戦略の長期的なリターンはマイナスの系列相関を持っている。この概念は、第17章の動的な配分のところで再び取り上げる。

　最大ドローダウンの経路依存の性質についても書いておくべきだろう。経路依存性だと、サンプルの取り方によって、最大ドローダウンの値も変わってくる。サンプルを取る頻度が少ないと（多いと）、期待最大ドローダウンは小さく（大きく）なる。**図8.4**は**図8.1**と同じ内容のドローダウンだが、日次ではなく月次のリターンのデータを使っている。これを**図8.1**と比べると、最大ドローダウンと最長ドローダウンはどちらも縮小している。

期待ドローダウンの長さと回復

投資家はドローダウンの大きさだけでなく、ドローダウンの長さと回復の仕方にも関心がある。期待最大ドローダウンと同様に、期待最長ドローダウンもデータ期間の長さとシャープレシオに大きく依存している。ドローダウンの長さはドローダウンに陥っている期間の長さで、期待最長ドローダウンの長さは最長のドローダウンの期待値である。この定義に基づくと、最大ドローダウンが必ずしも最長ドローダウンではない。例えば、代表的なトレンドフォローシステム（代表的なトレンドフォローシステムはブレイクアウトシグナルに基づいて、株価指数、商品、債券、FXなどに分散し、90〜120日の観察期間で運用している。30年間のシャープレシオは1.07で、年間ボラティリティは14%）で、10%以上のドローダウンの長さと大きさの相関係数はおおむね0.7以下である。**表8.3**に、単純なモンテカルロシミュレーションの結果をまとめてある。ここでは、シャープレシオを0.75と1.0、期間を10〜30年としたときの最長ドローダウン（月数）を示している。また、**図8.5**は、期間10年間でシャープレシオ1.0のときの最長ドローダウンのヒストグラムになっている。

ドローダウンの長さは、ピークから谷までの期間と回復するまでの期間の2つに分けることができる。ピークから谷までは、最大ドローダウンに達するまでの長さで、回復期間は最大損失から回復するまでの長さである。**図8.6**は、代表的なトレンドフォローシステムのピークから谷までの期間（ドローダウン）と回復期間の散布図である。この回復期とドローダウン全体の長さの中央値比率は約0.5になっている（これは概算だが、さまざまなケースでおおむねこのくらいになる）。このことは、全期間の3分の2がドローダウン期で、全期間の3分の1が回復期だということを意味している。つまり、回復期はドローダウンの約2倍速いということだ。このことは、トレンドフォローシステ

表8.3 シャープレシオが0.75と1.0で期間が10～30年の最長ドローダウンの長さ（月数）

	10年	20年	30年
シャープレシオ0.75	30.4	43.1	52.2
シャープレシオ1.0	22.8	30.8	36.2

図8.5 10年間、年率リターン15%、年率ボラティリティ15%で運用した場合の最長ドローダウンの長さのヒストグラム

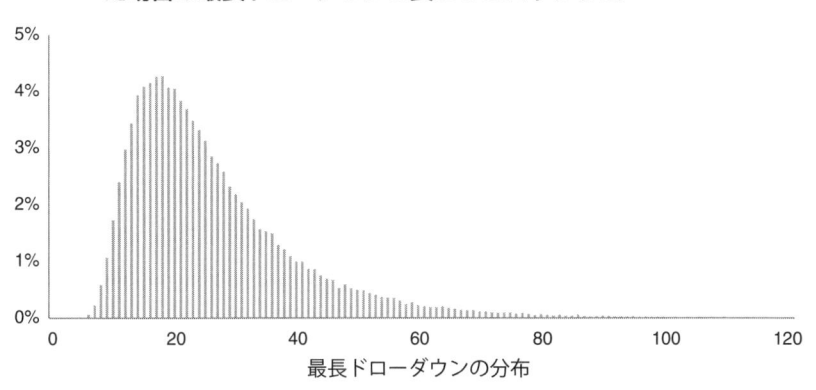

図8.6 代表的なトレンドフォロー戦略システムのピークから谷までの期間（ドローダウン）と回復期の散布図

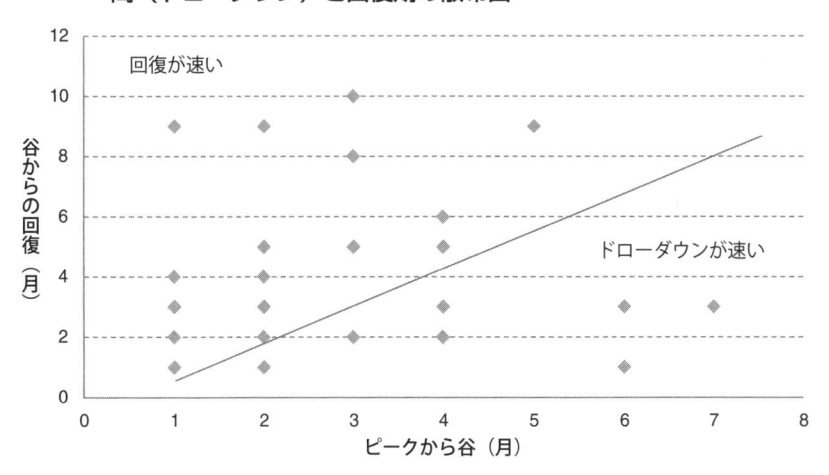

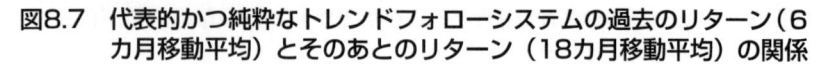

図8.7　代表的かつ純粋なトレンドフォローシステムの過去のリターン（6
カ月移動平均）とそのあとのリターン（18カ月移動平均）の関係

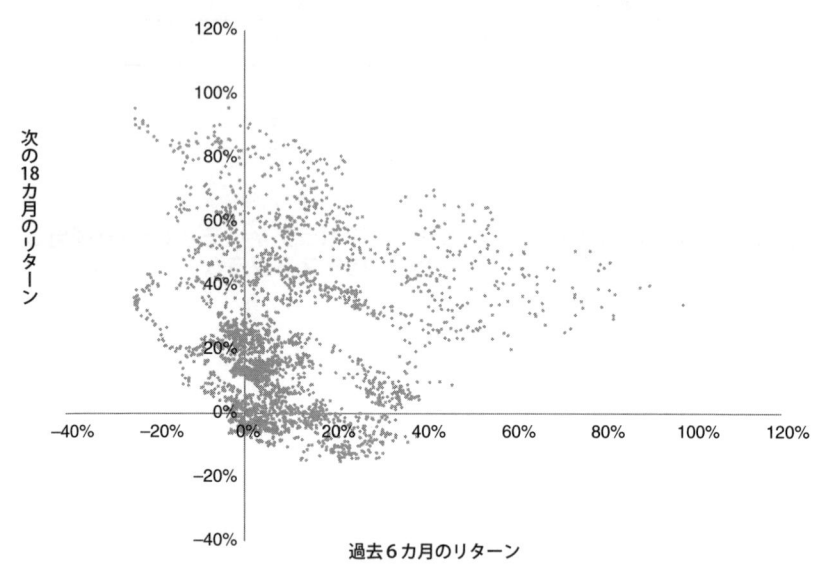

ムのドローダウンからの回復可能性（または復元可能性）を示してい
る。また、これは第5章で紹介したダイバージェントリスクテイキン
グ戦略の分析結果とも一致している。この戦略には、たくさんの小さ
な損失とたまの大きな利益がある。つまり、利益は損失と比べて頻度
は少ないが、規模は大きいのである。

　ドローダウンのあとの期間（つまり回復期）の平均リターンは、条
件付きではあるが長期リターンの平均よりも高くなる。このことは、こ
の戦略のドローダウンからの復元可能性を示している。第5章で見た
MDI（マーケットダイバージェンス指数）も、長期で見ると周期性が
あった。このことと市場のリスクを考え合わせると、長期的にはチャ
ンスとリスクテイキングの周期に関連があるのかもしれない。**図8.7**
は、2001〜2013年にかけた代表的かつ純粋なトレンドフォローシステ

ムの過去のリターンの６カ月移動平均と、そのあとのリターンの18カ月移動平均を示している（この分析は日々のリターンを使っている）。これを見ると、過去６カ月のリターンがマイナスのとき、そのあとの18カ月の平均リターンは51.6％になっている。次の18カ月の全リターンの平均はそれよりも低い41.5％なので、過去６カ月のリターンがマイナスという条件を付けると次の18カ月の平均を上回る確率は56％になる。

勝敗率とドローダウン

ドローダウンの時期の代表的かつ純粋なトレンドフォローシステムの利益と損失と、トレードとシグナルの統計を使うと、リスク配分とドローダウンの原因についてさらなる洞察を得ることができる。トレンドフォローシステムを使っている人の多くはポジションを数カ月保有する中長期のトレーダーである。より短期の22日（約１カ月）以下の期間でトレード結果の統計を分析することは、あまり意味がない。とはいっても、すべてのトレードを詳しく見ることは可能である。例えば、ここでは代表的かつ純粋なトレンドフォローシステムで2001〜2013年に運用した場合の勝率と勝敗率（損益）を計算してみた。勝率は、勝ちトレード数と負けトレード数の比率で、どれくらい勝っているか、あるいは負けているかの感覚がつかめるが、勝ち負けの大きさは考慮していない。一方、損益率は勝ちトレードの利益と負けトレードの損失の比率である。今回の例では、ドローダウンと勝率の相関係数は−0.46だったが、損益率との相関係数はわずか−0.14だった。このことは、損益率ではなく勝率が低いことが、ドローダウンの主な原因であることを示している。簡単に言えば、負けトレードの数（損失の大きさではなく）がドローダウンを生み出しているようだ。ダイバージェントリスクテイキングの手法に話を戻すと、これは大きな損失ではなく、た

図8.8　代表的かつ純粋なトレンドフォロープログラムの22日移動平均で
　　　　見た勝ち市場とドローダウンの勝ち市場の割合

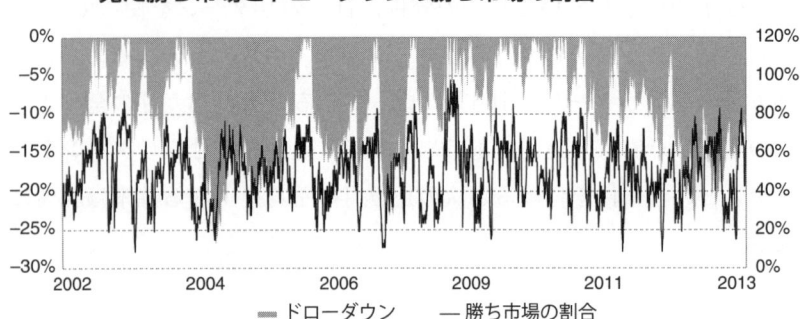

くさんの小さな損失で構成されている。

　短期トレードを検証するときは、トレードの統計よりもシグナルの
統計を使うほうが適している場合もある。シグナルのレベルでも、勝
っている市場と負けている市場について、勝っている市場の割合と使
っている移動平均の利益と損益率を計算できる。勝っている市場で損
益がプラスの割合は、勝ちトレードと負けトレードの数に関する洞察
を与えてくれる。損益率は、負けトレードと勝ちトレードの損益の大
きさについて洞察を与えてくれる。**図8.8**は、22日移動平均を使って
トレンドフォロープログラムの勝ち市場の割合とドローダウンを示し
ている。これによると、勝ち市場の割合とドローダウンの大きさの相
関係数は−0.64で、ドローダウンと勝ち市場・負け市場の損益率の相
関係数は−0.36だった。この簡単な相関統計からは、負け市場の高い
割合が（市場ごとの大きい損失の割合ではなく）トレンドフォローポ
ートフォリオのドローダウンを生み出していると言える。つまり、特
定の市場の大きな損失ではなく、さまざまな市場に広がった損失がド
ローダウンの原因になっているのだ。損益の日々のシグナルの統計の
移動平均も同じような特徴を持っている。1日の損失の額が大きいの

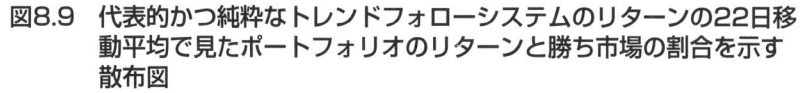

図8.9　代表的かつ純粋なトレンドフォローシステムのリターンの22日移動平均で見たポートフォリオのリターンと勝ち市場の割合を示す散布図

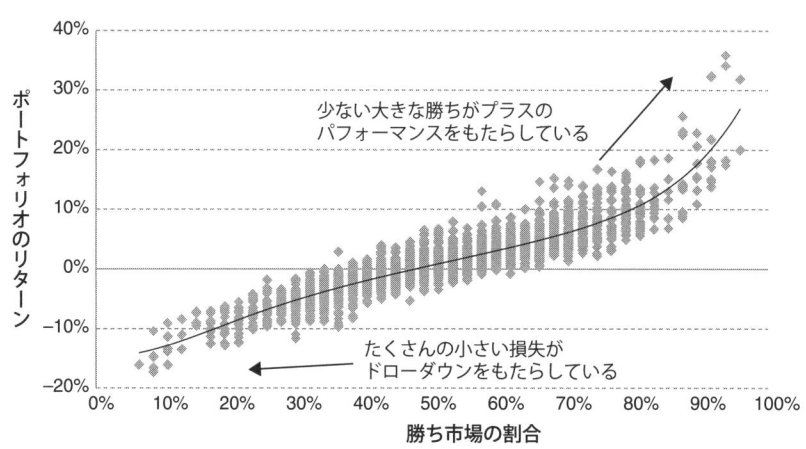

ではなく、小さい損失の割合が高いほうが、ドローダウンの大きさとの相関性が高いのだ。これは、第5章で紹介したダイバージェントリスクテイキングの手法とも合致するため、直感的な結果と言える。トレンドフォロー戦略は、ポジションを1つの市場に集中させず、たくさんの市場にリスクを分散し、負けポジションは体系的に損切りしていく。そして、トレードの統計もシグナルの統計も次の文と矛盾しない。

> ドローダウンの期間は少数の大きい損失ではなく、たくさんの小さい損失が同時に起こっている。

　トレードとシグナルの統計を見ると、トレンドフォローシステムのパフォーマンスは明らかに勝ち市場の数に依存している。この関係性を示すため、**図8.9**にポートフォリオのリターンと22日移動平均の勝

率の分布図を示してある。リターンと勝率の相関係数は0.90に近かった。また、簡単な回帰分析で、1カ月の勝ち市場の割合が48％を超えていたら月次リターンの期待値はプラスになり、そうでないときはマイナスになっている。ドローダウンと勝ち市場の関係は、30年間のサンプル期間において安定していた。そのうえ、トレンドフォローシステムの市場のダイバージェンスと潜在利益率の基準であるMDIも、同じ30年間でドローダウンと高い逆相関になっていた（第5章では、MDIは長めの観察期間である250日で算出している）。

トレンドフォローポートフォリオのボラティリティ

市場のボラティリティとトレンドフォローポートフォリオのボラティリティの関係についてはたくさんの誤解がある。外から見ると、多くの投資家が、ポートフォリオのボラティリティは市場のボラティリティと相関性があると直感的に思う一方で、有意な関係はないはずだと考える人もいる。後者は、標準的なトレンドフォロー戦略の日々のポジションが、事前に決めたリスクバジェットに基づいて、各市場のボラティリティの移動平均で調整されていることを理解していることになる。この概念は、第3章の体系的なトレンドフォローシステムのところで説明した。ある市場のボラティリティに基づいたリターンの移動平均（σ_n）が上昇すれば、それに合わせて名目ポジションは減らされることになる。

$$V = s \times \left(\frac{\theta \times c}{\sigma_k (\Delta P) \times PV} \right) \times (PV \times P)$$

このような調整をして、ボラティリティの移動平均の予想値を使っても必ずしも完全に市場のボラティリティを調整できるわけではない。

表8.4　ポートフォリオと戦略と市場のレベルでボラティリティと相関性について説明するときに使われる主な用語の定義

全体の用語	個別の用語	説明	測定方法またはその代用
ポートフォリオのボラティリティ（σ_p）		ポートフォリオ全体のボラティリティ	ポートフォリオリターンの標準偏差（戦略のボラティリティの平均（$\bar{\sigma}_s$）
ポートフォリオの相関性（ρ_p）		ポートフォリオごとの相関性	戦略の加重相関（ペアワイズ法を使った戦略の相関性の平均（$\bar{\rho}_{s,i,j}$）
	戦略のボラティリティ（$\sigma_{s,i}$）	個別市場iの戦略のボラティリティ	戦略のリターンの標準偏差
	戦略の相関性（$\rho_{s,i,j}$）	2つの戦略iとjの相関性	戦略のリターンiとjの相関性
市場のボラティリティ（σ_m）		市場全体のボラティリティ	すべての先物市場の加重したボラティリティ（$\bar{\sigma}_{m,i}$）
市場の相関性（ρ_m）		すべての市場の相関性	価格リターンの加重相関（$\bar{\rho}_{m,i,j}$）
	個別市場のボラティリティ（$\sigma_{m,i}$）	個別の市場iの価格のボラティリティ	価格リターンの標準偏差
	個別市場の相関性（$\rho_{m,i,j}$）	2つの市場iとjの相関性	価格リターンiとjの相関性

これは、市場のボラティリティのうねりの一部がトレンドフォローポートフォリオに取り込まれてしまうことを意味している。ボラティリティと相関性が合わさって、市場レベルでどのように機能するかを解明するために、**表8.4**にこれ以降の説明で出てくる主要な用語と表記と説明と測定方法や代用方法をまとめてある。

　標準的なポートフォリオ理論では、ポートフォリオ全体のボラティリティは市場ごとの戦略のリターンと、市場ごとの戦略のボラティリティ（$\sigma_{s,i}$）の相関構造で決まるとしている。ここで、戦略のボラティ

リティ（$\sigma_{s,i}$）と市場のボラティリティ（すべての市場または個別の市場）の違いを明らかにしておく必要がある。戦略のボラティリティ（$\sigma_{s,i}$）は、トレンドフォロー戦略の市場iにおけるリターンのボラティリティを示している。また、個別の市場のボラティリティ（$\sigma_{m,i}$）は、バイ・アンド・ホールド戦略の市場iにおけるリターンを示している。市場のボラティリティ（σ_m）は、すべての市場のボラティリティで、たいていは個々の市場のボラティリティの加重平均（$\overline{\sigma}_{m,i}$）が使われている。戦略のボラティリティは、個々の市場や市場全体のボラティリティとはかなり違う。理由は、第3章で説明したとおり、トレンドフォロー戦略が個々の市場のボラティリティとトレンドの強さに基づいてポジションサイズを決めているからだ。また、この違いが、戦略の相関性（$\rho_{s,i,j}$）と標準的な個別市場や市場全体の相関性についても同様だということは重要である。相関性の効果については、本章の最後の項で、より直接的に取り上げる。**図8.10**は、個別市場と戦略のボラティリティとポートフォリオのボラティリティの関係を示している。

トレンドフォロー戦略のポートフォリオのボラティリティ（σ_p）は、戦略のボラティリティ（$\sigma_{s,i}$）と相関性（$\rho_{s,i,j}$）の両方で決まる。通常、個別市場における戦略のボラティリティ（$\sigma_{s,i}$）は、市場のボラティリティ（$\sigma_{m,i}$）によって決まるが、ポジションサイズが市場のボラティリティによって調整されている場合はその限りではない。本章の後半では、経験的に市場のボラティリティ（σ_p）のレベルと個別の戦略のボラティリティの相関性があまり高くないことについて書く。ただ、市場のボラティリティの変化（$\Delta\sigma_{m,i}$、または$\Delta\sigma_m$）は戦略のボラティリティに影響を及ぼす可能性がある（この現象は、古典的なデルタヘッジと似ている。デルタヘッジをしたポートフォリオは、価格の小さな変動についてはデルタニュートラルかもしれないが、ガンマニュートラルは維持できない。トレンドフォロー戦略のポジションサイズは、ある程度ベガニュートラルだが、ボラティリティが大きく変動するとそ

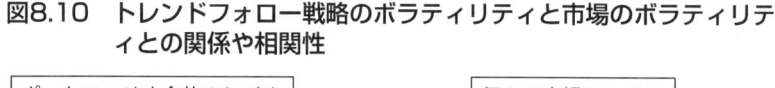

図8.10　トレンドフォロー戦略のボラティリティと市場のボラティリティとの関係や相関性

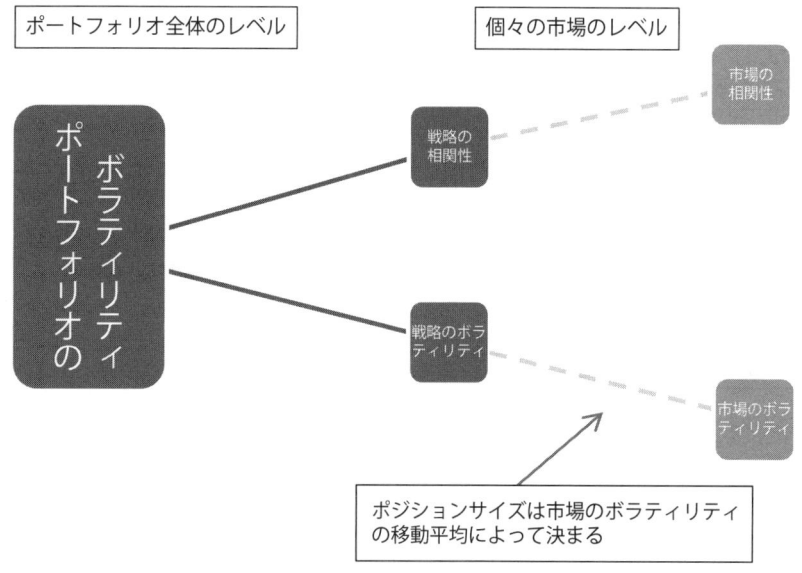

れも維持できない。この概念は、第5章で紹介したボラティリティの方向の重要性とも関係がある）。また、ポートフォリオのボラティリティの全体的なレベルに関しては、トレンドの強さも重要である。経験的に、ポートフォリオのボラティリティ（σ_p）とトレンドの強さには、統計的に有意な相関性がある。

　話を標準的なポートフォリオ理論の基本教義に戻すと、ポートフォリオのボラティリティは、戦略のリターンとそのボラティリティの相関構造によって決まる。**図8.10**に加えて、ポートフォリオの分散（σ_p^2）は、次の式で表すことができる。

$$\sigma_P^2 = \sum_i w_{s,i}^2 \sigma_{s,i}^2 + \sum_i \sum_{j \neq i} W_{s,i} W_{s,j} \sigma_{s,i} \sigma_{s,j} \rho_{s,i,j}$$

　ここでは、$(\rho_{s,i,j})$ が市場 i と j の戦略のリターンの相関係数、$(\sigma_{s,i})$ が市場 i の戦略のボラティリティ、$(w_{s,i})$ が市場 i における戦略の加重値を示している。ここからは、代表的かつ純粋なトレンドフォロー戦略システムの20年間の運用結果を使ってポートフォリオのボラティリティの主な原動力と性質について書いていく（この代表的かつ純粋なトレンドフォローシステムは、1993〜2013年にかけて株価指数、商品、債券、FXなどのセクターに分散して運用している）。前述のとおり、ポートフォリオ全体のボラティリティ (σ_p) は、戦略のボラティリティと相関性の関数になっている。この分析を単純にするため、測定には2つの値を代用する。ポートフォリオ全体の相関性には戦略のリターンの平均ペアワイズ相関 $(\rho_p = \bar{\rho}_{s,i,j})$、ポートフォリオ全体のボラティリティには戦略のボラティリティの平均を使うのである $(\sigma_p = \sigma_s)$。次の項からは、ポートフォリオレベルにおける相関性とボラティリティや市場のボラティリティの役割、トレンドの強さの役割、良いボラティリティという概念などについて検証していく。

ポートフォリオレベルにおける相関性とボラティリティ

　ポートフォリオのボラティリティ (σ_p) は、ポートフォリオがどれくらい動いたかを測定し、ポートフォリオの相関性は、戦略間の相互関係について洞察を与えてくれる。ポートフォリオの動きと戦略が相互に同調して動くことは、直感的に分かる。そのため、多くのトレーダーが、相関性とボラティリティは一緒に動くとしている。実際、ボラティリティの移動平均 (σ_p) とポートフォリオの相関性の移動平均 $(\rho_p = \rho_{s,i,j})$ の実証的な相関係数は、予想に近い0.87だった（ポートフォリオのボラティリティと相関性は、どちらも250日移動平均）。**図8.11**は、ポートフォリオの相関性とボラティリティの長期的な移動平均を示している。

図8.11　ポートフォリオのボラティリティ（σ_p）とポートフォリオの相
関性（ρ_p）の関係

　ポートフォリオの相関性の低さは、ポートフォリオのボラティリテ
ィの低さと関係がある。ポートフォリオの相関性はいくつかの外生要
因によるものだが、経験的にポートフォリオの相関性（ρ_p）と市場の
ボラティリティ（σ_m）の間には強い関係があることも分かっている。
1993～2013年にかけたポートフォリオの相関性の移動平均（ρ_p）と市
場全体のボラティリティの移動平均（σ_m）の相関係数は0.9だった。こ
のように全体的に強い関係性があるにもかかわらず、個別市場レベル
では、市場のボラティリティ（$\sigma_{m,i}$）と戦略のボラティリティ（$\sigma_{s,i}$）の
相関性は高くない。

市場のボラティリティの変化

　ポートフォリオのボラティリティの一般的な式を見ると、個別市場
の戦略のボラティリティ（$\sigma_{s,i}$）はポートフォリオ全体のボラティリテ
ィ（σ_p）の重要な部分を担っている。**図8.12**は、ポートフォリオのボ
ラティリティ（σ_p）と戦略のボラティリティの平均（$\bar{\sigma}_s$）を示してお
り、比較的強い関係だと分かる。実際、1993～2013年のポートフォリ

図8.12　ポートフォリオのボラティリティ（σ_p）とすべての市場における戦略のボラティリティの平均（$\overline{\sigma}_{s,i}$）の関係

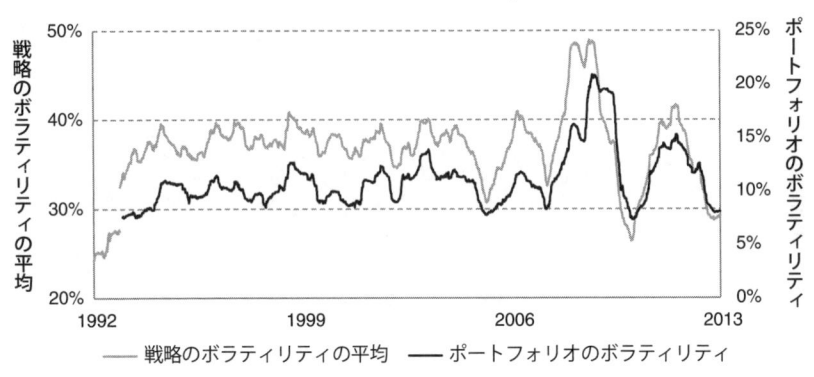

戦略のボラティリティの平均 ━━ ポートフォリオのボラティリティ

オのボラティリティと、すべての市場における戦略のボラティリティの平均の相関係数は0.70だった。

　この項の最初に説明したとおり、個別市場のレベルでは、戦略のボラティリティ（$\sigma_{s,i}$）と市場のボラティリティ（$\sigma_{m,i}$）は違う。個々の戦略のポジションサイズは、市場の過去のボラティリティに合わせて調整されている。そのため、個別市場のレベルでは、戦略の平均ボラティリティ（$\overline{\sigma}_{s,i}$）と市場の平均ボラティリティ（$\overline{\sigma}_{m,i}$）の相関係数はわずか0.28しかない。ただ、それでも０に近いわけではない。これは、個別市場のボラティリティの効果が残っているということで、重要かもしれない。

　トレンドフォローシステムは、個別市場のレベルでは市場の過去のボラティリティを使ってポジションサイズを決めている。つまり、ボラティリティの測り方にはラグがある。ある市場のボラティリティが下がっていれば、ボラティリティの測り方のラグによってその市場は過少配分になり、戦略のボラティリティは下がる。同様に、ボラティリティが上がっていても、ボラティリティの測り方のラグによって過

図8.13　1993〜2013年にかけた戦略の平均ボラティリティ（$\overline{\sigma}_{s,i}$）と
　市場のボラティリティの平均変化率（$\overline{\Delta\sigma}_{m,i}$）の関係

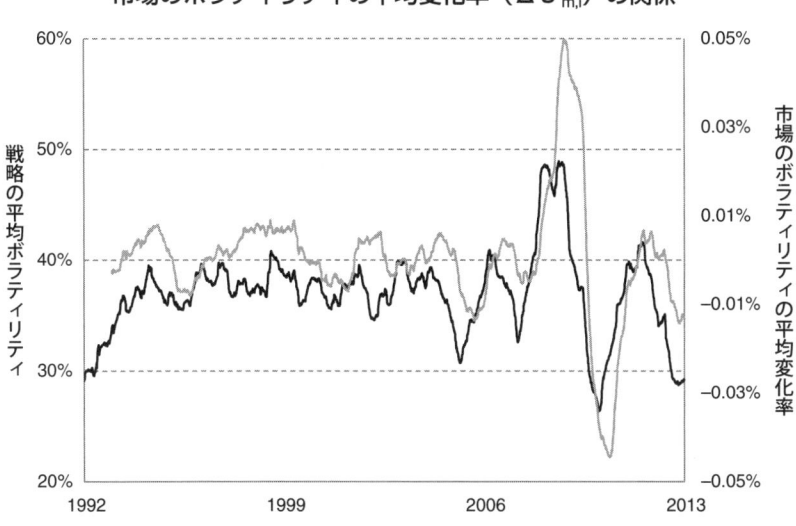

大配分になり、それがボラティリティをさらに上げる。実際、1993〜2013年に戦略のボラティリティの平均（$\overline{\sigma}_{s,i}$）と市場のボラティリティの平均変化率（$\overline{\Delta\sigma}_{m,i}$）の相関係数は0.68だった。**図8.13**は、同じ期間の戦略の平均ボラティリティ（$\overline{\sigma}_{s,i}$）と市場のボラティリティの平均変化率（$\overline{\Delta\sigma}_{m,i}$）の関係を表している。このグラフは、市場のボラティリティの変化が戦略のボラティリティとどのような関係があるかを教えてくれる。遅効性のボラティリティの値を使ってポジションを調整すると、だいたいの調整はできるが完璧とは言えない。

　もし説明目的でポジションサイズの計算に使う観察期間を短縮すれば、ボラティリティはもっと頻繁に更新されることになる。そうすれば、ボラティリティのラグによる配分のずれを減らすことができるかもしれない。**図8.14**は、観察期間を250日から20日に短縮した場合の影響を示している。これを見ると、観察期間は短いほうがポートフォ

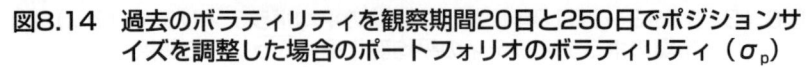

図8.14　過去のボラティリティを観察期間20日と250日でポジションサイズを調整した場合のポートフォリオのボラティリティ（σ_p）

リオのボラティリティはより安定するようだ。実際、ポートフォリオのボラティリティの移動平均の変動係数は250日が0.24、20日が0.18になっている（変動係数は、ボラティリティと中央値の比率。これは、SNR［シグナル・トゥ・ノイズ・レシオ］の逆数。変動係数が低いほど、2つの動きは近くなる）。

トレンドの強さ

　トレンドフォローシステムの構造を考えると、トレンドの強さは戦略のボラティリティにとってもポートフォリオのボラティリティにとっても重要な要素である。第3章で説明したとおり、トレンドの強さを測る方法はたくさんあるし、トレンドの強さとポジションサイズを関連付ける方法もたくさんある。ここでは簡単に、トレンドの強さをポートフォリオ内のすべての市場で出たトレンドシグナルの絶対値の平均を使って測定する。**図8.15**から分かるように、戦略のボラティリ

図8.15　戦略のボラティリティ（移動平均）とトレンドの強さ（シグナルの強さの移動平均）の関係

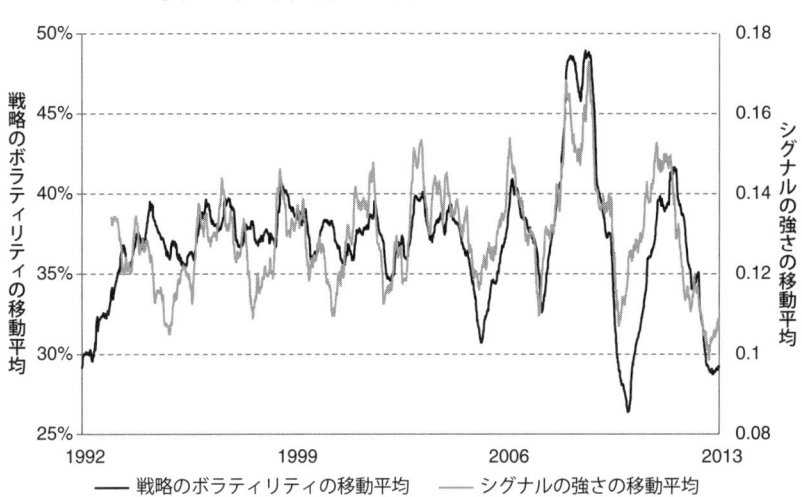

ティ（戦略のボラティリティの移動平均）とトレンドの強さ（すべての市場のトレンドシグナルの絶対値の移動平均）の相関係数は、0.72という高めの数字になった。この結果は、トレンドフォロー戦略がトレンドの強さを確信できるほど大きいリスクをとるという直感的に分かっていたことを確認できる。シグナルの強さも、損益の大きさ（プラスでもマイナスでも）と合致している。ただ、リターンの系列相関によってトレンドが強いときはボラティリティが高まることを期待する人もいるかもしれないが、実際のデータでこのことを確認することはできないし、シグナルの強さとリターンの系列相関の関係にも有意性はない。

良いボラティリティ

ポジティブスキューは、トレンドフォロー戦略のリターンの分布に

おいて最も望ましい特徴の1つである。リターンの分布がポジティブスキューになっていると、勝ちは大きくて負けは比較的小さいため、ファットテールリスクを避けることができる。そこで、ボラティリティが高くなるとポジティブスキューの度合いも大きくなるタイプのボラティリティを「良いボラティリティ」と呼ぶことにする。実際、ポートフォリオのボラティリティの移動平均（σ_p）と歪度の移動平均の相関係数は、かなりプラスになっている。その一方で、株価指数のリターンのボラティリティの移動平均と歪度の移動平均の相関係数はかなりマイナスになっている。ほとんどの投資家が株式市場に集中していることを考えると、株のボラティリティは通常はネガティブスキューと関連付けられている。図8.16は、ニューエッジCTA（商品投資顧問業者）指数とMSCIワールド指数のボラティリティと歪度の2年移動平均の相関性が異なっていることを示している。つまり、CTAリターンの一部に良いボラティリティがあるということだ（反対に、株のボラティリティは、ネガティブスキューと関連しているため、悪いボラティリティと言える）。

ポートフォリオレベルにおける相関性と分散

相関性は、市場と分散の関係について考えるうえで、単純だが効果的な方法である。関係性が時間とともに変わるように、相関性や分散の仕方も時間とともに変化していく。また、特定の時期に市場間の相関性が高まると、分散効果が低くなることもある。新しい市場と古くて実績のある市場の関係性とその変化を調べるのも興味深い。図8.17は、50の実績ある市場（1992年から存続している市場）とすべての市場（途中から加わった市場を含む）の相関性を示している。まず、新しい市場は実績のある市場ほど相関性が高くない。このことは、全体の市場の相関性が、実績ある市場のみよりも低いということから見て

図8.16　2000～2013年にかけたニューエッジCTA指数とMSCIワールド指数のポートフォリオのボラティリティ（σ_p）と歪度の2年移動平均の相関性

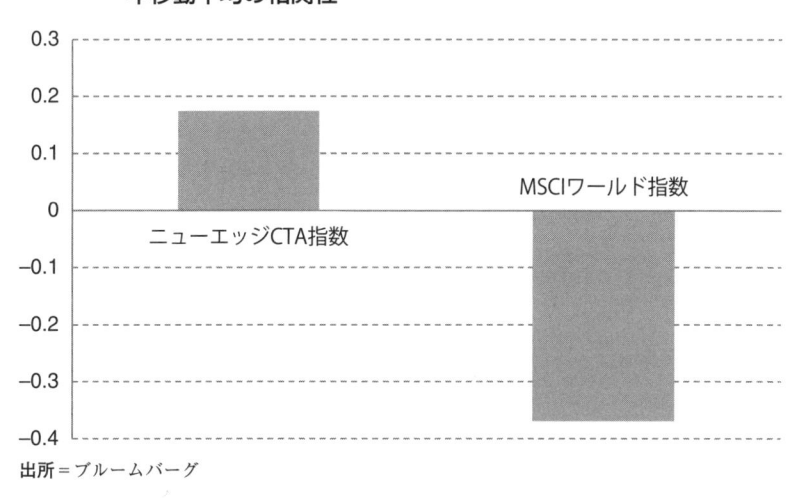

出所＝ブルームバーグ

図8.17　50の実績ある市場（1992年から存続している市場）とすべての市場（1992年以降にできた市場を含む）の相関性のペアワイズ平均（1992～2013年）

とれる。2つ目に、時期によって相関性が大きく違う。特に、金融危機の時期はすべての先物市場について、相関性が飛び抜けて高くなっている。相関性が資産クラスの関係を知るための基準だとすると、金融危機の時期はすべての資産クラス間の関係が強まる時期なのかもしれない。いつもは独立して動いていた資産クラスが、高い関係性を見せ始めるのだ。しかし、信用危機からわずか数年でこの関係性（相関性）は弱まり、危機前の水準に戻る。通常、相関性が高いと分散度は低くなる。その一方で、相関性が高いと市場のダイバージェンスやトレンドは大きくなる。ただ、相関性が高い時期は、トレンドフォロー戦略にとって最も利益率が高い時期だということも指摘しておく必要がある。相関性が諸刃の剣だということをぜひ覚えておいてほしい。もし相関性が高いと、資産クラス全体の分散度は低くなるかもしれない。ただ、この相関性がさまざまな資産クラスの大きいトレンドによるものならば、高いパフォーマンスが狙えるとしても、分散には向いていないのかもしれない。

　トレンドフォロー戦略の動的な性質と相関性との複雑な関係を考えると、単純な市場の相関性だけではトレンドフォロー戦略の分散度を正しく測定できない（通常、トレンドフォローシステムのリターンの相関性は、バイ・アンド・ホールドシステムのリターンの相関性の2乗になることは確認できている）。もっと簡単に言えば、トレンドフォローポートフォリオの場合は、バイ・アンド・ホールド戦略とは違って、相関性が高い時期に必ずしも分散度が低いわけではないからだ。そこで、トレンドフォローポートフォリオの相関性と分散度の影響を直接評価できる市場分散ベネフィット（MDB）という基準を使うことにする。MDBは、個別市場の戦略の平均ボラティリティ（$\bar{\sigma}_s$）をポートフォリオ全体のボラティリティ（σ_p）で割った値である。個別市場の戦略のリターンの相関性が高ければMDBは低くなり、ポートフォリオはあまり分散されていないことになる。MDBは、次の簡単な式で表

図8.18　さまざまな市場に分散した純粋なトレンドフォローシステムの
　　　　2013年末までのMDB

すことができる。

$$MDB = \frac{\overline{\sigma}_s}{\sigma_P}$$

図8.18は、1992年以降のMDBを示している。近年、MDBは2013
年末までずっと下がっている。このことは、この戦略の相関性がすべ
ての市場で高まっていることを示している（農産物のみのポートフォ
リオでも、1960年代以降という長期に渡って似たパターンが観察され
ている）。理由としては、政府が頻繁に介入することと、商品取引の金
融化が相関性を高めていることが考えられる（商品書類の金融化は商
品ETF［上場投信］で活発にトレードされている商品の相関性を高め
る。これはおそらく、それまで相関性が低かった商品市場に大きな資
本が流入するからだと考えられる。政府の介入については第10章で詳
しく述べる）。

　相関性が高くなった理由は、多くのCTAファンドのパフォーマンス
が最近、7つのセクターすべてでマイナスだったからかもしれない（7

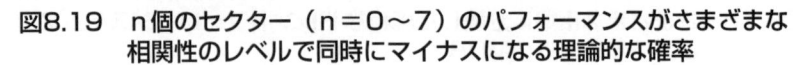

図8.19　n個のセクター（n＝0〜7）のパフォーマンスがさまざまな
相関性のレベルで同時にマイナスになる理論的な確率

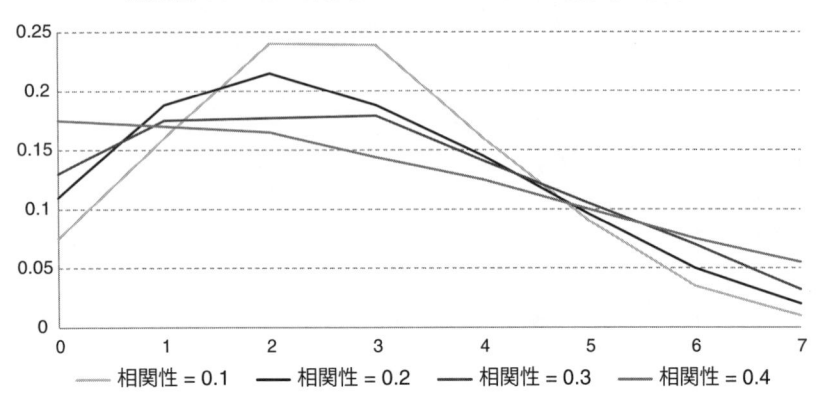

つのセクターは、株、通貨、債券、金利、農業、金属、エネルギー）。
理論的には、多次元の正規分布とセクター間のさまざまな相関性を使
って、7つのセクターのポートフォリオをモデル化できる。**図8.19**は、
n個（例えば、nは0〜7）のセクターのパフォーマンスがマイナスに
なる理論的な確率を示している。すべてのセクターが同時にマイナス
になる確率は、相関性が高いときに目に見えて高くなっている。その
一方で、すべてのセクターが同時にプラスになる確率は、さらに高く
なっている。この現象は、相関性とトレンドフォロー戦略のパフォー
マンスに決定的かつ実践的な関係はないという事実を部分的に説明し
ている。**図8.20**が示すとおり、セクター間でシャープレシオや相関性
の移動平均の間に明らかな関係はない。

図8.20　代表的かつ純粋なトレンドフォローポートフォリオのシャープ
　　　　レシオの１年移動平均（x軸）と、セクター間の相関性の１年
　　　　移動平均（y軸）の散布図（薄い色の点は2000〜2007年、
　　　　濃い色の点は2008〜2013年）

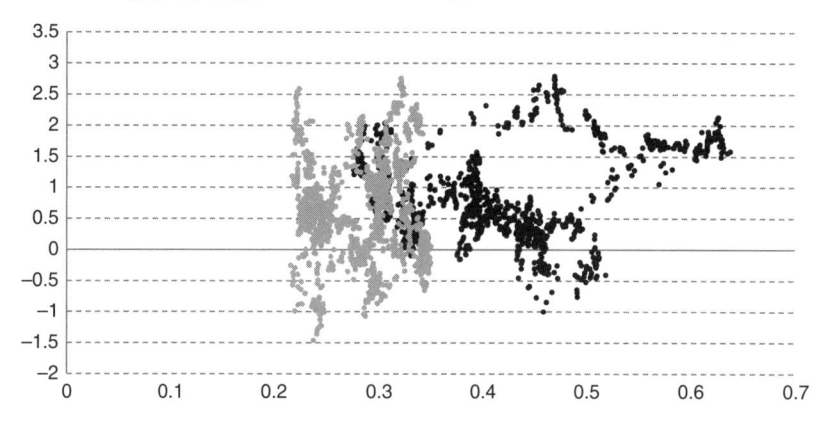

相関性とドローダウン

　ドローダウンと関連があるかもしれないリターンのもう１つの特徴
に、ポートフォリオの相関性がある。ポートフォリオの相関性を測定
するには、MDBを使うことができる。前にも書いたが、MDBはポー
トフォリオのなかの個別市場のリターンの平均ボラティリティと、ポ
ートフォリオ全体のリターンのボラティリティの比率である（分散の
メリットを分析してポートフォリオ内の有効な市場の数を確かめるた
めに主成分分析を用いることもできる。結果は似ているが決定的では
ない）。MDBが高いと、ポートフォリオ内の市場間の相関性が低いこ
とによって得られる分散効果は大きくなる。実際、過去10年間、MDB
とドローダウンの相関性はプラスだった。しかし、過去をさらにさか
のぼると、これがかなりの逆相関になっていた。**図8.21**は、2001〜
2013年の代表的かつ純粋なトレンドフォローシステムのドローダウン

図8.21　代表的かつ純粋なトレンドフォロープログラムのMDBとドローダウン

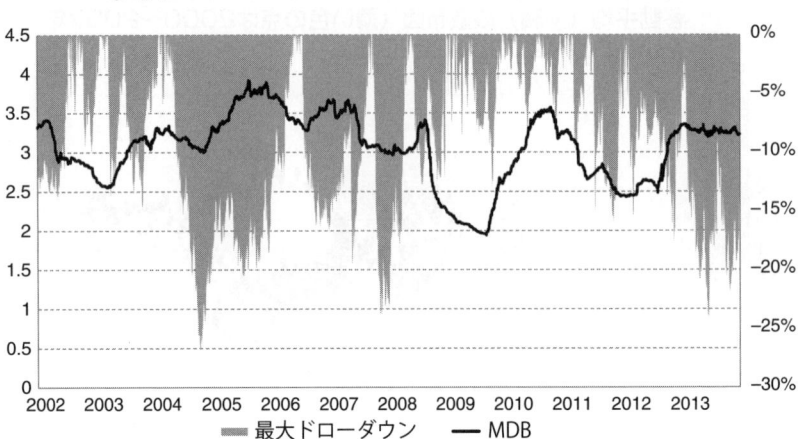

とMDBを示している。2008年末と2009年初めにMDBは2.0という歴史的な低さになっていたが、トレンドフォロー戦略は2008年末には全体的に高いパフォーマンスを上げていた。一方、2005年の分散度は比較的高くなっていたが、トレンドフォロー戦略は大きなドローダウンに見舞われた。経験的に、MDBで測定したポートフォリオの相関性とドローダウンの相関性は決定的とは言えないようだ。

まとめ

　本章では、トレンドフォローポートフォリオのドローダウンとボラティリティと相関性についておさらいした。トレンドフォローポートフォリオのドローダウンを測定し、理解するための主な手法はいくつかあり、そのなかには期待最大ドローダウン、ドローダウンの長さと回復期などがある。トレンドフォロー戦略は、リスクをたくさんの市場に分散するダイバージェントリスクテイキング戦略である。そして、

たくさんの市場で負けているとき、トレンドフォローシステムはドローダウンに陥っている。ドローダウンを生み出すのは、勝ちの大きさではなく、うまくいっている市場の数なのである。ドローダウンに加えて、ポートフォリオのボラティリティと相関性についても詳しく書いた。ポートフォリオのボラティリティにとっては、次の関係性が重要である。

● ポートフォリオのボラティリティ（σ_p）は、個別市場の戦略のボラティリティ（$\sigma_{s,i}$）と戦略の相関性（$\rho_{s,i}$）に依存している。
● 戦略のボラティリティ（$\sigma_{s,i}$）と、市場のボラティリティ（$\sigma_{m,i}$）の関係性は低い（これは、ポジションサイズの決定に遅効性のボラティリティの測定値を使っているため）。
● 戦略のボラティリティ（$\sigma_{s,i}$）は、市場のボラティリティの変化（$\Delta\sigma_m$）と関連性がある。
● ポートフォリオのボラティリティ（σ_p）は、ポートフォリオの相関性（ρ_p）と高い相関性がある。
● ポートフォリオのボラティリティ（σ_p）（戦略のボラティリティの平均（$\bar{\sigma}_s$）で測定）とトレンドの強さ（シグナルの強さの平均で測定）は、高い相関性がある。
● ポートフォリオのボラティリティ（σ_p）は、リターンの歪度と関連性があり、そのことはトレンドフォロー戦略のボラティリティが良いボラティリティであることを表している。

本章の最後に、相関性がトレンドフォローポートフォリオに与える影響についても書いた。MDBは、ポートフォリオの分散の基準として定義されている。近年、MDBの値は下がっている。このことは、最近、トレンドフォローポートフォリオの分散度が低くなっていることを示唆している。ただ、シャープレシオを詳しく検証すると、相関性とパ

フォーマンスの関係は決定的ではないということが分かる。この事実は、トレンドフォローポートフォリオにとって相関性が良くも悪くもあるという事実で説明できるし、ドローダウンを詳しく検証することでも分かる。ただ、MDBの値にドローダウンと直接的な関連はない。

参考文献

Atiya, A., Y. Abu-Mostafa, and M. Magdon-Ismail. "On the Maximum Drawdown of a Brownian Motion." Journal of Applied Probability 41(2004).

Belentepe, C. "Expected Drawdowns." Working paper, 2003.

Casati, A. "The Statistics of the Maximum Drawdown in Financial Time Series," Working paper, 2010.

Cukurova, S., and J. Marin. "On the Economics of Hedge Fund Drawdown Status: Performance, Insurance Selling and Darwinian Selection." Working paper, 2011.

Greyserman, A. "The Characteristics of Drawdown." ISAM white paper, 2012.

Greyserman, A. "Trend Following: Empirical Evidence of the Stationarity of Trendiness." ISAM white paper, February 2012.

Grossman, S., and Z. Zhou. "Optimal Investment Strategies for Controlling Drawdowns." Mathematical Finance 3 , no.3(July 1993): 241-276.

Kaminski, K., and A. Mende. "Crisis Alpha and Risk in Alternative Investment Strategies." CME Group working paper, 2011.

Strub, I. "Trading Sizing Techniques for Drawdown and Tail Risk Control." Working paper, 2012.

Tang, K., and W. Xiong. "Index Investment and Financialization of Commodities." Financial Analysts Journal 68 , no.6(2012).

第 9 章

トレンドフォロー戦略の隠れたリスクと明確なリスク

The Hidden and Unhidden Risks of Trend Following

　トレンドフォロー戦略は、異なるさまざまな資産クラスに動的な配分を行っていく。この動的な性質が、従来のリスク対応に新たな問題を生み出している。トレンドフォロー戦略のリスクについては、多くの伝統的なツールが投資家の誤解を招いたり、時には安全性に関する間違った印象を与えたり、トレンドフォロー戦略の全体的なリスクの過大評価につながったりすることもある。本章では、代替投資の4つの主なリスク源――①価格リスク、②信用リスク、③流動性リスク、④レバレッジリスク――について書いていく。特に、トレンドフォロー戦略では主に価格リスクとレバレッジリスクを評価することが重要だということを示すために、この戦略とほかの動的な代替投資戦略を比較していく。そして、核となるリスクイクスポージャーについて書いたあとは、シャープレシオとその隠れたリスクについて見ていく。そのあとは、動的なレバレッジや証拠金比率について書いていく。動的なレバレッジを使うと、シャープレシオを上げることができるのである。

方向性戦略と非方向性戦略のおさらい

　代替投資戦略（先物ベースのトレンドフォロー戦略もその1つ）は、

幅広い動的な投資手法である。これらの戦略は、伝統的なパッシブ投資とは違う。代替投資戦略の柔軟で動的な性質は、ほかとは劇的に異なるリターンとリスク特性を提供し、それが投資家を引き付けている。通常、代替投資戦略は、方向性戦略と非方向性戦略に分けることができる。方向性戦略は、金融証券の買いポジションや売りポジションを建てて、価格がその方向に動くことを期待する。例えば、マネージドフューチャーズ（CTA）、株の買いバイアス、株の売りバイアス、グローバルマクロなどは、通常、方向性戦略に分類されている。一方、非方向性戦略は、相対的な価値を見ながら買いと売りのポジションを、たいていは同じ資産クラスで同時に建てる。転換社債アービトラージ、債券アービトラージ、合併アービトラージ、株のロング・ショートなどである。ほかにもいくつかが非方向性戦略に分類されている。伝統的な投資戦略（ほとんどの投資信託を含む）は投資制限があり、すべて買いのみの方向性戦略になっている。

　第5章でコンバージェントとダイバージェントのリスクテイキング戦略の概念について紹介した。非方向性戦略は、価値が統計的理由かファンダメンタルズ的理由で収束（コンバージ）するという仮定に依存しているため、通常はコンバージェントリスクテイキング戦略である。一方、方向性戦略は、方向性の決め方によってダイバージェントにもコンバージェントにもなる。もし方向性がファンダメンタルズ分析によって決まるならば（例えば、株の買い戦略など）、それはコンバージェントリスクテイキング戦略である。ポジションは収束しないが、その戦略のリスクテイキングは、長期的にはファンダメンタルズ的な価値が価格に反映されるという考えに基づいているからだ。平均的に、平時の市場では、この見方はうまくいく。しかし、市場に危機が起こっているときは、この「コンバージェント」な手法はファンダメンタルズが一時的に価格を牽引しなくなると、その真価が問われる。資産クラスとしてのコンバージェントリスクテイキング戦略は、リスクが

隠れていることが多く、それがストレスがかかる時期に表面化する。

隠れたリスクと明確なリスクの定義

　動的な投資戦略には、さまざまなタイプのリスクがある。このなかには、隠れたリスク、明確なリスク、測定できるリスク、測定が難しいリスクなどがある。代替投資戦略のリスクは、主に４つのグループ──①価格リスク、②信用リスク、③流動性リスク、④レバレッジリスク──に分類できる。代替投資と違い、伝統的な投資（投資信託など）のリスクはほとんどが価格リスクである。例えば、投資信託のパフォーマンスは、ほとんどが投資先の資産クラスに依存しているが、代替戦略のパフォーマンスは動的なリスクのとり方に依存している。隠れたリスクは、伝統的なパフォーマンスの評価基準（例えば、シャープレシオ）では発見できないリスクである。また、測定するのが難しいリスクも、適切なリスク調整ができない可能性があるため、隠れたリスクと言える。

　価格リスクとレバレッジリスクは、測定することができるため、明確なリスクと言える。それでも、レバレッジリスクはリスクの測定方法が適切でなければ隠れたリスクにもなる。この問題は、本章後半の動的なレバレッジのところで検証する。信用や流動性に関する問題の多くは突然、ショックとして起こるため、信用リスクと流動性リスクはたいてい適切に測定したり予想したりするのが難しく、パフォーマンスの測定に潜在的に埋め込まれた隠れたリスクになっている。実際、価格のファンダメンタルズモデルは堅実な原則に基づいているかもしれないが、信用モデルや流動性モデルの予想力や説明力ははるかに低い。信用や流動性は他人の行動に依存しており、人の行動は測定するのも予想するのも難しいからだ。**図9.1**は、代替投資の４つの核となるリスクを、明確なリスク（価格リスク）から隠れたリスクの順番に

図9.1　代替投資の４つのリスクタイプ

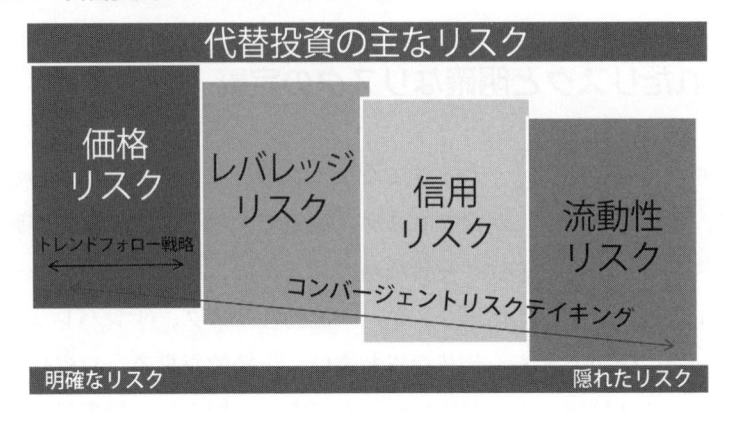

示している。トレンドフォロー戦略は、価格リスクとレバレッジリスクのみをとることが多い（**警告**　動的な投資戦略には、通常、コンバージェントとダイバージェントのリスクテイキングが混在している。純粋なトレンドフォロー戦略は方向性戦略であり、ダイバージェント戦略でもある。そして、コンバージェント戦略に共通する隠されたリスクを回避している。反例を挙げると、アウト・オブ・ザ・マネーの店頭オプションを買うボラティリティの買い戦略は、オプション買いで損失を限定し、極端なケースで大金を受け取ることで、ダイバージェントリスクテイキングになる。とはいえ、このようなボラティリティの買い戦略では、カウンターパーティーリスクと流動性リスクを介して、実質的にはある程度の信用リスクをとっていることになる）。ちなみに、コンバージェントリスクテイキング戦略（とくに非方向性のもの）には、リスクが隠れているものが多い。

　先物市場はカウンターパーティーリスクの低さと流動性の高さから、トレンドフォロー戦略はほぼ価格リスクとレバレッジリスクしかない。このことをさらに詳しく説明するために、次からの項では４つの主なリスクを１つずつ見ていくことにする。これらのリスクを単純に比較

図9.2　さまざまな代替投資戦略のクライシスアルファの分解（1996～2013年）

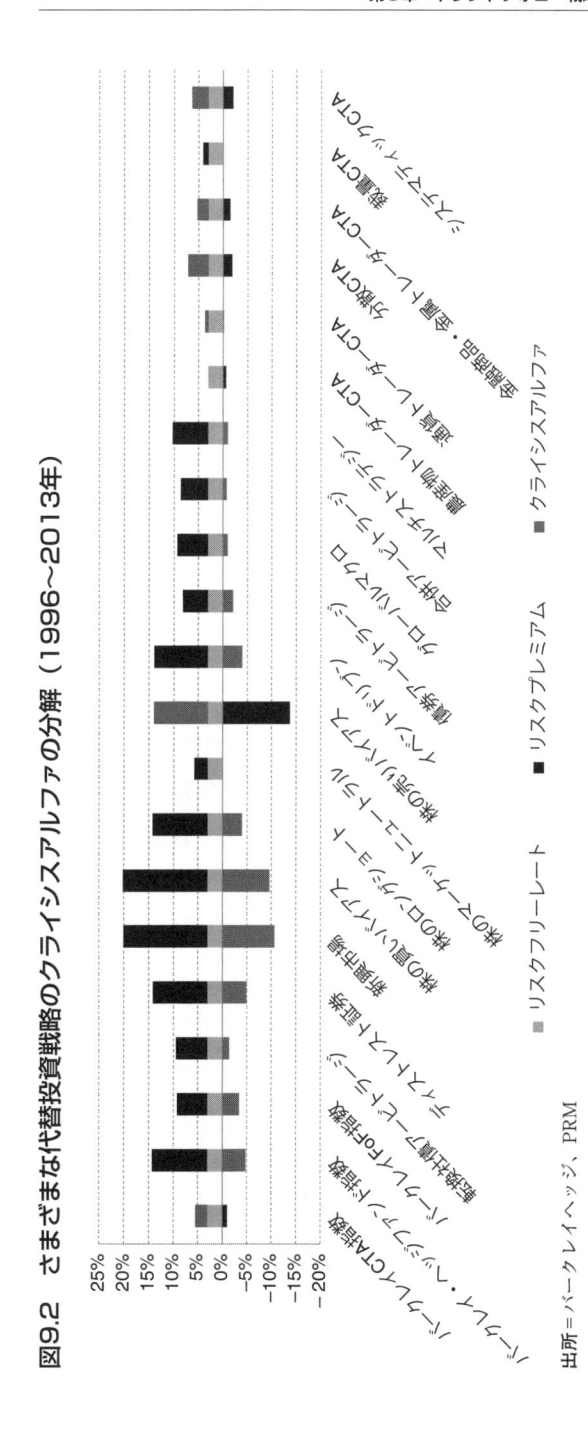

出所＝バークレイヘッジ, PRM

することで、トレンドフォロー戦略のリスクのレベルを分類して、ほかの動的な投資戦略と比較することもできる。また、価格リスクと信用リスクと流動性リスクの3つについては、クライシスアルファとこれらのリスクの代わりとなる値をグラフで比較している。代替投資戦略のリスクについて見ていく前に、クライシスアルファの分解を動的なリスクテイキング戦略にも応用してみよう。**図9.2**は、第4章で行ったようなクライシスアルファの分解をいくつかの代替投資戦略に対して行っている。ほとんどの戦略が、危機のときに表面化する可能性が高い隠れたリスクを持っている。そのため、この項のリスクは、もし代替投資戦略に隠れたリスクがあれば、クライシスアルファを使って分解することができる。

価格リスク

市場リスクと呼ばれることも多い価格リスクは、証券やポートフォリオの価格が将来逆行するリスクと定義されている。実際、価格リスクはボラティリティで代用され、伝統的な投資でもよく理解されているリスクと言える。価格リスクは、方向性戦略（買いや売り）に最も関係がある。主に価格リスクにさらされる戦略は、長期的には証券市場と似た動きになり、リターンの特性に平均回帰が見られる。価格リスクは、時間の経過とともに変わっていくものの、すべての投資のパフォーマンスで時間とともに観察される概念である（つまり隠れたリスクではない）。**図9.3**に、いくつかの代替投資戦略の平均回帰のレベル（逆順）とクライシスアルファをグラフにしてある。

図9.3は、S&P500指数が左端近くにあることにぜひ注目してほしい。この指数の平均回帰のレベルは、株のバイ・アンド・ホールド戦略の平均回帰を表している。ここでは、株の買いのバイアスが同じ図のちょうど反対側にあることが興味深い。この戦略は、バイ・アンド・ホ

図9.3　さまざまな代替投資戦略のクライシスアルファと価格リスク（月ごとの平均回帰、1996〜2013年）

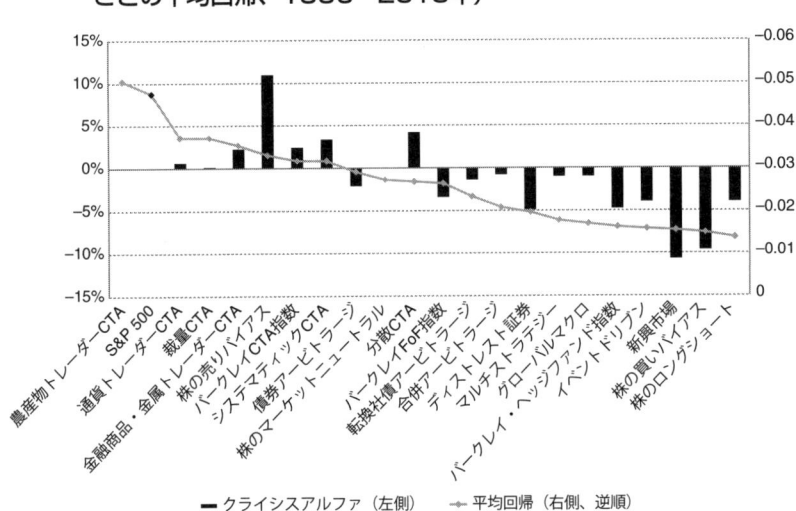

出所＝バークレイヘッジ、PRM

ールドではなく、動的にリスクを配分していくからだ。この単純なグラフは、株の買いバイアス戦略のほうが伝統的な株のバイ・アンド・ホールド戦略よりもコンバージェントである可能性を示している。この図では、多くのCTA（商品投資顧問業者）戦略が左側にあり、価格リスクを表している一方で、非方向性戦略は中央から右側にある。

　トレンドフォロー戦略のように、純粋に方向性があってダイバージェントなリスクテイキング戦略は、原資産の価格と似たポジションを取る。このことは、もし価格が長期的に平均回帰するならば、リターンはより強く平均回帰することを意味している（例えば、**図9.3**のS&P500）。方向性のあるダイバージェントリスクテイキング戦略は、より大きいクライシスアルファを得る可能性が高い。一方、コンバージェントリスクテイキング戦略と非方向性戦略のクライシスアルファは、全体としてかなりマイナスになる。

信用リスク

　信用リスクは、カウンターパーティーが債務の返済や、契約やポジション構築の履行ができないリスクである。このリスクは、たいてい低リスクの投資とそれに対応する信用力の低いカウンターパーティーとのスプレッドで測定される。例えば、TEDスプレッドはLIBORと米３カ月物国債の金利差である。非方向性戦略では、過小評価されている安い資産を買い、過大評価されている高い資産を売る。このような価格の歪みと流動性のなさは、場合によっては２つの資産の信用リスクとカウンターパーティーリスクの違いによってもたらされることもある。高利回りの資産を買って、低利回りの資産を売ることで、方向性のない取引は市場に信用を提供し、信用プレミアムを生み出しているとも言われている。信用提供戦略の簡単な例に、社債の買いポジションと低リスクの国債の売りポジションを組み合わせたものがある。市場で信用を提供する戦略は、長期的には信用プレミアムを得るが、信用問題が発生すると苦しむことになる。通常、信用問題はショックとともに起こり、ショックの多くは市場にストレスがかかっているときに起こる。**図9.4**は、さまざまな代替投資戦略について、信用リスクの代わりにTEDスプレッドとの相関性のレベル（逆順）とクライシスアルファを示している。非方向性戦略で信用スプレッドと高い相関性があるものは、危機のときのパフォーマンスが低く、方向性戦略で信用スプレッドとの相関性が低いものは、危機のときに高いパフォーマンスを上げている。

流動性リスク

　流動性リスクは、市場性がないことや、素早く売買できないことで損失を最小限に抑えられないときに起こる。レラティブバリュー戦略

図9.4　1996〜2013年にかけたさまざまな代替投資戦略のクライシスアルファと信用リスク（TEDスプレッドとの相関性）

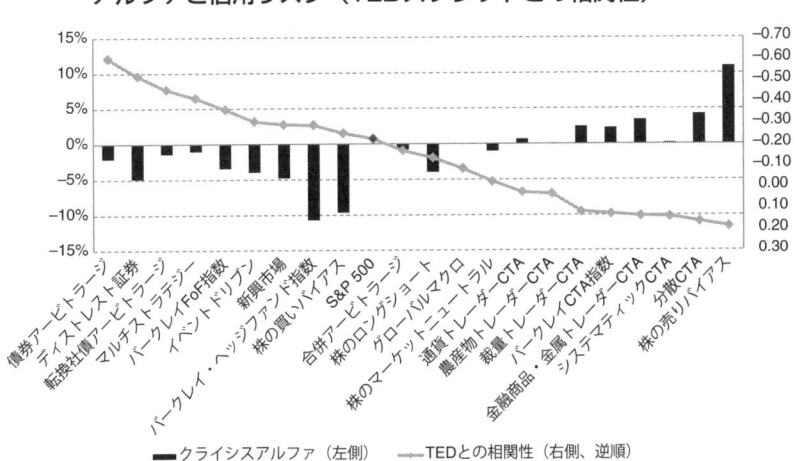

出所＝バークレイヘッジ、PRM

と呼ばれることも多い非方向性の代替投資戦略は、価格が過小評価されていると思われる安い資産を買って、過大評価されているのかもしれない高い資産を売っていく。このように解釈すると、非方向性戦略は、みんなが実際の価値を認識していない資産を買い、みんなが買いたい資産を売ることで、市場に流動性を提供しているとも言える。つまり、非方向性戦略（レラティブバリュー戦略）は証券のビッド・アスク・スプレッドを得ている典型的なマーケットメーカーと似ている。代替投資戦略の場合は、2つの投資の相対的なスプレッドが、ビッド・アスク・スプレッドに相当する。その意味では、ヘッジファンド戦略は流動性の提供者と似ている（KhandaniとLo［2010年］が非流動性プレミアムについて書いている。また、GetmanksyとLoとMakarov［2004年］は、ヘッジファンドのシステミックリスクについて自己相関を流動性リスクに代用することについて書いている）。もし非方向性戦略がマーケットメーカーに近いスプレッドを得ることができるならば、

図9.5　1996〜2013年におけるさまざまな代替投資戦略のクライシスアルファと流動性リスク（系列自己相関性）

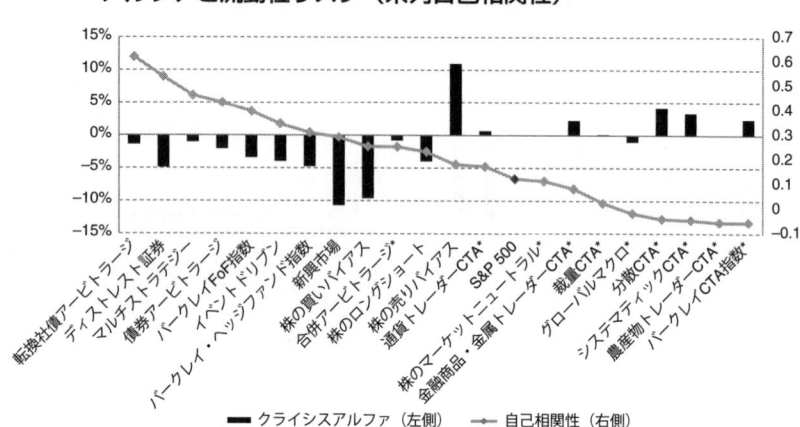

* はこの推定値がゼロとは統計的に有意に異なることを示している
出所＝バークレイヘッジ、PRM

同じようなパフォーマンスを上げられることになる。マーケットメーカーは、長期的には少額の一見「アービトラージに似た」チャンスで利益を上げていくが、価格が一方向に劇的に動いて流動性がなくなるというリスクを抱えている。株式市場の危機は、多くの投資家が強制的、あるいはやむなく行動せざるを得なくなったときで、そうなると流動性の提供者やマーケットメーカーはレバレッジの高いトレードで間違った側につかまって、大きな損失を被る可能性がある。マーケットメーキング戦略の長期リターンは、流動性の提供者がアービトラージに似たある程度の利益を上げることになるため、系列自己相関になる。そうなると、リターンの系列自己相関は投資の流動性リスクをちょうど代用できることになる。**図9.5**は、さまざまな代替投資戦略のリターンの系列自己相関のレベルとクライシスアルファの関係を示している。非方向性戦略（または系列自己相関性が高い戦略）は、より大きな流動性リスクがあり、危機のときにパフォーマンスが悪化する

ように見える。一方、系列自己相関性が低い戦略は流動性リスクが低いため、流動性危機の影響も小さいように思える。

レバレッジリスク

　レバレッジリスクは、借りた資金でイクスポージャーをとることと定義できる。レバレッジで難しいのは、資金を直接借りた場合だけでなく、デリバティブに潜在的なレバレッジが組み込まれているケースもあることだ。例えば、トレンドフォロー戦略を先物市場でレバレッジをかけて行うと、約定金額は投資金額（証拠金）の何倍にもなることが多い。もし証拠金が10ドルで、約定金額が100ドルならば、10倍のレバレッジがかかっており、自己資金の9倍の資金を借り入れていることになる。レバレッジは、投資家に「支出に見合う」以上の価値を与えてくれる。約定金額が100ドルならば、価格が10％上がってポジションの価値が110ドルになると、10ドルの自己資金に対して100％のリターンが上がったことになる。これは実際のリターンの10倍だ。しかし、レバレッジは諸刃の剣である。もし価格が10％下がれば、損失もやはり100％になるからだ。同様に、オプションも原資産に実質的にかなりのレバレッジがかかっている。デリバティブの潜在的なレバレッジの簡単な例は、オプションの売り戦略である。このとき、証拠金比率をレバレッジのレベルに代用できる。ただ、これも残念なことに、透明性が低い戦略だと必ずしも使えない。流動性が低いイクスポージャーの場合はなおさらだ。大きいリターンが出ているとき、レバレッジの主な課題はどの部分が高レバレッジ（証拠金比率が高すぎる不当な賭けもあるかもしれない）によるものか、またはどれだけのトレードが適切にリスク管理を行って正しい方向に向かったのかを判断することである。

シャープレシオの通説と神話性

　パフォーマンスを測るときに最もよく使われているのが、ウィリアム・シャープが1994年に発表したシャープレシオである。シャープレシオは、リスクフリーレートを上回るリスク調整済みリターンを算出するもので、主な前提は、リスク調整後の価格のボラティリティを価格リスクの代用としていることである。シャープレシオは、価格リスクを分母に置いて算出する。ただ、信用リスクや流動性リスクやレバレッジリスクがある動的な戦略の場合、シャープレシオは、隠れたリスクが短期的なパフォーマンスを底上げしていることを過小評価しているのかもしれない。

　価格リスクは長期的には平均回帰するため、戦略が価格リスクを適切に考慮すれば、シャープレシオも長期的には下がっていく。このことは、価格リスクが主なリスクであり、平均回帰するならば、短期的なシャープレシオは長期的なそれよりも低くなるはずだということを意味している。具体的に言えば、年間シャープレシオは、月間シャープレシオよりも高いはずである。**図9.6**は、トレンドフォロー戦略（価格リスクが高い戦略）としてDJCS（ダウ・ジョーンズ・クレディ・スイス）マネージドフューチャーズ指数と、ヘッジファンドの戦略としてDJCSヘッジファンド指数の月ごとと、四半期ごとと、年ごとのシャープレシオを示している。このグラフからは、特に短期において、ヘッジファンドの戦略のシャープレシオが価格リスク以外のリスクにさらされていることが分かる。シャープレシオは、隠れたリスクによって、短期的に膨らむからだ。一方で、トレンドフォロー戦略のシャープレシオが長期的に高いということは、隠れたリスクがかなり小さいということを示している。

**図9.6　異なるサンプル頻度のDJCSマネージドフューチャーズ指数と
DJCSヘッジファンド指数のシャープレシオ**

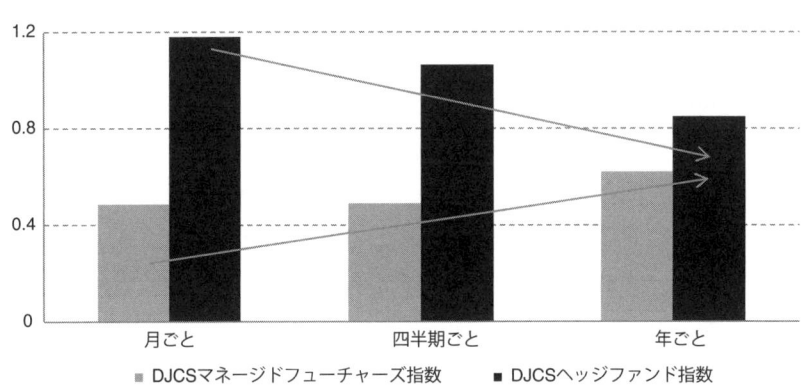

出所＝ブルームバーグ

トレンドフォロー戦略でシャープレシオが低いのはパフォーマンスの基準が正しいということ

　代替投資の４つの主なリスクをおさらいすると、先物市場でのトレンドフォロー戦略のリスクはほとんどが価格リスクで、ほかにあるとすればレバレッジリスクである。これは、直感とも一致している。第２章で述べたとおり、先物戦略は流動性が高く、効率的で、カウンターパーティーリスクも低いため、カウンターパーティーリスクや流動性リスクにさらされる可能性は低い。そのため、トレンドフォロー戦略のシャープレシオは、長期的に得られるリスク調整済みリターンを正しく説明している。一方、価格リスク以外のリスクを抱えているほかの代替戦略は、短期的にシャープレシオが膨らんで、パフォーマンスが過大評価される。レバレッジリスクはトレンドフォローシステムがポジションをどれくらい加速したり減速したりするかに依存しているため、レバレッジリスクについては次項以降の動的なレバレッジのところで詳しく見ていく。

動的なレバレッジの隠れたリスクを解明する

　デリバティブを積極的に使うトレード戦略は、長期的に見れば暗黙的かつ動的にレバレッジを使っている。しかし、投資家はこのようなレバレッジの使い方を見過ごし、誤解していることも多い。そこで、この項では潜在的なレバレッジについて説明していく。これは、レバレッジを適切に評価できないと、過剰なリスクをとってしまう可能性があることを、理解する助けになる。分かりやすく言えば、幸運による大勝ちと、計算されたリスクテイキングを見分けるのは難しいということだ。これは投資家にとって重要な問題だが、残念ながら見過ごされていることが多い。しかし、動的なレバレッジを詳しく検証すれば、トレンドフォローシステムを差別化する助けになる。

　先物を運用するときのレバレッジの最も簡単な基準は証拠金比率である。例えば、多くの先物運用会社では、2008年10月のような時期に素晴らしいリターンを上げた。そうなると、これは運なのかスキルなのかという疑問が当然わいてくる。もしこれが運によるものならば、証拠金比率はかなり高かったはずだ。つまり、大きな賭けをして（大きいポジションを取って）、それがたまたまうまくいったということである。しかし、実際には逆だった。2008年10月には、多くのトレンドフォロワーの証拠金比率が、過去の平均を下回っていたのだ。つまり、彼らのリターンは、リスクテイキングのスキルによるものだった。もし彼らがもっとリスクをとっていれば、リターンはさらに高くなっていたということだ。そう考えると、2008年10月のトレンドフォロー戦略のリターンは、2003～2013年で最も高かったが、証拠金比率は最高とはほど遠かったのである。この例は、動的なレバレッジの仕組みとパフォーマンスへの影響を詳しく見ると、運用会社の動的なレバレッジの使い方を測定し、確認し、評価する方法を理解する助けになることを示している。

動的なレバレッジの定義

　動的なレバレッジは、レバレッジの高さがポートフォリオの過去の損益に依存している状況と定義できる。簡単に言えば、動的なレバレッジをかけたポートフォリオは、過去の損失（利益）が増えると、掛け金が大きくなる（小さくなる）。これはある意味ポーカーの「ダブルダウン」と似ている。動的なレバレッジは、コンバージェントな手法でもある。ダイバージェントな戦略は、リスク管理のために損切りをする。そのため、ダイバージェントなリスクをとる人が動的なレバレッジをかけると、それはコンバージェントなリスクテイキングに変わったことになる。コンバージェントな戦略は、リスクの構造を確信しており、損失に直面しても損切りをしない。それどころか、極端なケースでは（例えば、動的なレバレッジ）むしろ負けポジションのイクスポージャーを増やしていく（ポジションサイズのダブルダウン）。

　動的なレバレッジの定義に話を戻すと、これはレバレッジの高さがポートフォリオの過去の損益に依存している状況である。例えば、オプションの場合、デルタの変化はオプションの損益に依存している。オプション売りは、動的なレバレッジの単純なタイプである。デルタ（もしくは潜在的に負っている原資産の数量）は、原資産の経過とオプションのそれまでの損益に依存している。例えば、ある投資家がコールオプションを売ったあとに価格が上がれば、オプションの売り手は損失を被るが、そのコールオプションのデルタは上がり、売り手のレバレッジも一緒に上がる。オプションの売り手にとって、損失が出ればレバレッジは上がり、利益が出れば（あるいは損益がプラスならば）レバレッジは下がる（オプションの売りはコンバージェントなリスクテイキング戦略である。この戦略は小さく利食い、下方のイクスポージャーは無限なので、ダブルダウンの賭け方と似ている。このタイプのコンバージェントなリスクテイキングには、明らかにシャープレシ

オでは見えないリスクがある）。

　オプションの売り戦略で動的なレバレッジを使うと、短期的には「大きな幸運」に恵まれる可能性があるというメリットがあるが、長期的には何かが壊滅的にうまくいかない可能性も無視できない。簡単に言えば、動的なレバレッジ（例えば、オプション売り）は短期的にパフォーマンスをふくらませるために使うこともできる。動的なレバレッジは、ダイバージェントなリスクテイキングとは正反対の手法なのである。

オプションの売り戦略と動的なレバレッジ

　動的なレバレッジの効果を比較するために、トレンドフォロー戦略にオプション売りのような戦略を追加することができる。そうすることで、代表的かつ純粋なトレンドフォロー戦略にオプション売りを加えた場合と加えない場合のパフォーマンスを、長期と短期で比較できる（この分析には、代表的なトレンドフォローシステムで移動平均線の交差を用いている。このシステムは、商品、債券、株価指数、FXなどのセクターに分散して運用し、観察期間は短期が10～30日、長期が60～250日になっている）。ポジションサイズは第3章で紹介した標準的な均等リスク配分で決め、サンプル期間は2001～2013年とする。

　オプション売りは、トレンドフォローシステムのシグナルと組み合わせて使うことができる。トレンドフォローシステムがポジティブ（ネガティブ）のシグナルを出せば、プット（コール）オプションの売りを仕掛けるのだ（話を単純にするため、トレンドフォローシステムはアット・ザ・マネーオプションを仕掛けることにする。このように仮定しても、この分析ではパラメーターの選択に依存しない一般的な結果を得ることができる）。売りオプションを組み合わせることで、トレンドフォロー戦略で単純に先物ポジションを仕掛けるのではなく、体

図9.7　移動平均線の交差を使った代表的なトレンドフォローシステムに売りのオプションを組み合わせた場合と合わせない場合の累積パフォーマンス（2001～2013年。どちらも月間リスクが5％になるように調整してある）

系的にコールオプションやプットオプションを売ることができる。オプション売りの場合、ポジションサイズはオプションのラムダと、原資産のボラティリティによって決まる。話を単純にするために、この例のオプション価格はブラック・ショールズ方程式で計算した。**図9.7**は、移動平均線の交差を使ったトレンドフォローシステムにオプション売りを追加した場合としない場合のパフォーマンスを示している（リスクは同じになるように調整してある）。サンプル期間の12年間で、このトレンドフォローシステムのシャープレシオは、オプション売りがないと0.92、あると0.82だった。

　オプション売りの利益の特徴を生かして潜在的な動的レバレッジを使うことで、一見高いパフォーマンスを短期的（例えば、2年未満）に上げることができる可能性は大いにある。**図9.8**は、トレンドフォローシステムにオプション売りを加えた場合と加えない場合の、シャープレシオの2年移動平均をヒストグラムにしたものである。ここで

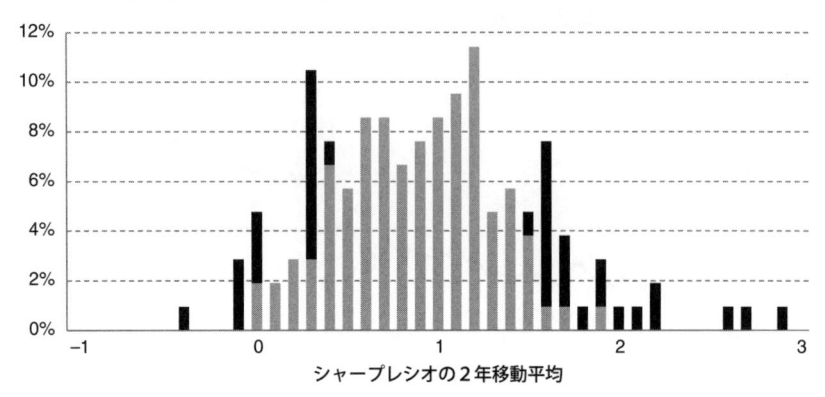

**図9.8　トレンドフォローシステムにオプションの売りを加えた場合と
　　　　加えない場合のシャープレシオの２年移動平均のヒストグラム
　　　　（2001〜2013年）**

は、オプション売りを加えることで、シャープレシオが２年間で1.5以上になる可能性があることが分かる。しかし、長期的に見ると、オプション売りが加わったときのシャープレシオは、加わらないときよりも低くなっている。また、**図9.9**は移動平均の年数を変えることでトレンドフォローシステムのシャープレシオが1.5以上になる確率を示している。これを見ると、１年移動平均ではオプション売り付きのシステムでシャープレシオが1.5以上になる確率は38％で、オプション売りなしだとわずか18％だった。一方、４年以上の移動平均では、オプション売りがあってもなくてもシャープレシオは1.5に達しなかった。

　この高いシャープレシオは、リターンの分布における高次元の特性の特徴が表れている。短期的に高いシャープレシオは、それと引き換えに大きいドローダウンがあり、リターン分布はネガティブスキューになる。オプション売りがないと最大ドローダウンは26％だが、オプション売りがあると45％に達するのだ（どちらも１カ月のリスクは５％に調整してある）。また、歪度はオプション売りがないと0.51だが、

図9.9　トレンドフォローシステムのシャープレシオの移動平均の年数と
シャープレシオが1.5を超える確率（2001～2013年）

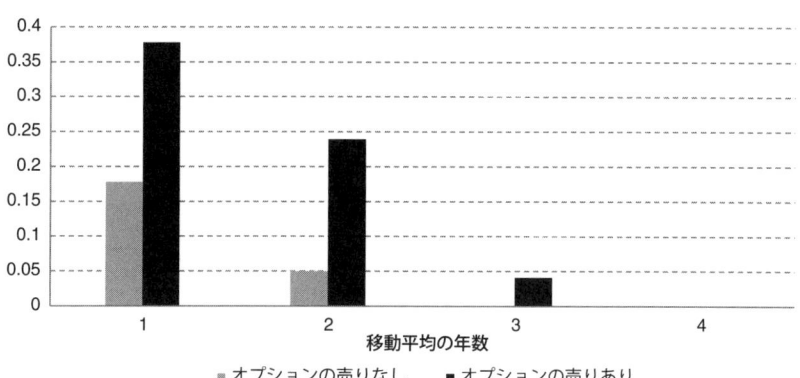

図9.10　代表的なトレンドフォローシステムのオプションの売りなし
（左）とオプションの売りあり（右）の月次リターンのヒスト
グラム（2001～2013年）

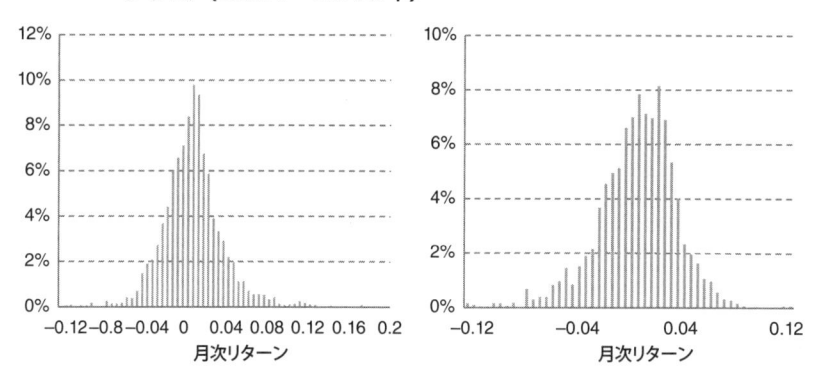

オプション売りがあると−0.34になった。第5章のコンバージェント
とダイバージェントの話で言えば、オプション売りは直感的にコンバ
ージェント戦略で、トレンドフォローシステムに隠れたリスクを追加
している。**図9.10**は、よく似たトレンドフォローシステムのオプショ
ン売りがある場合とない場合のヒストグラムである。

図9.11　S&P500とVIXで定義した危機の期間（グレーの部分）

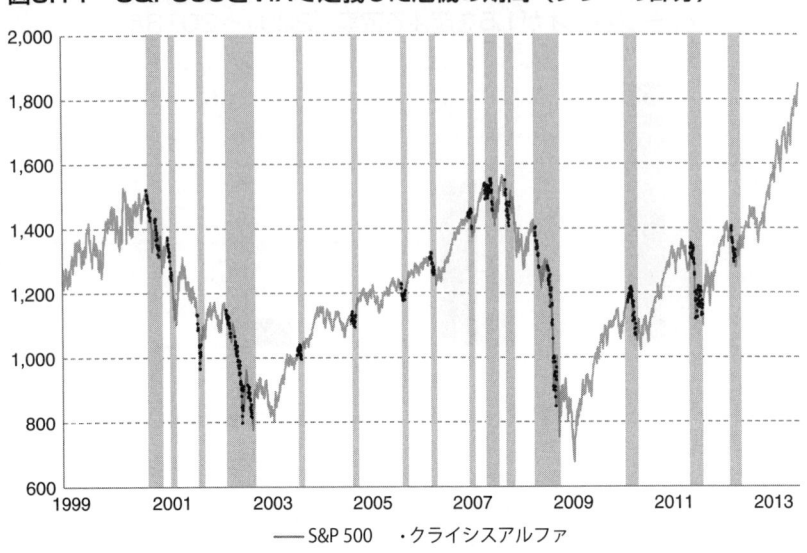

あまり目立たないが、動的なレバレッジのもう1つの影響は、クライシスアルファが減ることである。**図9.11**はS&P500の動きで、グレーの部分はVIXに基づいて定義した危機の時期を表している（VIXに基づく定義は、VIXの変化率が20％を超えると危機の期間とする。この方法は複数の論文で用いられている。Vayanos［2004年］、BrunnermeierとPedersen［2009年］参照）。ここでは、129カ月のうち21カ月が危機期間と定義されている。2001〜2013年のサンプル期間で、**図9.12**は、トレンドフォローシステムのオプション売りがある場合とない場合のトータルリターンとクライシスアルファを示している。VIXに基づいた危機の定義を使うと、トレンドフォローシステムのリターンは13％で、クライシスアルファは5％だった。一方、オプション売りが加わると、リターンは11.5％になり、クライシスアルファは若干マイナスの−0.5％だった。この単純な比較からは、トレンドフォローシステムにコンバージェントなオプション売り戦略を加えると、ク

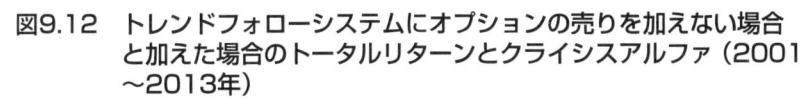

図9.12　トレンドフォローシステムにオプションの売りを加えない場合と加えた場合のトータルリターンとクライシスアルファ（2001〜2013年）

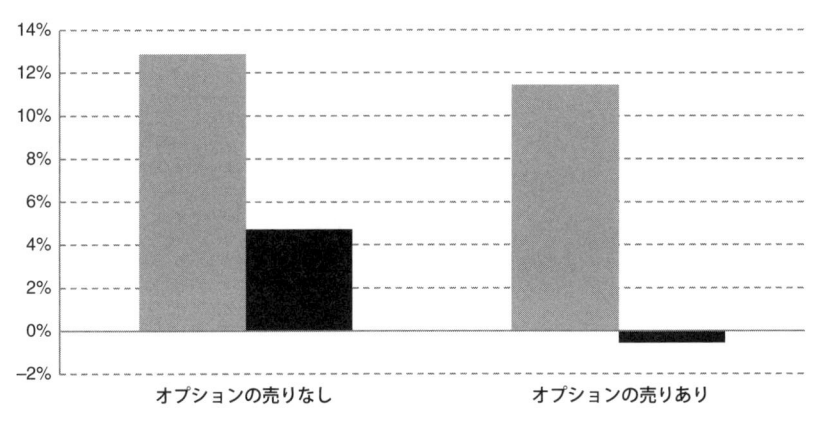

ライシスアルファが減ることが分かる。要するに、動的なレバレッジ（例えば、オプション売り）は、短期的なシャープレシオの上昇をもたらす代わりに、より大きいドローダウンとリターン分布のネガティブスキューとクライシスアルファの減少につながるのである。

マーチンゲール法と動的なレバレッジ

マーチンゲール法も、明らかに動的なレバレッジの一種である。これは賭け方の一種で、損失が出ると、買いポジションを2倍にし、それを損益がプラスになるまで続けていく。負けている間は賭け金が増えていくということだ（ダブルダウンの別の形）。もしマーチンゲール法をトレンドフォローシステムに応用すると、ダブルダウンができる日数はトレードルールに基づいて限定される。このケースでは、連続して負けた日が事前に決めた日数Nになるか、損益がプラスになるま

図9.13　代表的なトレンドフォロー戦略システムに限定的なマーチンゲール法を使って動的なレバレッジを加えた場合と加えない場合のパフォーマンス（2001〜2013年）

——マーチンゲール法を加えた場合　　——マーチンゲール法を加えない場合

でこのかけ方を続けることになる。Nは、ダブルダウンが可能な金額を限定する。簡単な例を挙げよう。Nを最大5日とすると、先物取引でダブルダウン（負けポジションのイクスポージャーを増やす）ができるのは最大5日となる。**図9.13**は、代表的なトレンドフォローシステムでマーチンゲール法を使った場合と使わない場合の累計パフォーマンスである。どちらの時系列も同じリスクになるように調整してある。これを一見すると、マーチンゲール法を使ったほうがこのサンプル期間のパフォーマンスは改善しているように見える。サンプル期間の10年間で、このトレンドフォローシステムのシャープレシオは0.92、オメガレシオは0.65だった（オメガレシオの基準値は2％としている。オメガレシオは第7章の付録参照）。一方、同じ10年間でマーチンゲール法を使うと、シャープレシオは1.09、オメガレシオは1.20になった。しかし、この例でなぜダブルダウンで単純なトレンドフォローシステ

ムのシャープレシオやオメガレシオが改善したのかという疑問がわく。答えは、このような伝統的な基準が価格リスク以外のリスクを無視しているため、動的なレバレッジを使った場合のリスクを適切に考慮できていないからである。

　この項では、動的なレバレッジを2つの簡単な手法と共に紹介した。1つ目は、トレンドフォローシステムにオプション売りを使うことで動的なレバレッジを加える方法である。これは、短期的にシャープレシオを高めることができるが、その代わりにドローダウンが大きくなり、リターン分布の歪度が負になり、クライシスアルファが減った。2つ目は限定的なマーチンゲール法で、ダブルダウンによって長期的なシャープレシオが高まったが、高いシャープレシオで積極的な動的レバレッジのリスクを測るのは難しいということを示唆している。伝統的なリスク基準にレバレッジリスクが考慮されていないとなると、次はトレンドフォローシステムで動的なレバレッジが発生したときに、それを詳しく調べ、どう測定するかを考えてみるべきだろう。動的レバレッジについては第14章で再び取り上げ、スペクトル分析を使ってシャープレシオから動的レバレッジの影響を分離する方法について書く。次の項では、証拠金比率と、それがトレンドフォローシステムのポートフォリオのボラティリティにどのような影響を与えるかについて書いていく。

証拠金比率を詳しく検証する

　証拠金比率は、特定の時期にトレードしている資本のなかで証拠金として預託している金額の割合である。例えば、ファンドの資本の25％が証拠金として預託されていれば、証拠金比率は25％となる。保守的なトレーダーならば、証拠金比率は15％程度かもしれないし、積極的な人ならば40％もあり得る。多くの取引では5～10％の証拠金が課

され、それが対象取引のレバレッジのイクスポージャーを表している。もし保守的な先物トレーダーが100ドルの資金で証拠金が5%のトレードをしたければ、5ドルを預託して100ドルのトレードをするかもしれない。しかし、もし積極的なトレーダーならば、レバレッジを高めて25ドルの証拠金で5枚買い、500ドルのイクスポージャーをとるかもしれない。積極的なトレーダーの証拠金比率は25%で、4倍のレバレッジがかかっている。取引によって、必要な証拠金は違うが、全体の証拠金比率を見れば、だいたいのレバレッジの倍率は分かる。先物トレーダーが、ポジションサイズを変えたり、取引を増やしたり減らしたりするなどして動的にポジションを動かすと、レバレッジも動的に変わっていく。ここで大事なことは、全体的な、いわゆるダブルダウンの動的なレバレッジ（オプション売りやマーチンゲール法など）を使っているかどうかということである。もし過剰なレバレッジを使っていれば、シャープレシオのなかにリスクが隠れているのかもしれない。

　トレンドフォローシステムの証拠金比率は、そこで使われているレバレッジの大まかな目安となる（この項では、商品と株価指数とFXのイクスポージャーの証拠金比率を推測するための乗数を10%とし、債券は1%としている）。もし動的なレバレッジを使えば、レバレッジの倍率がより激しく増減して、証拠金比率のボラティリティも高くなる。そうなると、証拠金比率の使い方の変動を調べれば、動的なレバレッジが使われているかどうかが分かる。もっと実践的に言えば、日々の証拠金比率の変動係数を調べればよい。日々の証拠金比率の変動係数は、証拠金比率の規格化した分散値である。ちなみに、本章で先に使った代表的なトレンドフォローシステムの日々の証拠金比率の変動係数は0.3で、限定的なマーチンゲール法を使うと0.5になった。このような動的なレバレッジはシャープレシオでは分からないが、マーチンゲール法などの動的なレバレッジが証拠金比率の高い変動性（つまり、高い変動係数）を生み出すことは分かっている。

図9.14　代表的なトレンドフォローシステムの遅効性の証拠金比率と
　　　　日々のマイナスリターンの絶対値（左）とプラスリターン（右）
　　　　の散布図（2001～2013年）

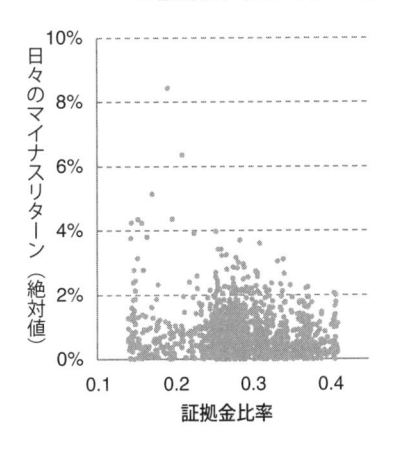
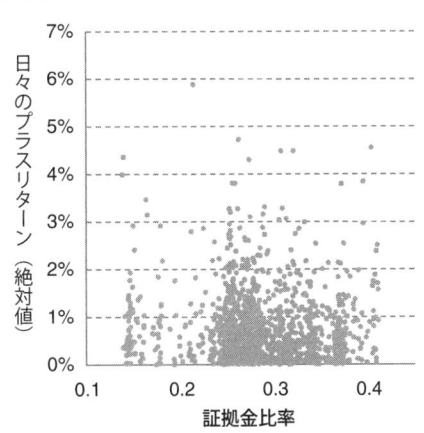

　過去のレバレッジのレベル（証拠金比率）と将来のリターンの大き
さ（マイナスでもプラスでも）の相関性も、動的なレバレッジの使わ
れ方を示している（証拠金比率は１日遅れる。これは、ある日のリタ
ーンはその前日のポジションに依存しているため）。もし相関性が高い
と、過去のレバレッジの高さがリターンを大きくしていることになる
（プラスでもマイナスでも）。これは、動的なレバレッジが使われたこ
とを示唆している。**図9.14**は、代表的なトレンドフローシステムの
日々のプラスとマイナスのリターン（絶対値）の分散と遅効性の証拠
金率の関係を示している。遅効性のレバレッジと日々のリターンの大
きさの相関性は比較的低い。もっと具体的に言えば、日々の負のリタ
ーンの絶対値と遅効性の証拠金比率の相関係数は０に近く、日々の正
のリターンと遅効性の証拠金比率との相関係数はさらに低い－0.11だ
った。このことは、トレンドフォロー戦略がダブルダウンや、経路依
存のレバレッジ（オプション売りやマーチンゲール法など）を使って
いないということを示唆している。トレンドフォローシステムの高い

リターンは、リスクや動的なレバレッジを集中させたからではなく、価格トレンドに乗ったからである可能性が高いということだ（この概念は、第８章でドローダウンについて書いた。トレンドフォローシステムのドローダウンは大きい集中的な賭けではなく、たくさんの小さい損失によって生まれている）。この点を、具体的な例でさらに詳しく見てみよう。2008年10月、代表的なトレンドフォローシステムのリターンは最高で17.5％に達し、その月の証拠金比率は16％だったが、この割合はサンプル期間の平均よりも低かった。ちなみに、反例として2009年４月を見ると、トレンドフォローシステムのリターンは−5.5％で、同じ月の証拠金比率の平均も16％だった（この現象は、非対称レバレッジと呼ばれている）。

　次に、比較目的でトレンドフォローシステムに動的なレバレッジを加えてみた。すると、日々の負のリターンの絶対値と遅効性の証拠金比率の相関係数はほぼ０から0.37に上がり、正のリターンとの相関係数は−0.11から0.46に上がった。**図9.15**は、日々の負のリターン（絶対値）と正のリターンと遅効性の証拠金比率の分散図である。限定的なマーチンゲール法を使った場合、リターンはたいてい高レバレッジによって高くなっている。

　動的なレバレッジの場合、証拠金比率のボラティリティには突出が見られた。これは、隠れたレバレッジリスクがあるのかもしれない。**図9.16**は、代表的なトレンドフォローシステムにマーチンゲール法を使った場合と使わない場合のボラティリティの22日移動平均を比較している。月間リスクは、どちらも５％に調整してある。２つのボラティリティの違いは時間の経過とともにかなり大きくなっていった。マーチンゲール法を使った場合、日々のボラティリティは周期的なパターンになっており、日々のリターンで算出したシャープレシオは月次リターンで計算する通常のシャープレシオとはかなり違ってくると考えられる。しかし、まとめてしまうとボラティリティが高い日々の損益

図9.15 トレンドフォローシステムに限定的なマーチンゲール法を使った場合の遅効性の証拠金比率と日々のリターンの絶対値（左）の散布図（右が－リターン、右が＋リターン、2001/06～2012/02）

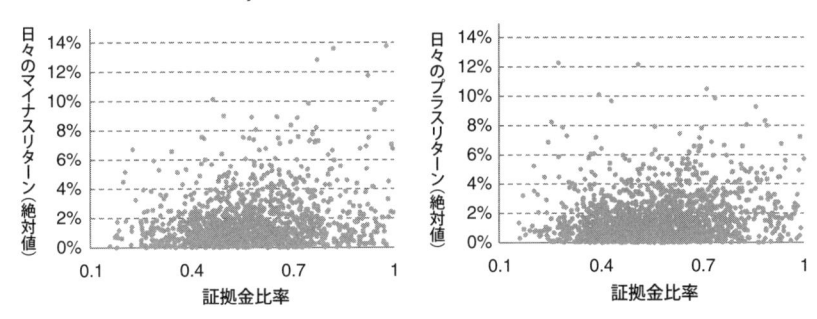

図9.16 代表的なトレンドフォローシステムでマーチンゲール法を使った場合と使わない場合のボラティリティの22日移動平均

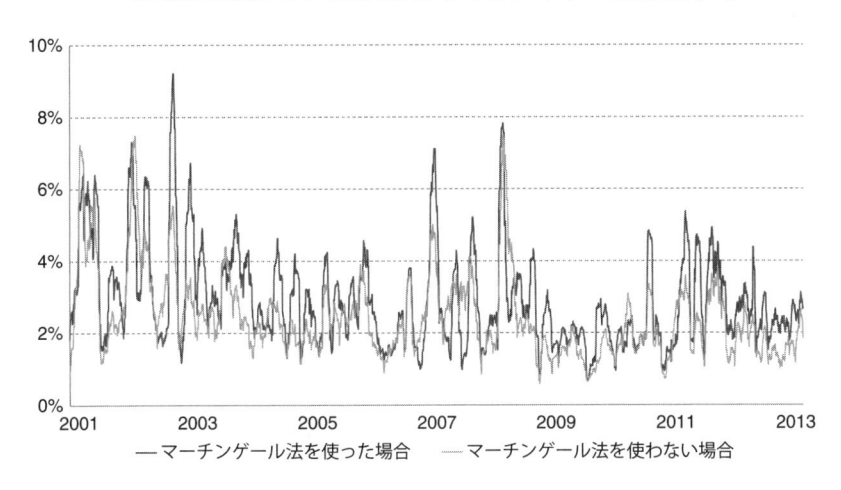

の経過が隠れてしまう（特に、月の初めにマーチンゲール法を使うとそうなる）。日々のデータを使うと、シャープレシオは約20％下がる。ちなみに、代表的なトレンドフォローシステムの場合は、日次リターンでも月次リターンでもシャープレシオは近い値になる。

まとめ

　本章では、代替投資戦略の主要なリスクをおさらいした。このなかには価格リスク、信用リスク、流動性リスク、レバレッジリスクなどが含まれている。トレンドフォロー戦略とほかの代替投資戦略を比較すると、トレンドフォロー戦略では価格リスクとレバレッジリスクに注目すべきことが分かる。同様に、シャープレシオでも比較すると、代替投資戦略のリスクの多くはシャープレシオでは分からない。しかし、トレンドフォロー戦略の場合は、レバレッジリスクを除けば価格リスクしかないため、シャープレシオで適切にリスクを測ることができる。ただ、オプション売りのダブルダウンやマーチンゲール法に似た手法で動的なレバレッジがかかっていると、シャープレシオのなかにレバレッジリスクが隠れているかもしれない。そこで、トレンドフォロー戦略の長期的な証拠金率を詳しく見ると、レバレッジが使われていないことが分かった。

参考文献

Brunnermeier, M., and L. Pedersen. "Market Liquidity and Funding Liquidity." Review of Financial Studies 22, no.6(2009): 2201-2238.

Foster, D., and H. Young. "The Hedge Fund Game: Incentives, Excess Returns, and Piggy-Backing." Working paper, 2007.

Getmanksy, M., A. Lo, and I. Makarov. "An Econometric Model of Serial Correlation and Illiquidity in Hedge Fund Returns." Journal of Financial Economics 74 (2004): 529-609.

Goetzman, W., J. Ingersoll, M. Spiegel, and I. Welch. "Sharpening Sharpe Ratios." NBER Working Paper No.9116, 2002.

Greyserman, A. "Dynamic Leveraging as a Factor of Performance Attribution." ISAM white paper, 2011.

Kaminski, K., and A. Mende. "Crisis Alpha and Risk in Alternative Investment Strategies." CME Group white paper, 2011.

Keating, C., and W. Shadwick. "A Universal Performance Measure." London : The Finance Development Centre, 2002.

Khandani, A., and A. Lo. "Illiquidity Premia in Asset Returns: An Empirical Analysis of Hedge Funds, Mutual Funds, and U.S. Equity Portfolios." Working paper, 2010.

Lo, A. W. "Risk Management for Hedge Funds: Introduction and Overview." Financial Analysts Journal 57 , no.6(November/December 2001).

Lo, A. W. "The Statistics of Sharpe Ratios." Financial Analysts Journal 58 , no.4(July/August 2002).

Sharpe, W. F. "The Sharpe Ratio." Journal of Portfolio Management 21, no.1 (Fall 1994):49-58.

Smith, S. W. "The Scientist and Engineer's Guide to Digital Signal Processing." California Technical Pub., 1997.

Vayanos, D. "Flight to Quality, Flight to Liquidity, and the Pricing of Risk." NBER Working Paper, 2004.

第 10 章

さまざまなマクロ経済環境におけるトレンドフォロー戦略

Trend Following in Various Macroeconomic Environments

トレンドフォロー戦略は、市場がダイバージェンスになっているときに高いパフォーマンスを上げる。根底のマクロ経済環境の要素が市場のダイバージェンスをもたらし、それがトレード可能な価格のモメンタムを生み出すのだ。本章では、カギとなる市場のマクロ的な側面のいくつか——金利環境、危機後の回復のための量的緩和の時期、政府の干渉、規制の力——について書いていく。マクロ環境による結果はまちまちで、特異なケースも多い。本章では、警告としてマクロ環境や市場介入のさまざまな影響についてまとめていく。この分析は、質的で、歴史的で、なかにはアネクドータルなものもある。また、マクロ的な出来事に加えて、本章では信用危機のあとの量的緩和がもたらした最近の株の強力なブル相場についても分析する。ただ、マクロ的な効果や、それらの効果とトレンドフォロー戦略のつながりは複雑で、さらなる調べを要する疑問がほかにもたくさんある。

金利環境

本書の最初に紹介したトレンドフォロー戦略の過去の研究に話を戻そう。1963年以降の株価指数や債券や商品などの市場のリターンのデータを使うと、長期的なマクロ環境を検証することができる。**図10.1**

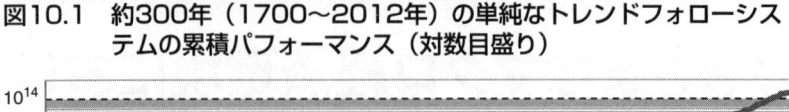

図10.1　約300年（1700～2012年）の単純なトレンドフォローシステムの累積パフォーマンス（対数目盛り）

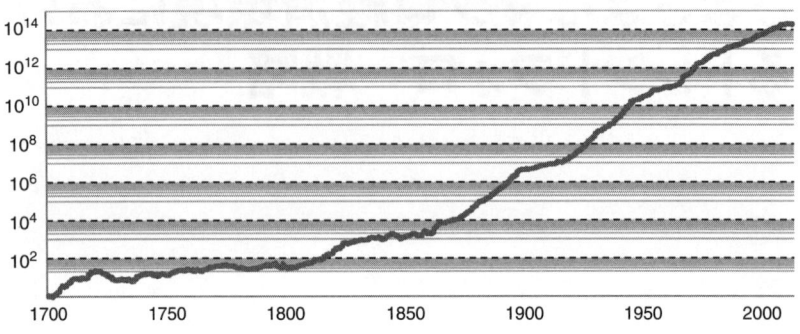

は、約過去300年間における単純なトレンドフォローシステムの累積パフォーマンスを示している（月次リターンの単純移動平均線。1900年よりも前のポートフォリオは株価指数、債券、商品など17の市場が含まれていた）。300年全体のシャープレシオは0.72、月次リターンの平均は0.9％、月次リターンの歪度は＋0.33だった。次は、トレンドフォローシステムと伝統的な資産クラスの関係を数値化してみよう。ここでの株価指数と債券指数はいくつかのグローバルな株価指数や債券指数の1870年代以降の月次リターンの平均で構成されている（株価指数は、FTSE100、S&P500、CAC40、オーストラリアSPI200の月次リターンの平均、債券指数は米10年物国債、カナダ10年物国債、日本10年物国債の月次リターンの平均。これらの指数が存在しなかった時期には同等の市場のリターンを使って1870年代以降のデータをそろえてある）。月次リターンを使ったトレンドフォローシステムと株価指数の全体的な相関係数は0.10、債券指数とは0.13だった。これは、トレンドフォローシステムと伝統的な資産クラスの全体的な相関性が低いことを示している。

　図10.2は、トレンドフォローシステムの月次リターンの平均を、株

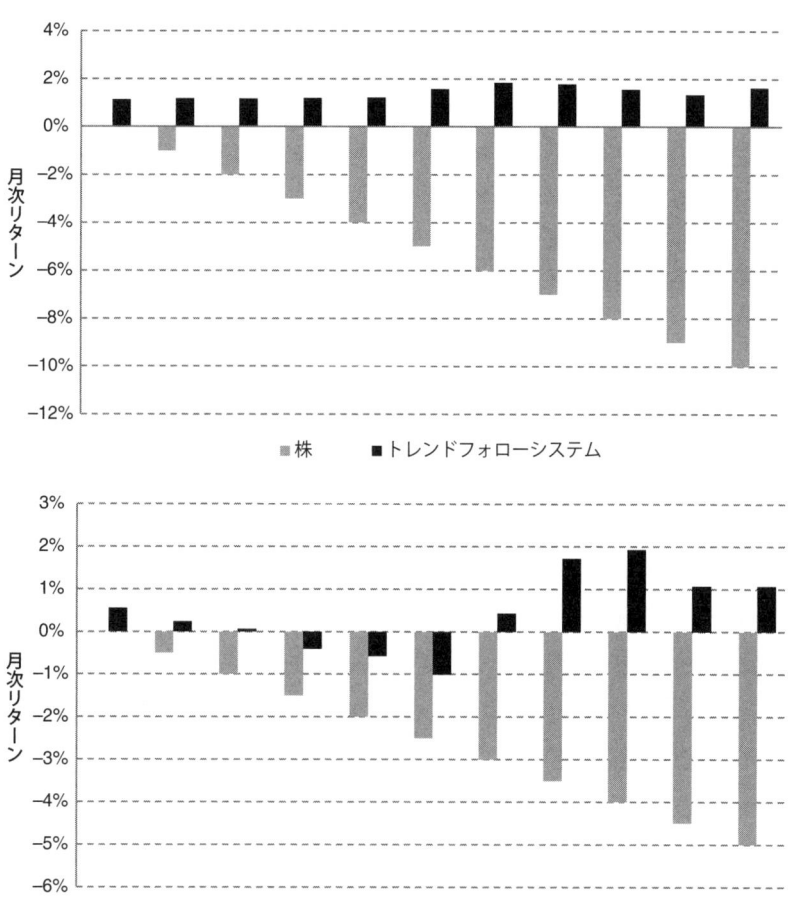

図10.2　株価指数（上）と債券指数（下）の月次リターンの平均がマイナスだった時期のトレンドフォローシステムのリターン

価指数か債券指数のパフォーマンスがマイナスだった時期について示している。これを見ると、上の株式市場がマイナスの時期は、トレンドフォローシステムのリターンがすべてプラスになっている。具体的に言うと、株式市場が10％を超える下げのとき、トレンドフォローシ

ステムの平均リターンは約2％だった。一方、下の債券指数のほうは株ほど一貫したパターンにはなっていないが、債券指数のリターンが大きくマイナスのときに、トレンドフォローシステムのほうはプラスになっていることに注目してほしい。

　本書は、株式市場の危機に多くの部分を割いているが、金利も詳しく見ていく必要がある。話を第6章の分析に戻すと、金利は2つの場合にトレンドフォローシステムのパフォーマンスに影響を与える可能性がある。投資の追加的な金利収入と、もともと金利に依存している先物価格だ。

２つの金利体制の分析

　金利体制は、過去800年どころか過去50年間だけでも大きく変化している。**図10.3**は、1954〜2013年のフェデラルファンドレートを示している。この約60年間に、2つの異なる金利体制があった。1981年までの金利上昇期と、そのあとの金利下降期である。この2つの時期のトレンドフォローシステムのパフォーマンスは、2つの大きく異なる金利体制がパフォーマンスにどのような影響を及ぼすかについての洞察を与えてくれるかもしれない。

　長期債券の先物価格は1980年代以前には存在しなかったため、1962年以降の利回りのデータを使って先物価格を算出した（利回りと先物価格の回帰分析を使うと、直線的な関係が見つかった。経験的に、算出した価格に基づいたトレンドフォローシステムの日々の損益は、実際の先物価格と高い相関性があった）。**図10.4**は、米国債の5年物と10年物のみから成るポートフォリオのシャープレシオを金利の上昇期と下降期について示している。2つの時期のシャープレシオはほぼ同じだったが、金利上昇期のほうが若干高かった。**図10.5**と**図10.6**は、先の2つの債券市場におけるトレンドフォローシステムのシャープレ

図10.3　1954〜2013年のフェデラルファンドレート

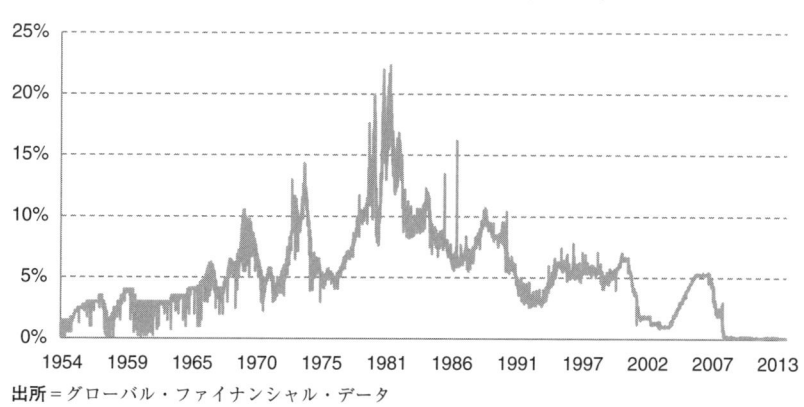

出所＝グローバル・ファイナンシャル・データ

図10.4　金利上昇期（1962〜1981年）と金利下降期（1981〜 2013年）におけるトレンドフォローポートフォリオ（米国債 の5年物と10年物の先物で構成）のシャープレシオ

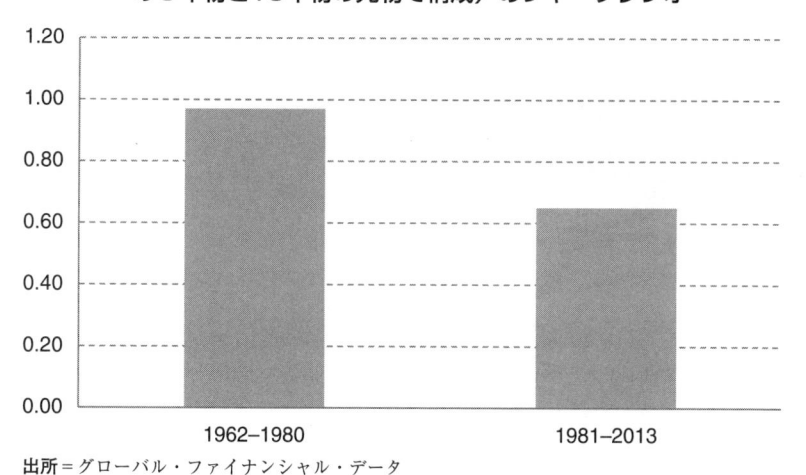

出所＝グローバル・ファイナンシャル・データ

シオの2年移動平均線である。2つの図を見ると、これらの債券市場 のトレンドフォローシステムのパフォーマンスは、その時期の利回り の変化とは相関性がないように見える。

図10.5　1963～2013年にかけた5年物国債のトレンドフォローシステムのシャープレシオの2年移動平均線と5年物国債の利回り

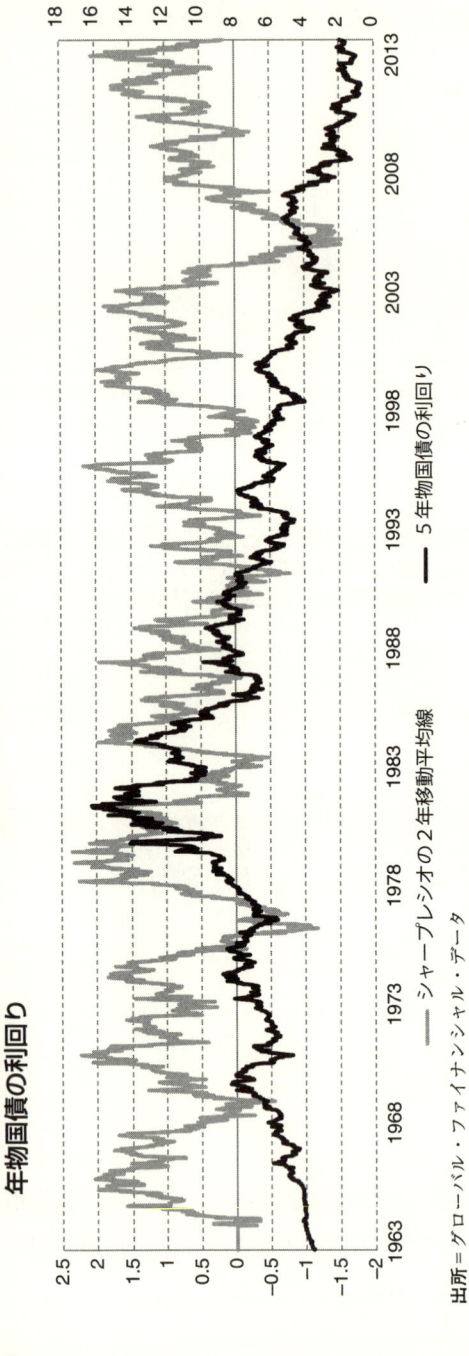

―― シャープレシオの2年移動平均線　　―― 5年物国債の利回り

出所＝グローバル・ファイナンシャル・データ

図10.6　1963〜2013年にかけた10年物国債のトレンドフォロー システムのシャープレシオの２年移動平均線と 10年物国債の利回り

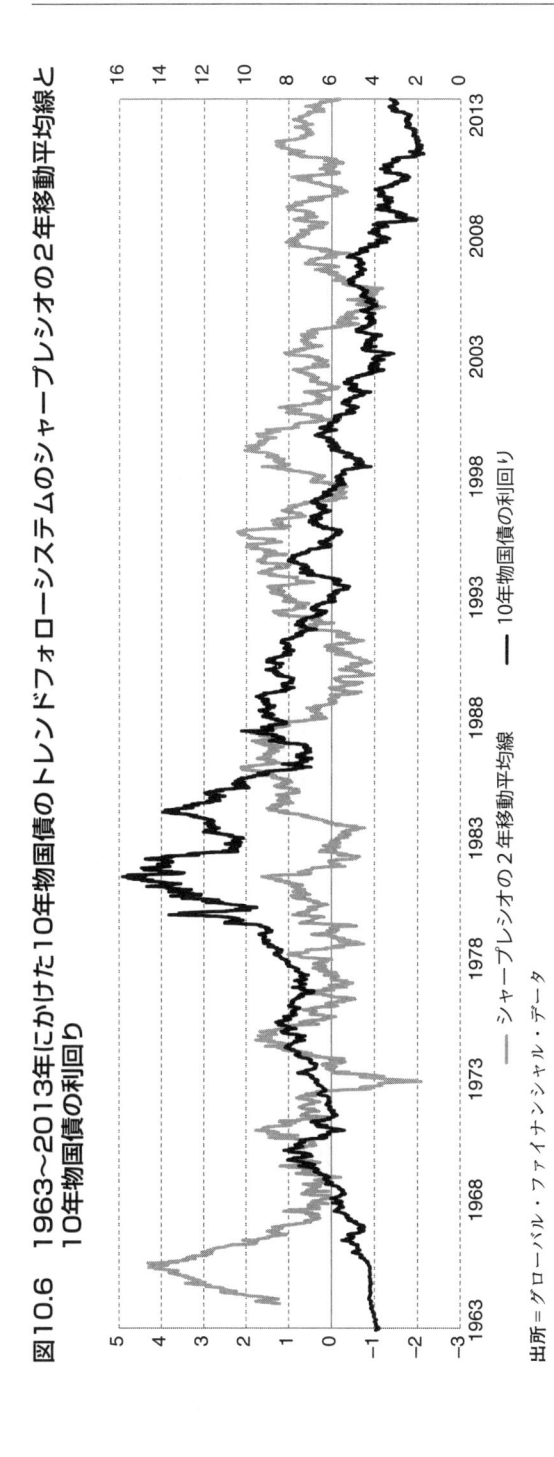

出所＝グローバル・ファイナンシャル・データ

表10.1　実際の価格と同じ時期の時間反転した価格を使った9つの長期
債先物のシャープレシオ

	実際の価格	時間反転した価格	開始時期
平均	0.42	0.33	
米2年物国債	0.83	0.77	1990/12
米5年物国債	0.37	0.29	1988/11
米10年物国債	0.33	0.27	1982/10
米30年物国債	0.24	0.14	1978/02
英長期国債	0.13	−0.16	1983/05
ユーロ債	0.61	0.50	1991/06
ドイツ2年物国債	0.55	0.53	1999/11
ドイツ5年物国債	0.47	0.32	1996/11
日本10年物国債	0.22	0.34	1986/04

　利回りで算出した先物価格に加えて、金利上昇の潜在的な影響も、時間反転した価格系列によって検証できる。価格が形成される過程は不可逆的だが、この試みは金利の上昇が債券先物の価格が下がる環境を生むことを説明するのに役立つ。**表10.1**は、9つの長期債のシャープレシオを実際の価格と同じ時期の時間反転した価格を使って示している。平均すると、実際の価格（金利下降期）を使ったシャープレシオは反転した価格（金利上昇期）のシャープレシオと比較的近い値になった。この実証的な試みは、金利体制が変わっても長期債市場におけるトレンドフォローシステムのパフォーマンスに大きな影響はないということを示している。トレンドフォロー戦略は、債券先物の上昇トレンドと下降トレンドの両方で利益を上げることができる。金利が下げて価格が上昇トレンドになっても、金利が上げて価格が下降トレンドになっても、トレンドフォローシステムのパフォーマンスにはあまり関係がないように思える。

図10.7　2014年1月のトルコの中央銀行の翌日物貸出金利（左）と
2013年10月〜2014年1月のUSドル／トルコリラの為替レ
ート（右）

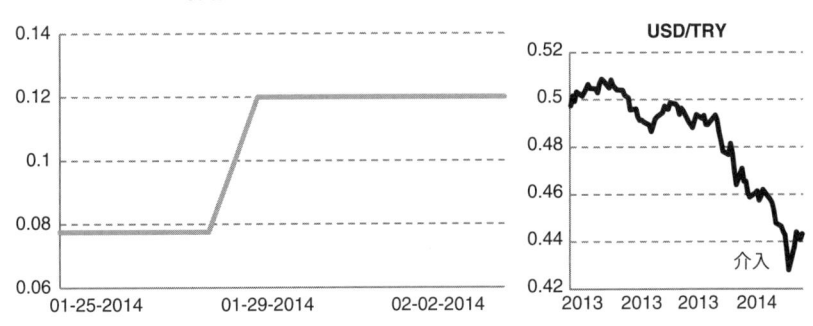

短期金利市場への介入

　本章の初めに紹介した分析は、長期の金利レジームに注目したもの
だった。ほとんどのトレンドフォローシステムは中長期の運用を意図
しているからだ。一方、金利のトレンドは、市場介入や金利の短期的
な変動によって起こることもある。金利市場の短期的なショックの影
響の分かりやすい例が、金利の引き上げである。長期の金利レジーム
については先に見たとおりだが、短期金利の急上昇は長期戦略にとっ
て有害になり得る。この概念を最もうまく説明できるのは、単純な金
利介入の例だと思う。2014年初めのトルコリラ（TRY）の為替レート
は、ほかの通貨と比べて歴史的な低水準にあったため、トルコの中央
銀行は短期金利を引き上げてリラのレートを上げようとした。**図10.7**
は、左側のグラフが2014年1月のトルコの中央銀行の短期金利（翌日
物貸出金利）で、右のグラフが2013年10月から2014年1月までのトル
コリラと米ドルの為替レートである。

　前後1カ月の期間で見ると、短期金利の跳ねは金利の急上昇にほか
ならない。当時、トルコの中央銀行が金利を引き上げる前のトルコリ

ラは明らかに下降トレンドにあった。つまり、長期的なトレンドフォロー戦略は、金利が上がるまでトルコリラを売っていた。しかし、短期金利が4.25％上昇し、1週間物レポレートが5.5％上昇すれば、トレンドフォローシステムはすぐに損切りシグナルを出す。この例は、政府の介入がトレンドのきっかけになるだけでなく、トレンドフォローシステムの不意を突きかねないことを示している。トレンドフォロー戦略の利益率は短い急上昇ではなく、持続的なトレンドで最も高くなる。しかし、トレンドは1つ1つ違うのである。

規制の力と政府の介入

自由市場の概念にかかわらず、市場は特に近年、規制の力と政府の介入の増加に困惑している。ただ、このような状況はトレンドフォロー戦略にとっては興味深い課題である。これらの効果が価格トレンドを生み出すのか妨げるのかは明らかではないかもしれない。政府の介入も規制改革も市場に影響を及ぼすことは明らかでも、それがどのように起こるかがはっきりとは分からないからだ。このことについてさらに掘り下げるため、政府の介入に関する文献の概要や政府の力に関するコメントをいくつか紹介しよう。

政府の介入

政府の介入の影響について書く前に、まずこの項では介入が大きく影響した例をいくつか見ていこう。最初の例は、原油市場だ。この市場は1950年代以来、OPEC（石油輸出国機構）やそのほかの機関による介入の対象になってきた。スティーブンス（2005年）は、原油市場に影響を及ぼす要素について包括的にまとめている。具体的に言えば、原油価格は需給に加えて政策や政府機関の方針や意図の影響を受けて

表10.2　代表的なトレンドフォロー戦略で1990年代に日経平均と日本国債と円を運用した場合のシャープレシオ

指数	シャープレシオ
日経平均	0.37
日本国債	0.97
円	0.67

きた。これらの要素は、シクリカル、あるいは構造的ですらあるのかもしれない。いずれにしても、原油価格は明らかな価格トレンドを形成してきた。そして、トレンドフォローモデルが過去20～30年に原油先物市場で堅調なパフォーマンスを上げ、シャープレシオが0.45を超えていることもそれを裏付けている。トレンドフォローモデルのシャープレシオが0.45というのは、ほかの個別市場の平均（約0.35）よりも高い（個別市場におけるトレンドフォローシステムのシャープレシオは、リスクをすべての資産クラスに分散した全市場型よりも低い）。

　2つ目の例は、「失われた10年」と呼ばれることも多い1990年代の日本の経済環境で、この時期は政府介入と財政政策や金融政策が頻繁に実行されていた。この時期の効果を検証するため、トレンドフォローシステムを日経平均指数と日本国債指数（JGB）と円（JPY）に応用してみよう。**表10.2**は、トレンドフォローシステムを1990年代の日本の株式と債券と通貨で運用した場合のシャープレシオである。この頻繁に介入が行われていた時期に、3つの市場ではトレンドフォローシステムがとらえることができる価格トレンドを形成していた。そして、各資産クラスのシャープレシオは個別の先物市場の平均的なそれを上回っていた（特に、日本国債指数）。

　政府の介入が価格のボラティリティとトレンドに与える影響についてもさまざまな検証がなされている。具体的な例を挙げると、クナイ

ブとウオッケン（2012年）がEU（欧州連合）の介入後の各セクターの日々の価格を分析している。彼らは、介入が価格の動きとボラティリティに与える影響はさまざまで、介入した価格にも左右されるということを示した。また、マッコーリー（2012年）は、資金の国際的な流れによって、市場のリスクはポジティブフィードバックループになると結論付けた。リスクオンの時期は、新興市場に資金が流入するため、中央銀行は世界の債券の利回りに下げ圧力をかける傾向があり、この圧力がさらにリスクオンを強化する。また、ケリーとルスティフとバンニューワーバーグ（2013年）はオプション市場を検証して、金融セクターと政府の救済政策の直接的なつながりを示した。

　通貨市場については、インチクワントレンドの白書（2011年）が6回の大型介入について、介入時期にトレンドフォローシステムをFX市場で運用した場合のパフォーマンスを検証した。著者たちは、介入が神経質な市場を安定させる目的ならば、トレンドの強さと滑らかさに好ましい影響があると主張している。金属市場については、ミンストとストーファー（1979年冬）が、国際すず理事会の介入で1968年9月〜1969年2月にスズの価格が10％上昇したと推測している。また、この介入がスズ市場で6カ月のトレンドをもたらしたとしている。ミンストとストーファー（1979年）は、さまざまな金属市場（ゴム、スズ、銅）で価格に関する介入が長期トレンドに与える影響は、認識するのも測定するのも難しいことを示した。株式市場の場合は、バーノットとカダパカム（2006年）が1989年に香港金融管理局が株式市場で行った巨額の介入を分析した。この研究では、介入の情報効果が、ハンセン指数の異常に大きいリターンに貢献したと結論付けている。介入後の時期に、異常なリターンが反転しなかったことは、この効果が一時的な価格の圧力によるものではなかったことを示している。

　政府の介入に関する研究では結果が一致しないところもあり、政府の介入が必ずしもトレンドフォローシステムのパフォーマンスを下げ

るわけではないし、長期的な結果を見ると改善していることすらある。それでも、ボンドとゴールドスタイン（2010年、2012年）は、投機的なトレードにおいては政府の介入がトレードリスクを生むと主張している。これは、特に商品市場について言える。具体例を挙げると、アメリカでは農家に年間200億ドルの補助金を交付している。ただ、このことがトレンドを生んだり、リスクを高めたりするのかという疑問に答えるのは難しい。ただ、短期的な効果のほうが検証しやすいということはあるかもしれない。ボンドとゴールドスタインが言うように、先のトルコリラの例と同様、短期的な介入はトレンドフォローシステムにとっては問題になり得る。次は、商品市場の具体的な例を見ていこう。2014年1月、エジプト商品供給公社（GASC）は、水分が13％を超える小麦は受け入れないという法令を施行した。この簡単な宣言は、水分が13.5％を超えるフランス産小麦が、エジプトで売買対象にならないことを意味していた。フランスは、毎年約100万トンの小麦をエジプトに輸出していたため、この新たな方針はフランスの小麦価格に大きな影響を与えた。2013年の価格は22％も下落したのだ。もしこのときフランス小麦を空売りしていれば、この方針転換によって大きな恩恵を受けることができたはずだ。一方、アメリカ小麦は水分が12％なので代替品になり得るが、同年のアメリカ小麦の価格は0.4％の上昇にとどまった。さまざまな介入に関する証拠は1つずつ異なり、個別に予想するのは難しい。

　通貨市場に話を戻すと、ルバロン（1999年）やサーケ（1999年）やサップ（1999年）などを含むいくつかの研究で、介入時期（ドイツとアメリカ）と通貨市場におけるテクニカルトレード戦略のパフォーマンスに高い相関性が認められている。このことは、通貨トレンドのほうが金利トレンドよりもトレードしやすいということかもしれない。これを裏付けたのがニーリー（2002年）で、彼は金利介入が短期トレンドに反応して行われるという証拠を見つけ、介入はテクニカルトレー

図10.8　2000〜2003年の政府介入の効果（黒い点は日銀の介入）

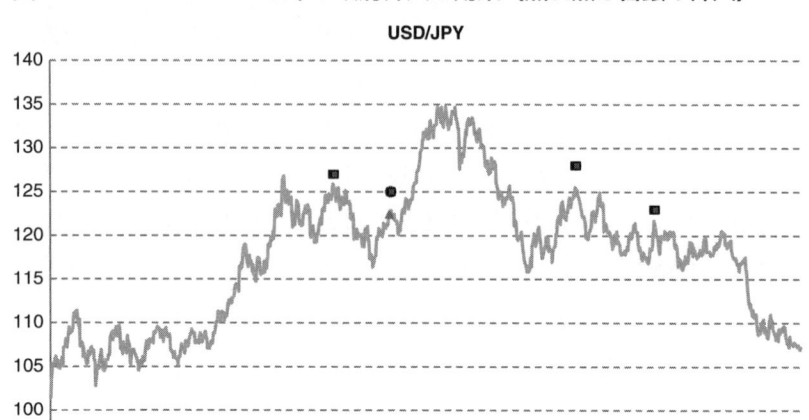

ドの利益にはつながらないと主張した。トレンドを利用した利益は、介入後ではなく、介入前に上がるのである。通貨市場の政府介入を検証するための例として、**図10.8**に2000〜2003年のドル円の為替レート（USD/JPY）を示している。このグラフを黒い点を無視して見ると、介入が価格動向を大きく変えているように見えるだろうか。多くの場合、ファンダメンタルズ的な要素から介入を外すことは非常に困難であるため、ニーリー（2002年）の主張がたいていは正しいのかもしれない。

規制の力

前回の危機や悪名高いバーナード・マードフ事件が起こったとき、議員や当局は将来の危機を回避するための新たな規制を要請した。また、このような規制は国際的に一致して行うべきだという声も上がった。

新しい規制の要点を次に挙げておく。

- 市場参加者やカウンターパーティーや取引の清算方法に関する透明性の向上
- リスクテイキングを限定したり管理したりするための規制
- 近い将来に価格のデススパイラルを避けるための空売りの禁止やさらなる管理の可能性

規制の意図しない影響に関するコメント

　さらなる規制強化は、それが善意で行ったことであっても、株式市場が下げたときに投資家がそろって同じ行動をとることによって構造的な原因を生み出す。まず、空売りを制限したり禁止したりすると、株の買いバイアスの人が減らないため、株価が下げると売らざるを得なくなる人が増える可能性がある。2つ目に、年金基金などに対してデリバティブや商品市場の使用を制限すると、分散度が低くなり、ポートフォリオがストレスに柔軟に対応しにくくなる。3つ目に、リスクテイキングに対する規制は、バーゼル3と同様に、投資家が損失やボラティリティや相関性の突出に見舞われたときに、行動を迫ることになる。4つ目に、協調的な規制や報告や登録（ポジション、カウンターパーティーなど）によって透明性を高めることは、前回の危機で銀行セクターを襲った問題を減らす助けにはなるかもしれないが、将来の危機については懸念がある。協調的な金融システムや清算や報告を中央化することは、第2章で取り上げた「大きすぎて潰せない」巨大金融機関による新たなシステミックリスクを生み出すかもしれないという批判も多いからだ。清算機関については、第2章に書いたが、主な批判の矛先はそのシステミックリスクに向けられている。銀行セクターを標的にすると、意図せず問題がほかのセクターや取引所や保険会社やシャドーバンキングやそれ以外の方向に移行することになるのかもしれない。

　過去のすべての危機に言えることだが、新しい規制や規則はたいて

いは善意に基づいている。しかし、このような努力にかかわらず、金融危機は新たな分野で発生し、その頻度は上がっているように見える。グローバルな市場環境がこれらの規制や規則に適応することはほとんどない。その結果、新たな規制や規則は、市場に圧力がかかっているときに市場参加者の適応力や柔軟性を限定することで、彼らの動きをさらに促したり強要したりして悪化させることになる。しかし、シナリオによってはこのようなときこそクライシスアルファが見つかるかもしれない。トレンドフォローは日和見的な戦略で、トレンドが発生したときにそれをとらえるようにできている。ただ、トレンドのなかにはとらえやすいものと、そうでないものがある。例えば、チューリップバブルや1929年のウォール街の暴落については本書の初めに書いたとおりだ。1929年10月、ダウ平均は1カ月でその半分の価値を失ったが、代表的なトレンドフォローシステムのリターンは若干のプラスだった。また、ブラックサーズデー前後の2年間に、トレンドフォローシステムは90％のリターンを上げた。その一方で、ヨーロッパが債務危機に陥っていたさなかの2010年のフラッシュクラッシュのときは、クライシスアルファをとらえるのが難しかったことも確認されている。

危機後の回復

　2008年以降、金融の世界は大混乱に陥った。2008年の危機への反動で、例を見ないほどの規制や財政政策や金融政策が次々と打ち出されたのだ。このなかには、もちろん量的緩和も含まれていた。同じころ、S&P500は2009〜2013年の5年間でゆっくりと安定的に175％も上昇した。この動きは、S&P500が始まった1928年以来の5年移動平均で見ると、98パーセンタイルに入っている。**図10.9**は、2009〜2013年にかけたS&P500の累積パフォーマンスを示している。

　トレンドフォローシステムは、大きい「トレンド」の恩恵を受けて

図10.9　2009〜2013年のS&P500の累積パフォーマンス

いるように見えるかもしれない。しかし、実際はどうなのだろうか。この項では、代表的なトレンドフォローシステムを使ってS&P500のパフォーマンスを検証していく。この分析は、さまざまなトレードの速度に関して洞察を与えてくれる。

速いか、中くらいか、遅いか

　この「上昇トレンド」は、明らかに見えるかもしれないが、すべてのトレンドフォロー戦略がこのトレンドをとらえることができるかどうかは明らかではない。このことについてさらに調べるため、さまざまな速度のトレンドフォローシステムのパフォーマンスを最近と長期間の両方について検証していく。トレンドフォローシステムは、S&P500が上昇しているのか、下落していくのかを一連の体系的なルールを使って判断してみるのだ。まずは、トレンドフォローシステムをトレー

表10.3　危機のあとの５年間（2009～2013年）とS&P500が始まった1928年以降における３つのシステムと３つを均等に組み合わせたシステムのシャープレシオとS&P500との相関性

保有期間	シャープレシオ 2009～2013年	シャープレシオ 1928年～	S&P500との 相関係数 2009～2013年	S&P500との 相関係数 1928年～
速い	−0.026	0.466	0.037	−0.060
	0.156	0.492	0.125	−0.010
中くらい	0.386	0.541	0.302	0.084
	0.120	0.522	0.420	0.056
遅い	0.503	0.415	0.804	0.214
	0.623	0.397	0.786	0.222
均等の組み合わせ*	0.379	0.581	0.514	0.102
平均**	0.294	0.472	0.412	0.084

*　６つのシステムの戦略を組み合わせたシステム
**　６つの戦略のシャープレシオの単純平均

ドの速度（平均保有期間）で分類していこう。ここでは、速いシステムの保有期間を４週間未満、中くらいのシステムを７～11週間、遅いシステムを14週間超とする。これはある程度恣意的な分け方ではあるが、比較的堅実な分析結果が出た（速度の分類ごとに、保有期間が合う２つのトレンドフォローシステムを任意に選んで検証した）。

　表10.3は、保有期間ごとに任意に選んだ２つの一般的なトレンドフォローシステムを使って運用した結果を示している。それぞれのトレードの速度について、2009～2013年の期間とS&P500が始まった1928年以降について、S&P500との相関性やシャープレシオを調べたのだ。これによると、1928年以来、中期のトレンドフォローシステムのシャープレシオが最も高く、S&P500との相関性は低いがプラスだった。速いシステムのシャープレシオは２番目に高く、S&P500との相関性は若干のマイナスから０の範囲だった。そして、遅いシステムはシャープレシオは最も低かったが、S&P500との相関性は1928年以降はずっと高

い値を維持していた。危機のあとの回復期にS&P500が大きく上昇するなかで、速いシステムと中くらいのシステムのシャープレシオは、遅いシステムのそれよりもずっと低かったのである。

　また、危機のあとの回復期に、３つの速度を組み合わせたトレードシステムのS&P500との相関性は、３つのシステムの平均（プラス）よりも少し高かった。ちなみに、遅いシステムの相関係数は約0.8に上っていた。典型的な遅いシステムは、すべての期間でS&P500との相関係数が約0.2になっており、これは危機後から回復していた2009〜2013年に上昇トレンドが強くなって、株の買い戦略との相関性が歴史的な平均の約４倍になったことを示している。これは、この時期の遅いシステムが株式市場のバイ・アンド・ホールド戦略に最も近いということを示している。遅いシステムとバイ・アンド・ホールドポートフォリオの相関性が高いことは、単純に2009年以降の株式市場の上昇トレンドの強さを表している。

　表10.3からは、分散の影響も分かる。分散を簡単に検証するには、いくつかの速度のシステムを組み合わせたパフォーマンスと、すべての速度の平均パフォーマンスの違いを比較すればよい。この２つの違いは、トレンドフォローシステムの速度を組み合わせるメリットを教えてくれる。危機後の期間と、S&P500が始まって以降の両方で、混合シャープレシオは速度別のそれよりも25％近く高かった。

長期的な見方

　2009〜2013年は、遅いシステムのパフォーマンスが高い時期だった。そうなると、もちろん次は、この時期がアノマリーかどうかという疑問がわく。そこで、シャープレシオの５年移動平均をS&P500が始まった1928年以降のそれと比較してみよう。1928年以降、５年移動平均については、81のデータポイントがある。**表10.4**は、各システムの速度のシャープレシオが最も高くなった時期の割合を示している。これ

表10.4　1928〜2013年で、各システム（速い、中くらい、遅い）の
シャープレシオが最も高かった割合

	シャープレシオが最も高かった割合（%）
速い	37.42
中くらい	35.80
遅い	26.78

を見ると、歴史を通して（危機以降の回復期を含めて）遅いシステム
の割合が最も少なかった。全期間の73％で、速いシステムか中くらい
のシステムのシャープレシオが遅いシステムを上回っていたのである。

　表10.4からは、遅いシステムのパフォーマンス（5年移動平均）が
最も高かったのは、全体のわずか26％だったことが分かる。ちなみに、
歴史を通じてどの時期にどのシステムのパフォーマンスが最も高かっ
たのかを見るのも興味深い。図10.10は、最も優れたトレード速度
（シャープレシオの5年移動平均が最も高い）とS&P500の価格（対数
スケール）を示している。

　図10.10は、5年ごとに最高のパフォーマンスを上げるシステムが
違っていたことを示している。ただ、5年というのはかなり長い期間
なので、より短期間でも比較してみた。図10.11は、シャープレシオ
の1年移動平均で最高のパフォーマンスを上げた速度とS&P500のパ
フォーマンス（対数スケール）を表している。

　こちらは、遅いシステムが速いシステムと中くらいのシステムを上
回っているときにはパフォーマンスが極端になっていることも興味深
い。表10.5は、遅いシステムのシャープレシオが速いシステムと中く
らいのシステムを合わせたよりも高い期間の頻度を示している。例え
ば、印を付けた5.34は、遅いシステムのシャープレシオが、中くらい
のシステムのシャープレシオを0.3上回り（x）、速いシステムのシャー

図10.10　1928～2013年に、シャープレシオの5年移動平均が最も高かった3つのトレンドフォローシステムとS&P500のパフォーマンス（対数スケール）

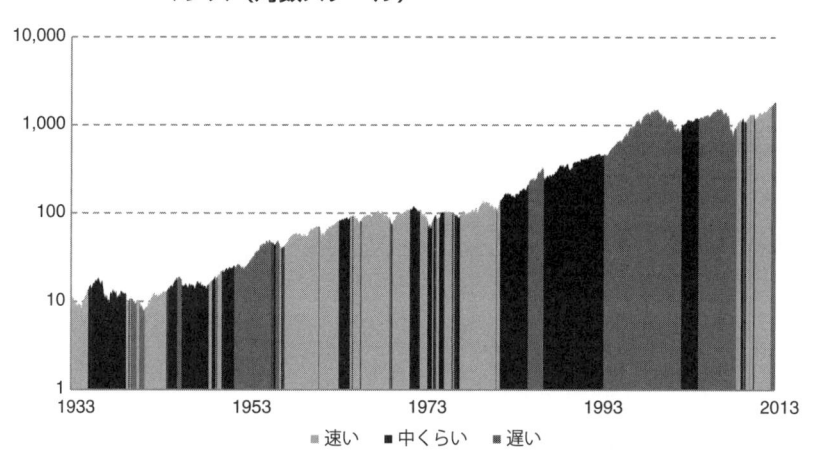

図10.11　1928～2013年にシャープレシオの1年移動平均が最も高かったトレンドフォローシステムとS&P500のパフォーマンス（対数スケール）

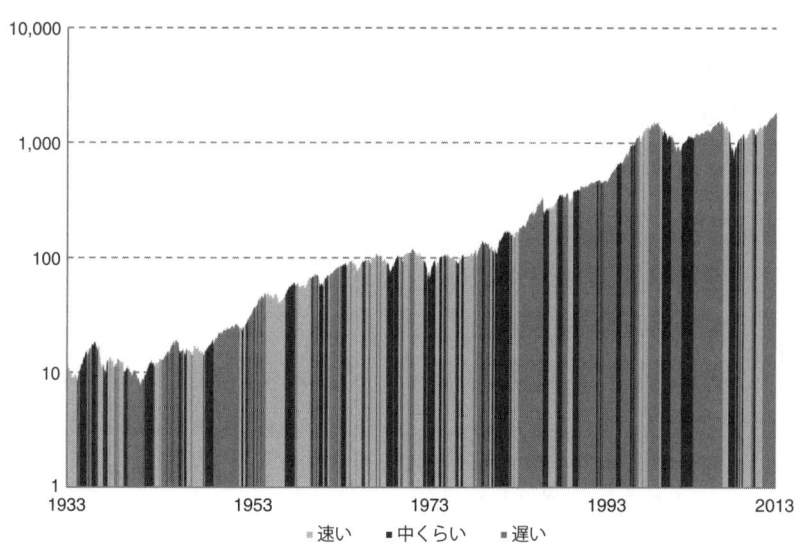

表10.5　1928〜2013年で、遅いトレンドフォローシステムのシャープレシオが中くらいのシステムをx上回り、速いシステムをy上回った期間の割合

		中くらい					
		x = 0	0.1	0.2	0.3	0.4	0.5
速い	y = 0	26.78	13.87	9.23	6.90	5.75	5.16
	0.1	23.01	13.24	8.74	6.48	5.44	4.98
	0.2	18.84	12.45	8.01	6.01	5.00	4.55
	0.3	15.60	11.68	7.55	5.66	4.80	4.38
	0.4	14.02	10.73	7.30	5.52	4.66	4.30
	0.5	13.06	10.08	6.98	5.34	4.53	4.18

プレシオを0.5上回った（y）期間が5.34％あったことを示している。印をつけた数字はS&P500が危機後の回復期（2009〜2013年）であることを考えれば、これは妥当な結果と言える。

　また、左上の26.78は、遅いシステムが速いシステムと中くらいのシステムの両方を上回っている時期で、これは**表10.4**と同じになっている。**表10.5**からは、遅いシステムが速いシステムや中くらいのシステムを大きく上回ることがさほど多くないことは明らかだ。要するに、遅いシステムが高いパフォーマンスを上げることは比較的まれということである。

　3つのシステムのパフォーマンスは、相対的にグラフで検証することもできる。**図10.12**は、1928〜2013年のシャープレシオ（5年移動平均）のヒストグラムを、速度別に表している。各ヒストグラムの黒いバーは、危機後の回復期である。速いシステムの分布は、中くらいのシステムと遅いシステムとは著しく異なっている。速いシステムのパフォーマンスは正規分布にはなっておらず、ポジティブスキューで、パフォーマンスの分散度が低いのだ。**表10.6**は、3つのシステムをS&P500に適用した場合の歪度と、S&P500自体の歪度を示している。

図10.12　1928〜2013年にかけた３つのトレンドフォローシステムの
シャープレシオの５年移動平均のヒストグラム。比較のために
危機後の回復期を黒いビンで示してある

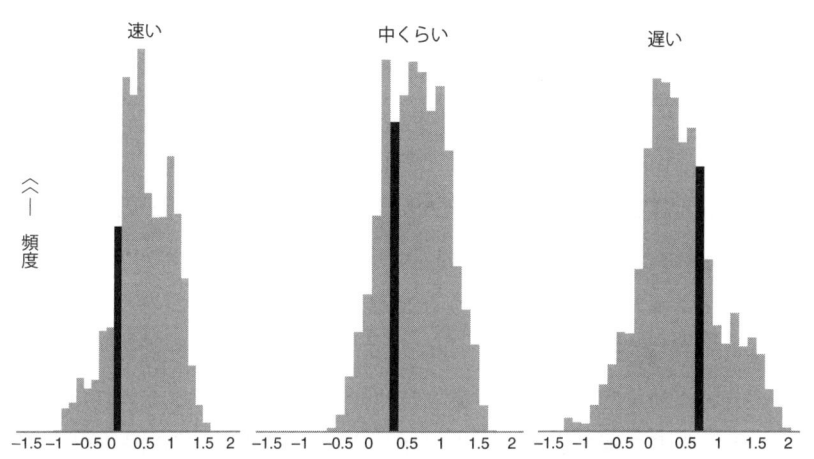

表10.6　1928〜2013年に３つのシステムをS&P500で運用した場合
の歪度とS&P500自体の歪度

	速い	中くらい	遅い	S&P500
歪度	0.21	0.03	−0.17	−0.22

　遅いシステムの歪度がS&P500自体の歪度と近いことは興味深い。保
有期間が長くなるとバイ・アンド・ホールド戦略に近づくことを考え
れば、このことは直感的に理にかなっている。速いシステムと中くら
いのシステムは、危機後の回復期（2009〜2013年）のシャープレシオ
が長期間の平均よりも若干低かった。これは、この時期のS&P500の
バイ・アンド・ホールドの投資家が98パーセンタイルにあったにもか
かわらず、この期間がトレンドフォローシステムにとってテールイベ
ントではなかったことを示している。

速度の必要性……分散

　2008年以降、株式市場はゆっくりと安定的に上昇してきた。この項の分析は、この期間に遅いシステムのパフォーマンスが高かったことを示唆している（驚くことではない）。長期的に見れば、遅いシステムのたまの高いパフォーマンスは1期間の1データポイントにすぎない。この分析と議論は、遅いシステムが中くらいや速いシステムよりも優れているかどうかを問うものではない。これは速度分散の価値と、個々の期間を重視しすぎないということを示しているのである。

　S&P500が始まって以来、トレンドフォローシステムを組み合わせたポートフォリオのシャープレシオは平均0.58で、S&P500をバイ・アンド・ホールドで運用したポートフォリオとの相関係数は0.1と低かった。ちなみに、このパフォーマンスはS&P500自体のシャープレシオよりも高い。このことは、トレンドフォローシステム自体が説得力のある代替資産クラスだということを示している。

　分散のメリットについてより具体的に書くと、異なる速度のトレンドフォローシステムをS&P500に追加することで、速度が全体のパフォーマンスにどのような影響を与えるかが分かる。そのためには、S&P500の買いのみのポートフォリオと、トレンドフォローシステムの1つを50/50で組み合わせる。ちなみに、S&P500の開始以来のシャープレシオは0.37である。**図10.13**は、3つのトレンドフォローシステムをそれぞれS&P500と50/50で組み合わせたポートフォリオのシャープレシオを比較している。グラフの濃い横線は、S&P500の買いのみのポートフォリオのシャープレシオである0.37を示している。

　トレンドフォローシステムを分散するメリットは明らかだ。**図10.13**で多少、直観に反するところがあるとすれば、それは遅いシステムの分散のメリットが最も低いことだろう。これは、遅いシステムがS&P500の買いのみの投資と最も似ているため、相関性が最も高いから

図10.13　S&P500と３つのトレンドフォローシステムの１つを50/50
　　　　　で組み合わせた場合のシャープレシオ（1928〜2013年。混
　　　　　合システムは参考までに３つのシステムを組み合わせたポート
　　　　　フォリオとS&P500の組み合わせ）

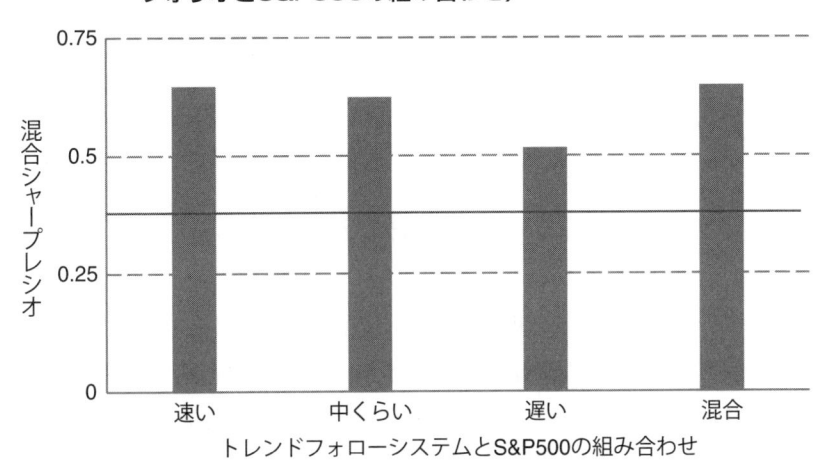

トレンドフォローシステムとS&P500の組み合わせ

である。

長期的な分散

　危機後の回復期（2009〜2013年）が株を買うだけの投資家にとって
喜ばしい時期だったことは否定できない。この項では、ゆっくりだが
安定した株のトレンドを検証することで、どの速度のシステムがこの
時期に高いパフォーマンスを上げたのかを見ていく。危機後の回復期
に、遅いシステムは高いパフォーマンスを上げたが、長期的に見れば
例外と言うほど高かったわけではない。一方、速いシステムと中くら
いのシステムは、このトレンドをうまく追従できなかった。1928〜2013
年という長期間で見ると、危機後の５年間は歴史のなかのサンプル期
間の１つにすぎない。この思考実験は、異なる速度で分散する価値よ
りも重要なポートフォリオの問題を明らかにしている。遅いシステム

と市場自体の相関性がおおむね高いのならば、株の投資家にとって分散のメリットがほとんどないということである。しかし、長期的に見れば、さまざまな時間枠で分散することは、トレンドフォローポートフォリオのパフォーマンスを改善する単純な方法と言える。

まとめ

本章では、トレンドフォローシステムの長期的なパフォーマンスに影響を与えるかもしれないマクロの力について見てきた。具体的には、金利体制や政府の介入や規制の力や危機後の回復期について書いてきた。金利体制は、トレンドフォローシステムのパフォーマンスにあまり影響はないようだった。政府の介入は、影響があるときとないときがあり、市場に対する強制的な行動は利用可能なトレンドを生み出すこともある。ただ、短期的な介入は、長期的なトレンドフォロー戦略に逆行する可能性がある。量的緩和が行われている時期は、株で大きい上昇トレンドができ、トレンドフォローシステムは歴史的な期待値に沿うパフォーマンスを上げた。ただ、全体として、介入と根底にあるファンダメンタルズ的な要素の影響を区別するのは明らかに難しい。そして最後に、規制の力は概して善意の行動ではあっても、市場におかしな結果をもたらすこともあれば、トレンドを生み出して、トレンドフォロー戦略にチャンスをもたらすこともある。

参考文献

Bhanot, K., and P. Kadapakkam. "Anatomy of a Government Intervention in Index Stocks: Price Pressure or Information Effects?" Journal of Business (March 2006): 963-986.

Bond, P., I. Goldstein, and E. Simpson. "Market-Based Corrective Actions." Review of Financial Studies 23, no.2(2010): 781-820.

Bond, P., and I. Goldstein. "Government Intervention and Information Aggregation by Prices." Working paper, 2012.

"Central Bank Intervention: If the Trend Is Your Friend, Is Central Bank Intervention Your Enemy?," InschQuantrend 4 (April 2011).

Greyserman, A. "Trend-Following: Empirical Evidence of the Stationarity of Trendiness." ISAM white paper, February 2012.

Greyserman, A., and K. Kaminski. "S&P500: Is the Trend Your Friend?" ISAM white paper, 2014.

Kaminski, K. "Regulators' Unintentional Effects on Markets," SFO , 2011.

Kelly, B., H. Lustif, and S. Van Nieuwerburgh. "Too-Systematic-to-Fail: What Option Markets Imply About Sector-Wide Government Guartantees." Working paper, 2013.

Kneib, T., and M. Wocken. "Tobit Regression to Estimate Impact of EU Market Intervention in Dairy Sector." 123rd EAAE Seminar, Dublin, February 2012.

LeBaron, B. "Technical Trading Rule Profitability and Foreign Exchange Intervention." Journal of International Economics 49(1999): 125-143.

McCauley, R. "Risk-On/Risk-Off, Capital Flows, Leverage and Safe Assets." BIS Working Paper, July 2012.

Mingst, K., and R. Stauffer. "Modeling Equilibrium Trends and Interventions in Commodity Markets." Empirical Economics 4 , no.2(1979).

Mingst, K., and R. Stauffer. "Intervention Analysis of Political Disturbances, Market Shocks, and Policy Initiatives in International Commodity Markets." International Organization 33 , no.1(Winter 1979).

Neely, C. "The Temporal Pattern of Trading Rule Returns and Central Bank Intervention: Intervention Does Not Generate Technical Trading Rule Profits." Journal of International Economics 58 , no.1(October 2002): 211-232.

Saacke, P. "Technical Analysis and the Effectiveness of Central Bank Intervention." University of Hamburg, unpublished manuscript, 1999.

Sapp, S. "The Role of Central Bank Intervention in the Profitability of Technical Analysis in the Foreign Exchange Market." Unpublished manuscript, Ivey School of Business, University of Western Ontario, 1999.

Stevens, P. "Oil Markets." Oxford Review of Economic Policy 21 , no.1(2005).

Tang, K., and W. Xiong. "Index Investment and Financialization of Commodities." NBER Working Paper 16385, 2010.

第5部

ベンチマークとスタイル分析

Benchmarking and Style Analysis

第 11 章

リターンのばらつき

Return Dispersion

CTA（商品投資顧問業者）間で資産配分を行っても、戦略間の日々の相関性が高いと投資家はトレンドフォロー系はどれでもほぼ同じだと思ってしまう。しかし、実際には手法やスタイルやポジションの建て方やトレンド以外の戦略の割合などによって、戦略は大きく変わってくる。実際、上記のような誤解にもかかわらず、リターンにはかなりのばらつきがある。本章では、実際と概念的なリターンのばらつきについて書いていく。まず1つ目に、戦略ごとのリターンのばらつきについて、短期と長期に分けて見ていこう。2つ目に、リターンのばらつきをもたらす2つの主な原因である観察期間の長さと資本配分の方法について詳しく検証する。3つ目に、リターンのばらつきを投資家の視点から検証する。そして最後の4つ目に、リターンのばらつきを理論的な観点とCTAのリターンを使った実証的な観点で見ていくことにする。本章では、変数の選択がもたらす独特な効果と、長期的なプログラム間のリターンのばらつきに高い相関性があることの重要性についても見ていく。

リターンのばらつきとその後の相関性との関係について述べる前に、単純だが挑発的な例がパフォーマンスと相関性の複雑さに関する視点を与えてくれる。**図11.1**は、3つの人工的な資産1と資産2と資産3の清算価値を示したグラフである。資産1は一見、資産3よりも資産

図11.1　3つの人工的な資産1と資産2と資産3の清算価値（これは一
見誤解を招きそうな相関性の例で、資産1との実際の相関係数
は資産2が−1.0、資産3が＋1.0）

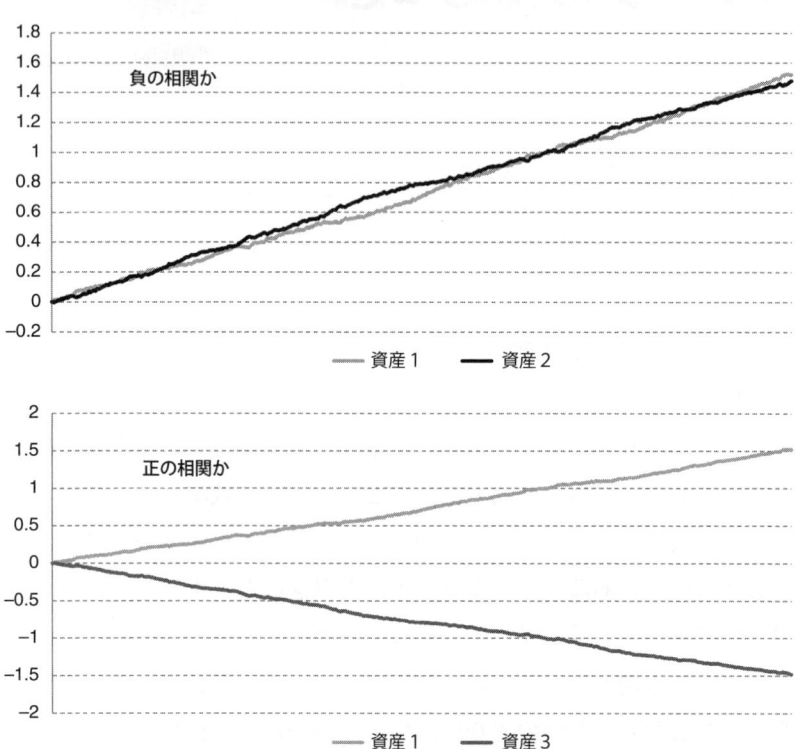

2と相関性が高いように見えるが、実は逆だ。資産1の相関係数は資
産2とは−1.0、資産3とは＋1.0なのである。これは極端な例ではある
が、相関性という評価基準を過度に信用してしまう危険性を示してい
る（相関性については、第14章の時価評価のところで再び書く。先物
トレードにおける時価評価の標準化は、運用会社間の相関性が堅実な
評価の1つであり、時価評価が標準化されていない戦略は相関性が過
小評価されてしまう可能性がある）。

表11.1　8つのトレンドフォローシステムの3つの特徴——株の買いバイアス、資本配分、保有期間（長期保有の×は中期ということ）

	株の買いバイアス	市場規模で加重	長期保有
1	×	×	×
2	○	×	×
3	×	○	×
4	×	×	○
5	○	○	×
6	×	○	○
7	○	×	○
8	○	○	○

戦略の分類とリターンのばらつき

　第3章では、トレンドフォロープログラムを分類するためのいくつかの主要な要素を紹介した。このなかには、目標リスクレベル、保有期間、資本配分、セクターバイアスなどが含まれている。また、保有期間や資本配分や株のバイアスを使って、トレンドフォローシステムを8つのシステムに分けることができる。**表11.1**に、8つのトレンドフォローシステムをまとめてある。第7章では、これらのシステムを使うと、均等リスク配分のポートフォリオの長期的なリターンが高くなり、均等リスク配分で株のバイアスがないポートフォリオはクライシスアルファが最も高く、ポジティブスキューが大きく、条件付きの相関性が最も良いことが分かった。この分析は、比較的長期なので、短期ならばリターンのばらつきはより大きくなる。戦略の構造のこのような特徴とリターンのばらつきのつながりを長期と短期で示すため、この項では再びトレンドフォローシステムを8つに分けて見ていく。

　8つのトレンドフォローシステムは、株と商品と債券と通貨から成る50の市場で分散して運用する（データセットには、1992〜2003年の

日々のデータが含まれている。すべてのリターンはリスクを20％に正規化してある。リターンは取引コスト前）。パフォーマンスの基準とポートフォリオの利点（歪度、クライシスアルファ、ベータ）は、異なる手法のパフォーマンスや、市場環境による違いを数量化する助けになる。この項では、8つのトレンドフォローシステムのパフォーマンスを箱ひげ図にまとめてある。箱はそれぞれ中心線（箱の中の線）が中央値、箱の両端は25パーセンタイルと75パーセンタイル（四分位範囲）を示している。また、ひげの部分は外れ値を除いた最大値と最小値を示している（このチャートの外れ値の範囲は、箱の端から箱の高さの1.5倍を超えたところ）。ひげの外側の＋は、外れ値を示している。

ある時点における短期のパフォーマンス

短期的なリターンのばらつきを見るために、特定の暦年の特定の時点のパフォーマンスを検証していく。**図11.2**は、8つのシステムの2012年におけるパフォーマンスの箱ひげ図である。2012年は、システム1（均等リスク配分、中期保有、シンメトリックなシステム）のパフォーマンスが最も低く、パフォーマンスの中央値は−15％だった。反対に、システム8（株の買いバイアス、時価総額で加重、長期保有）のパフォーマンスが最も高く、パフォーマンスの中央値は10％だった。比較のため、**図11.3**は2009年の8つのシステムのリターンのばらつきを箱ひげ図で示している。パフォーマンスが最も高かったのはシステム2（均等リスク配分、中期保有、株の買いバイアス）で、パフォーマンスの中央値は20％を超えていた。その一方で、システム6（株のバイアスなし、時価総額で加重、長めの保有期間）のパフォーマンスは低く、中央値は0に近かった。

トレンドフォローシステムを戦略の構造で分類すると、短期的なパフォーマンスのばらつきに関する妥当な説明が得られる。異なるトレ

図11.2　2012年の8つのトレンドフォローシステムのリターン（年率）のばらつきを示す箱ひげ図

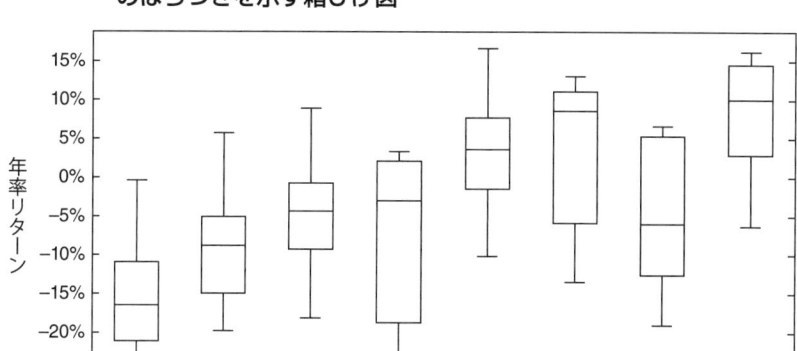

図11.3　2009年の8つのトレンドフォローシステムのリターン（年率）のばらつきを示す箱ひげ図

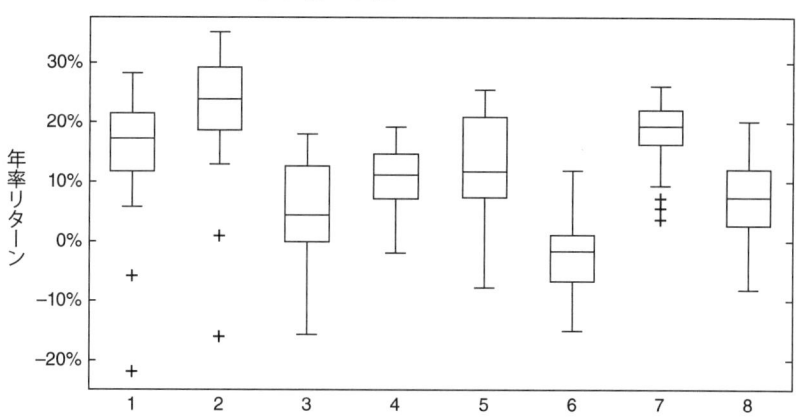

ンドフォローシステムのリターンのばらつきは、より洗練されたベンチマークの必要性を示唆している。このことについては、第12章と第13章でさらに述べる。**図11.4**は、8つのトレンドフォローシステムの長期リターンのばらつきを示す箱ひげ図である。2009年や2012年と比べると、長期的には均等リスク配分のパフォーマンスのほうが流動性

図11.4　トレンドフォローの8つのシステムの1994〜2013年におけるリターンのばらつき

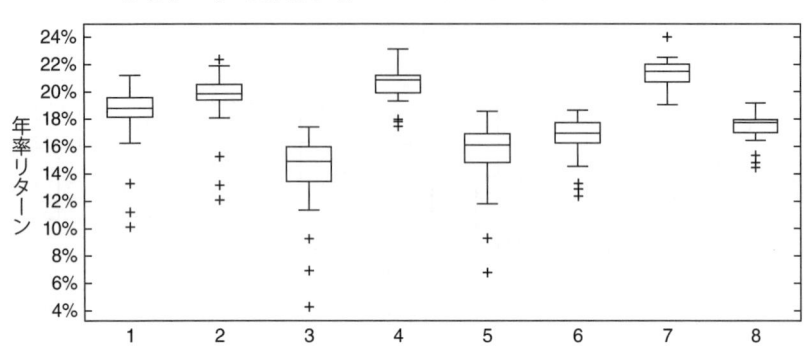

に基づいた資産配分を明らかに上回っている。少なくとも1994〜2013年にかけてはそう見える。

ポジションサイズ

　パフォーマンスはシステムの構成要素の選択肢によって変わるため、トレンドフォローシステムをさらに細かく分類してみよう。第3章で書いた体系的なトレンドフォローシステムの構築に話を戻すと、資本配分は資本を異なる市場にどのように配分するかということである。ポジションサイズは、市場ごとの過去のボラティリティに基づいている。システム設計に応じて粒度を高めるために、ポジションサイズを長期と短期と均等リスク配分（EDR）に分割して、個別市場やセクターに応用することができる。短期（長期）の観察期間では、ポジションサイズを短期（長期）のボラティリティの推定値で調整する。直感的に、リスクオン・リスクオフの環境ではボラティリティが素早く変わる短期の観察期間のほうがパフォーマンスは高くなるはずだ。均等リスク加重をセクターや個別市場で分けると、資本配分がどのようにパフォ

表11.2　保有期間や資本配分や株のバイアスやポジションサイズの観察
期間などが異なる24のトレンドフォローシステムとその2012
年のパフォーマンス

番号	トレード速度	配分方法	株の買いバイアス	観察期間（ポジションサイズ）	2012年のリターン（%）
1	中くらい	均等リスク（市場）	なし	短期	−17.5
2	中くらい	均等リスク（市場）	なし	長期	−12.2
3	中くらい	均等リスク（市場）	あり	短期	−9.3
4	中くらい	均等リスク（市場）	あり	長期	−4.6
5	中くらい	時価総額	なし	短期	−5.0
6	中くらい	時価総額	なし	長期	−4.1
7	中くらい	時価総額	あり	短期	4.1
8	中くらい	時価総額	あり	長期	5.3
9	中くらい	均等リスク（セクター）	なし	短期	−18.7
10	中くらい	均等リスク（セクター）	なし	長期	−12.3
11	中くらい	均等リスク（セクター）	あり	短期	−9.5
12	中くらい	均等リスク（セクター）	あり	長期	−3.8
13	遅い	均等リスク（市場）	なし	短期	−0.3
14	遅い	均等リスク（市場）	なし	長期	−12.7
15	遅い	均等リスク（市場）	あり	短期	5.2
16	遅い	均等リスク（市場）	あり	長期	−5.4
17	遅い	時価総額	なし	短期	2.8
18	遅い	時価総額	なし	長期	−2.3
19	遅い	時価総額	あり	短期	9.0
20	遅い	時価総額	あり	長期	6.3
21	遅い	均等リスク（セクター）	なし	短期	−3.6
22	遅い	均等リスク（セクター）	なし	長期	−14.7
23	遅い	均等リスク（セクター）	あり	短期	3.4
24	遅い	均等リスク（セクター）	あり	長期	−6.3

ーマンスに影響を及ぼすかを説明できるかもしれない。均等リスク配
分と2つの選択肢に、ポジションサイズの2つの方法を加えると、ト
レンドフォローシステムを24に分けることができる。**表11.2**は、この

図11.5　24のトレンドフォローシステムの2012年のリターンのばらつ
　　　　きを示す箱ひげ図

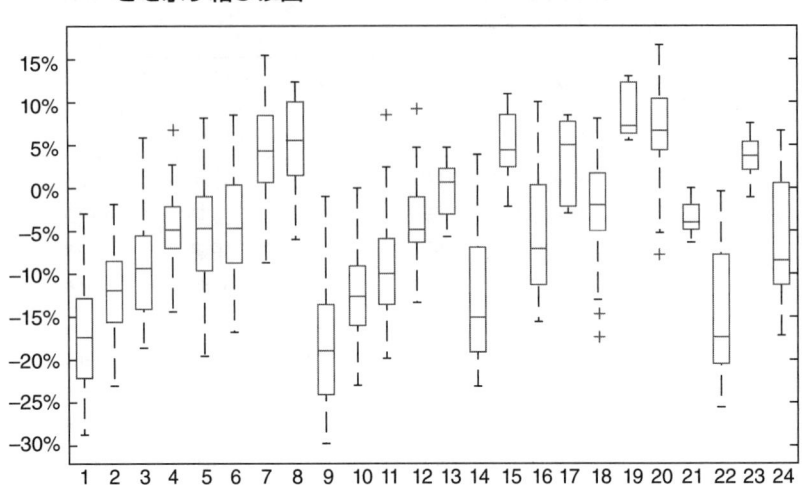

24のシステムとその2012年のパフォーマンスを示している。

　図11.5は、2012年における24のシステムのリターンのばらつきを箱
ひげ図にしたものである。この年は、システム1とシステム9とシス
テム22のパフォーマンスが最も低かった。一方、すべてのタイプのト
レンドフォローシステムのなかで、時価総額で加重して、株の買いバ
イアスがあるシステムが最も高いパフォーマンスを上げていた。ト
レンドフォローシステムをさらに細分化することで、システム構造がリ
ターンのばらつきに影響を及ぼす（特に短期的に）ことがさらに明ら
かになった。

資本配分とポジションサイズを詳しく調べる

　前の項では、いくつかの構造の異なるトレンドフォローシステムの
パフォーマンスを比較した。長期的には資本配分がパフォーマンスの

主な違いを生んでいることを考えると、そこを詳しく調べることで何か洞察が得られるかもしれない。特定の市場のポジションサイズは、資本配分とポジションサイズの両方によって決まる。そこで、この２つについても詳しく見ていく。

この項では、**表11.1**の８つのトレンドフォローシステムではなく、チャネルブレイクアウトシステムと移動平均線クロスオーバーシステムという２つの一般的なトレンドフォローシステムを用いている。これらのシステムは、継続的な価格系列と標準的なトレンドシグナルとボラティリティの移動平均を使った典型的なポジションサイズの手法を用いている。これらを使って代表的なトレンドフォローシステムを構築する（ここでは第３章で紹介した一般的なポジションサイズの手法を使うことが重要）。この分析をより普遍的なものにするため、この２つのシステムにはランダムな仕掛けシステムを採用している。

チャネルブレイクアウトシステム

- ●価格が観察期間の最高値を上回ったら、買いポジションを仕掛ける。
- ●価格が観察期間の最安値を下回ったら、売りポジションを仕掛ける。
- ●トレイリングストップに達したら、ポジションを手仕舞う。

移動平均線クロスオーバーシステム

- ●短期の移動平均線が長期の移動平均線を上回ったら、買いポジションを仕掛ける。
- ●短期の移動平均線が長期の移動平均線を下回ったら、売りポジションを仕掛ける。
- ●クロスオーバーのシグナルが変わるか、トレイリングストップに達したら、ポジションを手仕舞う（チャネルブレイクアウトシステムも、移動平均線クロスオーバーシステムもトレイリングストップは、過去252日間の観察期間におけるリターンの標準偏差の12倍とする）

ランダムな仕掛けシステム

●特定の仕掛けシグナルはない。

●このシステムにはたくさんの独立系トレーダーがかかわっている（具体的には100人）。彼らは、それぞれが買いと売りのポジションを同じ確率で仕掛ける。

●独立したトレーダーは、それぞれがトレイリングストップに達するとポジションを手仕舞う。

　ランダムな仕掛けシステムは、仕掛けに依存しないトレンドフォローシステムである。仕掛けの判断方法がなくても、システムはトレンドができるとそれに追従する。売りポジションは長期の上昇トレンドが発生すると損切りされるからだ（逆も同じ）。独立したトレーダーのネットポジションは、長期的にはトレンドに沿ったものになる。トレイリングストップをどれくらい近づけるかは、トレイリングストップを決めるための日々の価格変動の標準偏差の移動平均で定義する。トレイリングストップとの距離は、仕掛けや手仕舞いのシグナルを決めるための観察期間の長さと似ている。ランダムな仕掛けシステムは、ポジション管理の重要性を判断するための観察期間の長さではなく、結果のロバスト性と普遍性を明らかにする助けになる。

　4つのセクター（株価指数、商品、債券、外国為替）に投資しているポートフォリオにはおおよそ50の市場が含まれている。そして、ほとんどの市場の日々の価格データが1990年代からある。ちなみに、農産物市場の日々のデータは1978年から存在する（どのシステムでも注文はその日のうちに終値で執行され、スリッページは考慮しないものとする）。ポジションの配分の仕方を説明するため、第3章で紹介した取引数の公式を詳しく見ると、システム構造の要素がかかわっていることが分かる。名目上のポジション（v）は、次のように表すことができる。

$$v = s \times \left(\frac{\theta \times c}{\sigma_K(\Delta P) \times PV} \right) \times (PV \times P)$$

この式の分子のなかの1つの市場の取引数は、リスクプレミアム（θ）と投資資本（c）の関数になっている。資本配分は、（c）を市場ごとに調整して設定している。リスク調整は、リスクプレミアム（θ）と、分母の過去のボラティリティ（$\sigma_K(\Delta P)$）に基づいている。まず、過去のボラティリティ（$\sigma_K(\Delta P)$）の観察期間（K）に基づくポジションサイズの変化を分析して、リターンのばらつきを見ていく。次に、セクターへの資本配分（c）の変化を検証して、セクターの配分がリターンのばらつきに与える影響を調べる（リターンのばらつきの3つの典型的な要素のうち、ポートフォリオのレバレッジとリスクプレミアム（θ）は分かりやすいためここでは言及しない。この項で示した結果は、すべての期間で手数料別の年間ボラティリティを15％としている）。

ポジションサイズと観察期間の長さ

トレンドフォローシステムで、ボラティリティに基づいて観察期間の長さを変えてポジションサイズを決めると、ボラティリティの調整がパフォーマンスにどのような影響を及ぼすかについて洞察を得ることができる。まず、チャネルブレイクアウトシステムを、ポジションサイズの関数として検証する。**表11.3**は、20～200日の観察期間を使って2001～2013年におけるチャネルブレイクアウトシステムの年間リターンを示している（この項で用いたシステムは、3つともポートフォリオ内の市場に均等リスクで資本配分している。この場合、ポジションサイズはその市場のボラティリティの移動平均と逆比例になっている）。観察期間の長さの影響は、サンプル期間を通じてランダムに見

343

表11.3　チャネルブレイクアウトシステムで観察期間が20〜200日の年間リターン（2行目以降は異なる観察期間の1年ごとのリターンのばらつきをIQRで測定した値）

IQR	2001	2002	2003	2004	2005	2006	2007	2008	2009	2010	2011	2012	2013
IQR	4.96	4.03	3.77	6.92	4.78	3.49	3.99	13.74	6.20	4.40	2.49	6.77	9.56
20	15.15	16.46	17.34	1.39	2.09	−9.00	14.03	51.47	−10.23	−0.89	−13.97	−2.31	−7.12
30	14.10	16.89	14.93	8.00	−1.06	1.70	0.97	64.20	−14.52	6.08	−9.99	−0.26	−6.17
40	13.47	25.46	9.63	6.25	−6.23	2.53	−5.72	65.17	−3.91	7.65	−2.51	−2.91	−6.61
50	8.84	25.31	6.78	9.24	−0.11	7.23	−8.54	63.58	3.91	5.90	3.96	−7.31	−8.69
60	6.34	27.72	7.40	6.30	0.22	13.27	−2.03	62.44	12.72	7.89	4.81	−5.81	−8.72
70	12.54	25.34	8.38	2.15	1.24	12.54	3.43	59.59	12.24	12.72	5.35	−10.28	−7.42
80	11.46	24.92	11.07	−2.09	2.49	13.14	0.09	58.32	9.75	12.13	10.78	−9.91	−9.17
90	9.34	26.45	13.41	−4.88	2.26	15.73	−0.61	60.95	8.82	16.50	11.28	−12.98	−7.61
100	11.42	23.97	17.21	−6.11	4.81	13.42	0.56	60.92	7.06	15.44	10.92	−8.63	−1.22
110	10.09	25.71	18.25	−5.43	4.76	9.61	2.45	57.32	8.15	17.15	8.89	−5.39	0.17
120	10.07	25.01	17.51	−0.61	6.13	7.33	3.54	57.26	8.24	16.91	6.03	−1.25	2.81
130	10.19	24.11	17.80	0.01	5.66	9.55	5.02	55.08	6.11	14.46	5.39	−1.98	1.61
140	15.98	26.66	16.85	−0.27	3.51	9.84	3.16	54.08	7.11	14.29	8.55	−1.11	1.14
150	16.75	25.08	15.82	0.71	4.36	10.31	3.41	52.01	5.76	14.14	7.18	−1.73	2.53
160	15.59	23.43	16.53	0.10	6.80	9.83	4.80	51.34	5.93	15.20	6.13	1.18	3.07
170	16.79	22.04	18.06	2.84	8.46	8.91	4.59	50.39	6.08	15.26	5.52	0.99	2.03
180	16.94	20.09	17.03	1.34	7.79	9.05	3.53	47.61	5.08	15.25	5.41	1.51	0.69
190	16.43	19.81	18.23	4.24	7.71	10.65	3.57	46.56	4.20	15.44	5.32	1.39	1.20
200	16.26	21.21	18.58	6.93	6.70	11.19	4.49	45.06	3.85	16.20	6.15	0.35	2.15

える。ただ、観察期間の長さに敏感な年もあるようだ。例えば2009年は、50日の観察期間のリターンは＋3.91％だった。しかし、同じ年に期間が20日になると、パフォーマンスは14.52％に跳ね上がった。一方、2003年にはこの例のすべての期間がプラスのリターンとなった。異なる構造のシステムについて、リターンのばらつきの水準を測定するには四分位範囲（IQR）を使うとよい。IQRは、その年のすべてのリターンの第１四分位と第４四分位の差と定義できる。2003年には、IQRはわずか3.77％だったが、2008年は13.74％だった。**表11.3**のリターンのばらつきは、年によって短い観察期間のパフォーマンスのほうが長い観察期間のそれよりも高くなったり低くなったりすることを示している。

　移動平均線クロスオーバーシステムは、短期と長期の移動平均線で買いか売りかを決めている。今回の例では、長期移動平均は100〜240日、短期は10〜60日としている。**図11.6**は、2001〜2013年にこのシステムの長期と短期を組み合わせた各年のリターンを示している。チャネルブレイクアウトシステムと同様に、リターンのばらつきは年によって大きく違う。例えば、2008年のリターンは観察期間の長さに非常に敏感だったが、2005年はあまり影響がなかった。

　チャネルブレイクアウトシステムも、移動平均クロスオーバーシステムも、特定のシグナルを使って仕掛けや手仕舞いの判断をしている。この結果が安定しているか、それとも単純に仕掛けのシグナルによって変わるのかを知るために、ランダムな仕掛けシステムのリターンのばらつきを検証してみよう。**表11.4**は、2001〜2013年のランダムな仕掛けシステムの年率リターンとIQRを示している。ランダムな仕掛けシステムでは、ポジションサイズとトレードの速度がトレイリングストップとの距離に直接的に依存している。トレイリングストップとの距離、つまり日々の価格変動の標準偏差の移動平均は２〜20の範囲にある。トレイリングストップとの距離が２ならば頻繁に損切りに引っ

図11.6 移動平均線クロスオーバーシステムの年間リターンのばらつき（長期移動平均線は100〜240日、短期は10〜60日）

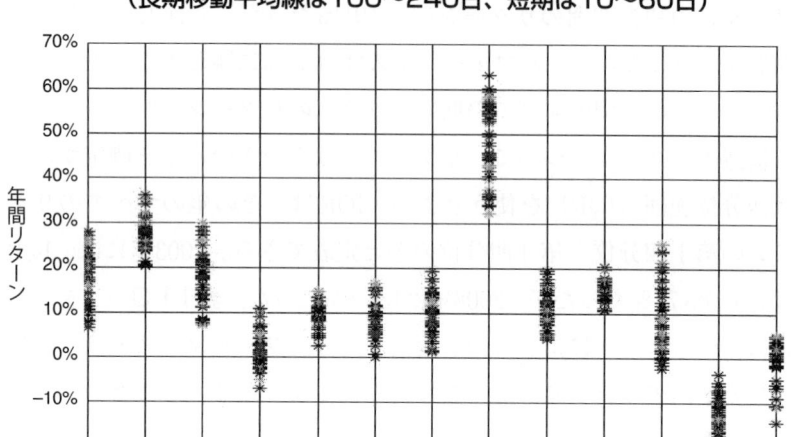

かかるため速いシステムになるし、20ならばたまにしか損切りに引っかからないため、遅い（保有期間が長い）システムになる。ランダムな仕掛けシステムでも、リターンのばらつきは年によって大きく変わる。例えば、2009年にトレイリングストップの変数を3から4に変えると、年率リターンは−42％から−14.6％に改善した。しかし、2010年に同じことをしてもパフォーマンスにほとんど違いはなかった。リターンのばらつきは、3つの異なる構造のトレンドフォローシステムでも安定していた。また、ポジションサイズも影響がある年もあれば、ない年もあった。

セクターの詳細と資本配分

セクターへの資本配分の影響を示すため、前の項と同様に、チャネルブレイクアウトシステムを90〜120日の観察期間で検証していく。**表**

表11.4　ランダムな仕掛けシステムでトレイリングストップの近さ（日々の価格変動の標準偏差の移動平均）を2〜20に変えた場合の年率リターン（トレイリングストップの近さが毎年違うため、1行目は毎年リターンのばらつきをIQRで測定した値）

	2001	2002	2003	2004	2005	2006	2007	2008	2009	2010	2011	2012	2013
IQR	4.43	12.52	7.31	8.33	10.39	4.18	11.94	21.65	7.32	14.59	13.82	10.38	4.41
2	2.44	−0.36	13.56	−7.66	4.97	1.83	4.44	75.43	−23.74	10.79	−6.26	−1.84	−7.90
3	11.49	12.13	8.42	−13.34	−4.21	−1.78	11.09	64.37	−42.00	3.18	−11.32	4.78	−4.44
4	5.57	24.84	15.22	−9.03	−6.77	−3.93	2.93	94.03	−14.60	3.16	−17.42	−4.16	3.07
5	18.25	26.08	9.10	3.90	−3.09	1.09	3.45	86.60	−9.55	11.23	5.26	−5.41	−2.81
6	19.27	26.21	7.64	2.13	−6.99	−0.03	−5.81	89.54	1.26	12.96	5.93	−11.93	−1.18
7	13.91	29.01	3.95	3.29	−5.51	2.35	−7.09	89.62	2.47	17.85	12.80	−17.70	−3.74
8	15.73	32.16	4.71	4.08	−8.88	5.11	−10.40	75.36	4.28	18.61	14.40	−18.73	−2.84
9	12.07	35.88	5.40	2.26	−7.95	4.29	−5.57	69.82	2.90	17.85	14.62	−27.27	0.09
10	11.36	33.01	6.24	−2.41	−6.75	6.02	−1.28	75.69	8.17	18.80	17.13	−21.41	1.41
11	12.19	36.03	9.80	−2.04	−8.23	5.08	−4.85	75.62	8.06	17.55	9.81	−19.47	−0.63
12	10.38	38.50	11.88	−3.15	−7.97	1.24	−4.19	69.09	5.66	17.22	10.41	−19.32	−0.64
13	10.86	40.73	14.96	−3.44	−5.72	−1.52	−2.40	70.76	3.04	12.86	10.21	−17.35	−0.95
14	14.61	39.55	15.45	−6.82	−3.55	2.85	0.41	60.61	1.80	23.77	4.03	−13.35	−3.33
15	17.11	40.62	15.97	−9.68	−2.35	3.21	3.03	58.06	−0.44	24.79	2.75	−9.90	2.11
16	15.90	39.65	12.44	−2.80	2.71	2.65	7.33	49.95	1.39	33.15	−1.65	−9.52	0.53
17	16.28	43.04	15.15	−2.49	4.32	8.52	7.51	40.16	3.96	37.97	−0.16	−8.77	7.23
18	13.50	38.83	17.47	5.16	7.66	6.12	7.94	24.28	3.29	34.24	−1.77	−8.90	8.65
19	15.81	42.26	19.03	3.10	10.04	6.17	7.76	18.18	−4.37	30.21	−5.26	−6.91	1.75
20	15.69	43.04	16.44	11.05	9.08	5.58	10.14	17.86	−3.02	31.44	−7.90	−8.76	1.09

11.5は、2001〜2013年において90〜120日の観察期間でセクターへ10〜50％で資本配分した場合のリターンを示している。残りの資本はそれ以外のセクターに均等に配分している。それぞれのセクターのなかで、市場ごとの資本配分は均等リスク配分している。セクターのポジションサイズは、おおよそ次のように定義できる。

$$セクターポジションサイズ＝（セクターへの資本 \times \theta）$$
$$\div（N \times \overline{\sigma}_{セクター}）$$

ここでは、(θ) はリスクプレミアム、(N) はセクターのなかの市場の数、$(\overline{\sigma}_{セクター})$ は特定のセクターの市場の平均リスク額である。ポジションサイズと同様、セクターに加重したり軽減したりして配分すると、13年間にパフォーマンスは大きく変動した。例えば、2013年に債券セクターに加重配分すると、パフォーマンスは大きくマイナスになった。一方、2013年に株に加重配分すると、リターンはかなり高くなった。セクターのパフォーマンスは、年によって大きく変わるのである。2005〜2008年にセクター別に資本配分したときは、どのセクターに加重してもリターンのばらつきは比較的小さかった。しかし、2011年には配分によってリターンにかなりの差が出た。

リターンのばらつきと市場のボラティリティ

直近の2つの項では、ポジションサイズやセクターへの資本配分の手法がパフォーマンスにどのような影響を与えるかを見てきた。ポジションサイズとセクターへの資本配分は変数の範囲が大きいため、トレンドフォローシステムのリターンのばらつきが大きい時期は比較的ランダムになっているように見える。2008年は、すべてのトレンドフォローシステムのすべてのポジションサイズの変数において、リター

表11.5 チャネルブレイクアウトシステムで資本を４つのセクターに異なる割合で配分した場合の年率リターン（トレイリングストップの近さが毎年違うため、１行目は毎年リターンのばらつきをIQRで測定した値）

株	商品	債券	FX	2001	2002	2003	2004	2005	2006	2007	2008	2009	2010	2011	2012	2013
			IQR	5.55	3.46	3.99	2.72	1.92	2.96	4.07	1.32	2.83	3.59	5.99	3.27	4.27
25	25	25	25	5.84	27.61	17.52	−7.03	4.90	11.90	−3.44	62.25	8.87	13.61	11.40	−16.03	−3.87
10	30	30	30	0.49	27.54	15.32	−8.15	3.81	11.74	3.96	64.01	4.75	21.41	19.17	−14.40	−11.96
15	28	28	28	2.27	27.56	16.05	−7.78	4.18	11.79	1.49	63.42	6.12	18.81	16.58	−14.94	−9.27
20	26	26	26	4.06	27.59	16.79	−7.40	4.54	11.85	−0.97	62.83	7.50	16.21	13.99	−15.49	−6.57
30	23	23	23	7.62	27.63	18.25	−6.65	5.27	11.96	−5.90	61.66	10.25	11.01	8.80	−16.58	−1.18
35	21	21	21	9.40	27.66	18.98	−6.28	5.63	12.02	−8.36	61.07	11.62	8.41	6.21	−17.12	1.52
40	20	20	20	11.19	27.68	19.71	−5.90	6.00	12.07	−10.83	60.48	13.00	5.80	3.62	−17.67	4.21
45	18	18	18	12.97	27.70	20.44	−5.53	6.36	12.13	−13.29	59.89	14.38	3.20	1.03	−18.21	6.91
50	16	16	16	14.75	27.73	21.17	−5.16	6.73	12.19	−15.75	59.30	15.75	0.60	−1.56	−18.76	9.60
30	10	30	30	6.15	32.49	18.80	−11.11	7.38	10.13	−5.41	62.59	8.45	12.07	14.45	−17.98	−3.56
28	15	28	28	6.05	30.86	18.37	−9.75	6.56	10.72	−4.75	62.47	8.59	12.58	13.43	−17.33	−3.66
26	20	26	26	5.94	29.24	17.94	−8.39	5.73	11.31	−4.09	62.36	8.73	13.10	12.41	−16.68	−3.77
23	30	23	23	5.73	25.98	17.09	−5.67	4.08	12.50	−2.78	62.13	9.01	14.12	10.38	−15.38	−3.98
21	35	21	21	5.63	24.35	16.66	−4.31	3.25	13.09	−2.12	62.02	9.15	14.64	9.36	−14.73	−4.08
20	40	20	20	5.53	22.73	16.23	−2.95	2.43	13.68	−1.46	61.90	9.30	15.15	8.34	−14.08	−4.19
18	45	18	18	5.42	21.10	15.81	−1.59	1.60	14.27	−0.80	61.79	9.44	15.66	7.32	−13.43	−4.29
16	50	16	16	5.32	19.47	15.38	−0.23	0.78	14.86	−0.14	61.67	9.58	16.18	6.30	−12.78	−4.40
30	30	10	30	2.51	21.32	22.92	−3.03	5.46	8.96	−8.25	62.81	11.72	7.75	2.60	−18.39	5.50
28	28	15	28	3.62	23.41	21.12	−4.36	5.28	9.94	−6.65	62.62	10.77	9.70	5.53	−17.60	2.37
26	26	20	26	4.73	25.51	19.32	−5.69	5.09	10.92	−5.04	62.43	9.82	11.66	8.46	−16.82	−0.75
23	23	30	23	6.95	29.71	15.72	−8.36	4.72	12.89	−1.83	62.06	7.92	15.56	14.33	−15.25	−7.00
21	21	35	21	8.06	31.80	13.92	−9.70	4.53	13.87	−0.22	61.87	6.97	17.51	17.26	−14.46	−10.12
20	20	40	20	9.17	33.90	12.12	−11.03	4.35	14.85	1.38	61.68	6.02	19.47	20.19	−13.68	−13.25
18	18	45	18	10.28	36.00	10.32	−12.37	4.16	15.83	2.99	61.49	5.07	21.42	23.12	−12.89	−16.37
16	16	50	16	11.39	38.10	8.52	−13.70	3.97	16.81	4.60	61.30	4.12	23.37	26.06	−12.11	−19.50
30	30	30	10	14.20	29.09	13.03	−5.83	2.96	16.79	−4.03	59.57	10.57	13.20	9.36	−13.37	−5.48
28	28	28	15	11.41	28.60	14.52	−6.23	3.61	15.16	−3.83	60.46	10.01	13.34	10.04	−14.25	−4.94
26	26	26	20	8.63	28.10	16.02	−6.63	4.26	13.53	−3.63	61.35	9.44	13.47	10.72	−15.14	−4.41
23	23	23	30	3.05	27.11	19.01	−7.43	5.55	10.28	−3.24	63.14	8.31	13.74	12.07	−16.92	−3.34
21	21	21	35	0.26	26.62	20.51	−7.83	6.20	8.65	−3.04	64.03	7.74	13.88	12.75	−17.81	−2.81
20	20	20	40	−2.52	26.13	22.01	−8.23	6.85	7.02	−2.84	64.92	7.17	14.02	13.43	−18.70	−2.27
18	18	18	45	−5.31	25.63	23.50	−8.63	7.49	5.39	−2.65	65.82	6.61	14.15	14.11	−19.59	−1.74
16	16	16	50	−8.10	25.14	25.00	−9.03	8.14	3.76	−2.45	66.71	6.04	14.29	14.79	−20.48	−1.20

図11.7 異なる観察期間と市場のボラティリティ（正規化したボラティリティの平均）とリターンのばらつき（IQR）の散布図（2001～2013年）

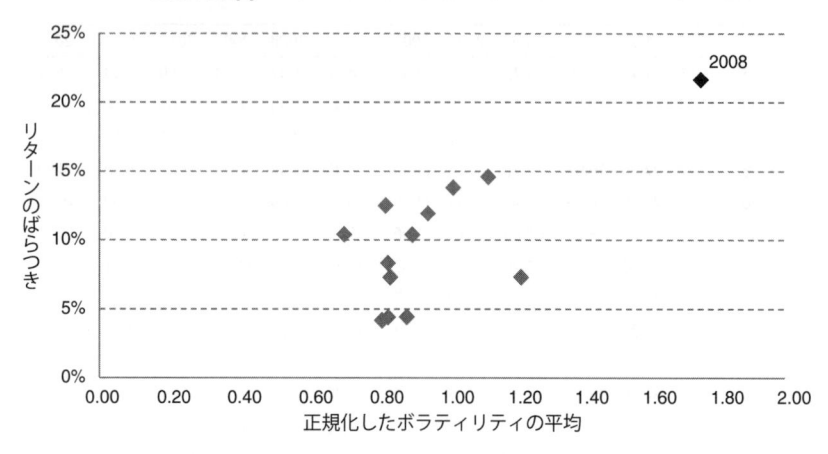

ンのばらつきのレベルが最も高かった。リターンのばらつきの範囲が年によって変わると、当然、次は市場全体のボラティリティがリターンのばらつきにどのような影響を与えるか知りたくなる。この分析を簡単にするため、市場のボラティリティを、トレンドフォローポートフォリオに含まれるすべての市場の正規化したボラティリティの平均と定義する。この項では、各市場をサンプル期間の日々の価格変動の標準偏差の225日移動平均で正規化している。

まず、リターンのばらつきは、観察期間の範囲に基づいて測定したIQRと、サンプル期間の各年のボラティリティを比較する。**図11.7**は、リターンのばらつき（**表11.3**の観察期間のIQR）と全市場のボラティリティ（すべての市場の252日で正規化したボラティリティの平均）の散布図である。この図から2008年の外れ値を除くと、観察期間や市場全体のボラティリティとリターンのばらつきに明らかな相関性はない（今回のサンプル期間はわずか10年だが、市場の数は少ないが長期的な検証もしている。具体的には、12の市場を含むポートフォリオで32年

図11.8　異なるセクター配分と市場のボラティリティ（正規化したボラ
　　　　ティリティの平均）とリターンのばらつき（IQR）の散布図（2001
　　　　～2013年）

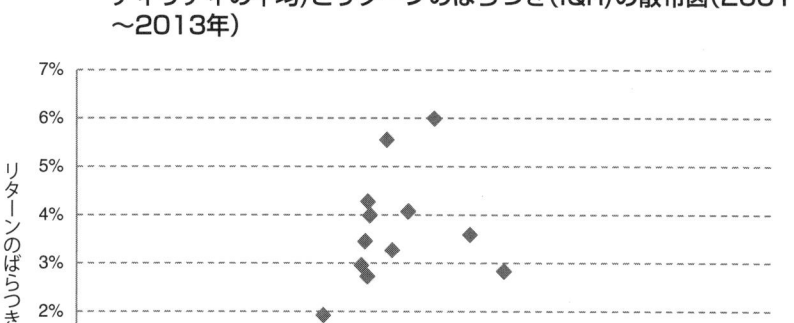

分の価格データを使って検証し、似たような結果が出た）。同じ分析を、
セクター配分を変えて行うこともできる。**図11.8**は、リターンのばら
つき（**表11.5**のセクター配分の範囲のIQR）と市場のボラティリティ
（正規化した市場のボラティリティの平均）の散布図である。今回も、
2008年の外れ値を除くと、セクターへの資本配分や市場のボラティリ
ティが異なるリターンのばらつきに明らかな相関性はなかった。

　第8章では、市場のボラティリティとポートフォリオのボラティリ
ティについて書いた。トレンドフォローシステムのボラティリティで
ポジションサイズを調整する手法は多少「ベガニュートラル」になる
ということは本章ですでに書いた。ただ、ボラティリティがかなり激
しい時期は、ポジションをボラティリティで調整しても「ベガニュー
トラル」を維持できない。そうなると、リターンのばらつきと市場の
ボラティリティに相関性がないことは予想できる。2008年のような年
は、ボラティリティが突出すると、リターンのばらつきも大きくなっ
た。確認のため、ニューエッジCTA指数を使って（正規化したボラテ

351

ィリティの平均ではなく）リターンのばらつきと市場のボラティリティを調べたが、やはり相関性はなかった。

投資家から見たリターンのばらつき

　投資家にとって、さまざまな変数によるリターンのばらつきは重要な問題である。リターンのばらつきは、運用会社のパフォーマンスをクロスセクションで評価し、理解するための追加的な情報を提供してくれる。例えば、リターンのばらつきが大きいと、各トレンドフォローシステムのパフォーマンスの違いが広範囲に及ぶことが普通にある。一方、リターンのばらつきが小さい場合には、投資家はボラティリティで正規化したパフォーマンスが周りと大きくかけ離れていたら当然疑う。簡単な例を挙げよう。トレンドフォロー系の運用会社が資本のかなりの部分をキャリートレードや信用スプレッドに配分したとする。キャリートレードは伝統的なトレンドフォロー戦略ではないため、トレンドフォローシステムのリターンのばらつきが小さい場合でも、大量のキャリートレードを加えた戦略は、同種のシステムを使っている人たちのパフォーマンスとは大きく乖離することになる。

　トレンドフォローシステムのリターンのばらつきの大きさを長期的に測るために、ブレイクアウトシステムと移動平均線クロスオーバーシステムの両方を使ってリターンディスパーション指数（RDI）を測定した。ブレイクアウトシステムの観察期間は**表11.3**で示したとおり20〜200日で、セクターに配分した資本の割合は**表11.5**のとおりである。RDIは、年率リターンをさまざまな期間の移動平均とセクターへの資本配分のIQRで測定している。RDIは、そのトレンドフォロープログラムに期待されるリターンのばらつきの全体的な水準を教えてくれる。**図11.9**はRDIを、トレンドフォローシステム（ブレイクアウトシステムと移動平均線クロスオーバーシステム）のリターンの12カ

図11.9　2001～2013年のRDI（この指数の値はブレイクアウトシステムと移動平均線クロスオーバーシステムを観察期間とセクターへの資本配分を変えて運用した年間リターンの移動平均のIQR）

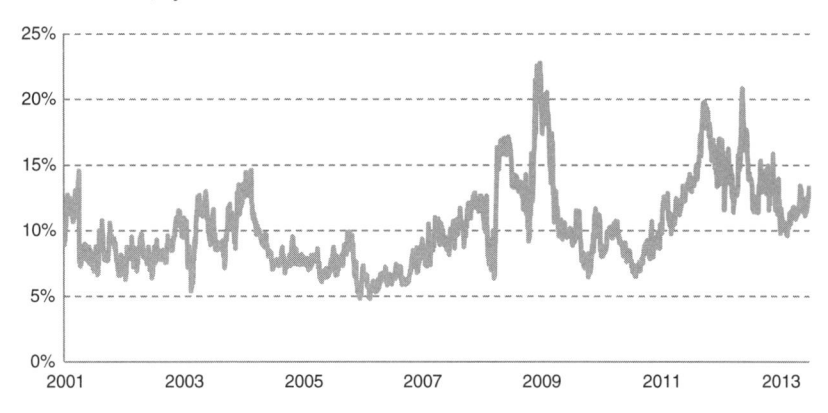

月移動平均のIQRを、2001～2013年について示している。これによると、2012年の初めにRDIが20％近くでピークを付けた。この値はサンプル期間のリターンのばらつきの上位5％に入っている（運用資産が5000万ドル以上のCTAを対象としたバークレイ・フラッシュ・リポートによれば、2011年7月31日までの最高リターンと最低リターンはそれぞれ＋27％と－30％だった。ちなみに、2010年の最高リターンと最低リターンは、それぞれ＋66％と－15％）。

　リターンのばらつきをさらに詳しく検証するために、ある1年に注目してみよう。ここでは、2011年について見ていくことにする。**図11.10**は、2011年にブレイクアウトシステムをさまざまな観察期間とセクターへの資本配分で運用したポートフォリオのリターンの分布を示している。この図は、2011年の結果だが、短い観察期間で最も高いパフォーマンスが上がっている。この例をさらに細かくセクターレベルで見るために、**図11.11**、**図11.12**、**図11.13**、**図11.14**は、さまざまな観察期間とセクター配分で運用したリターンを示している（こ

**図11.10　2011年に観察期間とセクターへの資本配分を変えて運用した
ポートフォリオのリターン**

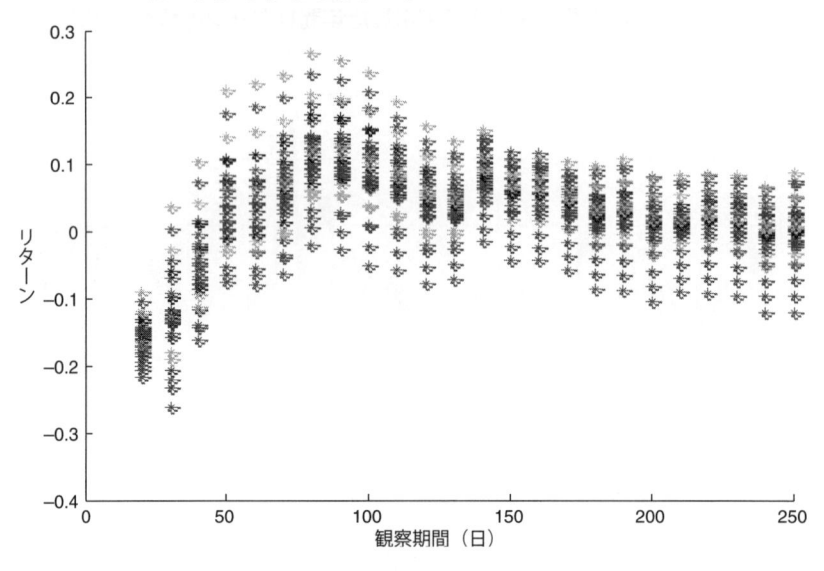

**図11.11　2011年に観察期間と株セクターへの資本配分を変えて運用し
たポートフォリオのリターン**

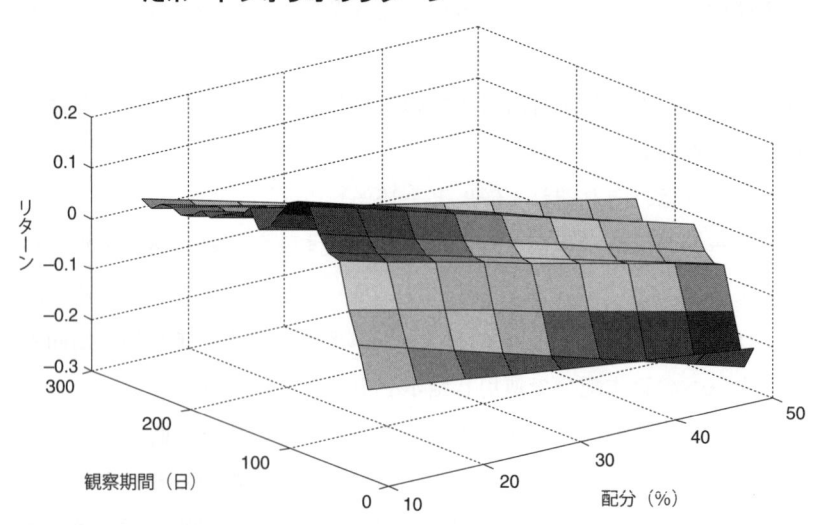

図11.12 2011年にさまざまな観察期間と商品セクターへの資本配分を組み合わせて運用したポートフォリオのリターン

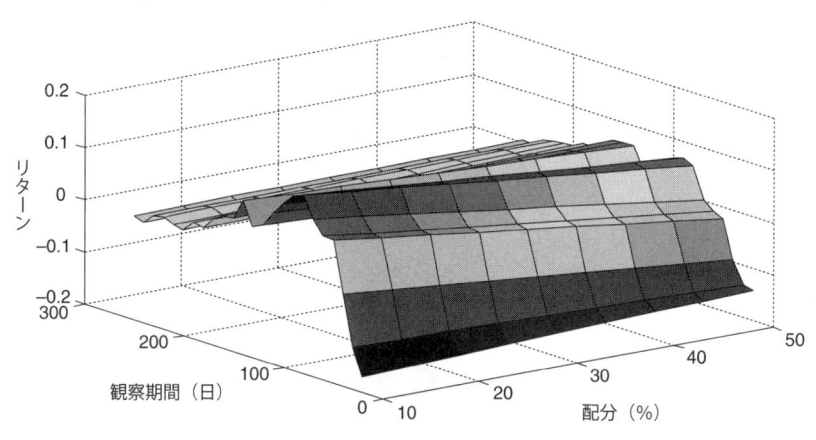

図11.13 2011年に観察期間と債券セクターへの資本配分を変えて運用したポートフォリオのリターン

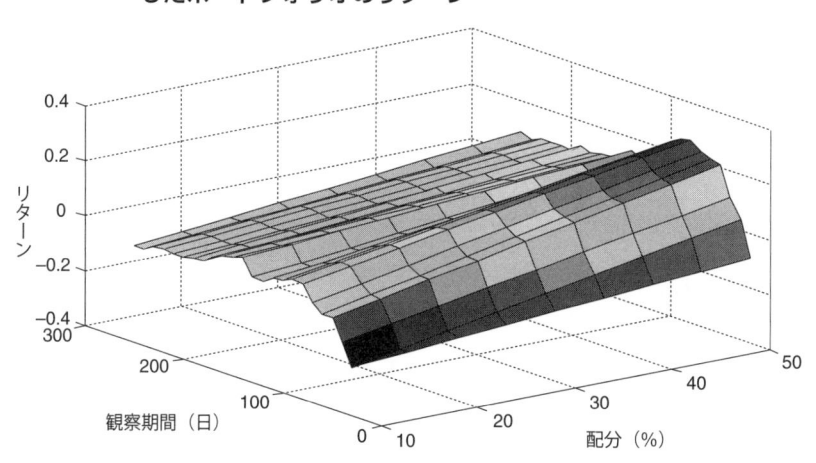

図11.14　2011年に観察期間とFXセクターへの資本配分を変えて運用したポートフォリオのリターン

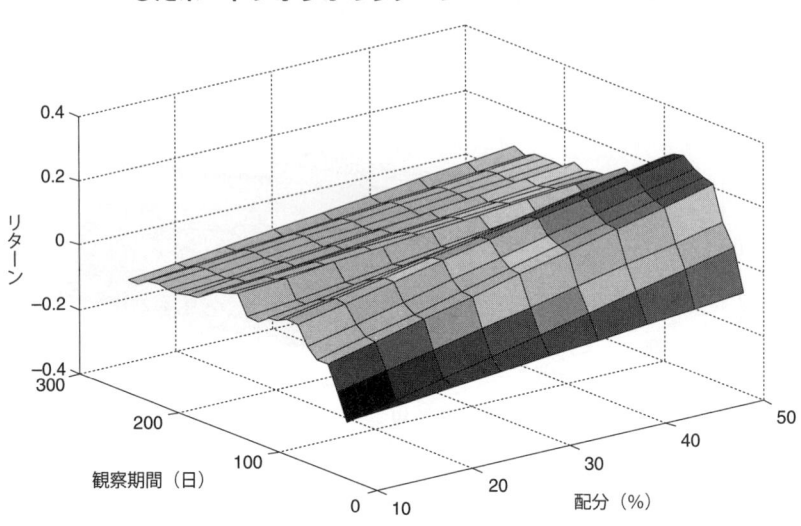

の項のほかの例と同様に、特定のセクターの配分を変えたときは、残りの資本をほかの３つのセクターに均等に配分している）。2011年の例では、株への配分が少ないとリターンが高くなった。また、商品への配分が大きいと、パフォーマンスは短期的には最悪だが、長期になるにつれてその影響はなくなっていった。一方、債券への配分が大きいと、リターンは観察期間に関係なく高くなった。最後に、通貨に大きく配分するとパフォーマンスは上がったが、観察期間との関係は安定していなかった。

時間の経過とともにリターンのばらつきが小さくなる

リターンのばらつきは短期的には大きいが、観察期間やセクターへの配分の選択がリターンのばらつきに与える影響は、投資期間が長くなるにつれて小さくなっていく。長期的には、変数のランダム性によ

図11.15　観察期間と投資年数を変えて運用した場合の平均年率リターンのばらつき（縦軸は投資期間ごとのリターンのばらつきをIQRの中央値で示している）

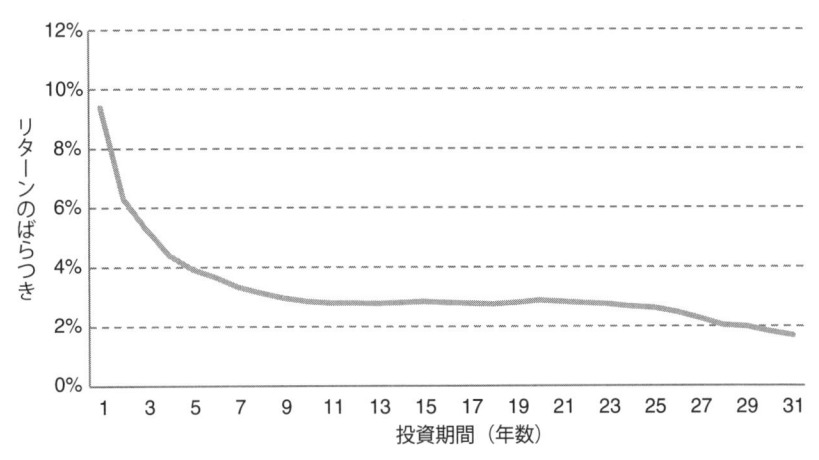

ってリターンのばらつきが小さくなっていくのだ。この影響は、12の市場と1978年以降の価格データを使った簡単な実証実験で分かる。**図11.15**は、投資期間と平均リターンのばらつきの関係を、20〜200日の観察期間で運用した年率リターンの平均の四分位範囲で示している。リターンのばらつきは、投資期間が長くなると少しずつ小さくなっていく。特に、投資期間が4年を超えると、平均リターンのばらつき（四分位範囲の中央値）は5％を下回る。**図11.16**は、セクターへの配分を変えた場合で、やはり同じようなパターンが見られる。セクターへの配分は、**表11.5**を参照してほしい。**図11.16**も**図11.15**と同様に、リターンのばらつきを異なる資本配分で運用した年率リターンの平均の四分位範囲で示している。ここでも、観察期間の場合と同様に、投資期間が増えるとリターンのばらつきが少しずつ小さくなっている。

図11.16　セクターへの資本配分と投資年数を変えて運用した場合の平均年率リターンのばらつき（縦軸は投資期間ごとのリターンのばらつきをIQRの中央値で示している）

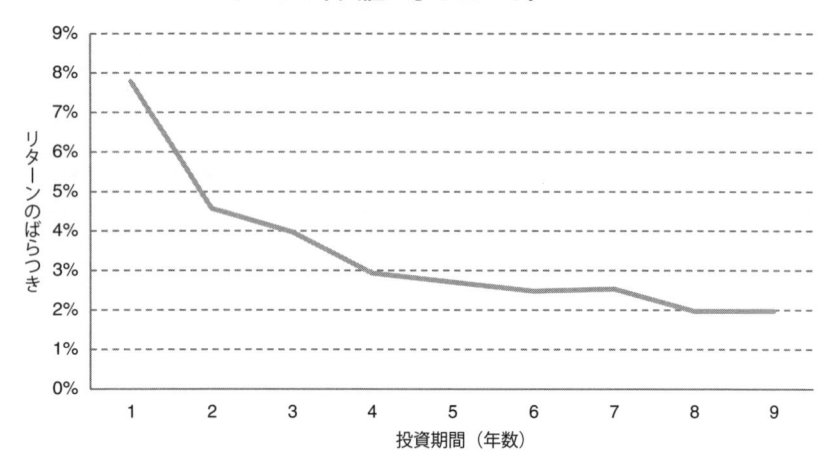

動的な変数選択の危険性

　本章の数項で、特定の年に最も高いパフォーマンスを上げる変数の組み合わせは比較的ランダムだということを示してきた。この観察結果だけでも、動的な変数選択がかなり近視眼的で、もしかしたらかなり未熟な目標設定かもしれないことを示唆している。それでも、高いパフォーマンスを上げるための変数を選択することが可能かどうかと考えるのは自然なことだ。

　この項では、簡単な実証実験を行う。毎年、広範囲の観察期間とセクター別資本配分を調べるシステムがあるとする。この変数は、観察期間の20〜250日と、セクター別資本配分の0〜100％を組み合わせておおよそ1万通りになる。そのなかで、翌年に最高のリターンになる組み合わせを選ぶのである。先物のリターンと違い、この実験は過去のデータに基づいて行うため、将来の最高のパフォーマンスはすでに

分かっている。１万通りの変数の組み合わせのなかで、前年のリターンに基づいた変数の単純な最適化を行った結果のパフォーマンスは年率平均8.8％で、サンプル期間の平均リターンを大きく下回っていた。また、同じ期間の１万通りの組み合わせのなかで、変数を毎年動的に調整したリターンを下回ったのはわずか13％だった。

　過去のパフォーマンスに基づいて、変数を動的に選択する手法はほかにもある（高度な最適化やそれ以外のテクニックを使うことも可能。しかし、このような方法はデータスヌーピングバイアスに陥る可能性が高い）。別の例を挙げると、変数は過去のシャープレシオに基づいて選ぶこともできる。また、過去の最高のパフォーマンス（リターンでもシャープレシオでも）ではなく、最悪のパフォーマンスも試してみるとよい。意外ではないが、面白いことに過去に最悪のパフォーマンスだった変数を選ぶと、全体のパフォーマンスは最高のパフォーマンスを選んだ場合と似たような結果になった。

　リターンのばらつきは明らかにランダムなので、過去のパフォーマンスに基づいた動的な変数の調整で結果は改善しない。このことを視覚的に示したのが図11.17で、これは現在、リターンの250日移動平均が最も高い観察期間と、次にリターンが高い観察期間の関係を示している。現在と次に最高のパフォーマンスを上げる観察期間の相関係数は0.03で、これはほぼ０と言ってよい。この散布図は、動的な変数の選択がほとんど失敗に終わる可能性が高いことを示している。

　長期的に最高のパフォーマンスを上げる変数の組み合わせを選ぶためのフィルターを探す努力はしてみたものの、短期的な変数選択の独特な性質によって、これはかなり難しいようだ。動的な変数を選ぶことの危険性は、複数のトレンドフォロープログラムに分散するための説得力のある説明になるかもしれない。

図11.17　現在、リターンの250日移動平均が最高の観察期間と次に最高になる観察期間の関係を示す散布図

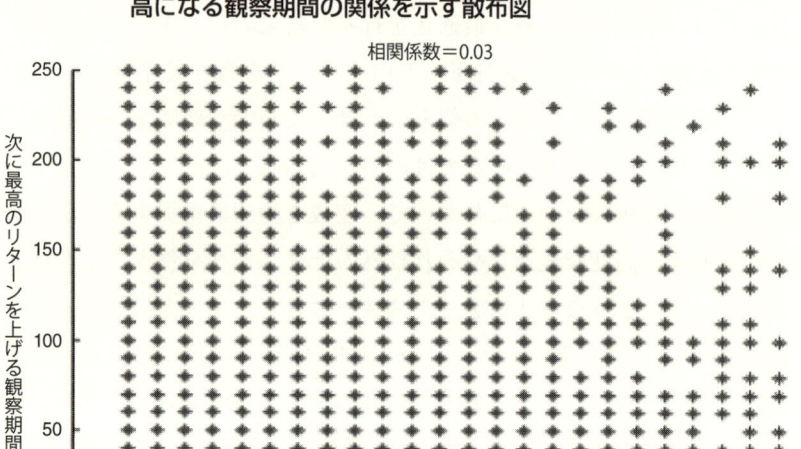

相関係数＝0.03

（縦軸）次に最高のリターンを上げる観察期間

（横軸）現在、最高のリターンを上げている観察期間

複数のトレンドフォロープログラムに分散する

　長期的なリターンのばらつきに関する詳しい分析によって、リターンのばらつきは投資期間が長くなると小さくなっていくことが分かった。トレンドフォロー戦略で分散する別の簡単な方法は、ポートフォリオにさまざまなトレンドフォロー戦略を含めることである。この組み合わせは、本章でこれまで書いてきた変数の選択による独特の影響を多少拡散する助けになる。ポートフォリオにトレンドフォロー戦略を加える効果は、簡単な実証例で示すことができる。まず、ポートフォリオに含まれるトレンドフォロープログラムの数をnとし、毎年、トレンドフォロー戦略のプール（本章でこれまで使ってきた観察期間とセクター配分のブレイクアウトシステムと移動平均クロスオーバーシステム）からn個をランダムに選ぶことにする。そして、2001〜2013

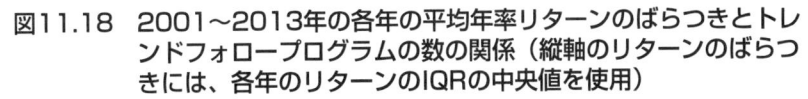

図11.18　2001～2013年の各年の平均年率リターンのばらつきとトレンドフォロープログラムの数の関係（縦軸のリターンのばらつきには、各年のリターンのIQRの中央値を使用）

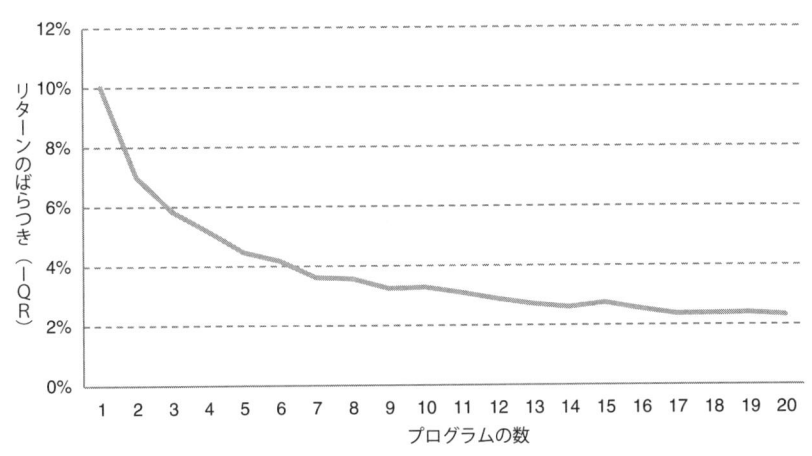

年の各年に、ランダムにn個のプログラムを選んだ200通りのポートフォリオで、リターンのばらつきのレベルを算出した。トレンドフォロープログラムの数とリターンのばらつきの関係は、n個のプログラムの平均年率リターンのIQRで測定した。要するに、リターンのばらつきはn個のトレンドフォロープログラムを組み込んだポートフォリオをランダムに200種類運用した平均年率リターンの中間にある。

　図11.18は、2001～2013年の各年のリターンのばらつきをn（ポートフォリオに含まれるトレンドフォロープログラムの数）の関数として示している。この図は、トレンドフォロープログラムの数が増えると、リターンのばらつきが小さくなることを示している。また、この図からは1年間のリターンのばらつきの影響を減らすのに必要なプログラムの数も分かる。例えば、1年のリターンのばらつきは、プログラムが1個ならば10％なのに、5個にしただけで5％に下がることが期待できる。そして、ポートフォリオに含めるプログラムを20個にす

ると、リターンのばらつきは2％という低さになる。この例は、たくさんの異なる変数を使ったトレンドフォローシステムを使えば変数の選択による影響を軽減できることを示している。リターンのばらつきは、ある時点でそれ以上は分散しなくなる。この「体系的」な効果は、相関性はあるが完璧な相関性ではないポートフォリオと、リターン系列が一定のリターンのばらつきの水準を維持するという事実によって起こっている。この概念については、次の項でさらに詳しく見ていく。

相関性のあるリターン系列について実証的・理論的に考える

　前の項では、トレンドフォローシステムのリターンのばらつきを記録し、説明した。そして、2つのトレンドフォロー戦略と異なる変数による2つの相関性のあるリターン系列ができた。この項では、実証的・理論的視点から、一歩引いて相関性のあるリターン系列の特徴と、リターンのばらつきとのつながりを見ていくことにする。まず、2つの相関性のあるリターン系列について、リターンのばらつきを理論的に検証する。次に、CTAのリターンのばらつきと、リターンのばらつきの理論的な価値を比較する。この項では、たくさんのトレンドフォロープログラムに相関性があったとしても、分散は必要だということを明らかにしていく。

> 相関性が高くても、トレンドフォロープログラム間の分散によって変数の選択による独特な影響を減らすことができる。

相関性とリターンのばらつきに関する理論的な考察

　2つの確率的相関性があるリターン系列があれば、それらのリター

ン系列には当然リターンのばらつきがあると考えられる。すると、次は、どのようにして観察期間における2つのリターンのばらつきの期待レベルを判断するのかという疑問がわく。この分析を単純にするため、2つのリターン系列 (r_t^X, r_t^Y) は正規分布のランダムな変数とする。この項では、リターンの分布を2つのリターン系列の差の絶対値と定義する。この2つの正規分布のランダムな変数の2つのリターン系列の差の絶対値は、折り重ねられた正規分布になっている。変数の正規分布の中央値（μ）と標準偏差（σ）の相関性（ρ）が同じという特殊なケースならば、リターンのばらつきの期待値（2つの変数の差の絶対値）は、次のような式で表すことができる。

$$E[|\, r^X - r^Y \,|] = \frac{S\sqrt{2}}{\sqrt{\pi}}$$

このとき $S = \sigma\sqrt{2(1-\rho)}$ とする。リターンのばらつきの違い（差の絶対値）は、次の式で表すことができる。

$$Var\left(\left|r^X - r^Y\right|\right) = S^2\left(1 - \frac{2}{\pi}\right)$$

この2つの式から、次のようなことが分かる。

●平均すると、リターンのばらつきは2つのリターン系列のボラティリティと線形相関になっている。ボラティリティが高い（低い）と、リターンのばらつきも大きく（小さく）なる。
●2つの相関性があるリターン系列で、中央値が同じという特殊なケースのリターンのばらつきは、2つのリターン系列の中央値に依存しない。

- ●リターンのばらつきの違いは、相関性に応じて直線的に小さくなっていく。リターンのばらつきの期待値は相関性の平方根ずつ小さくなる。
- ●リターンのばらつきの期待値も違いも、相関性（ρ）が大きくなると小さくなる。
- ●相関性（ρ）が1に近づくと、リターンのばらつきの期待値はかなり大きくなることがある。

シミュレーションと理論的なリターンのばらつき

リターンのばらつきと相関性を関連付ける理論的な枠組みを使って、リターンのばらつきをシミュレーションで得たリターン系列の理論値と比較して検証することができる。まず、2つのリターン系列をモンテカルロ法でシミュレーションした。複数のシミュレーション結果の相関係数は、0から1の範囲にある。この例では、2つのリターン系列の中央値とボラティリティが同じになっており、ボラティリティは年率18％に設定してある。**図11.19**は、上がリターンの1年移動平均のばらつきの中央値、下はリターンのばらつきが10％を超える確率を示している。グラフの棒はシミュレーションによる推定値で、曲線はこの項の初めのほうで試算した理論値である。この例では、上の2つのリターンの相関係数が0.7のとき、リターンのばらつきの平均が約11％になっている。一方、下は相関係数が同じ0.7でも、リターンのばらつきが10％を超える可能性はほぼ50％になっている。

2つのグラフからは、2つのリターン系列の相関性が高くても、リターンにばらつきがある可能性は高いことを示している。**図11.20**は、同じグラフをリターンの1カ月移動平均のばらつきを使って示したものである（**図11.19**は1年移動平均）。上はリターンのばらつきの平均と相関性の関係、下はリターンの1カ月移動平均のばらつきが2％

図11.19　上はリターンの１年移動平均のばらつきのシミュレーションによる推定値と理論値と相関性との関係で、下はリターンの１年移動平均のばらつきが10％を超える確率のシミュレーションによる推定値と理論値（どちらのグラフもバーはシミュレーションによる推定値で、濃い線は理論値）

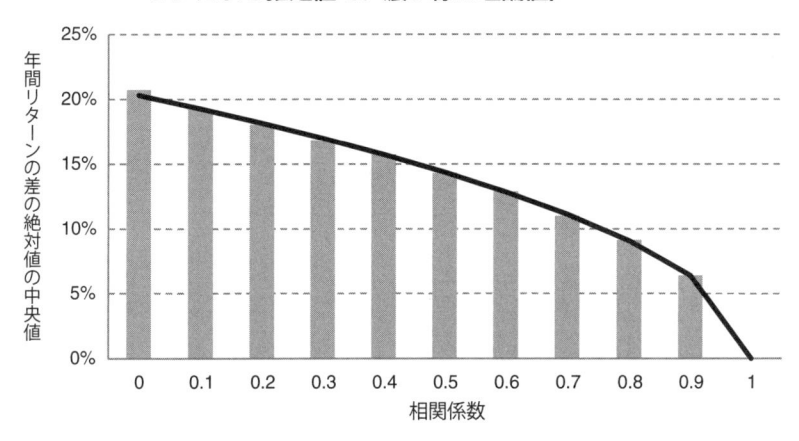

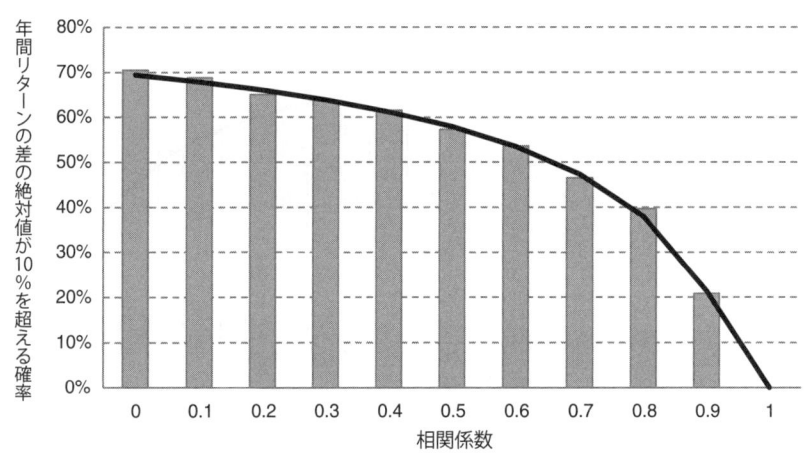

を超える確率を示している。この例では、２つのリターン系列の相関係数が0.7ならばリターンの１カ月移動平均のばらつきは３％を超えており、ばらつきが２％を超える確率は61％に上っている。

図11.20 上はリターンの1カ月移動平均のばらつきのシミュレーション
による推定値と理論値と相関性との関係で、下はリターンの1
カ月移動平均のばらつきが2％を超える確率のシミュレーショ
ンによる推定値と理論値（どちらのグラフもバーはシミュレー
ションによる推定値で、濃い線は理論値）

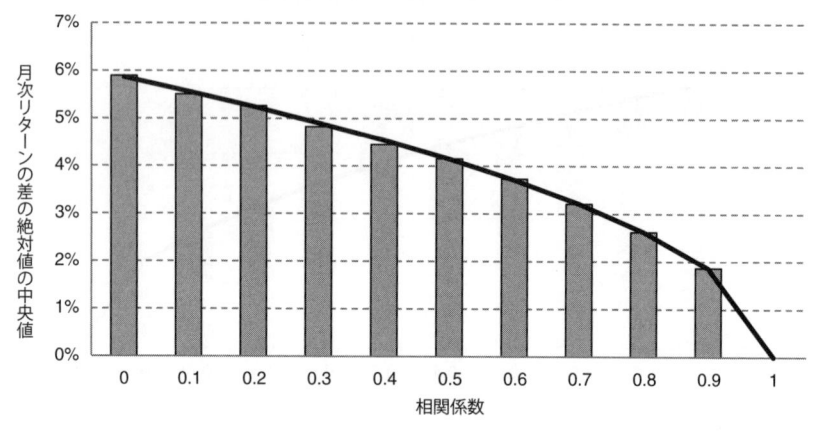

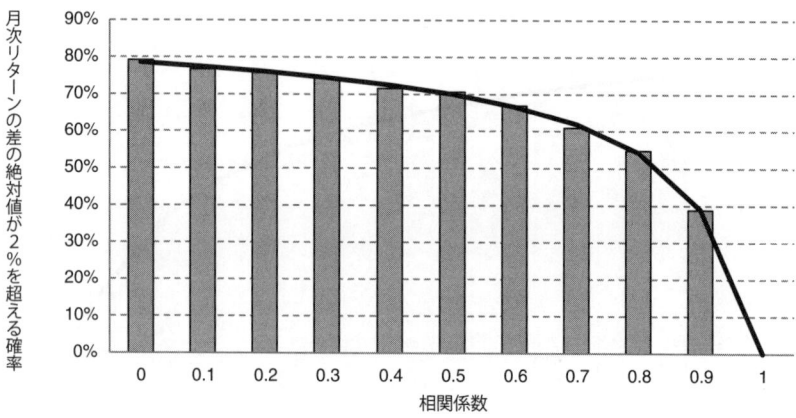

トレンドフォロー戦略の相関性の実証分析

これまで2つの項で、相関性がある複数のリターンのばらつきの理論的な側面について述べ、その関係性を理論とシミュレーションによって検証してきた。この項では、トレンドフォローシステムのリターンのばらつきを、CTAの実際のリターンを使って実証的に分析していく。典型的なトレンドフォロー系のCTAの場合、リターンの相関係数は0.7が良い目安となる。説明のために、大手トレンドフォロー系CTAの7社の実績と、純粋なトレンドフォローシステムを比較してみよう。この例では、リターンの1カ月移動平均と1年移動平均の両方で比較を行っている（CTAの実績は、すべて2001年6月から2012年12月末までの運用結果。リターンはサンプル期間のリスクが18％になるよう調整してある。7社のCTAのサンプル期間のシャープレシオは、0.42～0.90だった）。図11.21は、純粋なトレンドフォローシステムと7つのトレンドフォロー系CTAの実際のリターンのばらつきの理論的価値とリターンのばらつきの平均値を示している。月次リターンも年次リターンも、CTAの平均リターンのばらつきは、相関性のあるリターン系列の理論的な期待値に沿っている。

もし2つのリターン系列が完璧に相関していれば、リターンのばらつきは0になる。一方、相関性が1から下がっていくと、リターンのばらつきは無視できなくなる。表11.6は、理論的結果と実証的結果の両方に基づいて、相関係数が0.6～0.8で、シャープレシオが同じで、年間ボラティリティが18％という簡単なケースについて推定した平均リターンのばらつきを示してある。この表からは、相関係数が0.6～0.8のケースでも、典型的なトレンドフォローシステムのリターンのばらつきは、月ごとでも年ごとでも比較的大きいということを示している。

図11.21　2001〜2012年の純粋なトレンドフォローシステムと7社の
　　　　　CTAのリターンの1年移動平均（上）と1カ月移動平均（下）
　　　　　のばらつき（太線はリターンの差の絶対値の中央値から算出し
　　　　　たリターンのばらつきの理論的価値）

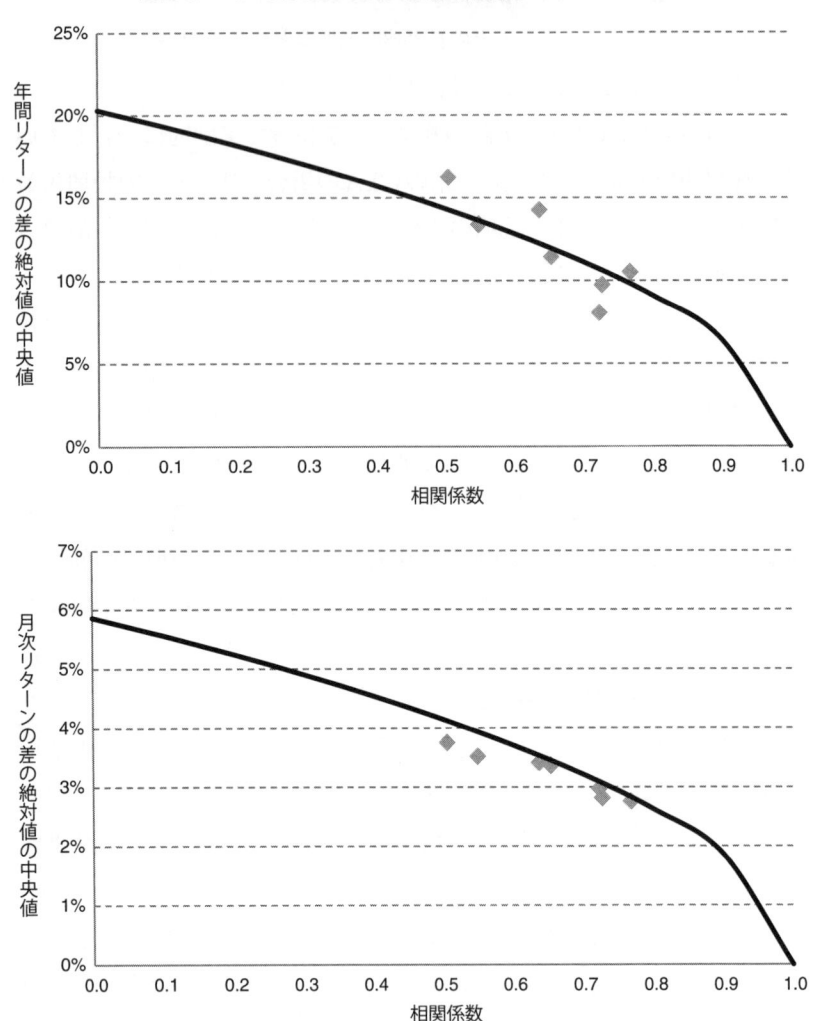

表11.6　相関係数が典型的な0.6〜0.8で、シャープレシオが同じで、年間ボラティリティが18%の場合、相関性がある２つの平均リターンのばらつきのおおまかな推定値

頻度	おおよその平均リターンのばらつき
１年	10%
半年	7.5%
１カ月	3%

相関性があるリターン系列を組み合わせる

　本章では、理論的証拠とシミュレーションによる証拠と実証的な証拠に基づいて、相関性が高いリターン系列であっても無視できないリターンのばらつきがあるということを見てきた。そして、２つのリターン系列を比較し、さらには数社のCTAの実際のリターンを、相関性が高いリターン系列として追加的に検証した。CTAの相関係数は、観察期間によって0.6〜0.8になっているが、全社の１年間のリターンのばらつきはかなり大きかった。例えば、2012年には運用資産が10億ドル以上のCTAのリターンのばらつきは＋30〜−35%だった（2012年のニューエッジ・ネルソン・リポートでは、2012年の平均リターンは−1.1%。ただし、運用会社のなかにはトレンドフォロー系でないところも含まれており、レバレッジの使い方やリスク目標の水準が大きく異なる会社もある）。

　投資家がよく犯す間違いに、相関性が高いCTAがみんな同じような運用をしているという誤解がある。極端なことを言えば、この結論によって、投資家はCTAが１社あればよいという考えに至る。**図11.17**に話を戻すと、トレンドフォロー戦略は、それぞれの変数の選択によってかなりの違いが出る。このような独特の効果が毎年、プログラム

ごとに大きなリターンのばらつきを生み出しているのだ。ポートフォリオにさらに多くのトレンドフォロー戦略を追加すれば、個別の戦略の影響はならされていく。これを全体として行えば、相関性のあるリターンを組み合わせることで、体系的にリターンのばらつきを無視はできないが低い水準にすることができる（株のリターンの独特かつ体系的なリスクは、変数に依存することの重大さについて考える良い機会になる。ポートフォリオがある程度の規模ならば、相関性のあるリターン系列の体系的な効果のみが残る。この効果が体系的なのは、すべての戦略に影響し、戦略間の相関性は1未満なので分散できないから）。

　トレンドフォローシステムを使う代わりに、少し前にやったようにCTAの実際のリターンを組み合わせて、運用会社を追加したらリターンのばらつきがどのような影響を受けるかを調べてみよう。**図11.22**は、リターンのばらつき（n個の異なるトレンドフォロープログラムに投資した場合のリターンの四分位範囲の平均）を示している。**図11.18**と同様に、トレンドフォロープログラムの数は1〜20とする。CTAの実績には高い相関性があるが、さらにトレンドフォロープログラムを追加すると、リターンのばらつきはかなり小さくなった。このことは、トレンドフォロー系の運用会社を1社しか選ばないリスクを示している。1社では、変数の選び方によるリターンのばらつきが大きくなる。この点については、本章の最初に出てきたポジションサイズやセクターへの資本配分の変数の範囲のところでも述べた。単純なブレイクアウトシステムや移動平均線クロスオーバーシステムでも、トレンドフォロー系のポートフォリオに運用会社を数社加えるだけで、たとえ1年間でも会社ごとの変数選択の影響を減らすことができるのである。

図11.22　リターンのばらつき（平均年間リターンのIQR）とポートフォ
　　　　　リオに含めるトレンドフォロープログラムの数（CTAの実際
　　　　　の運用結果を使って算出）

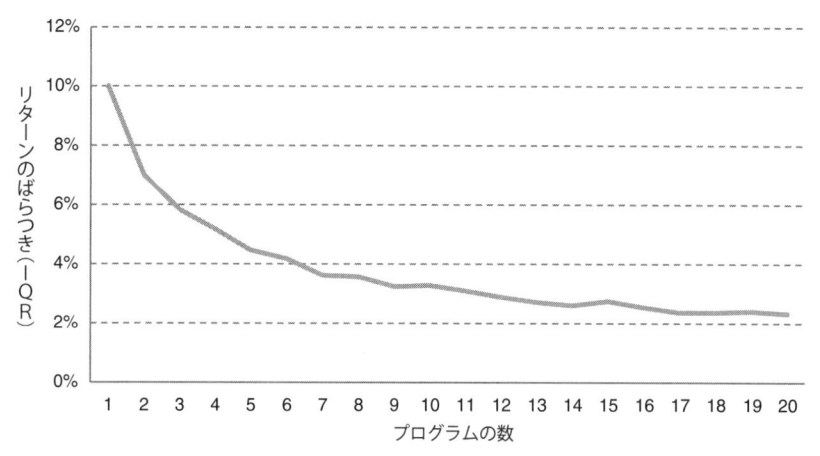

まとめ

　本章では、トレンドフォローシステムのリターンのばらつきについ
て書いてきた。まず、トレンドフォロー戦略を構造によって分類し、そ
れぞれについてポジションサイズとセクターへの資本配分の２つにつ
いて検証した。経験的に変数の範囲が大きいと、長期的なリターンの
ばらつきは広範囲になり、ランダム性も高くなる。この結果は、ポジ
ションサイズとセクター配分の両方について言える。市場のボラティ
リティを考慮すると、ポジションサイズについてもセクター配分につ
いても、ボラティリティがリターンのばらつきを大きくしているわけ
ではない。リターンのばらつきは、そもそもランダムなので、次は投
資家の観点からばらつきについて考えた。最適な変数を選択すること
は不可能だという前提に立てば、投資家はポートフォリオに複数のト
レンドフォロープログラムを組み込むことを考えるべきだろう。数種

類のトレンドフォロープログラムを追加することで、実際のリターンやトレンドフォローシステムから変数選択の影響を減らすことができる。最後に、本章では相関性のあるリターン系列とリターンのばらつきを理論的に分析した。この分析をCTAの実際のリターンと比較すると、CTA業界のリターンのばらつきは相関性が高いリターン系列の期待値と理論的に一致していることが分かる。要するに、リターンのばらつきは相関性が高いリターン系列において自然なことなのだ。トレンドフォローシステムは、それぞれが変数選択の影響を受けている。しかし、異なるトレンドフォロープログラムをポートフォリオに組み込むことで、この独自の影響を小さくすることができる。ただ、ポートフォリオがある程度大きければ、一定のばらつきは残る。このばらつきのレベルは、相関性はあるが完璧ではないリターン系列を組み合わせたポートフォリオに残った体系的な効果と言える。

参考文献

Agarwal, V., and N. Naik. 2000, "Performance Evaluation of Hedge Funds with Option-Based and Buy-and-Hold Strategies." EFA 0373; FA Working Paper No. 300.

"Dynamic Leveraging as a Factor of Performance Attribution." ISAM white paper, May 2011.

Fama, E., and K. French. "Common Risk Factors in the Returns on Stocks and Bonds." Journal of Financial Economics 33(1993): 3-56.

Fung, W., and D. Hsieh. "Empirical Characteristics of Dynamic Trading Strategies: The Case of Hedge Funds." Review of Financial Studies 2(1997): 275-302.

Fung, W., and D. A. Hsieh. "Asset-Based Style Factors for Hedge Funds." Financial Analyst Journal, 58, no.1(2002).

Sharpe, W. E. "Asset Allocation: Management Style and Performance Measurement."Journal of Portfolio Management 18, no.2(Winter 1992): 7-19.

第 **12** 章

指数とスタイルファクターの構築

Index and Style Factor Construction

　トレンドフォローシステムは、リスク配分、シグナル生成、フィルタリング、トレード執行などが複雑に組み合わさってできている。この組み合わせ方によって、似てはいるがどこか異なるシステムになっているのだ。前章でも書いたとおり、プログラム間の日々の相関性は高いことが多いが、クロスセクションのリターンのばらつきは、かなり大きくなることもある。そうなると、そのプログラムは業界の一般的なベンチマークやほかのトレンドフォロー系のファンドから大きく外れ、投資家は問題に直面する。投資家は、パフォーマンスの評価や戦略の分類や適切なベンチマークかどうか、スタイルドリフトしたかなどが気になる。パフォーマンスは、適切なベンチマークと比較しなければ、結果を誤解したり、運用会社のスキルを把握するのが難しくなったりする。しかし、業界のベンチマークと単純比較するだけでは十分とは言えないことが多く、同業者を基準とした分析は少し主観的になることもある。そこで、問題解決の一助として、グレイザーマンほか（2014年）がマネージドフューチャーズのリターンに基づいたスタイル分析の枠組みを紹介した。この論文は、トレンドフォロー戦略のダイバージェントなリスクテイキングに注目することで、戦略の構築とパフォーマンス（CTA［商品投資顧問業者］のリターンのクロスセクション）の直接的なつながりを示している。**図12.1**は、大手CTA

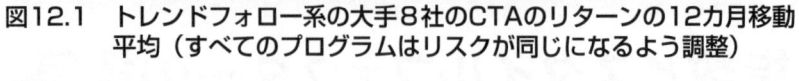

図12.1　トレンドフォロー系の大手8社のCTAのリターンの12カ月移動平均（すべてのプログラムはリスクが同じになるよう調整）

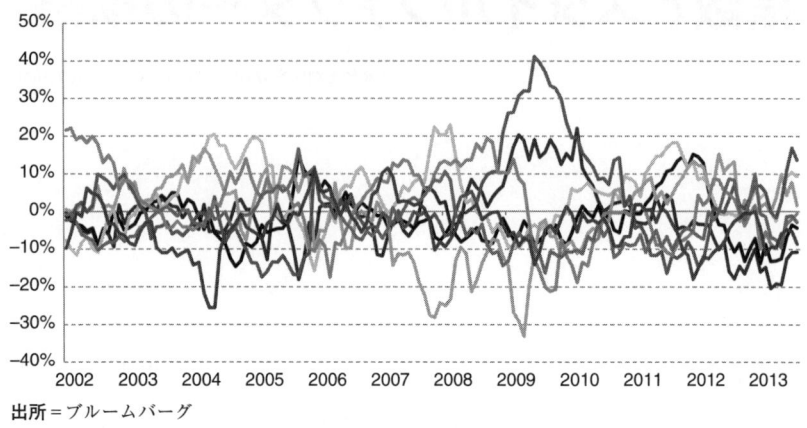

出所＝ブルームバーグ

8社の正規化したリターンの12カ月移動平均を示している。これを見ると、トレンドフォロー戦略の比較がいかに難しいかが分かる。

　本章では、ダイバージェントなリスクテイキングの新しいベンチマークの構築と、グレイザーマンほか（2014年）による3つのスタイルファクターについて説明していく。まず、ダイバージェントなリスクテイキングをおさらいし、それを使って基本的なダイバージェントトレンドフォロー戦略を設計してみよう。この簡単な戦略を構築することで、トレンドフォロー戦略のための「市場」を構築することができ、それがダイバージェントトレンドフォロー指数（DI）と呼ばれるようになった。次に、市場規模と株のバイアスとトレード速度に基づいて、3つのスタイルファクターを構築する。3つ目に、DIと3つのファクターを一般的な運用会社のリターンに基づいた指数や学術的な指数、伝統的な資産クラスなどと比較する。本章の分析は、リターンに基づくスタイル分析とそれを応用する（第13章）環境を整えてくれる。

ダイバージェントリスクテイキングのおさらい

　ダイバージェントリスクテイキングとコンバージェントリスクテイキングについては、第5章で詳しく書いた。ダイバージェントリスクテイカーは、コンバージェント派と違い、資産ごとのリターンの配分についてはあまり気にしない傾向がある。彼らは、下落すれば体系的に損切りを行い、順行すれば「フォロー」したり、時には増し玉したりする。ダイバージェント戦略のパフォーマンスは、たくさんの小さい負けトレードと、少数の大きい勝ちトレードという結果になる。つまり、これらの戦略のリターン分布はポジティブスキューで、ポジティブコンベクシティで、1トレードごとの勝率は低い。実際、この戦略のポジションごとの勝率は50％未満のこともある。しかし、トレンドフォロー戦略は、ヘッジファンドにポジティブスキューのリターン分布を提供する数少ない戦略でもある。要するに、トレンドフォロー戦略はダイバージェントリスクテイキングを先物市場全体で適用しているのである。

　通常、考えられているのとは違い、長期的に見れば仕掛けの予測可能性は、手仕舞いのそれほど重要ではない。そして、このことは解釈と戦略構築の余地を生むことが多い。トレンドフォロー戦略にはそれぞれいくつかの主要な判断がある。ポジションを仕掛ける仕組み、市場別のリスク配分、損切りの基準、ポジションの選択性などである。仕掛けのシグナルは、たいていノイズの多い価格データでトレンドが上昇しているか下降しているかを判断して出している。リスク配分のルールは市場ごとにリスクをどれくらい配分するかを決めている。そして、損切りの基準は、上昇トレンドや下降トレンドが存在していないとみなされるときを判断している。ポジションの選択性は、ある戦略にとって、どの市場がより適切か、あるいは同じ市場で上昇トレンドと下降トレンドのどちらを選択するかを説明している。

図12.2　トレンドフォロー戦略の核となる部分

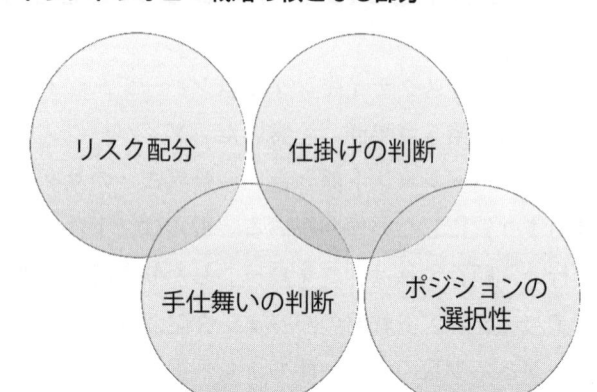

　トレンドフォロー戦略は、4つの核となる部分に分けることができる。それが**図12.2**に示したリスク配分、仕掛けの判断、手仕舞いの判断、ポジションの選択性である。これらの部分については、ダイバージェントリスクテイキングの視点でおさらいしていく。

仕掛けの判断

　仕掛けの判断は、いつポジションを建てるかを決めることである。純粋なダイバージェントリスクテイカーは、仕掛けのポジションについては何の見通しも持っていないのかもしれない（モメンタムの概念については、学者の間で幅広く議論されている。モメンタムの主な問題は、仕掛けと手仕舞いを判断するためにモメンタム戦略を導入しなければならないことである。そして、モメンタムという言葉は、投資家や学者にモメンタム戦略を使えば資産価格が予想できるという誤解を生むことが多い。ダイバージェントリスクテイキングの手法の特徴の1つは非対称性で、手仕舞いの判断は仕掛けの判断よりもより重要で

より複雑である）。第3章で書いたとおり、単純なトレンドフォローシステムは移動平均線を使って仕掛けを決めているかもしれない。例えば、ペダーセンとウーイとモスコウイッツ（2012年）は、時系列のモメンタム戦略で仕掛けと手仕舞いの両方に12カ月の時間枠を使っている（別の例を挙げると、ニューエッジ・トレンド・インディケーターは、20日と120日の移動平均線クロスオーバーシステムを約50の異なる先物市場に応用している）。仕掛けの判断は、洗練された仕掛けの仕組みを使えば、長期的にリターンを予測できることを示唆しているのかもしれないということで、議論の余地があるかもしれない（Pedersen と Ooi と Moskowitz［2012年］は、1つの特徴があるモメンタムの時系列を使っており、そのなかには12カ月の観察期間が含まれている。彼らは、さまざまな特徴を使って実験を行った結果、リターンのばらつきは戦略の構造によっても変化することが分かった。仕掛けの時間枠と手仕舞いの時間枠は過去のリターンに基づいており、これらは資産価格における時系列のモメンタムの異常を記録している）。グレイザーマンほか（2014年）は、長期的な資産価格を予測できるという憶測を避けるため、単純な仕掛け判断を使っている。その一方で、フンとシェ（1997年b）は、トレンドフォロー戦略がルックバックストラドルオプションと似ていることを数学的に示した。そうなると、仕掛けと手仕舞いの判断は、エキゾチックオプションのポートフォリオの単純なコピー（または、デルタヘッジ）ということになる（Fung と Hsieh［1997年b］は、資産のリターンが予測できるという前提がなくても、トレンドフォロー戦略が数学的に機能するということを理論的に説明した。多くの投資家にとって、問題はルックバックストラドルがトレードされていないことで、これはリターンのベンチマークの課題と言える）。

手仕舞いの判断

　トレンドフォローシステムで最も重要なのは、ポジションを手仕舞う判断である。第1章で取り上げたチューリップバブルの例でも、この非対称性の話が出てきた。仕掛けの判断は未熟でもよいが、手仕舞うときの判断が全体のパフォーマンスに与える影響ははるかに大きい。話はそれるが、行動ファイナンスの論文には、損失と利益の間接的な非対称性が確認できるたくさんの証拠がある（行動ファイナンスには非対称性を示唆する幅広い項目がある。特に、プロスペクト理論や行動経済学のポジティブ理論は、効用関数の損失回避、つまり人は利益よりも損失を重視するとしている。また、ディスポジション効果によって、損切りは遅く、利食いは早すぎる人もいれば、スネークバイト効果によって以前に損失を被った投資を避ける人もいる。損失の非対称性の問題は、KaminskiとLo［2014年］の損切りに関する部分でも議論されている）。手仕舞いの判断は、その戦略の許容損失額によって明確に決まる。許容損失額は、単純にダイバージェントリスクテイカーがポジションの損切りをするまでの含み損である。図12.3は、チューリップバブルの価格の動きで、許容損失額が小さいダイバージェントリスクテイカーは、少しの損失が出ると（例えば、2月の10%の下げ）すぐに損切りした。一方、それよりも許容損失額が大きい2人目のダイバージェントリスクテイカーは、チューリップを3月に売った。そして、3人目の損失許容額がかなり大きい人は、バイ・アンド・ホールドに転じてバブルに便乗したあと、そのまま暴落に巻き込まれた（もしかしたら損失に直面してディスポジション効果が出ていたのかもしれない）。

図12.3　チューリップバブル時の球根の標準価格（1636～1637年）

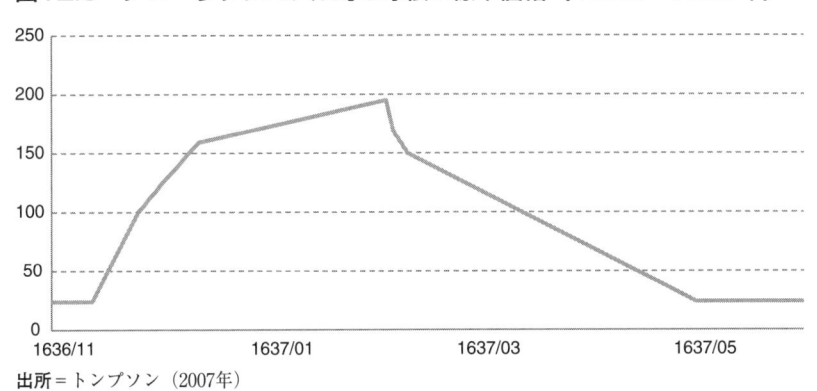

出所＝トンプソン（2007年）

ポジションの選択性とリスク配分

　仕掛けと手仕舞いの仕組み以外に、トレンドフォロー戦略の構築にかかわる主な要素があと２つある。まず、純粋なダイバージェントリスクテイカーは、どのポジションにも明確な見通しを持っていないため、ポジションを恣意的に選択すべきではないということだ。ただ、特定のポジションを選ぶシステムを構築することはできる（いわゆるフィルタリング）。ダイバージェントリスクテイカーは、異なる資産クラスの価値について「確信がない」し、見通しもない。例えば、純粋なダイバージェントの手法は債券よりも株を選ぶということはしない。ポジションを建てる資産は、シグナルの強さだけで選択しているのである。

　検証すべき２つ目の要素は、リスク配分とそれに合わせた資本配分である。リスク配分は、それぞれの市場にどれくらいのリスクを配分するかを決める。理論的に最も単純な方法は、過去のボラティリティに基づいた均等リスク配分である。この方法は、相関性を考慮しない

リスクパリティと似ている。均等リスク配分をしない戦略は、市場規模、流動性、リスクプレミアム、高パフォーマンスを期待するリスクプレミアムなどに注目しているのかもしれない。

ダイバージェントなトレンドフォロー戦略を定義する

ダイバージェントリスクテイキングの手法の特徴をつかむために、単純なダイバージェントのトレンドフォロー戦略を定義してみよう。ダイバージェントトレンドフォロー戦略Dのリターンを (r_t^D) とすると、ここには基本的な仕掛け判断と、手仕舞いを決めるトレイリングストップが含まれ、資本を複数の市場に均等リスク配分する。仕掛けの判断は、資産の将来のリターンに関して意図的に予想しないようにするために、ごく基本的な方法で行う。トレイリングストップは単純な損切りルールで、価格の動きを「追跡」して損切りの水準を更新していく。均等リスク配分は、市場別にリスクを配分する単純で「不可知論的」で安定した手法である。この手法は、ボラティリティが比較的長期にわたって持続するという仮定のみに依存している。

リスク配分

特定の市場における名目ポジション (v) は、買いでも売りでも、サイズの関数と調整リスク額の合計と取引の額面価格の積で、次のように表すことができる。

$$v = s \times \left(\frac{\theta \times c}{\sigma_K(\Delta P) \times PV} \right) \times (PV \times P)$$

サイズの関数は、−1〜1 $(s \in [-1,1])$ の値で、仕掛けシグナルや

手仕舞いシグナルに基づいて取引のサイズと方向性を決めている。サイズ関数については、この項の後半で詳しく説明する。配分される調整リスク額の合計は、配分されたリスク額を先物取引のリスク額で割った額になる。配分されたリスク額は、リスクプレミアム（θ）と、市場ごとに配分した資本（c）の積になる。先物取引のリスク額は、各取引の観察期間（K）の実現リスク額（$\sigma_K(\Delta P)$）と、ポイントバリュー（PV）の積になる（ポイントバリューは、先物取引のサイズに使われる乗数）。そして、1取引の名目価値は、ポイントバリュー（乗数）と取引価格の積である。

　この式をよく見ると、一般的な部分と拡張的な部分がある。まず、単純なケースでは、すべての市場でリスクプレミアム（θ）を同じにして、たいていはベーシスポイントで表記することが多い（例えば、市場ごとに0.02）。リスクプレミアムをこのように設定するのは、トレンドフォローシステムでレバレッジを可能にするためである。戦略への資本配分も市場によって違うが、単純なケースでは資本を均等に配分していく。つまり、市場ごとの資本は、資本総額（C_T）をトレードする市場の数（N）で割った金額になる。

$$c = \frac{c_T}{N}$$

　この式は、トウモロコシの買いポジションのような例で見ると分かりやすい。もしトウモロコシの先物取引の実現リスクが$\sigma_K^{Corn}(\Delta P) \times (PV)$＝7000ドルならば、リスクプレミアムは0.02、資本配分額は100万ドル、取引サイズ（ポイントバリュー）は50、典型的な価格は430ドルになる。もしポジションサイズが単純に1（$s = 1$）ならば、名目ポジションはトウモロコシを6万1428.57ドルの買いということになる。ここで、トウモロコシと典型的な原油取引を比較してみよう。例えば、

原油先物の実現リスクが$\sigma_K^{oil}(\Delta P) \times PV = 2$万4000ドルならば、リスクプレミアムは0.02、配分した資金は100万ドル、ポイントバリューは1000、典型的な価格は95ドルとなる。$s = 1$の場合、これは7万9166.67ドルの買いポジションとなる（名目イクスポージャーの総額が資本配分と同じでないということは重要。配分した資産の合計は、先物取引所が定める取引のための必要証拠金にも依存している）。ここで最も重要なのは相対的なサイズである。トレンドフォローシステムの合計リスクは、リスクプレミアムの変化に合わせて増減する。例えば、取引ごとのリスクプレミアムは、倍の0.04になり、各市場のポジションも倍増して、同じ資本を配分してもトウモロコシは12万2857.14ドル、原油は15万8333.33になる。

仕掛けと手仕舞いの判断

　市場ごとの名目ポジションには、特性を知っておくべき重要な変数がある。サイズ関数は、トレンドフォロー戦略の実装方法を判断する。特定の時間tのサイズ関数（s_t）が、ポジションサイズと、方向と、買いか売りかを決めるのである（ここでは、普遍性を失うことなく全ての市場において同じ方法が適用できるようにするために、特定の市場を示す添え字の「i」は必要がない）。

　仕掛けと手仕舞いの判断は、基本的なダイバージェントリスクテイキングの手法に沿う形で構築しなければならない、トレイリングストップは損切りの単純かつ一貫した手法で、含み損が一定額に達すると手仕舞うルールである。トレイリングストップの主な特徴は、損失額の基準が、過去の価格動向の関数で、実質的に「価格」を「トレイル」（追跡）していることである。この手法の主な変数は、トレイリングストップの損失許容量（γ）である。これは、トレンドフォロー戦略の損切りの近さを定義するもので、単純に損失許容量と呼ぶことができる。

もし（γ）が大きければ、この戦略は損失許容量が大きいということで、大きな損失が出なければトレイリングストップには達しない。これは、遅いトレンドフォローシステムと似ている。一方、もし（γ）が小さければ、その戦略は損失許容量が小さく、早めの手仕舞いが多くなる。同じ例で言うと、速いトレンドフォローシステムと似ている。トレイリングストップは、損切りの水準を（γ）と過去の価格動向の関数として更新していく。買いと売りのトレイリングストップ指数はそれぞれ（$I_t^{TS,long}$、$I_t^{TS,short}$）と定義できる。これらの指数は、買いや売りのトレイリングストップの水準に達すると始動する。（$I_t^{TS,long}$）は次のように定義できる。

$$I_t^{TS,long}(\gamma) = \begin{cases} 1 & if \quad P_t \leq TS_{t-1}^{long} \quad \text{買いポジションの損切り} \\ 0 & if \quad P_t > TS_{t-1}^{long} \quad \text{買いポジションを継続} \end{cases}$$

ここで、（P_t）は時間 t における価格、（TS_{t-1}^{long}）は時間 $t-1$ のトレイリングストップのレベルである。また、（TS_t^{long}）は、時間 t ごとに次の式によって更新される。

$$TS_t^{long} = \max\left(P_t - \gamma\sigma_m, TS_{t-1}^{long}\right)$$

ここで（σ_m）は時間枠（m）の価格のボラティリティである。売りポジションの損切り指数も同じように定義できる。

$$I_t^{TS,short}(\gamma) = \begin{cases} 1 & if \ P_t \geq TS_{t-1}^{short} \quad \text{売りポジションの損切り} \\ 0 & if \ P_t < TS_{t-1}^{short} \quad \text{売りポジションを継続} \end{cases}$$

ここで（P_t）は時間 t における価格で、（TS_{t-1}^{short}）は、時間 $t-1$ における売りのトレイリングストップ。（TS_{t-1}^{short}）は、次のように定義できる。

$$TS_t^{short} = \min(P_t + \gamma\sigma_m, TS_{t-1}^{short})$$

トレイリングストップのレベルは、それ以前の価格の動きに追従している。価格が上昇すると、トレイリングストップも上昇する（逆も同じ）。トレイリングストップのレベルは常に直近のトレイリングストップのレベルと、現在の価格に基づいた新しいレベルの大きいほうとなる。もし現在の価格が100ドルで、損失許容量が5、過去のボラティリティが10％ならば、現在の損切りレベルは50ドルになる。トレイリングストップのレベルは価格が最近上昇したが、下落したなら、現在のトレイリングストップは99ドルかもしれない。この場合、新しいトレイリングストップの水準も99ドルになったのであれば、前のトレイリングストップは48ドルだったので100ドルになったのかもしれない。この場合、次の損切りレベルは先に計算した50ドルになる。

仕掛けの仕組み

意図的に簡単にしてはあるが、ダイバージェントなトレンドフォロー戦略の仕掛けはそもそもあまり重要ではない。まず、ヒューリスティクスによる仕掛けの選択を促すため、少し寄り道して行動ファイナンスについて書いておく。一般的な行動ヒューリスティクスである確率対応を理解する助けになると思う。人は、2つの選択肢（HかT）があると、ランダムにHを全体の配分と同じ頻度で選ぶ。これはヒューリスティクスの分野では確率対応と呼ばれている。例えば、表（H）が75％の確率で出るコインがあると、私たちは表と裏をそれと同じような頻度で選ぶ。例えば、HHHHHHHHHHH

ＨＨＨＨよりもＨＨＴＨＨＨＴＨＴＨＨＨＨＴＨＴを選ぶのだ。もし
Ｈの頻度が分かっていなければ、頻度の最善の見積もりを使ってＨの
頻度を選ぶ。この行動ヒューリスティクスは、時間の経過とともに一
連の二分決定を迫られたとき、結果的に最適な行動であることが分か
っている（ＢｒｅｎｎａｎとＬｏは、「The Origin of Behavior」［2011年］と
いう論文のなかで、確率対応は集団のなかで成功するための最適な戦
略だと説明している。２人は、行動ファイナンスの文献で説明可能な
行動ヒューリスティクス［プロスペクト理論、確率対応、リスク選好
ほか］を説明できる一連の単純な決定モデルを検証した）。

　トレンドフォローシステムは、連続した二分決定を行っている。仕
掛けの判断をするときは、コイントスのように、必ずトレンドが上か
下か（ＨまたはＴのように）を判断するのだ。このとき、トレーダー
は買うか売るかを、単純に上昇トレンド（Ｈ）と下降トレンド（Ｔ）の
最善の確率対応で推定して（$\hat{p}_t^{up}$と$\hat{p}_t^{down}$）、同じ頻度で決めている。つ
まり、システム全体の判断としては平均が最善の正味推定値となる。も
っと簡単に言えば、サイズ関数は、上昇トレンドか下降トレンドの推
定値の差とすべきなのである。

$$s_t = \hat{p}_t^{up} - \hat{p}_t^{down}$$

　トレイリングストップに達するのは、買いポジションか売りポジショ
ンでＨかＴが出たのと同じことである。例えば、２つの売りポジショ
ンがトレイリングストップに達すると、これは裏が２回出たのと同
じことである（ＴＴ）。上昇トレンドと下降トレンドの頻度は、新しい
情報を得るたびに更新すべきである。上昇トレンドと下降トレンドの
確率の推定値は、次の式で更新できる。

$$\hat{p}_t^{up} = \hat{p}_{t-1}^{up} + 0.5 \times \left(\hat{p}_{t-1}^{down} I_t^{TS,short} - \hat{p}_{t-1}^{up} I_t^{TS,long} \right)$$

$$\hat{p}_t^{down} = \hat{p}_{t-1}^{down} + 0.5 \times \left(\hat{p}_{t-1}^{up} I_t^{TS,long} - \hat{p}_{t-1}^{down} I_t^{TS,short} \right)$$

　買いポジションでも売りポジションでも、トレイリングストップに達すると必ずサイズ関数を調整して最善の推定値（上昇か下降か）になるようにする。ちなみに、上昇トレンドの確率と下降トレンドの確率を足すと1になるが、サイズ関数の範囲は−1〜1である。

　このシステムは、例を使って説明するのが最も分かりやすいかもしれない。まず、時間0の時点では、上昇トレンドの確率についても下降トレンドの確率についても事前の見解はないと仮定する。つまり、$P_0^{up} = P_0^{down} = 0.5$で、サイズ関数は0（$s_0 = 0$）である。仮に、最初にトレイリングストップに達したのが時間（τ_1）、2回目が（τ_2）で（$\tau_1 < \tau_2$）、どちらも売りポジションだったとしよう。トレイリングストップの指数は売りが1で買いが0なので、$I_{\tau_1}^{TS,short} = 1$、$I_{\tau_1}^{TS,long} = 0$となる。最初のトレイリングストップ（$\tau_1$）の時点で、この市場の上昇トレンドの可能性は次のようになる。

$$\hat{p}_{\tau_1}^{up} = \hat{p}_{\tau_1-1}^{up} + 0.5 \times \left(\hat{p}_{\tau_1-1}^{down} I_{\tau_1}^{TS,short} - \hat{p}_{\tau_1-1}^{up} I_{\tau_1}^{TS,long} \right)$$
$$= 0.5 + 0.5 \times (0.5(1) - 0.5(0)) = 0.75$$

　この推定値を使って（τ_1）の時点の買いポジションのサイズ関数を判断すると、0.5になる。

$$s_{\tau_1} = \hat{p}_{\tau_1}^{up} - \hat{p}_{\tau_1}^{down} = 0.75 - 0.25 = 0.5$$

次に、売りポジションがトレイリングストップに達した時間（τ_2）で、推定値は再び更新される。

$$\hat{p}_{\tau_2}^{up} = \hat{p}_{\tau_2-1}^{up} + 0.5 \times \left(\hat{p}_{\tau_2-1}^{down} I_{\tau_2}^{TS,short} - \hat{p}_{\tau_2-1}^{up} I_{\tau_2}^{TS,long} \right)$$

$$= 0.75 + 0.5 \times \left(0.25(1) - 0.75(0) \right) = 0.875$$

この推定値を使って、買いポジションのサイズ関数を調整すると、0.75になる。

$$s_{\tau_2} = \hat{p}_{\tau_2}^{up} - \hat{p}_{\tau_2}^{down} = 0.875 - 0.125 = 0.75$$

トレイリングストップに達すると、推定確率はトレイリングストップに達した頻度に基づいて調整されるというのは直感的に合っている。このトレード戦略は比較的単純で、トレイリングストップの頻度に直接的に依存しており、トレイリングストップは損失許容量のレベルに対応している（このトレードシステムは本質的に前提条件のないベイズシステムで、最初の確率は50/50が、損切りに達するたびに更新されていく）。

トレンドフォロー戦略に適した「市場」を定義する

前の項で、トレンドフォローシステムの単純なリスクテイキングの手法の特徴を見てきた。この戦略には、いくつかの簡単な前提がある。まず、この戦略はトレイリングストップの頻度から上昇トレンドと下降トレンドの確率を推定してポジションを仕掛ける。そして、手仕舞いは単純なトレイリングストップのヒューリスティクスと損失許容量（γ）で決まる。

　次のステップは、ダイバージェントリスクテイキングに適した市場を判断することで、これは株のリスクに適した市場を探すのと似ている。株に適した「市場」は、株価指数か時価総額で加重平均した株の買いポジションのバスケットである。この場合、ダイバージェントリスクに適した市場は、トレード戦略のバスケットで、それは損失許容量（γ）の範囲を表している。そして、ダイバージェントトレンドフォロー指数（DI）は、幅広い損失許容量のトレード戦略の均等加重バスケットと定義できる（最も基本的なダイバージェントトレンドフォロー指数は、損失許容量に関係なく均等加重する。この指数の摂動と戦略の組み立て方が、本章後半のスタイルファクターの構築へとつながっている）。実際には、この指数は限られた数の戦略と妥当な範囲の損失許容量（γ = 4、6、……20）で構築できる。そうすれば、株とは違い、導入が最も簡単な均等加重がより適している。DIは、ダイバージェントリスクテイキングの平均リターンを表している。この特徴を考えれば、リターン（r_t^{DI}）のDIを素直に構築すると次のようになる。

$$r_t^{DI} = \frac{1}{N} \sum_{i=1}^{N} r_t^{D} \left(\gamma_i \right), \quad \gamma_i = 4,6,8 \ldots 20$$

　ここで、$r_t^{D} \left(\gamma_i \right)$ はN種類の損失許容量（γ_i）のダイバージェントトレンドフォロー戦略のリターンになる。

　直感的には、DIは一定の損失許容範囲の決定性戦略を均等加重でバスケットにしたものである。運用会社の業界指数や特定のトレンド指数とは違い、DIは主観的かつ特別に変数化した戦略を大量に集めて作ったものではない。この手法は単純なので、スタイルファクターの設計の修正が可能になる。スタイルファクターの構築は、基本のダイバージェントリスクテイキングの手法を調整してリスクとリターンの特性を変えられることを説明する助けになる。ただ、スタイルファクタ

ーを構築する前に、DIを構成する5つのカギとなる前提と特性をまとめておこう。

1. **リスク配分**　リスクをすべての市場に均等配分する（ポジションは過去のリスク額に基づいて建てる。市場規模や流動性は考慮しない）。
2. **損失許容量**　すべての市場で同じとする（特定の市場で優先的に損失を出すことはしない）。
3. **手仕舞い戦略**　戦略の損失許容量に依存するトレイリングストップのみで決まる。
4. **仕掛け戦略**　仕掛けの判断は手仕舞いの直後から行われる。ポジションサイズは単純に上昇トレンドの確率から下降トレンドの確率を引いた推定値の差に基づいている。
5. **ポジションの選択性またはバイアス**　特定のセクターや資産クラスや市場に明らかなバイアスはない。

　DIはトレード可能な投資戦略を均等加重で組み合わせたもので、少数の変数で完全に定義できるということを指摘しておきたい。この指数は先物市場でトレード可能な戦略を幅広く集めたもので、長期的なリスク分散と損失の取り方で差別化している。なかにはこの手法から逸脱するものがあるかもしれないが、基本的にトレンドフォロー戦略はきちんとリスクを配分して損切りを行うものである。

　DIは単純ではあるが、トレンドフォロー業界を比較的よく表している。**図12.4**と**図12.5**は、DIの過去のパフォーマンスを、運用会社が発表しているいくつかの一般的な指数と合わせて示している。運用会社の指数は、個別の運用会社が作ったトレンドフォロー戦略のバスケットで構築されており、トレンド指数は一連の変数で構築している。例えば、ニューエッジトレンド指数は、約50の先物市場を対象とした単

図12.4　2001年6月〜2013年12月のバークレイCTAとニューエッジCTAとDIの過去のパフォーマンス（リスクはすべて6％に正規化）

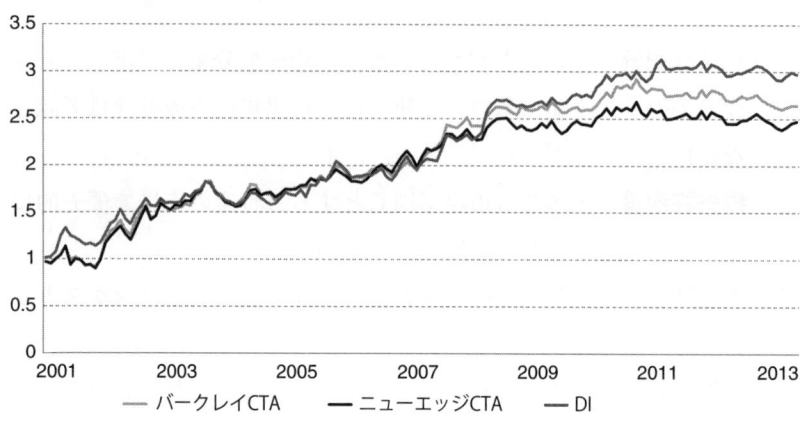

出所＝ブルームバーグ

図12.5　2001年6月〜2013年12月のニューエッジトレンド指数とTSMOMとDIの過去のパフォーマンス（リスクはすべて6％に正規化）

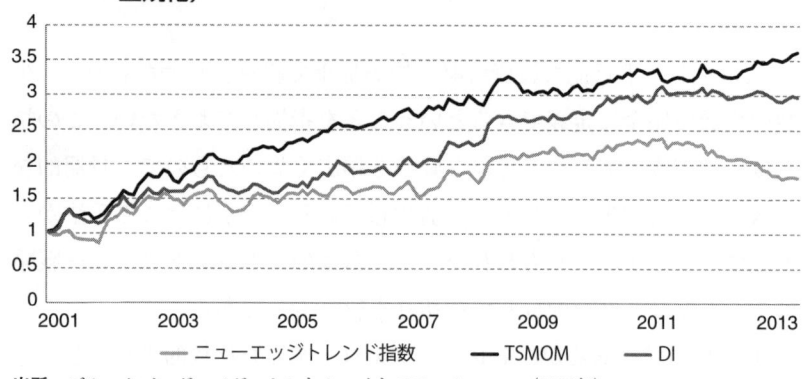

出所＝ブルームバーグ、ペダーセンとウーイとモスコウィッツ（2012年）

純な20日／120日移動平均線クロスオーバーシステムで、ペダーセンとウーイとモスコウィッツ（2012年）が定義したTSMOMは12カ月移動

図12.6　DIと運用会社による一般的な指数（バークレイCTA、ニューエッジ、ニューエッジトレンド、BTOP50）とトレンド指数（ニューエッジトレンドインディケーター、TSMOM、フンとシェ）の相関性（2001年6月〜2013年12月）

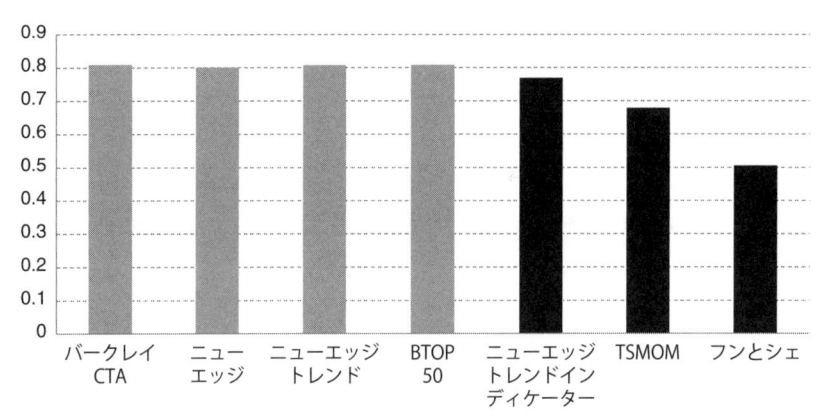

出所＝ブルームバーグ、ペダーセンとウーイとモスコウィッツ（2012年）、フンとシェ（2001年）

平均線を使っている。

　例えば、**図12.6**はダイバージェントトレンドフォロー指数といくつかの運用会社系の指数やトレンド指数との相関性を示している。運用会社系の指数の多くは相関係数が0.8で、これはダイバージェントリスクテイキングがトレンドフォロー戦略の中核を成していることを示している。このことは、業界のトレンド指数や学術的なトレンド指数からも明らかだ。ニューエッジトレンド指数は、損失許容量を最も重視した単純なダイバージェントトレンドフォローシステムと最も相関性が高い。一方、フンとシェ（1997年b）のルックバックストラドルオプション戦略（フンとシェの指数のデータは、https://faculty.fuqua. duke.edu/~dah7/DataLibrary/TF-Fac.xls から入手できる）は、DIとの相関性が最も低い。

　DIは一見単純な構造だが、トレンドフォロー戦略の重要な側面をとらえていると思う。また、手仕舞いの判断と損切りの過程を最も重視

するシステムがトレンドフォロー戦略の特徴をよく表していることも興味深い。次のステップは、戦略の構造を修正して、トレンドフォロー戦略のより広範囲の手法を説明できるようにしていく。

スタイルファクターの構築

前の項では、DIや先物市場でダイバージェントリスクテイキングに適した市場の概要を紹介した。株価指数を構築するのと同じで、指数の構築は「市場ベータ」を理解し、株のリスクを一般的に評価する基準となる。今回は、ダイバージェントトレンドフォロー指数が、トレンドベータとダイバージェントリスクテイキングの一般的な評価を理解するための基準となる。株式市場ではマーケット指数の構築方法で、MCAPの特定のアノマリー（小型株効果、バリュー株効果など）を説明することはできない。しかし、ファーマ・フレンチのファクター（1993年）と同じように、ここでも3つのCTAスタイルファクターを構築することはできる。これらのファクターは、トレンドフォロー戦略を構築するときのスタイルの偏差を説明するのに役立つ。グレイザーマンほか（2014年）は、市場規模と株のバイアスとトレードの速度に基づいてスタイルファクターを構築した。この項では、この3つのスタイルファクターの構造を詳しく見て、それぞれに関する洞察を説明していく。

市場規模ファクター

DIという指数の主な前提の1つは、すべての市場にリスクを実際のボラティリティのみに基づいて、均等加重で配分することである。ちなみに、これと対極にあるのが、リスクを先物市場の規模に応じて配分することである（第3章参照）。市場規模でリスクを加重する手法で

あっても、過去のボラティリティは考慮しているが、資本配分（c^i）は市場規模の関数として設定できる。実際、市場規模は出来高と価格のボラティリティの積で測ることができる（市場規模［MCAP］は、1日の出来高の250日移動平均と1日のボラティリティの移動平均［1日遅れ］）。資本は全体の市場規模の関数として配分される。各市場（i）に市場規模で加重する戦略の名目ポジションは次のように算出できる。

$$v^{MCW,i} = s^i \times \left(\frac{\theta \times c^i}{\sigma_K \left(\Delta P^i \right) \times PV^i} \right) \times \left(PV^i \times P^i \right)$$

$$c^i = \frac{MCAP_i}{\sum_{j=1}^{N} MCAP_j}$$

この論理を使うと、SMB（市場規模ファクター。Small Minus Big。リターンはr_t^{SMB}）は、ダイバージェントトレンドフォロー戦略の均等リスク加重と市場規模による加重の違いということになる。要するに、SMBは、より多くの資本を小規模で流動性が低くなりがちな市場（たいてい規模が制限されている市場）に配分することの影響を示している。これは、ファーマとフレンチ（1993年）が株について説明したSMBファクター（企業規模に関するリスクファクター）と似ている。この場合、SMBは次のように定義できる。

$$r_t^{SMB} = r_t^{DI} - r_t^{MCW}$$

市場規模を使った手法も、株式市場のように大きくて流動性が高い先物市場により大きいリスクを配分する。運用資産額が大きくて規模の制約があるトレンドフォローシステムは、運用資産額だけの理由でこの手法に限定される可能性がある。これは、トレードコストやスリ

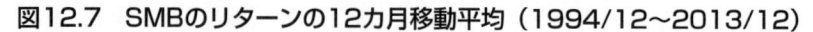

図12.7 SMBのリターンの12カ月移動平均（1994/12〜2013/12）

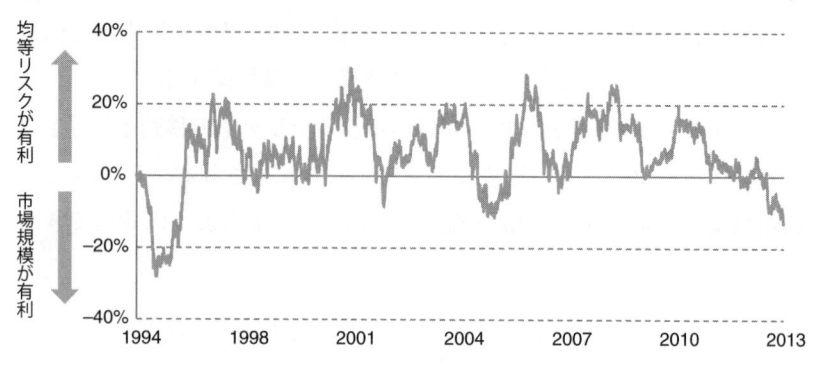

ッページや規模が小さい市場への影響が関係しているのかもしれない。実際には、規模ファクターはダイバージェントリスクテイキングのチャンスやトレンドが、小さな市場か大きくて資金力のある先物市場からいつ訪れるかを教えてくれる。**図12.7**は、SMBのリターンの1年移動平均を、1994年12月〜2013年12月にかけて示している。1993年9月〜2013年12月のSMBはプラスで、平均6.3％だった。これは、長期的に小さい市場の影響が出ているように思える。この20年のサンプル期間にリスクを小さい市場に配分したら、リターンが高くなったのだ。ただ、株の小型株効果と同じで、このプレミアムも安定的なものではないことは覚えておく必要がある。時期によって小さい市場が大きい市場のパフォーマンスを大きく下回ることもある。例えば、2009年以降、SMBは下がり続けている。その理由を推測すると、最初の可能性は量的緩和で、これは大規模で流動性も高い債券市場や株市場に大きいトレンドを生み出すことができる。そして、もし大市場で大きなトレンドができれば、小さい市場のパフォーマンスを上回る。また、規模ファクターは小さい市場の流動性や規模の問題と直接つながっている。これらの問題については、第15章で詳しく述べる。

株のバイアスファクター

　DIは、特定の市場を優先することはない。ここで再び寄り道して行動ファイナンスの話をすると、投資家は特定の値や資産をアンカーにして、相対的に評価する傾向がある。金融市場で、比較対象として主なアンカーとなっているのは株式市場である。ほとんどの投資家の関心は、株式市場に集中しているのだ。そうなると、トレンドフォロー系の運用会社が戦略を構築するときに、株のバイアスを含めようとすることは十分あり得る。しかし、株の買いバイアスが追加されるとその戦略の統計的性質の一部が変化し、そのうちの１つとしてクライシスアルファが低下する。株のバイアスについては、第14章でさらに詳しく述べる。株のバイアスを検証するために、EQB（株のバイアスファクター）を、ダイバージェントトレンドフォロー戦略の明らかに株の買いバイアスがあるものと、明らかに売りバイアスがあるものの差と定義する。株のバイアスファクターのリターンr_t^{EQB}の特徴は、数学的に次のように表すことができる。

$$r_t^{EQB} = r_t^{DI}\left(v_t^i > 0\right) - r_t^{DI}\left(v_t^i < 0\right), i \in Equities$$

　株のバイアスファクターは、ルールを足したりフィルターをかけて普通以上にシステムを偏らせたりしたときの影響を分離することができる。具体的に言うと、株にリスクプレミアムがある想定の下では、長期的に上昇トレンドのほうが下降トレンドよりも多くなる。現実にもそうなっているが、均等なリスク配分と、買いや売りへの均等な資本配分が同じではないことを明確に区別しておくことが重要だ。買いと売りの比率は、その市場の実際のトレンドに依存している。株の場合、買いシグナルのほうが売りシグナルよりもずっと多く出る。つまり、リスクを均等配分しても、長期的には買いバイアスになっているという

図12.8　EQBの12カ月リターンの1年移動平均（1994/12～2013/12）

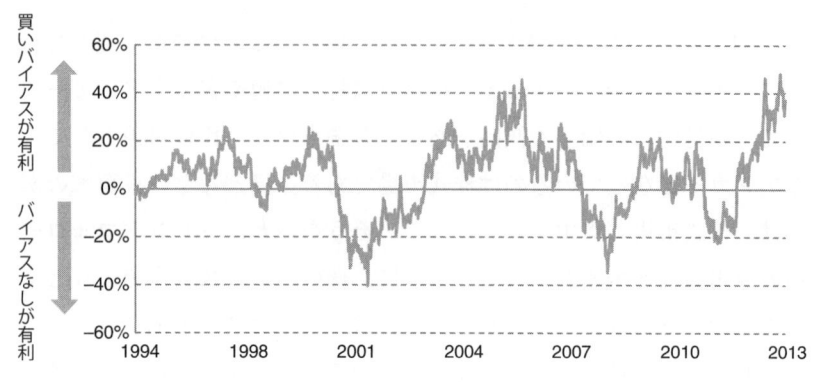

ことになる。もし運用会社が株価指数のリターンをさらなるアンカーにしたければ、株のマイナスシグナルを除去したり空売りポジションを制限したりすることもできる。株のバイアスファクターは、トレンドフォロー戦略がリスクを株の買いポジションにどれほど過剰に配分しているかを相対的に説明しているのである。

　図12.8は、株のバイアスファクターの12カ月リターンの1年移動平均を1994年12月から2013年12月にかけて示している。この図のなかで、株のバイアスファクターが株価指数のパフォーマンスを追跡しているのは明らかだ。株式市場の信用危機やITバブルの時期にドローダウンになっているからだ。株にさらなるバイアスを追加することは、ポートフォリオに株を追加したり、戦略に株のベータを追加したりするのと似ている。直感的に、株のバイアスがあるシステムのほうがシャープレシオが高くなるが、株式市場が危機のときにはトレンドフォロー戦略の良いところが一部失われる。例えば、1993～2013年の株のバイアスファクターの平均年間リターンは6.7％である。株のバイアスファクターが、トレンドフォロー戦略の統計的性質の一部を変えて、クライシスアルファを減らしたのだ。このことについては、第14章で詳し

く述べる。

トレードの速度ファクター

　現実の世界では、CTAに投資しているほとんどの人が運用会社に平均保有期間を質問する。この単純な数字を聞いてそのプログラムがどれくらいの速さでトレードしているかを知るためだ。ただ、問題はこの数字がトレンドフォローシステムの広範囲の変数が複雑に組み合わさった値の平均にすぎないということである。ダイバージェントトレンドフォロー戦略を使うと、速い戦略で損失許容量が小さいシステムと、遅い戦略で損失許容量が大きいシステムのパフォーマンスを比較することができる。SMF（トレードの速度ファクター。Slow Minus Fast）は、遅くて損失許容量が大きい戦略と、速くて損失許容量が小さい戦略の差と定義することができる。グレイザーマンほか（2014年）は、トレードの速度ファクターのリターンr_t^{SMF}を次のように定義している。

$$r_t^{SMF} = r_t^{DI}\left(\overline{\gamma}_{slow}\right) - r_t^{DI}\left(\overline{\gamma}_{fast}\right)$$

$$\overline{\gamma}_{fast} = 4,\ldots 10; \ \overline{\gamma}_{slow} = 14,\ldots 20$$

　トレードの速度ファクターは、トレードの速度と損失許容量を結び付けている。トレードの速度ファクターが高いと、遅いトレードシステム（損失許容量が大きい）は速いトレード戦略（損失許容量が小さい）よりも効果的である。**図12.9**は、トレードの速度ファクターの1年移動平均を1994年12月～2013年12月について示している。平均リターンの年率は約8.8％で、これは過去20年間、遅いシステムが速いシステムのパフォーマンスを上回っていたことを示している。この結果に

図12.9　SMFの12カ月移動平均（1994/12〜2013/12）

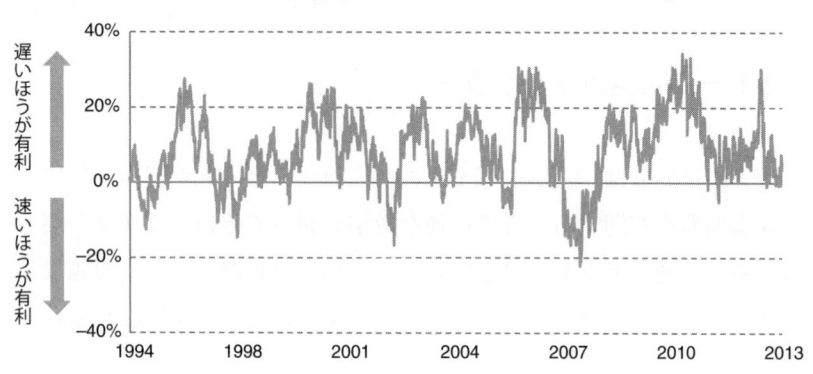

ついて、長期的には損失許容量が大きいことを市場が補っていると解釈することもできる。また、市場サイズファクターと同様に、トレードの速度ファクターは時期に大きく左右される。時期によっては、遅い速度で損失許容量が大きくても補填されないこともあるということだ。例えば、危機のときは速いシステムのパフォーマンスが高くなることは興味深い。

スタイルファクターの特徴

3つのスタイルファクターについては、スタイルファクターの相関性と共線性が懸念される。もしこれらのファクターが同じ効果を説明するものならば、横断的なCTAリターンを説明する多少の助けになるかもしれない。**図12.10**は、DIのリターンと2つのスタイルファクターの12カ月移動平均を示している。4つのパフォーマンスには、長期的にかなりの差がある。また、**表12.1**は、ファクターとダイバージェントトレンドフォロー指数の相関性を示している。これらの相関係数は0ではなく、ファクターどうしもそれぞれ十分異なっている。こ

図12.10　DIと３つのスタイルファクターのリターンの12カ月移動平均
　　　　　の比較（1994/12～2013/12）

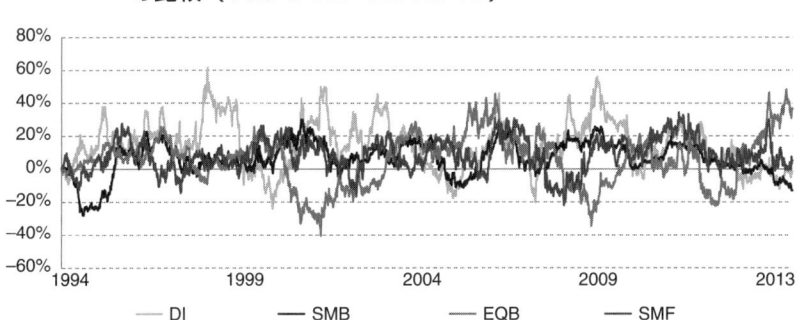

表12.1　DIと３つのスタイルファクター——SMB、EQB、SMF

	DI	SMB	EQB	SMF
DI	1	0.365	0.009	0.250
SMB	0.365	1	−0.046	0.178
EQB	0.009	−0.046	1	0.106
SMF	0.250	0.178	0.106	1

のことは、トレンドフォローシステムの異なる側面について、ある程
度の説明力があるということなのかもしれない。

　図12.10が示すとおり、DIと３つのスタイルファクターにはかな
りの違いがある。このことをさらに検証するため、**表12.2**にDIと３
つのファクター（規模、株のバイアス、速度）の統計をまとめてある。

　また、**図12.11**は各スタイルファクターの統計をグラフにしてある。
規模ファクターの平均はプラスだが、値は小さく、ポジティブスキュ
ーで、この20年間の尖度は最も高い。DIと３つのスタイルファクター
には大きな系列相関はない。株のバイアスファクターもトレードの速
度ファクターも、規模ファクターよりも平均は高いが、歪度はマイナ
スになっている。ドローダウンは、３つのなかで株のバイアスファク

表12.2　1993〜2013年のDIと３つのスタイルファクター——SMB、
EQB、SMF——の年率換算した統計値（統計には平均、中央値、
標準偏差、シャープレシオ、歪度、尖度、系列自己相関、最大
ドローダウンなどを含む）

指数とファクター	平均(%)	中央値(%)	標準偏差(%)	シャープレシオ	歪度	尖度	ρ（%）	最大ドローダウン(%)
DI	14.80	11.20	18.20	0.81	0.56	4.24	7.50	20.50
SMB	6.30	1.50	11.00	0.57	0.10	8.05	−6.60	25.50
EQB	6.70	7.10	14.00	0.48	−0.38	3.94	−4.50	51.40
SMF	8.80	14.90	14.60	0.60	−0.55	3.15	−1.30	21.20

図12.11　DIと３つのスタイルファクターの年間統計（1993〜2013年）

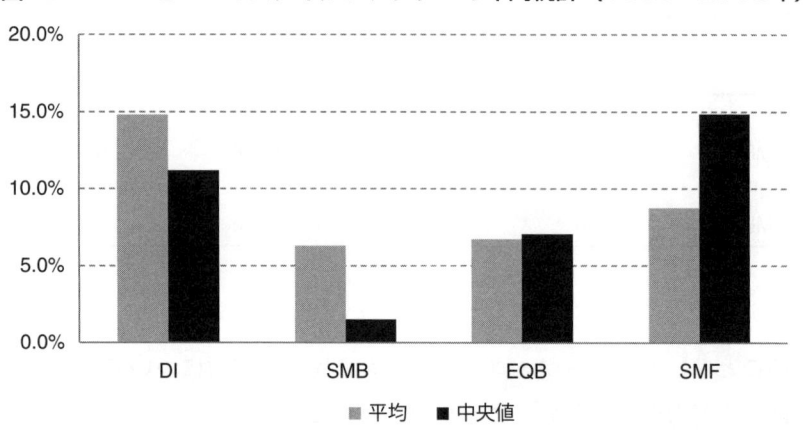

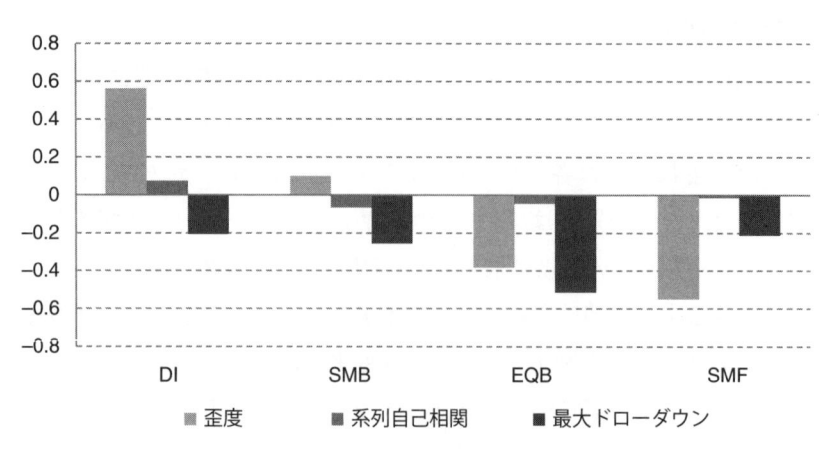

図12.12　DIと３つのスタイルファクターの年間統計（1993～2013年）

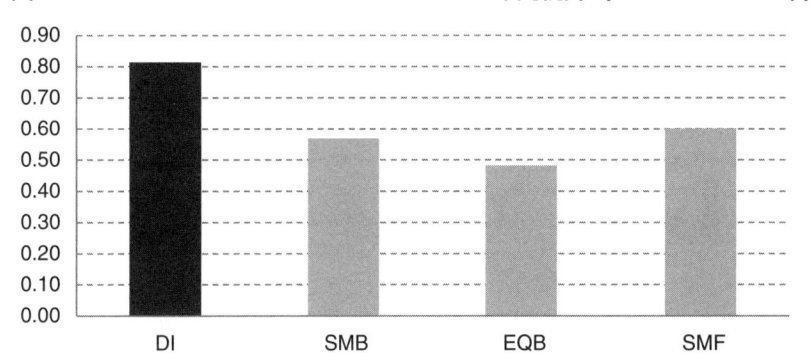

ターが最大の51.4％だった。３つをもっと直接的に比較するためには、スタイルファクターをボラティリティで調整する必要がある。**図12.12**は、DIと３つのファクターのシャープレシオを比較している。DIのシャープレシオは0.81で、これはCTA業界と同じ水準にある。面白いのは、３つのなかで、SMFのシャープレシオが最も高い0.60だったことである。EQBとSMBのシャープレシオは、それよりも低い0.48と0.57だった。

業界の一般的な指数との比較

スタイルファクターと運用会社の一般的な指数との関係を見るために、**図12.13**はこれらの指数とDIと３つのスタイルファクターの相関性を示している。通常、スタイルファクターは、これらの指数と相関性があるが、最も重要な「トレンドファクター」であるDIとの相関性は、それよりもかなり低い。これは、DIをトレンドベータの基準として利用することを促すことになる。３つのファクターのうち、株のバイアスファクターはほかの指数との相関性が最も低く、トレンド指

図12.13　DIと3つのスタイルファクターと運用会社による一般的な業界指数やトレンド指数との相関係数（2001年6月～2013年12月）

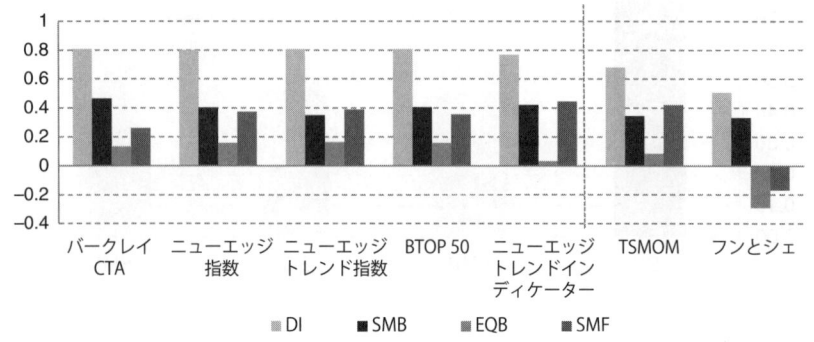

バークレイ
CTA

ニューエッジ
指数

ニューエッジ
トレンド指数

BTOP 50

ニューエッジ
トレンドイン
ディケーター

TSMOM

フンとシェ

■ DI　　■ SMB　　■ EQB　　■ SMF

出所＝ブルームバーグ、ペダーセンとウーイとモスコウィッツ（2012年）、フンとシェ（2001年）

数と比べて変化が最も大きい。

伝統的な資産クラスとの比較

　代替投資戦略の多くは、伝統的な資産クラスとの相関性の低さを売りにしている。つまり、多くの投資家は、自分の投資ポートフォリオとの補完的な性質や条件付きの相関性を考慮して、トレンドフォロー戦略に投資している。そこで、スタイルファクターと伝統的な資産クラスの関係を詳しく見ると、これが興味深い。**図12.14**は、DIと3つのスタイルファクター（規模、株のバイアス、速度）と、伝統的な資産の相関性を示している。伝統的な資産には、株（MSCIワールド指数）、新興株（MSCI・EM指数）、債券（JPMグローバルボンド指数）、商品（S&P・GSCI）、ボラティリティ（VIX指数）などがある。過去20年間で、予想どおりDIと株は低い逆相関になっており、債券とボラティリティの相関性も低かった（債券と相関性があることは驚く

図12.14　DIと３つのスタイルファクターとほかの資産クラス ── 株（MSCIワールド指数）、新興株（MSCI・EM指数）、債券（JPMグローバルボンド指数）、商品（S&P・GSCI指数）、ボラティリティ（VIX指数）── との相関係数（1993～2013年）

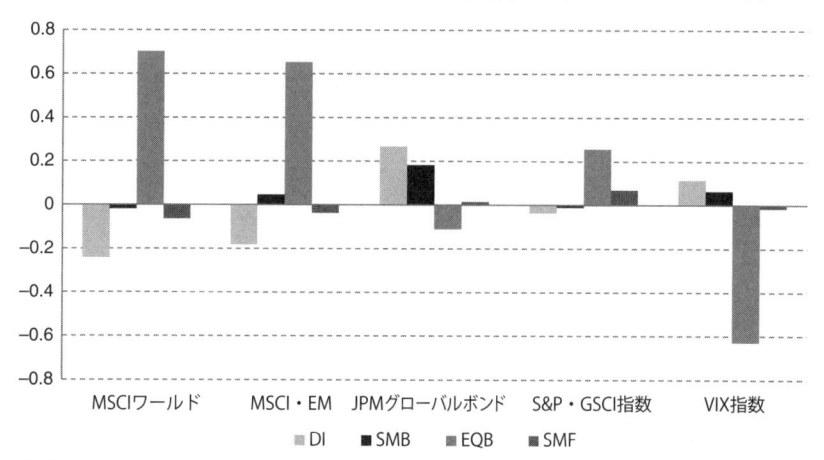

出所＝ブルームバーグ

に当たらない。第６章で、金利の役割について書いた。金利収入が先物取引に与える影響は無視できない。また、第７章の危機期間の定義のところや第８章のポートフォリオのボラティリティのところで、ボラティリティについて書いた。トレンドフォロー戦略は上方のボラティリティの変化と関係があるため、長期的に見ればこの戦略とボラティリティには若干の相関性がある）。SMBと債券は、低い相関性がある。株のバイアスファクター（絶対値）は、株式とは高い相関性があり、ボラティリティとは高い逆相関にある。一方、トレードの速度ファクター（絶対値）は、すべての伝統的な資産クラスとの相関性が低い。つまり、絶対値の相関性が高いのは、株のバイアスファクターだけで、これについては第14章で詳しく述べる。

まとめ

本章では、ダイバージェントリスクテイキングの原則をおさらいして、グレイザーマンほか（2014年）が提案したDIの概要を紹介した。この戦略の構築は、最低限の前提に基づいており、損失許容量のみで変数化する。この単純な定義が、第13章で取り上げる「市場」またはトレンドベータや、DIや、3つのスタイル（市場規模、株のバイアス、トレードの速度）に基づくファクターの構築につながる。DIと3つのスタイルファクターのシャープレシオはすべてプラスだが、3つの相関性はあまり高くない。そのあとは、ダイバージェントトレンドフォロー指数と3つのスタイルファクターを、運用会社系の指数や価格系のトレンドフォロー指数や伝統的な資産クラスと比較した。本章の分析は、次章で紹介するリターンに基づいたスタイル分析の基盤となる。

参考文献

Agarwal, V., and N. Y. Naik. "Performance Evaluation of Hedge Funds with Option-Based and Buy-and-Hold Strategies." EFA 0373; FA Working Paper No.300, 2000.

Brennan, T., and A. Lo. "The Origin of Behavior." Quarterly Journal of Finance 1, no.55 (2011).

Fama, E., and K. French. "Common Risk Factors in the Returns on Stocks and Bonds." Journal of Financial Economics 33 (1993): 3-56.

Fung, W., and D. Hsieh. "Empirical Characteristics of Dynamic Trading Strategies: The Case of Hedge Funds." Review of Financial Studies 2 (1997a): 275-302.

Fung, W., and D. Hsieh. "Survivorship Bias and Investment Style in the Returns of CTAs." Journal of Portfolio Management 23 (1997b): 30-41.

Fung, W., and D. Hsieh. "A Primer on Hedge Funds." Journal of Empirical Finance 6(1999): 309-331.

Fung, W., and D. Hsieh. "The Risk in Hedge Fund Strategies: Theory and Evidence from Trend Followers." The Review of Financial Studies 2(2001):

313-341.

Fung, W., and D. Hsieh. "Performance Characteristics of Hedge Funds and Commodity Funds: Natural vs. Spurious Biases." Journal of Financial and Quantitative Analysis 35(2000): 291-307.

Fung, W., and D. Hsieh. "Asset-Based Style Factors for Hedge Funds." Financial Analysts Journal, 58 , no.1(2002).

Fung, W., and D. Hsieh. "Hedge Fund Benchmarks: A Risk-Based Approach." Financial Analysts Journal 60(2004): 65-80.

Greyserman, A., K. Kaminski, A. Lo, and L. Yan. "Style Analysis in Systematic Trend Following." Working paper, 2014.

Kaminski, K., and A. Lo. "When Do Stop-Loss Rules Stop Losses? " Journal of Financial Markets 18, issue C(2014): 234-254.

Moskowitz, T., Y. Ooi, and L. Pedersen. "Times Series Momentum." Journal of Financial Economics 104(2012): 228-250.

Thompson, E. "The Tulipmania: Fact or Artifact?" Public Choice 130, nos.1-2(2007): 99-114.

第 13 章

ベンチマークとスタイル分析

Benchmarking and Style Analysis

　リターンに基づくスタイル分析は、ファンドのパフォーマンスに貢献した指数やファクターを探すための一般的なテクニックである。これは、ファンドのパフォーマンスを評価したり、資産配分の傾向を明らかにしたり、スタイルドリフトを探したりするためにも使える。これは、もともとシャープ（1992年）が投資信託のリターン分析のために提案し、ファーマとフレンチ（1993年）が同じような手法を3つのファクターに基づいてさらに発展させ、株のリターンのクロスセクション構造を説明した。本章では、同じような手法をトレンドフォロー戦略のために構築していく。今回はトレンドフォロー戦略に注目するが、この種の分析はほかの戦略にも応用できることは覚えておくとよい。本章では、ダイバージェントトレンドフォロー指数（DI）を基本戦略、つまり「市場」ポートフォリオとし、グレイザーマンとカミンスキーとローとヤン（2014年）が提案したのと似た3つのスタイルファクターを使って枠組みを作り、マネージドフューチャーズのリターンに基づいたスタイル分析への応用を検討する。

　トレンドフォロー戦略のスタイルファクターは、指数のリターンに基づいているわけではなく、ファーマとフレンチ（1993年）の3ファクターモデルと似た構造になっている。このような枠組みが必要なのは、ヘッジファンドのスタイル分析が戦略内ではなく、戦略間の変動

にのみ注目しているからだ。具体的に言えば、論文などで使われている
ヘッジファンドのリターンは、資産運用会社のポートフォリオのバイ・アンド・ホールド戦略のリターンで、彼らの動的なトレード戦略やそのほかのスタイルファクターに依存している（HasanhodzicとLo
［2007年］も参照）。例えば、フンとシェ（1997年a）は、さまざまなヘッジファンドのリターンの違いを説明するために、一般的な5つの戦略の分類——①システム・トレンドフォロー戦略、②システム・オポチュニスティック戦略、③グローバルマクロ戦略、④バリュー戦略、⑤ディストレスト戦略——を示した。この種の研究は、ヘッジファンドの一般的な戦略の分類に役に立つ。しかし、同じ分類のファンドごとの戦略内の違いについてそれ以上詳しい情報を得ることはできない。グレイザーマンほか（2014年）が提案しているのは、スタイル分析の欠けた部分を、マネージドフューチャーズのトレンドフォロー戦略内のレベルで補うための枠組みなのである。

リターンに基づいたスタイル分析の枠組み

　リターンに基づいたスタイル分析は、戦略のリターンと、それに見合う基本戦略とスタイルファクターの明確な定義に基づいている。グレイザーマンほか（2014年）によれば、トレンドフォロー戦略のリターン系列は、ファンドでも指数でも、基本戦略（ダイバージェントトレンドフォロー指数）による部分と、それを構成するスタイルファクターによる部分に分解できる。トレンドフォロー戦略のスタイルファクターには、SMB（市場規模ファクター）、EQB（株のバイアスファクター）、SMF（トレードの速度ファクター）が含まれている（DIと3つのスタイルファクターに関する詳しい説明と分析は第12章参照）。この枠組みに基づいて、トレンドフォロー戦略のリターン系列と、基本戦略と、そのスタイルファクターの直線的な関係は、次の式で表す

ことができる。

$$r_t^{CTA} - r_f = \alpha + \beta^{Trend} r_t^{DI} + \beta^{SMB} r_t^{SMB} + \beta^{EQB} r_t^{EQB} + \beta^{SMF} r_t^{SMF} + \varepsilon_t$$

　この関係式は、基本戦略の時間 t における総リターンからリスクフリーレート（r_f）を引いた値と、ダイバージェントトレンドフォロー指数（r_t^{DI}）や市場規模ファクター（r_t^{SMB}）や株のバイアスファクター（r_t^{EQB}）やトレードの速度ファクター（r_t^{SMF}）のリターンとの関係を定義している。それぞれのベータ（係数）は、「トレンドベータ」や、市場規模や株のバイアスやトレードの速度の「スタイルベータ」と解釈できる。この関係の妥当性を分析するために、トレンドフォロー戦略の総リターン系列と、DIや3つのスタイルファクターのリターン系列の簡単な直線回帰が、ベータの係数とアルファ（切片）の推定値を教えてくれる。ベータの推定値は、個別の運用会社や指数のスタイルを評価するための量的基準になる。また、この回帰のRスクエアは、このモデルの適合度の基準となる。運用会社のリターンが妥当だとすると、Rスクエアが大きければ、対象のリターン系列のリターンの妥当性の大部分を直線関係で説明することができる。直線関係の切片αは、すべてのスタイルや基本戦略の効果を除いたあとに残ったリターンである。

業界の一般的なベンチマークの分析

　最初のステップとして、前章でも触れた一般的に使われている運用会社系の指数と、価格に基づいたトレンド指数を見ていこう。運用会社系の指数は、CTA（商品投資顧問業者）会社の平均的なスタイルの全体像を教えてくれる。価格に基づいたトレンド指数は、業界系（ニューエッジトレンドインディケーター）も学者系（TSMOM、フンと

表13.1　一般的な運用会社系のCTA指数（ニューエッジCTA指数、ニューエッジトレンド指数、BTOP50指数）と価格系のトレンド指数（ニューエッジトレンドインディケーター、TSMOM、フンとシェ）のリターンに基づいたスタイル分析（統計的優位な係数は太字がp値5％未満、斜体がp値10％未満）

運用会社系の指数と価格系のトレンド指数	トレンド	規模	株	速度	Rスクエア	切片 (%)
ニューエッジCTA	**0.37**	0.00	**0.08**	0.04	0.67	*-0.23*
ニューエッジトレンド	**0.65**	-0.13	**0.16**	0.08	0.69	*-0.41*
BTOP50	**0.35**	0.00	**0.08**	0.02	0.68	*-0.21*
ニューエッジトレンドインディケーター	**0.54**	0.13	-0.03	**0.16**	0.62	*-0.40*
TSMOM	**0.46**	-0.03	0.06	**0.16**	0.50	*0.43*
フンとシェ	**1.44**	**0.74**	**-0.72**	**-1.08**	0.48	*-2.39*

出所＝ブルームバーグ、モスコウィッツとウーイとペダーセン（2012年）、フンとシェ（2001年）

シェ）も、それぞれの運用スタイルの構成要素に関する視点を教えてくれる（TSMOMはMoskowitzとOoiとPedersen［2012年］から引用。フンとシェの指数に関するデータは、https://faculty.fuqua.duke.edu/~dah7/DataLibrary/TF-Fac.xls から入手できる）。また、運用会社系の指数（実績リターンを含む）と価格系の指数の違いは、理論と実践の間でスタイルをどう調整できるかについて視点を与えてくれる。

　リターンに基づいたスタイル分析は、DIやSMBやEQBやSMFの超過リターン系列を回帰分析することで各指数に応用できる。**表13.1**は、この分析結果を示している（使用データはニューエッジCTA指数が始まった2000年以降のもの。BTOP50など、より長期のデータがあるものもあるが、整合性を保つために分析は2000年からとしている）。各指数のRスクエア（決定係数）の範囲は、0.48（フンとシェのモデル［2001年］）から0.69（ニューエッジトレンド指数）になっている。このことは、リターンに基づくスタイル分析が、CTA系の指数のリター

図13.1　業界の運用会社系のCTA指数（ニューエッジCTA指数、ニューエッジトレンド指数、BTOP50）と価格系のトレンド指数（ニューエッジトレンドインディケーター、TSMOM）の「トレンドベータ」の推定値

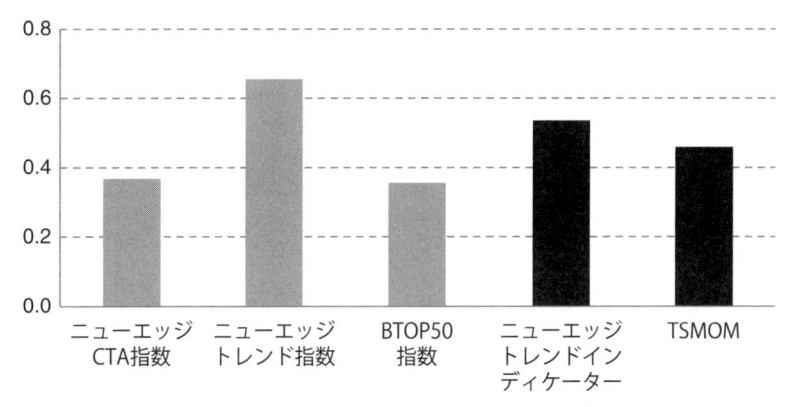

出所＝ブルームバーグ、モスコウィッツとウーイとペダーセン（2012年）

ンの変化の大部分を説明していることを示唆している。**図13.1**は、各指数のトレンドベータを比較している。ニューエッジトレンド指数は、トレンドベータが最も高く、２つのトレンド指数のベータも比較的高い。DIのボラティリティが18.2％ということを考えると、ほとんどの指数のトレンドベータが１未満なのは当然と言ってよいだろう。また、トレンドフォロー戦略のみが対象のニューエッジトレンド指数のトレンドベータが最も高いことにも矛盾はない。一方、ニューエッジCTAとBTOP50は、どちらもトレンドフォロー戦略系以外のファンドを幅広く含んでいる。

　図13.2は各指数のスタイルベータを比較している。SMBは、フンとシェ（2001年）のベータ以外、統計的有意性はない。ただ、有意ではなくてもニューエッジCTAとBTOP50のSMBは０に近い。ちなみに、ニューエッジトレンド指数が若干マイナスなのは、この指数のトレンドフォローシステムは、規模の大きい市場を好むところが多少あ

図13.2　運用会社系のCTA指数と価格系のトレンド指数のトレンドベータと3ファクターのベータ（規模、株、速度）

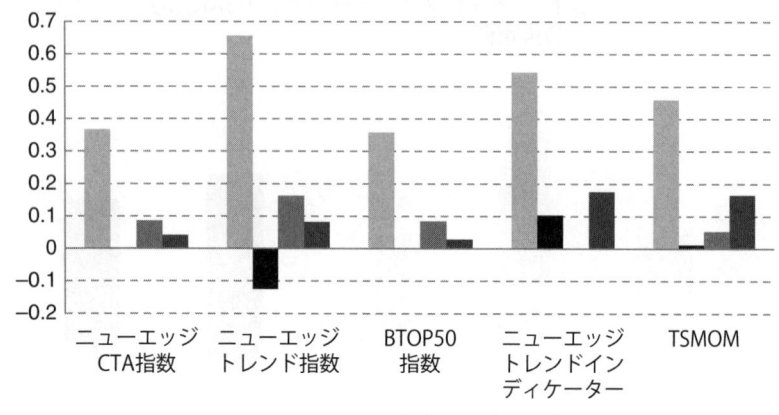

出所＝ブルームバーグ、モスコウィッツとウーイとペンダーセン（2012年）

るからかもしれない。また、実際のデータがないフンとシェのトレンド指数のSMBが大きいプラスになっているのは、この理論的な価格系の指数に小さい市場へのバイアスがあることを示唆している。トレンド指数と実績のある指数を比較すると、流動性や出来高に制約がある小規模市場は、実践と理論ではスタイルが少し変わる可能性がある。

　また、**図13.2**では、すべての運用会社系の指数について株のバイアスベータが大きいプラスになっている。その一方で、フンとシェ（2001年）のルックバック・ストラドルポートフォリオは、EQBが大きなマイナスになっている。理論と実践を比較すると、運用会社系の指数は価格系の指数よりも株へのバイアスがある程度大きい。スタイルの観点からいえば、これは全体として運用会社では株の買いポジションを若干多めに建てているということかもしれない。価格系のトレンド指数もTSMOMは統計的有意ではないものの、若干株式市場に偏っている。このスタイルの傾斜は、モスコウイッツとウーイとペダーセン

（2012年）の論文の変数の選択を12カ月にしていることによるのかもしれない。12カ月という期間の選択が、たまたま株の買いに特に良い観察期間だった可能性もあるのだ。この変数の選択が、一般的なダイバージェントトレンドフォロー戦略と比べると若干の株のバイアスを生んでいる可能性もある。

　トレードの速度のベータも、フンとシェ（2001年）のケース以外はプラスだったが、有意かどうかは指数によって違う。TSMOM系列は12カ月の時間枠を使っている。速度ファクターはプラスで、これはTSMOMのトレードが典型的なトレンドフォローシステムよりも遅いことを意味している（12カ月の時間枠は保有期間ではなく、観察期間が12カ月ということ）。ニューエッジトレンドインディケーターとTSMOMは、どちらも運用会社系の指数よりもトレードの速度ベータが高い。運用会社系の指数のなかで、トレンドフォロー系の会社のみを含むニューエッジトレンド指数のトレードの速度ベータが最も高く、これは重要なことだ。このことは、この指数に組み込まれているトレンドフォローシステムは平均的なCTAよりもトレードの速度が遅いことを示唆している。この質的特徴はCTA業界ではよく知られている。多くの非トレンド系の運用会社は、短期の相対的価値戦略や平均回帰戦略を使っているのかもしれない。通常、これらの戦略はトレンドフォロー戦略よりも頻繁にトレードしている。全体的なレベルでも、トレンドフォロー系指数と全体的なCTA指数のスタイルの違いはスタイル分析を使って量的に示すことができる。運用会社系の指数と価格系のトレンド指数は、どちらもトレンドベータがほかのスタイルファクターよりもはるかに高くなっているのだ。直感的に、この項で紹介した指数全体のスタイル分析は、トレンドフォロー戦略がもともとダイバージェントリスクテイカーだということを示唆している。また、市場の制約や摩擦、明らかな株のバイアス、もしかしたらトレードコストなどによっても、何らかのスタイル調整を行っているのかもしれな

表13.2　大手のトレンドフォロー系8社のCTAのリターンに基づくスタイル分析（統計的優位な係数は太字がp値5％未満、斜体がp値10％未満）

	トレンド	規模	株	速度	Rスクエア	切片（%）
CTA1	**0.78**	0.12	*−0.11*	**0.16**	0.70	−0.11
CTA2	**0.82**	−0.21	**0.12**	−0.02	0.71	−0.25
CTA3	**0.69**	−0.26	**0.20**	−0.05	0.52	0.27
CTA4	**0.50**	*−0.20*	**0.17**	**0.13**	0.49	−0.12
CTA5	**0.51**	*−0.16*	**0.14**	*0.09*	0.62	−0.12
CTA6	**0.47**	−0.03	**0.20**	−0.01	0.56	0.11
CTA7	**0.81**	−0.14	**0.14**	*−0.09*	0.74	−0.30
CTA8	**0.59**	−0.14	**0.24**	*0.11*	0.60	*−0.43*

い。

CTA運用会社ごとのスタイル分析

　グレイザーマンほか（2014年）が提案したリターンに基づいたスタイル分析は、CTAごとの戦略内の違いに直接的に言及できる方法と言える。前の項では、この分析の指数への応用について書いた。この項では、それをCTAごとのリターンに基づくスタイル分析と、その応用について書く。まず、スタイル分析を使うと戦略ごとのベンチマークや分類やパフォーマンスの特性を知ることができる。さらに、この分析はスタイルドリフトの変化の観察や運用会社の選択や配分などにも応用できる。

　個別のCTAのリターンを見直すと、CTAごとのスタイルが見えてくる。この項では、まず8つのトレンドフォロー系の大手CTAについて見ていくことにする。**表13.2**は、大手CTA 8社の月次リターンと、基本システム（DI）や3つのファクターのリターンに基づいたスタイ

図13.3　トレンドフォロー系の大手8社のCTAのDIの「トレンドベータ」

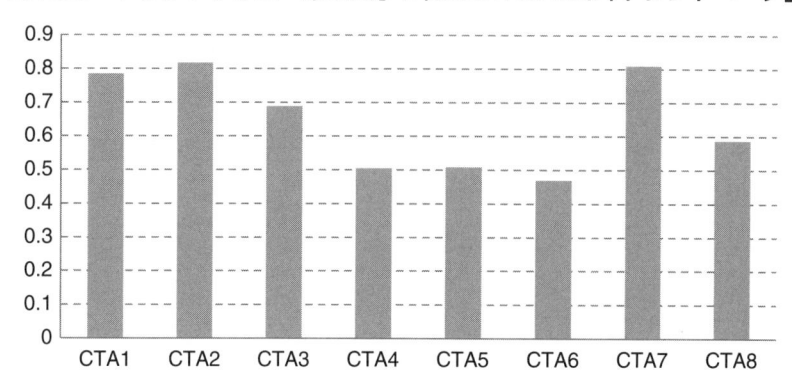

ル分析の結果を示している（2001年6月～2013年12月の月次リターンを使用）。話を簡単にするため、CTAは1～8と表記する。また、回帰のRスクエアは0.52～0.74で、これはリターンに基づくスタイル分析の説明力を示している。アルファは回帰式の切片で、ベータはDIと3つのファクターの係数である（標準的なリターンに基づくスタイル分析と違い、係数が0よりも大きく、合計が1になるという制約はない）。

　図13.3は、CTAごとのトレンドベータを比較したものである。各CTAのトレンドベータを総合指数と比較すると、それぞれに違いがある。図13.4は、CTA別のSMBとEQBとSMFである。スタイルごとのイクスポージャーは、ファクターによって大きな違いがある。このことは、CTAがみんな同じではないことを示している。総合指数と違い、CTAは各スタイルの配分を変えているようだ。例えば、CTA1だけがEQBがマイナスで、SMBはプラスだが値は小さい。このことは、CTA1が大きいリスクを小さい市場に配分し、ほかのCTAよりも株の買いバイアスを避けていることを示している。また、CTA4は市場規模ベータが非常に大きいマイナスで、株のバイアスベータとトレードの速度ベータは大きいプラスになっている。これは、CTA4が大きい

図13.4　トレンドフォロー系の大手8社のCTA8の市場規模ベータと株
のバイアスベータとトレードの速度ベータ

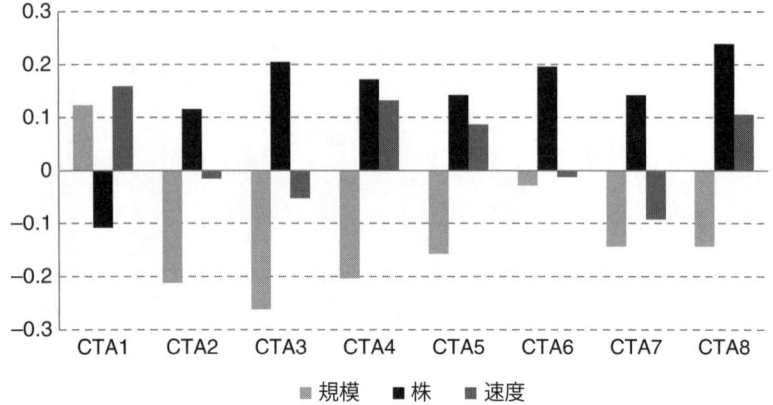

市場（おそらく金融）により大きいリスクを配分し、株の買いにかな
りバイアスがあり、ほかのCTAよりも少し遅いシステムだということ
を示している。大手CTAのなかでも、トレードスタイルには大きな違
いがあるのだ。

　この分析は、今回の運用会社のリターンのみに基づいたものだとい
うことは覚えておいてほしい。つまり、根拠があいまいなコメントや
質的分類によるものではないということだ。投資家がCTAにプログラ
ムのスタイルについて質問することができないわけではないが、ほと
んどの情報は数量化したり体系的に分類したりするのが難しい。この
定量的なCTAのスタイル分析は、CTAのトレンドフォロープログラ
ムの運用スタイルを分類し、リターンと直接的に関連付けている。運
用会社のリターンのボラティリティを考えれば、これは月次リターン
のみに基づいている割にはフィット感のある結果になっている。

適切なベンチマークとパフォーマンスへの貢献

　CTAごとのファクターの配分が分かったら、その配分と基本システム（DI）に基づいて個別のベンチマークを作ることができる。そして、ベンチマークを超えるアルファは、スタイルごとのCTAのスキルと解釈することができる。例えば、CTA3はすべてのスタイルを考慮するとアルファが最大になっているが、Rスクエアはもっと高いCTAがある。これは、超過パフォーマンスを説明するにはほかのファクターもかかわっているということかもしれない。もう1つ、簡単に応用できるのが、パフォーマンスへの貢献である。2013年は、EQBがプラスで、SMBがマイナスで、SMFが多少低めで有意ではなかった。CTA3は、小さい市場へのイクスポージャーが大きなマイナスで、株へのバイアスが大きいプラスであることから、かなりのパフォーマンスが期待できるかもしれない。そして実際そうなった。2013年、CTA3のパフォーマンスはほかのCTAを大きく上回ったのである。

小規模の運用会社と非トレンド系の運用会社

　この分析を、大手以外のトレンドフォロー系運用会社でも行ってみよう。ここでは、運用資産額が小規模CTAをSCTA、「非トレンド系」の運用会社をNCTAとする。**表13.3**は、大手8社のCTAと、小規模な8社のCTA（SCTA）と、非トレンド系の3社のCTA（NCTA）について、リターンに基づいたスタイル分析を行った結果を示している。小規模CTAのRスクエアは0.25～0.62で、大手CTAと同じ範囲にあった。小規模CTAのいくつかは市場規模ベータがプラスだった。このことは、小規模CTAの一部は大手よりも大きいリスクを小市場に配分していることを示唆している。今回のサンプル群のなかで、小規模CTAの多くが株へのバイアスは大手CTAよりも小さく、トレードの

表13.3　大手CTAと小規模CTAと非トレンド系CTAを対象としたリターンに基づくスタイル分析（統計的優位な係数は太字がp値5％未満、斜体がp値10％未満）

	トレンド	規模	株	速度	Rスクエア	切片（%）
CTA1	**0.78**	0.12	*−0.11*	**0.16**	0.70	−0.11
CTA2	**0.82**	−0.21	**0.12**	−0.02	0.71	−0.25
CTA3	**0.69**	−0.26	**0.20**	−0.05	0.52	0.27
CTA4	**0.50**	*−0.20*	**0.17**	**0.13**	0.49	−0.12
CTA5	**0.51**	*−0.16*	**0.14**	0.09	0.62	−0.12
CTA6	**0.47**	−0.03	**0.20**	−0.01	0.56	0.11
CTA7	**0.81**	−0.14	**0.14**	*−0.09*	0.74	−0.30
CTA8	**0.59**	−0.14	**0.24**	*0.11*	0.60	*−0.43*
S CTA1	**0.52**	**0.45**	−0.01	**0.26**	0.44	−0.22
S CTA2	**0.53**	0.19	**0.34**	**0.28**	0.52	**−0.83**
S CTA3	**1.13**	0.20	−0.07	−0.20	0.35	−0.03
S CTA4	**1.45**	**−0.52**	0.03	**0.34**	0.62	*−0.95*
S CTA5	**0.38**	0.00	0.11	−0.11	0.25	0.12
S CTA6	**0.63**	−0.07	0.04	0.02	0.49	−0.29
S CTA7	**0.87**	0.14	**0.20**	**−0.21**	0.51	0.07
S CTA8	**0.57**	**0.32**	**0.14**	**−0.25**	0.60	−0.12
N CTA1	−0.04	0.01	−0.05	0.02	0.01	**0.53**
N CTA2	**0.73**	**−0.53**	−0.11	**0.18**	0.46	**0.74**
N CTA3	**0.06**	0.16	0.03	0.01	0.08	0.05

速度ベータはかなりばらつきがあった。小規模CTAは、業界で言われているとおり幅広いスタイルを持っているだけでなく、もしかしたら小さな市場で特定のチャンスを利用するための大手にはない手段を持っているのかもしれない。一方、非トレンドの群では、NCTA1とNCTA3のRスクエアの推定値が0に近い。このことは、彼らのリターンがトレンドフォロー系のどのスタイルにも当てはまらないことを示唆している。しかし、NCTA2のRスクエアは0.46と突出している。もしかしたら、NCTA2は非トレンド系と名乗ってはいても、トレンドフ

ォロー戦略のスタイル分析をしたら結果は違うのかもしれない。今回のCTAの群と比較すると、NCTA2は市場規模ベータが大きいマイナスで、株のバイアスベータは少しマイナスで、トレードの速度データは大きくプラスになっている。これは、この会社が大きい市場を好み、もしかしたら株に比較的売りのバイアスがあり、遅めのトレードシステムを使っているのかもしれない（NCTA2の運用会社に直接聞いて、この分析が正しかったことを確認した。この会社は頻繁に損切りはしない遅いトレードシステムを使っており、独自のトレンドシグナルを採用している。ただ、同業者とは違う手法ながらも、間違いなくトレンドフォロー系だった）。この種の分析を行えば、投資家はCTAを主観を交えずに分類したり比較したりできるのである。

キャリートレード

キャリーが一般的な先物戦略の1つだということを考えると、投資家がキャリーをCTAスタイル分析の追加的なファクターと考えてもおかしくない。とはいえ、ほとんどのトレンドフォロー系の運用会社でキャリーのイクスポージャーは小さい。このことを示すために、キャリーファクターを大手8社のCTAのリターンに基づいたスタイル分析に追加してみた（**表13.4**）。すると、一部の会社のRスクエアが若干改善したが、改善しない会社もあり、全体的な影響は小さかった。大手8社のCTAのなかでは、CTA4だけがキャリーファクターの割合が大きくプラスになっていた。これは、小規模CTAの結果と似ている。キャリー戦略を採用していると明示している運用会社ならば、4つ目のキャリーファクターを加えるだけで、キャリーがポートフォリオに与える影響が分かる。

表13.4　キャリーファクターを追加した場合としない場合のCTAスタイル分析（統計的優位な係数は太字がp値5%未満、斜体がp値10%未満）

キャリーなし	トレンド	規模	株	速度	キャリー	Rスクエア	切片（%）
CTA1	**0.78**	0.12	*−0.11*	**0.16**	—	0.70	−0.11
CTA2	**0.82**	−0.21	**0.12**	−0.02	—	0.71	−0.25
CTA3	**0.69**	−0.26	**0.20**	−0.05	—	0.52	0.27
CTA4	**0.50**	*−0.20*	**0.17**	**0.13**	—	0.49	−0.12
CTA5	**0.51**	*−0.16*	**0.14**	*0.09*	—	0.62	−0.12
CTA6	**0.47**	−0.03	**0.20**	−0.01	—	0.56	0.11
CTA7	**0.81**	−0.14	**0.14**	*−0.09*	—	0.74	−0.30
CTA8	**0.59**	−0.14	**0.24**	*0.11*	—	0.60	*−0.43*

キャリーあり	トレンド	規模	株	速度	キャリー	Rスクエア	切片（%）
CTA1	**0.78**	0.11	−0.09	**0.16**	−0.12	0.70	−0.02
CTA2	**0.81**	−0.23	**0.14**	−0.01	−0.15	0.71	−0.13
CTA3	**0.69**	−0.27	**0.22**	−0.05	−0.10	0.52	0.35
CTA4	**0.51**	−0.18	**0.13**	**0.13**	**0.23**	0.50	−0.29
CTA5	**0.51**	*−0.16*	**0.15**	*0.09*	−0.05	0.62	−0.08
CTA6	**0.47**	−0.01	**0.17**	−0.01	0.12	0.57	0.02
CTA7	**0.81**	*−0.16*	**0.16**	*−0.09*	−0.11	0.74	−0.21
CTA8	**0.59**	−0.14	**0.23**	0.11	0.02	0.60	−0.45

スタイルドリフトを観察する

　CTAに関するもう1つの難問は、スタイルドリフトを観察し、判断することである。トレンドフォローシステムは複雑で、パフォーマンスにはノイズがあり、戦略の構造にも透明性を高める余地がある。そのため、パフォーマンスが市場によるものなのか、それとも戦略自体の変化によるものなのかを見極めるのは難しい。そこで、特定のスタイルのイクスポージャーを基準として、スタイルファクターが時間の

図13.5　CTA5の３つのファクター（規模と株と速度）とベータの24カ月移動平均（2010～2013年）

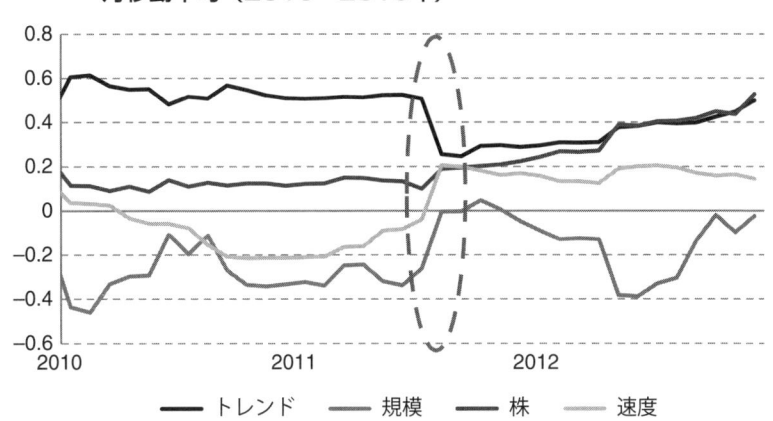

経過とともに大きく変化しているかどうかを判断するために、その移動平均を検証してみよう。例えば、**図13.5**は2010～2013年におけるCTA5のスタイルファクター（規模、株、速度）のベータの24カ月移動平均を示している。これによると、トレンドフォローシステムは2011年に若干調整されて、トレンドベータが大きく下がり、株のバイアスが上がり、トレードの速度は遅くなっている。この分析は、CTAにトレードシステムの変更について説明を求めたり、2011年に何を変えたかを質問したりするのに使うことができる。通常、トレンドフォローシステムのスタイルドリフトを測定するのは非常に難しい。過去２～３年に、トレンドフォロー系の運用会社数社がキャリー戦略を追加したり、現物市場の配分を増やしたり、信用スプレッドを増やしたりしたが、うまくいったところといかないところがあった（純粋なトレンドフォロー戦略からマルチ戦略への移行については第16章で述べる）。CTAのスタイル分析を使えば、トレードの仕方に構造的な変化が起こったかどうか、あるいはいつ起こったかを判断するために、戦略のスタイルを観察することが可能になる。

市場規模ファクターのセクターレベルの分析

　前の項では、運用会社のリターンごとのスタイル分析について書き、これをパフォーマンスの特性や適切なベンチマーク、スタイルドリフトの観察などに使えることが分かった。この項では、SMBをさらに詳しく見て、スタイル分析をセクターレベルでも活用できることを紹介していく。

　CTAのリターンのスタイル分析で提案した3つのファクター（規模、株、速度）のなかで、SMBは最近、大きな下降トレンドになっている。このことは、トレンドフォローシステムのなかでも市場規模に基づいて配分しているシステムは、リスクを均等配分しているシステムよりも高いパフォーマンスが上がってきたことを示唆している。そして、この結果は同業者と比較分析することで確認できる。最近、SMBがマイナスになっているにもかかわらず、SMBの過去20年間の平均リターンは6.3%だった。このプラスのプレミアムは、いわゆる「小型株」効果のように、長期的に小さい市場のパフォーマンスが高くなることを示しているのかもしれない。そこで、セクター内の分析によって、SMBが最近マイナスになっている理由を探ってみよう。

　図13.6は、株と債券とFXと商品を含むポートフォリオの合計SMBを示している。長期的な結果はさておき、最近では小さい市場に多くのリスクを配分するのはあまり有益とは言えない。このファクターの最近の劣化について理解するため、各セクターの規模のファクターのパフォーマンスを比較して分析していこう。

　図13.7は、セクターごとの市場規模ファクターを示している。これらのグラフからは、ポートフォリオレベルのSMBと違い、セクターごとのSMBが必ずしも下降トレンドになっているわけではないことが分かる（株式市場は例外かもしれない）。つまり、ポートフォリオレベルのSMBはセクターのSMBの加重平均では必ずしもないことを明らか

図13.6　SMBの推移（1995〜2013年）

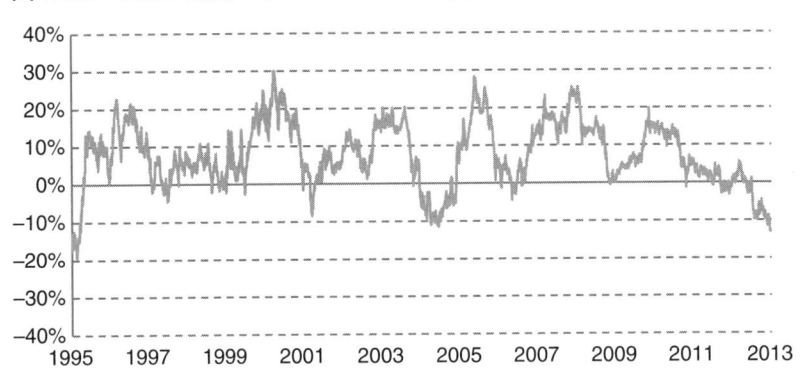

にしておく必要がある。セクターごとのSMBは、そのセクターのポートフォリオのみに対して計算されている。そして、そのセクターのリスクを均等配分した場合と市場規模で加重平均した場合のパフォーマンスを比較している。ここでは、セクターごとのSMBはプラスで、これはそのセクターの小さい市場のほうがトレンドが多いことを意味している。

　2006年以降、株セクターだけ規模ファクターのパフォーマンスが下がり続けている。このことは、小型株指数が大型株指数のパフォーマンスを下回ったことを示唆している。具体的に言えば、大型株市場はトレンドがあり、小型株市場はレンジ相場になっていたということだ。例えば、**図13.8**は、2010年1月〜2014年1月のS&P500とハンセン指数の動きである。これを見ると、S&P500のほうがハンセン指数よりもトレンドができているように見える。このような効果は、MDI（マーケットダイバージェンス指数）で大市場と小市場のダイバージェンスのレベルの差（大市場のMDI − 小市場のMDI）を計算すれば数量化できる。**図13.9**は、ダイバージェンスの差をMDI（大 − 小）で示している。このグラフを見ると、大型株市場には強いトレンドがあるが、小

図13.7　セクター別のSMBのパフォーマンス（1993〜2013年）

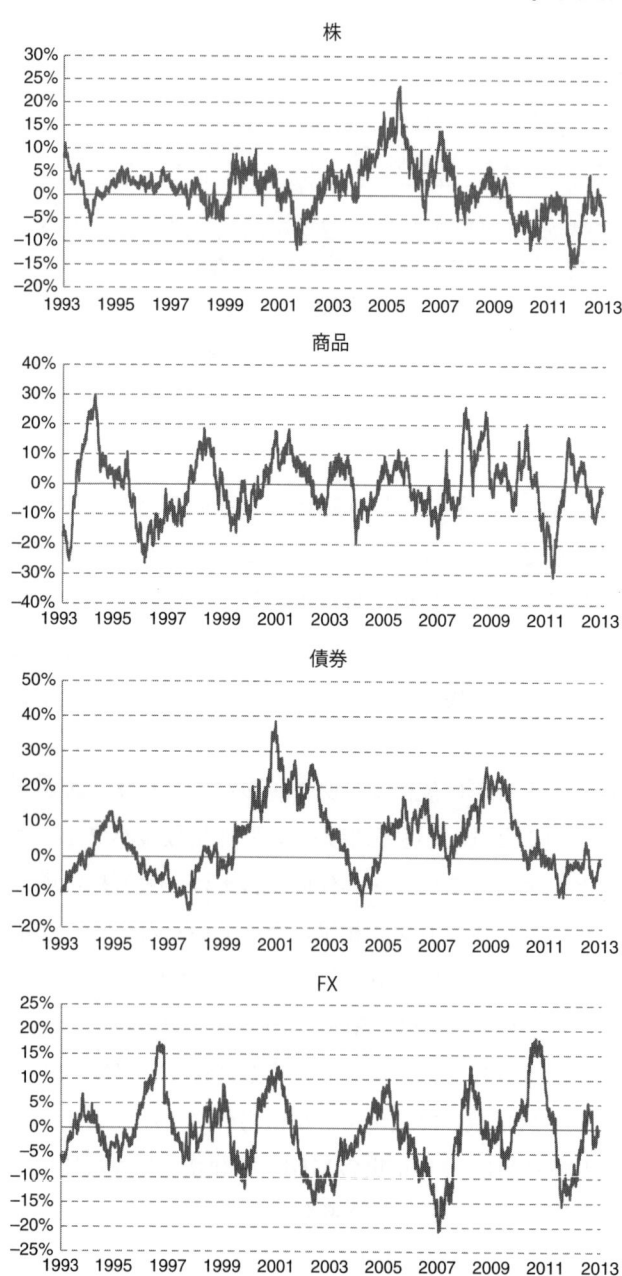

図13.8　S&P500とハンセン指数の推移（2010年1月～2014年1月）

出所＝ブルームバーグ

図13.9　MDIで示した大型株市場と小型株市場のダイバージェンスの差
　　　　（大－小）の推移（2000年9月～2013年12月）

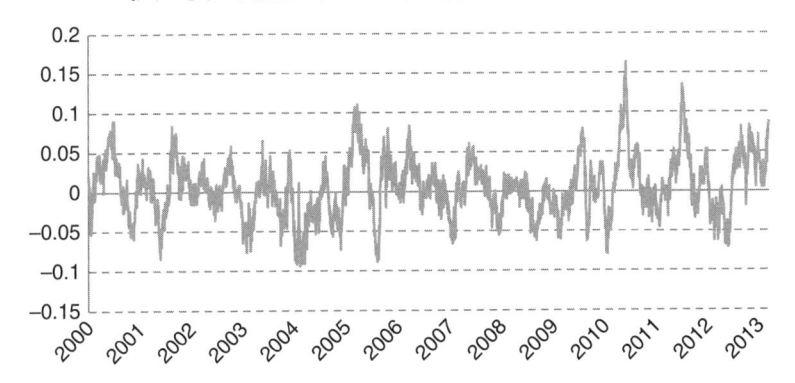

型株市場はレンジ相場らしい（ダイバージェンスが見られない）こと
が分かる。これは、株セクターで均等リスク配分の手法が新興市場に
集中する傾向があることを示しているように思える。

　次に、債券市場を見ると、規模ファクターは近年、下降トレンドに
ある。これらのグラフを合わせて見ると、2006年以降に大型株市場の
ほうが新興市場よりもトレンドが多く、大型債券市場は小型債券市場
よりもトレンドが多く、小型商品市場は2010～2011年が厳しく、マイ

図13.10　セクター内のSMB——資産を均等配分した各セクターの均等リスク配分システムと市場規模に基づく配分システムの年間リターンの移動平均の差（セクター配分はどちらも一定）

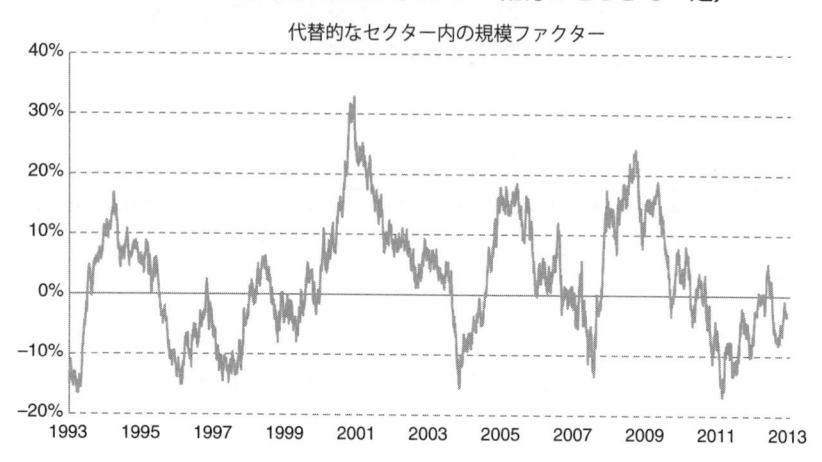

ナー通貨は2011〜2012年が厳しい時期だった。これらのことから、均等リスク配分のパフォーマンスは低かったことが分かる。

　商品市場と通貨市場の動きは、近年あまり一貫性がないように見える。このことは、SMBが近年下がっている主な原因が株セクターだということを示唆しているのかもしれない。ポートフォリオレベルの規模ファクターが各セクターに与える影響を実証的に検証するため、代替的なセクター内のSMBを計算してみよう。今回の例では、均等リスク配分でも市場規模による加重配分でも各セクターへの配分を同じにしてある。各セクター内で、均等リスク配分と市場規模に基づく配分を比較するのだ。図13.10は、セクター内の規模ファクターの推移を示している。図13.6のSMBとは対照的に、セクター内の規模ファクターのパフォーマンスは過去2年間で改善している。セクター内のSMBは、近年の規模ファクターの下降トレンドにおいてセクター配分も重要な役割を果たしていることを示している。もっと具体的に言え

ば、通常、純粋な均等リスク配分は、株セクターのなかで大型株市場へのリスク配分が少ないだけでなく、セクターレベルで見ると株式市場自体への資本配分が少ないのである。

スタイル分析の分類

リターンに基づく線形のスタイル分析は使いやすいし直感的ではあるが、このテクニックはパフォーマンス分析の万能薬ではない。ファーマ・フレンチ・モデルの使いやすさと適応性は、ファクター分析を使うことに少し早計な自信を与えてしまっている。そのうえ、基本システムの選択やファクターの構造も、結果を解釈する助けになる。ただ、スタイル分析の結果は簡単に求められる分、その用途の中心的な部分（スタイル係数の解釈、基本システムの選択、スタイルファクターの構築）はきちんと検証しておかなければならない。

スタイル係数は取り扱いに注意

CTAスタイルファクターの分析について書く前に、株の世界における有名なファーマ・フレンチ・モデルについておさらいしておこう。このモデルからは、ファクター分析全般に関するいくつかの重要なルールや警告を得ることができる。市場モデルと企業規模と企業価値を使ったファーマ・フレンチの3ファクターモデル（市場、サイズ、バリュー）を使って、4つのファンド（投資信託かETF［上場投信］）F1～F4について考えてみよう。このモデルを使って4つのファンドの期待リターンを算出し、それぞれのバリューの係数（バリューのベータ）に応じてランク付けしたのが**表13.5**である。

ファーマ・フレンチの3ファクターの推定モデルを使うと、ファンド1のバリューの係数が最も高くなっている。これは、ファンド1が

表13.5　ファーマ・フレンチの３ファクターモデルをファンド１〜４に
応用した場合の推定係数（ファンドはバリューの係数が大きい
順にランク付けしてある）

ファンド	市場ベータ	サイズ	バリュー	アルファ（%）
1	−1.20	−0.05	0.66	1.25
2	0.90	0.03	0.31	−0.24
3	0.97	−0.26	0.31	−0.24
4	0.97	0.06	0.25	−0.33

出所＝ブルームバーグ、フレンチ

最もバリューファンドに近いということだろうか。実は、ファンド１
はユナイテッド・ステーツ・ショート・オイル・ファンドである。ラ
ンダムに選んだファンドではあるが、明らかにバリュー系の投資信託
ではない。このような一見直観に反する結果になったのはなぜなのだ
ろうか。

　問題は、ファクターモデルの推定に使う数式の細部に潜んでいる。そ
こで、**表13.5**にt統計量を加えた**表13.6**には、信頼度95％で統計的
に有意な推定値（太字）を示している。これを見ると、ファンド１（シ
ョート戦略のオイルファンド）の市場ベータの係数が明らかなマイナ
スで、Ｒスクエアもわずか0.44と、モデルにあまり適合していない。絶
対値は大きいにもかかわらず、ファンド１のバリューの係数はｔ統計
量がわずか1.48で、統計的有意ではないのだ。つまり、ｔ値が1.96より
も大きい場合にかぎり、その係数95％の信頼性で統計的に優位になる。
ちなみに、ほかの３つのファンドは、大型株とバリュー系ETFで、Ｒ
スクエアの値を見ると、ファーマ・フレンチの３ファクターモデルと
よく適合している。

　しかし、もし目的が成長性の高いファンドを探すことであればどう
だろうか。**表13.7**は、ファンド１〜７（F1〜F7）についてファーマ・

表13.6　ファーマ・フレンチの3ファクターモデルを表13.5のファンド（投資信託とETF）1～4に用いた係数の推定値とt統計量（太字はp値が5％以下）

ファンド	市場ベータ	t統計量	サイズ	t統計量	バリュー	t統計量	アルファ(%)	t統計量	Rスクエア
ユナイテッド・ステーツ・ショート・オイル・ファンド	**−1.2**	−5.48	−0.05	−0.13	0.66	1.48	1.25	1.52	0.44
iシェアーズ・ラッセル1000バリューETF	**0.9**	42.05	0.03	0.87	**0.31**	10	−0.24	−2.48	0.93
バンガード・バリューETF	**0.97**	57.31	−0.26	−7.93	**0.31**	10.89	−0.24	−3.79	0.98
iシェアーズS&P500バリュー・インデックス・ファンドETF	**0.97**	43.00	0.06	1.60	**0.25**	7.61	−0.33	−3.23	0.93

出所＝ブルームバーグ、フレンチ

表13.7　ファーマ・フレンチの3ファクターモデルを使った7つのファンドの係数の推定値（ファンドはバリューの係数が小さい順に並べてあり、バリューにおける負の値が大きいと成長性が高いことを示している）

ファンド	市場ベータ	サイズ	バリュー	アルファ（%）
1	0.75	−0.41	−0.72	−0.41
2	1.04	−0.69	−0.45	−1.00
3	0.23	−0.19	−0.41	0.86
4	1.07	−0.10	−0.38	−0.10
5	0.87	−0.49	−0.33	−0.25
6	1.04	−0.01	−0.30	−0.09
7	0.97	−0.19	−0.23	−0.09

出所＝ブルームバーグ、フレンチ

フレンチの3ファクターモデルの推定値を示している。7つのファンドはバリューの係数順に並べてあり、値が小さいほど成長度が高いことになる。

　ファンドの名前とそのt統計量を明かすと、ファンド1は金のETFである。なぜ、金のファンドが成長度が最も高く、グロース株ETFをも上回っているのだろうか。金と株に何らかの相関性があるのかもしれないが、このETFに最も高い成長ベータが期待できる理由はまったく明らかではない。ファーマ・フレンチの3ファクターモデルの適合性は、伝統的なETFやファンドについては非常に高いが、それ以外のケースについては誤解を招く結果になることも多い。適合性の低いモデルの推定値を、適合性の高いそれと比較することはできない。ちなみに、7つのファンドのなかではiシェアーズS&P500グロース・インデックス・ファンドが成長度の係数の絶対値が最も低かったことは注目に値する。ただ、この低い値にもかかわらず係数は統計的有意性が非常に高く、これはファンドの名称と見合っていた（**表13.8**）。

　金ETFの適合性の低さと同様に、ファーマ・フレンチの3ファクターモデルはCTAのパフォーマンスもうまく説明できていない。ほとんどのCTAファンドについて、Rスクエアが0.00〜0.15と低いのだ。また、規模ファクターとバリューファクターの推定値も役に立たない。どのモデルにも言えることだが、係数を推定することはできても、統計的に有意でなければ意味がない。

　古典的なスタイル分析モデルの話のあとは、CTAのスタイルファクターを同程度の精度で分析していこう。**表13.2**の大手8社のCTAの係数の推定値とp値を**表13.9**に示してある。

　この例では8社のCTAすべてのトレンドベータが高かったが、SMBとSMFの係数のいくつかは有意ではなかった。例えば、CTA8のSMBの係数は有意ではない。これは、CTAの規模の係数を、例えば規模ベータが大きくマイナスになっているCTA3と直接比較することはでき

表13.8　ファーマ・フレンチの3ファクターモデルを使ったファンド1～7（投資信託やETF）の係数の推定値（バリューの係数が小さい順に並べてある。バリューに対する負号成長を示している。統計的優位な係数は太字がp値5％未満、斜体がp値10％未満）

ファンド	市場ベータ	t統計量	サイズ	t統計量	バリュー	t統計量	アルファ(%)	t統計量	Rスクエア
マーケット・ベクタースTRゴールド・マイナースETF	**0.75**	2.77	−0.41	−0.71	−0.72	−1.49	−0.41	−0.37	0.08
ゴールドマン・サックス・コモディティストラテジー・ファンド・クラスA	**1.04**	6.92	**−0.69**	−2.08	−0.45	−1.62	−1.00	−1.54	0.38
SPDRゴールド・シェアースEF	0.23	1.66	−0.19	−0.69	−0.41	−1.76	0.86	1.63	0.04
iシェアーズ・ラッセル1000グロースETF	**1.07**	71.66	**−0.10**	−4.13	**−0.38**	−17.58	−0.10	−1.60	0.97
パワー・シェアースDBコモディティ・インデックス・トラックETF	**0.87**	7.13	−0.49	−1.94	−0.33	−1.54	−0.25	−0.51	0.36
バンガード・グロースETF	**1.04**	61.89	−0.01	−0.17	**−0.3**	−10.77	−0.09	−1.37	0.98
iシェアーズS&P500グロース・インデックス・ファンドETF	**0.97**	63.46	−0.19	−7.47	**−0.23**	−10.50	−0.09	−1.32	0.96

出所＝ブルームバーグ、フレンチ

ないということである。CTA8の規模の係数には、2つの解釈の仕方がある。1つは、ファンドの規模のイクスポージャーが非常に小さいため、月次リターンのデータではモデルが正しく把握できないケースである。もう1つは、CTA8に単純に規模のベータがないのかもしれない。

表13.9　CTA1〜8をスタイルファクター分析した係数の推定値（比較のためにファーマ・フレンチの3ファクターモデルのRスクエアも併せて示している。統計的優位な係数は太字がp値5%未満、斜体がp値10%未満）

	トレンド	規模	株	速度	Rスクエア	ファーマ・フレンチのRスクエア
CTA1	**0.78**	0.12	*−0.11*	**0.16**	0.70	0.13
CTA2	**0.82**	**−0.21**	**0.12**	−0.02	0.71	0.04
CTA3	**0.69**	**−0.26**	**0.20**	−0.05	0.52	0.01
CTA4	**0.50**	*−0.20*	**0.17**	**0.13**	0.49	0.00
CTA5	**0.51**	*−0.16*	**0.14**	0.09	0.62	0.02
CTA6	**0.47**	−0.03	**0.20**	−0.01	0.56	0.00
CTA7	**0.81**	−0.14	**0.14**	*−0.09*	0.74	0.04
CTA8	**0.59**	−0.14	**0.24**	*0.11*	0.60	0.04

出所＝ブルームバーグ、フレンチ

　多くのCTAがトレンドフォロー戦略と非トレンド戦略を合わせて使っているため、Rスクエアの値には当然ばらつきがある。非トレンド戦略の割合が多めのポートフォリオのCTAスタイル分析に、トレンドフォローモデルがうまく適合しないのは直感的に分かる。そして、このことが戦略間のファクター係数を比較するときに問題になる。例えば、CTA3のRスクエアは0.52で、これをファーマ・フレンチのRスクエアである0.01と比較すると、新しいファクターを追加することでモデルの適合性が大きく向上する。ただ、そのCTAに関するモデルの説明力が向上しなければ新しいファクターを足す意味はない。

基本戦略とモデルのデザイン

　どのようなスタイル分析の枠組みでも、いくつかのカギとなる前提がある。

１．基本システムの選択

２．スタイルファクターの選択

３．ファクターの構築

　本章の結果は、グレイザーマンほか（2014年）の考察に沿っている。この枠組みで、どのようなトレンドフォロー戦略のリターンでも（ファンドでも指数でも）、基本戦略（DI）の貢献部分と、構造スタイルファクターの貢献部分に分解できる。トレンドフォロースタイルファクターのなかには、SMBとEQBとSMFが含まれている。

　この項では、スタイル分析の設計の最初の側面について詳しく書いていく。基本戦略の選択肢としては、DIがバイアスや市場に対する偏見が最も小さく、観念的に純粋なトレンドフォロー戦略に最も近い。そして、スタイルファクターは、この手法からある程度乖離する部分を説明してくれる。スタイル分析の目的によって、基本戦略の選択にはメリットとデメリットがある。ファーマ・フレンチの例に戻ると、株価指数の均等加重か規模加重かの選択は結果にもその解釈にも影響する。同じように、トレンドフォロー戦略でも均等加重の代わりに市場規模で加重することができる。２つの指数の違いを検証するため、**図13.11**は、DIと市場規模で加重平均したMCAPI（トレンドフォロー指数）の累積パフォーマンスを示している。２つの指数の動きは比較的似ており、相関係数は0.88だった。

　基本戦略は、分析対象のCTAのタイプに合わせてより適切なものを選んでほしい。また、基本戦略の選択は、ほかのスタイル係数の解釈や判断にも影響する。適切な戦略を選ぶために、簡単な実験をしてみよう。基本の戦略にDIを使った**表13.2**と、同じ８社のCTAでMCAPIを使った結果を合わせて**表13.10**に示してある。

　この結果を素直に解釈するために、いくつかのカギとなるトレンドを見ていこう。まず、これらのCTAは運用資金額の大きい会社なので、

**図13.11　DIと市場規模で加重したMCAPIの累積パフォーマンス
　　　　　　（2001〜2013年）**

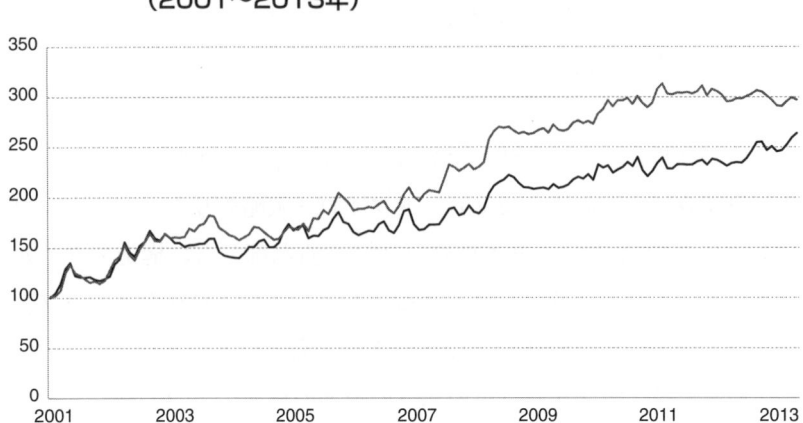

理論的には市場規模で加重平均した指数に近くなると期待できる。と
ころが、8社すべてのRスクエアは同じかそれよりも低くなっている。
一方、SMBはすべてMCAPIのほうが上回り、しかもすべてがかなり
有意な値になっている。また、EQBについてはMCAPIを使うとその
なかに株式市場のバイアスが含まれており、このファクターの説明力
は下がる。そして、SMFは基本戦略によってその役割が変わってくる。
基本戦略にMCAPIを使うと、多くの戦略が速く見えるようになるの
だ。

　SMBの係数の多くが上がったのは、ベンチマークが均等配分だと多
くの運用会社の大型株へのバイアスが大きくなることを示している。一
方、ベンチマークが市場規模で加重平均されていると、CTAの多くが
通常よりも小型株へのバイアスが大きいことになる。具体的な例とし
て、CTA1とCTA2を比較検証してみよう。どちらもDIを使ったRス
クエアは0.70と0.71と高かった。しかし、基本戦略にMCAPIを使うと、
それぞれ0.67と0.64に下がった。規模の係数は、CTA1が0.12から有意

表13.10　CTA1〜8に対するCTAスタイルファクターの分析の係数の
推定値（統計的優位な係数は太字がp値5％未満、斜体がp値
10％未満）

DI（表13.2）	トレンド	規模	株	速度	Rスクエア	切片（%）
CTA1	0.78	0.12	*-0.11*	0.16	0.70	-0.11
CTA2	0.82	-0.21	0.12	-0.02	0.71	-0.25
CTA3	0.69	-0.26	0.20	-0.05	0.52	0.27
CTA4	0.50	*-0.20*	0.17	0.13	0.49	-0.12
CTA5	0.51	*-0.16*	0.14	*0.09*	0.62	-0.12
CTA6	0.47	-0.03	0.20	-0.01	0.56	0.11
CTA7	0.81	-0.14	0.14	*-0.09*	0.74	-0.30
CTA8	0.59	-0.14	0.24	*0.11*	0.60	*-0.43*

MCAPI	トレンド	規模	株	速度	Rスクエア	切片（%）
CTA1	0.69	0.79	-0.12	-0.16	0.67	-0.10
CTA2	0.64	0.49	0.07	*-0.14*	0.64	-0.27
CTA3	0.52	0.34	0.18	-0.13	0.47	0.25
CTA4	0.46	*0.30*	0.15	-0.10	0.49	-0.10
CTA5	0.45	0.28	0.12	*-0.10*	0.62	-0.09
CTA6	0.37	0.31	0.13	*-0.11*	0.49	0.17
CTA7	0.60	0.54	*0.09*	*-0.12*	0.64	-0.35
CTA8	0.51	0.45	0.16	-0.09	0.58	*-0.42*

な0.79になり、CTA2は有意な−0.21から有意な0.49に上がったのだ。こ
こからは、どちらのCTAも純粋なトレンドフォロー戦略に近いが、ど
ちらかといえばCTA1のほうがCTA2よりも大きいリスクを小さい市
場に配分しているように思える。

　ただ、速度ファクターはもう少し複雑になる。例えば、DIを使うと
CTA1はDIよりも遅く見えるが、MCAPIを使うと速く見えるのだ。こ
れを解釈するのは難しいと思うかもしれないが、このファンドはMCAPI
よりも速いが、DIよりは遅いということである。

運用会社の選択と配分

　リターンに基づいたCTAのスタイル分析を行うと、戦略を分類し、パフォーマンスを評価し、競合他社を分析し、スタイルドリフトを観察することができる。投資家にとって運用会社の選択や配分も簡単ではない。ポートフォリオを選択するときと同様、最適化も資産のリターン配分にかかわる選好と仮定に応じて決まる。運用会社の選択と配分にスタイルファクターをどのように使うことができるかを説明するために、大手8社のCTAの2001年6月～2012年12月までのデータを使って簡単な実験を行ってみよう。**表13.11**は、DIと3つのスタイルファクターのシャープレシオを示している。また、**表13.12**は、この8社のシャープレシオと、トレンドベータと、3つのスタイルベータを示している。

　投資家が、これらのCTAの一部または全部に資本配分を考えているとしよう。まず、投資家の既存のポートフォリオや選好について仮定するよりも、その投資家がダイバージェントトレンドフォロー指数（DI）とスタイルファクターのリターンを入手して、好みのイクスポージャーを選択できると仮定する。例えば、ファーマ・フレンチの3ファクターモデル（1993年）ならば、だれでもこれらのファクターと自分のポートフォリオを比較して、それぞれのファクターの適切と思えるイクスポージャーを判断できる（FamaとFrench［1993年］と同じように、株の投資家は小型株ポートフォリオや、バリューまたは成長ポートフォリオを選ぶことができる。トレンドフォロー戦略の場合も、投資家は小さい市場を選んだり、「クライシスアルファを追及」したりできるのだ）。8つのトレンドフォロー系CTA（CTA1～CTA8）の場合も同様で、投資家ごとにさまざまな異なるイクスポージャーが考えられる。**表13.13**は、3つのスタイルファクターを使ったいくつかの可能な選択肢を示している。選択肢Aと選択肢Bと選択肢Cは、

表13.11　DIと３つのスタイルファクターのシャープレシオ（2001年
６月～2012年12月）

	DI	SMB	EQB	SMF
シャープレシオ	0.80	0.96	0.36	0.65

表13.12　大手８社のCTAのシャープレシオとDIと３つのスタイルファ
クターのベータ

	CTA1	CTA2	CTA3	CTA4	CTA5	CTA6	CTA7	CTA8
シャープレシオ	0.73	0.56	0.83	0.59	0.67	0.9	0.53	0.42
DI	0.78	0.82	0.69	0.50	0.51	0.47	0.81	0.59
SMB	0.12	−0.21	−0.26	−0.20	−0.16	−0.03	−0.14	−0.14
EQB	−0.11	0.12	0.20	0.17	0.14	0.20	0.14	0.24
SMF	0.16	−0.02	−0.05	0.13	0.09	−0.01	−0.09	0.11

表13.13　３つのスタイルファクターを組み合わせた選択肢の例（2001
年６月～2012年12月）

選択肢	SMB	EQB	SMF	シャープレシオ
A	1.00	0.00	0.00	0.96
B	0.00	1.00	0.00	0.36
C	0.00	0.00	1.00	0.65
D	0.33	0.33	0.33	0.91
E	0.70	0.09	0.21	1.09

特定のスタイルのイクスポージャーのみを選好した投資家で、選択肢
Dは３つを均等に選び、選択肢EはDIと３つのスタイルファクターで
最大のシャープレシオになる組み合わせを選択している（３つのポー
トフォリオは、DIとSMBとEQBとSMFという４つのリターンを使っ
て単純に最適化した選択。目的関数はシャープレシオで、制約は加重

和が1になること）。

　これらの投資家が、CTA1〜8を希望する割合で組み合わせてシャープレシオが最高になるCTAのポートフォリオを選ぶことにする。この最適化問題の目的は、投資家が希望するファクター配分という制約のなかでシャープレシオを最高にすることである。**表13.14**は、各CTAのポートフォリオの配分とシャープレシオを示している。

　選択肢Aは規模のポートフォリオで、大手CTAのなかではCTA1が唯一、SMBがプラスになっている。そして、最適化するとCTA1が38％でCTA6が62％になることに不思議はない。このポートフォリオは、高いシャープレシオをもって規模のイクスポージャーをとっている。ここでのシャープレシオは、SMBのそれにほぼ等しい。SMBは投資可能な戦略ではないが、CTA1とCTA6は大手2社のCTAだということはぜひ覚えておいてほしい。選択肢Bは、EQBに加重して最高のシャープレシオになる配分である。このポートフォリオは、CTA4に6％、CTA5に15％、CTA6に59％、CTA8に20％を配分している。CTA1は唯一、EQBがマイナスになっているため、当然、このポートフォリオには含まれていない。面白いことに、CTA2とCTA3とCTA7はどの選択肢にも含まれていない。この3つはシャープレシオが低いからだ。このことは、シャープレシオに基づいた手法のデメリットを示しており、同じことはシャープレシオ以外の目的についても言える。CTAの選び方はほかにもある。例えば、クライシスアルファが最高になるスタイルファクターの組み合わせを探すこともできる。この項の結果はどれも、大手8社のCTAの組み合わせで示すことができるのだ。**表13.3**に話を戻すと、選択肢に小規模CTAを含めれば、さらにたくさんのファクターの組み合わせが可能になる。例えば、クライシスアルファを重視するポートフォリオは、SMBを大きくして、EQBをマイナスにしてもよいかもしれない。具体的には、CTA1とSCTA 1とSCTA3、そしてもしかしたらNCAT2などが候補になると思われる。

表13.14　投資家A～E向けポートフォリオの配分の選択肢（それぞれが規定した配分でCTA1～CTA8を組み合わせてシャープレシオが最高になることを目指す）

投資家	ポートフォリオの配分								シャープレシオ
	CTA1	CTA2	CTA3	CTA4	CTA5	CTA6	CTA7	CTA8	
A	0.38	0.00	0.00	0.00	0.00	0.62	0.00	0.00	0.90
B	0.00	0.00	0.00	0.06	0.15	0.59	0.00	0.20	0.80
C	0.21	0.00	0.00	0.34	0.28	0.00	0.00	0.17	0.72
D	0.00	0.00	0.00	0.16	0.28	0.20	0.00	0.36	0.67
E	0.37	0.00	0.00	0.14	0.03	0.33	0.00	0.13	0.82

　この項では、スタイルファクターを使って運用会社を選び、配分する簡単な手法を紹介した。シャープレシオを最高にすることを目的とするデメリットもいくつかあったが、それでもこの手法を使えば簡単にCTAをそれぞれのスタイル構成に基づいて選び、配分することができる。

まとめ

　本章では、トレンドフォロー系の運用会社のリターンに基づいたスタイル分析と、その応用について書いてきた。グレイザーマンほか（2014年）が提案したベンチマークとスタイルの構造を使うと、業界の一般的なベンチマークやトレンド指数や運用会社のリターンを運用スタイルに基づいて分析することができる。トレンドフォロー系の運用会社や運用会社系のベンチマークやトレンド指数のRスクエアが高いことは、スタイル分析の枠組みが、クロスセクションで見たCTAのリターンの違いのかなりの部分を説明していることを示している。また、CTAのスタイル分析を応用すれば、パフォーマンスの貢献度を調べた

り、適切なベンチマークを探したり、スタイルドリフトを観察するための新しいツールになる。さらに、投資家はCTAスタイルファクターを使ってそれぞれの選好に合わせた適切なCTAを選び、配分することもできる。

参考資料

Agarwal, V., and N. Naik. "Performance Evaluation of Hedge Funds with Option-Based and Buy-and-Hold Strategies." EFA 0373; FA Working Paper No. 300, 2000.

Brennan, T., and A. Lo. "The Origins of Behavior." Quarterly Journal of Finance 1, no.55(2011).

Fama, E., and K. French. "Common Risk Factors in the Returns on Stocks and Bonds." Journal of Financial Economics 33(1993): 3-56.

French, K. https://mba.tuck.dartmouth.edu/pages/faculty/ken.french/data_library.html

Fung, W., and D. Hsieh. "Empirical Characteristics of Dynamic Trading Strategies: The Case of Hedge Funds." Review of Financial Studies 2(1997a): 275-302.

Fung, W., and D. Hsieh. "Survivorship Bias and Investment Style in the Returns of CTAs." Journal of Portfolio Management 23(1997b): 30-41.

Fung, W., and D. Hsieh. "A Primer on Hedge Funds." Journal of Empirical Finance, 6(1999), 309-331.

Fung, W., and D. Hsieh. "Asset-Based Style Factors for Hedge Funds." Financial Analysts Journal 58, no.1(2002).

Fung, W., and D. Hsieh. "Performance Characteristics of Hedge Funds and Commodity Funds: Natural vs. Spurious Biases." Journal of Financial and Quantitative Analysis 35(2000): 291-307.

Fung, W., and D. Hsieh. "The Risk in Hedge Fund Strategies: Theory and Evidence from Trend Followers." Review of Financial Studies 2(2001): 313-341.

Fung, W., and D. Hsieh. "Hedge Fund Benchmarks: A Risk-Based Approach." Financial Analysts Journal 60(2004): 65-80.

Greyserman, A., K. Kaminski, A. Lo, and L. Yan. "Style Analysis in Systematic Trend Following." Working paper, 2014.

Kaminski, K., and A. Lo. "When Do Stop Loss Rules Stop Losses? " Journal of Financial Markets 18, issue C(2014): 234-254.

Hasanhodzic, J., and A. Lo. "Can Hedge-Fund Returns Be Replicated? " Journal of Investment Management 5(2007): 5-45.

Moskowitz, T., Y. Ooi, and L. Pedersen. "Time Series Momentum." Journal of Financial Economics 104, no.2(2012): 228-250.

Sharpe, W. E. "Asset Allocation: Management Style and Performance Measurement." Journal of Portfolio Management 18, no.2(Winter 1992).

第6部

投資ポートフォリオにトレンドフォロー戦略を組み込む

Trend Following in an Investment Portfolio

第 14 章

ポートフォリオにおけるトレンドフォロー戦略

Portfolio Perspectives on Trend Following

　ここまで、トレンドフォロー戦略をある意味単独で検討してきた。しかし、これ以降はトレンドフォロー戦略をより広い視点から見ていくことにする。本章では、3つの核となる高度なテーマ——①株式市場の役割とクライシスアルファ、②トレンドフォロー戦略のボラティリティの周期性を理解すること、③運用会社同士の相関性を知るための時価評価の役割——について書いていく。本章では、最初に投資家の視点でトレンドフォロー戦略について述べる。そして、第15章では運用規模と流動性と市場規模の役割について書き、第16章では純粋なトレンドフォロー戦略の分散について検証する。第17章では、時間をかけたトレンドフォロー戦略の動的な配分を紹介する。

クライシスアルファを詳しく見る

　第4章で、適応的市場におけるクライシスアルファの概念を紹介した。これ以降の章では、クライシスアルファの重要性について、トレンドフォロー戦略のための評価基準や運用スタイルの構成要素について書いていく。機関投資家にとって、クライシスアルファは従来のポートフォリオが苦戦している時期にトレンドフォロー戦略がどのようなパフォーマンスを上げるかを理解するためのカギとなる特徴なので

ある。第7章では、クライシスアルファをさまざまな資産クラスに応用することについて書いた。この項では、それをさらに掘り下げて、株式市場とクライシスアルファの関係に注目していく。

株への依存

典型的なトレンドフォローポートフォリオには、株価指数、債券、短期金利（STIR）、外貨（FX）、農業、エネルギー、金属という7つのセクターが含まれている。**図14.1**は、純粋なトレンドフォローシステムを1999～2012年にかけてこれらのセクターで運用した場合のシャープレシオである（代表的なトレンドフォローシステムは、リスクを均等配分した分散システム）。ちなみに、サンプル期間はバイ・アンド・ホールドのトータルリターンがほぼ0であるこの期間を意図的に選択している。同時に、トレンドフォロー戦略のパフォーマンスは株のセクターが最も低かった（この項の分析では、株のセクターとして、北米2つ、ヨーロッパ4つ、アジア3つの株式市場が含まれている）。各セクターに含まれる市場のダイバージェンスの水準をさらに検証するため、セクターごとにポートフォリオのMDI（マーケットダイバージェンス指数）を計算する。MDIが基準値の0.1よりも大きいと、ダイバージェンスが高いということである。株ならば、MDIが0.1以上はトレンドフォロー戦略のチャンスが広がっていると考えられる。第3章で見たように、MDIが0.1というのは平均パフォーマンスがあまりマイナスにならない水準であることから、トレンドフォローポートフォリオの基準として使われている。もしMDIが高ければ、そのセクターの価格のSNR（シグナル・トゥ・ノイズ・レシオ）が高く、これはトレンドフォロー戦略の利益率がたいていは高くなることを示している。**図14.2**は、1999～2012年にかけて各セクターのMDIが0.1を超える推定確率を示している。これを見ると、すべてのセクターのなかで株式市

図14.1　代表的なトレンドフォローシステムを各セクターで運用した場合のシャープレシオ（1999〜2012年）

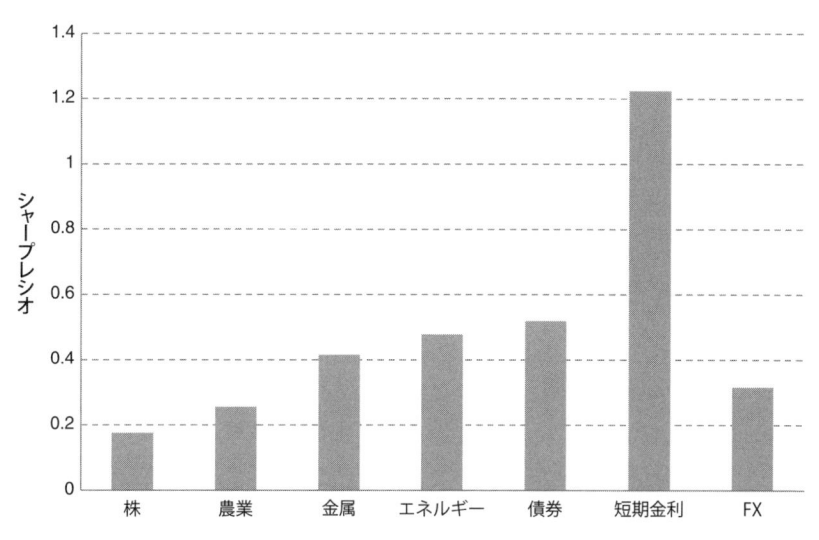

図14.2　各セクターのMDIが0.1を超える推定確率（1999〜2012年）

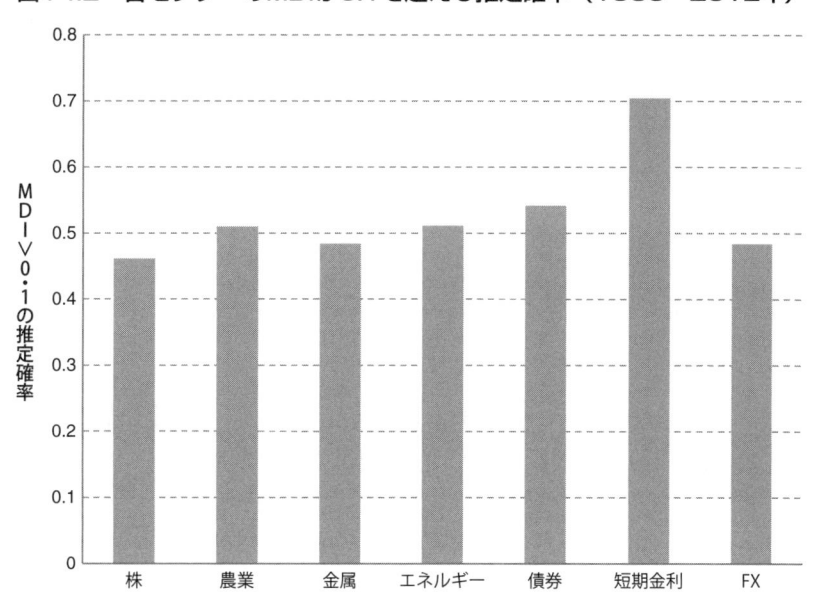

場が基準の0.1を超える確率が最も低くなっている。この理由について
は、株式市場は競争が激しいからより「効率的」だと仮定する人もい
る。また、株価指数は長期的に平均回帰するからだと主張する論文も
多数ある（例えば、モノイオスとサーノ［2002年］）。トレンドフォロ
ー戦略を株式市場で運用した場合の低パフォーマンスが、競争の激化
によるものなのか、それとも株式市場が基本的にダイバージェンスが
ない資産クラスだからなのかは分からない。

　クライシスアルファは、市場ストレス時の戦略のパフォーマンスを
見るための簡単な基準である。第7章では、株式市場が危機のときに、
クライシスアルファがほかのセクターのパフォーマンスとどのように
関連していたかを見た。サンプル期間の1999～2012年には、株式市場
で2回の極端なベア相場があったが、それでも株式市場は最低限のダ
イバージェンス（SNR）は示していた。ただ、これは株式市場の扇動
力を示しているかもしれないが、明らかにクライシスアルファの主た
る原因ではない。

株の上げトレンドと下げトレンド

　株式市場のダイバージェンスはほかのセクターよりも小さいため、こ
の項では株式市場の上昇トレンドと下降トレンドを検証していく。市
場のダイバージェンスの方向的な影響を検証するため、第5章で学ん
だMDIの構成をおさらいしておこう。SNRは特定期間のトレンドと
個々の価格の変化の比率で、価格系列のダイバージェンスの水準を測
定するために使われている。ある日のある時間（t）と特定の価格系列
の観察期間（n）のSNR（SNR_t）は、次の式で計算できる。

$$SNR_t(n) = \frac{|P_t - P_{t-n}|}{\sum_{k=0}^{n-1}|P_{t-k} - P_{t-k-1}|}$$

図14.3　各セクターのsMDIが0.1を超える推定確率（1999〜2012年）

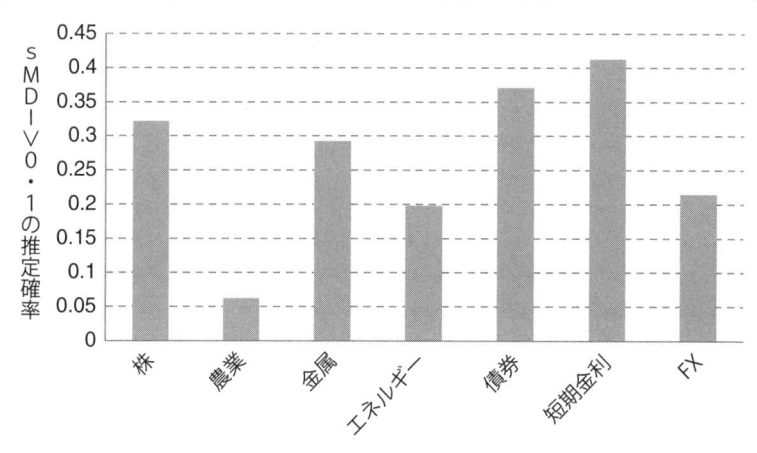

　このとき、(P_t) は時間 (t) の価格、(n) はシグナルの観察期間を示している。通常、中長期のトレンドフォローシステムでは約100日を選択する。ある日 (t) のMDIは、ポートフォリオのすべての市場の (SNR_i^t) の単純平均になる。過去のデータに基づくと、MDI＞0.1のときの市場はトレンドができやすく、その期間の平均リターンはプラスになると期待できる。

　SNRの式の分子から絶対値を除くと、サイン付きの新しいマーケットダイバージェンス指数（sMDI）になる。このsMDIが正の大きい値だと、強い上昇トレンドができる市場環境であることを示している。**図14.3**は、各セクターのsMDIが0.1を超える推定確率を示している。株は、債券に次いで3番目にsMDIが0.1を超える推定確率が高い。**図14.2**と**図14.3**を比較すると、MDIが0.1を超えている期間は、上昇トレンドが3分の2以上を占めている（それ以外にMDIが0.1を超えるのは、sMDIが−0.1未満のときで、約3分の1はそのケース）。

　株のポジションの方向のみ（買いか売りか）を調べるためには、標準（売りと買い）と買いのみと売りのみのトレンドフォローシステム

**図14.4　標準（売りと買い）、買いのみ、売りのみのトレンドフォローシ
　　　　 ステムを株式市場で運用した場合の累計パフォーマンス（1999
　　　　 〜2013年）**

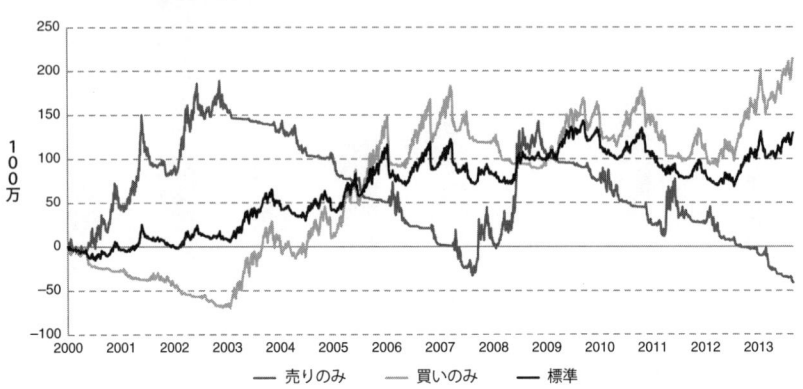

のパフォーマンスを比較すればよい。この場合、買いのみのトレンド
フォローシステムは、買い方向のシグナルのみを採用し（マルまたは
買い）、売りのみのトレンドフォローシステムは売りのみのシグナルを
採用する（マルまたは売り）。**図14.4**は、標準と買いのみと売りのみ
のシステムのパフォーマンスを1999〜2013年にかけて示している。3
つのシステムを比べると、売りポジションが標準的なトレンドフォロ
ーシステムの損益を大きく下げていることが分かる。このサンプル期
間に、売りポジションを制限すれば、株式セクターのパフォーマンス
はかなり改善していたはずだ。**表14.1**は、この3つのシステムを株セ
クターで運用した場合のパフォーマンスの統計を示している。

　サンプル期間の1999〜2012年では、買いのみのシステムのシャープ
レシオが最も高かった。買いのみのシステムは、2009年の初めからパ
フォーマンスがプラスになっているが、標準システムは2009〜2012年
も下げている。買いのみのトレンドフォローシステムは、シャープレ
シオが上昇していても歪度が−0.25なのに、標準（買いと売り）シス
テムは歪度が+0.23だった。リターンの歪度が正から負に変わったの

表14.1　標準（売りと買い）、買いのみ、売りのみのトレンドフォロー
　　　　システムを株式市場で運用した場合のパフォーマンスの統計
　　　　（1999～2013年）

	シャープレシオ	月次リターン（%）	月間リスク（%）
標準	0.36	0.80	7.52
買いのみ	0.41	1.32	10.95
売りのみ	−0.07	−0.25	11.36

は、テールリスクが大きいため、もしかしたら買いのみのシステムで
株を運用するとあまり望ましくないリスクプロファイルになるのかも
しれない。そうなると、株式市場で危機のような極端な出来事が起こ
ったときにどうなるか詳しく見てみたくなる。

クライシスアルファ

　クライシスアルファは、市場ストレス時のパフォーマンスの基準で
ある。第7章で紹介したVIXに基づいた手法を使うと、1カ月でVIX
の動きが20％を超えれば、危機の月と呼ぶことにする。**図14.5**は
S&P500の動きで、VIXに基づいた危機期間は背景がグレーになってい
る。

　現実的には、株のトレンドフォロー戦略から売りシグナルを完全に
排除することはない。そこで、株の買いのみのポジションではなく、買
いと売りのポジションを5：1にして調べていくことにする。**図14.6**
は、株セクターで標準（買いと売り）と買いのみのトレンドフォロー
システムを運用したときのクライシスアルファの貢献度を示している。
ただ、株はポートフォリオに組み込んだ7つのセクターの1つにすぎ
ないということも覚えておいてほしい。**図14.6**を見ると、トレンドフ
ォローシステムから売りシグナルを除くことでトータルリターンが1

図14.5 1999〜2013年にかけたS&P500の推移とVIXに基づいた危機の期間（グレーの背景）

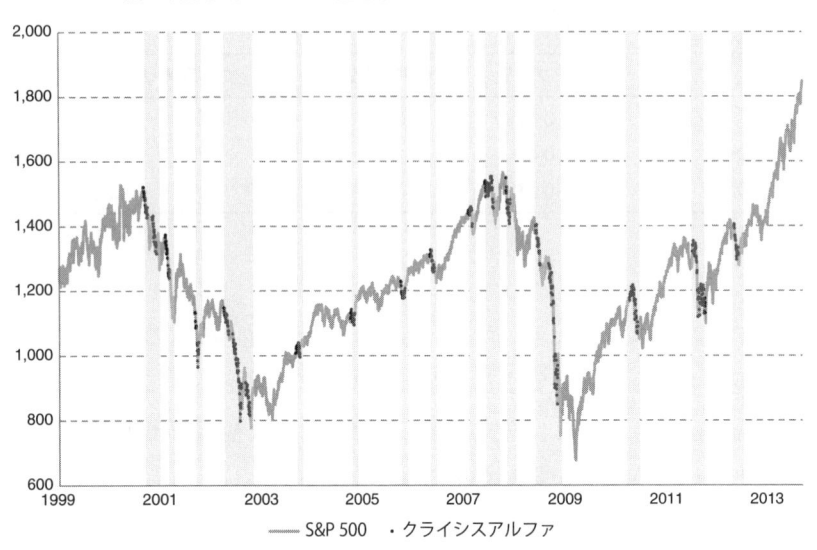

出所＝ブルームバーグ

図14.6 標準と買いのみのトレンドフォローシステムを株で運用した場合のトータルリターンとVIXに基づいた危機の期間のクライシスアルファとの比較（1999〜2012年）

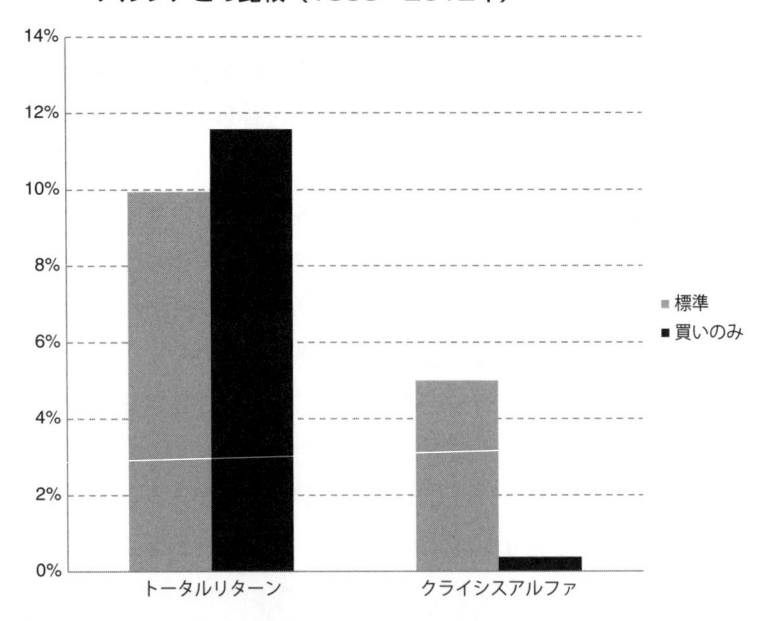

図14.7　1993〜2013年のMSCIワールド指数の推移と危機の期間（危機の期間は月次リターンが−５％未満で、グレーで示してある）

出所＝ブルームバーグ

％以上増えている。ただ、この制限はトータルリターンを増やす半面、クライシスアルファが約５％から０近くまで下がるという犠牲を払っている。もっと詳しく言うと、シャープレシオが0.77から0.86に改善したが、クライシスアルファは4.6％も下がったのである。

　この効果のロバスト性を示すために、過去のリターンに基づいた危機期間の２つ目の定義を使うことができる。危機の月は、S&P500のリターンが−５％を下回った月とも定義できる。**図14.7**は、S&P500のリターンに基づく危機期間をグレーで示している。また、**図14.8**は、株セクターにおける標準と買いのみのトレンドフォローシステムのリターンと、クライシスアルファの貢献を合わせて表示している。危機期間の定義と指数が違っても、結果はあまり変わっていない。つまり、標準的なトレンドフォローシステムから売りのシグナルを除くと、トータルリターンが増えると同時に、その分クライシスアルファは減っ

図14.8　標準と買いのみのトレンドフォローシステムでS&P500を運用
した場合のトータルリターンとS&P500のリターンに基づいた
危機の期間のクライシスアルファ（1999～2012年）

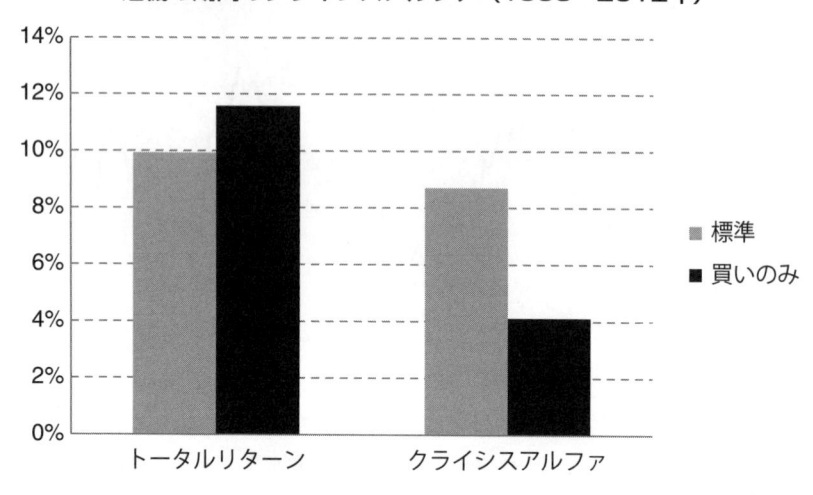

ているのだ。**図14.8**からは、クライシスアルファが8.7％から4.1％に
約4.6％下がっていることが分かる。

株の買いバイアスがポートフォリオに与える効果

　この項の初めに、株の買いバイアスはクライシスアルファを下げる
と書いた。この効果を投資家の立場で検証するためには、ポートフォ
リオ全体に与える影響を検証する必要がある。話を単純にするため、
この分析では対象を2つの機関投資家のポートフォリオとする。株と
債券の割合が60/40の伝統的なポートフォリオと、ファンド・オブ・
ファンズ（FoF）である。前者は60％をMSCIワールド指数、40％を
JPモルガン・グローバル・ボンド指数（GBI）に配分し、後者は
HFRIファンド・オブ・ファンズ指数（HFRIFOF）を使う。ヘッジ
ファンドの指数は投資可能でないものもあるが、そのリターンは、フ

表14.2　1999〜2012年の60/40ポートフォリオとそれにトレンドフォローシステムを組み合わせた場合のパフォーマンス統計（混合ポートフォリオの構成は株48%、債券32%、トレンドフォローシステム20%になっている。混合ポートフォリオには標準または株の買いバイアスのトレンドフォローシステムが組み込まれている）

	シャープレシオ	月次リターン（%）	月間リスク（%）	最大ドローダウン（%）
伝統的な機関投資家（60/40）	0.68	0.72	3.55	44.47
20%を標準的なトレンドフォローシステムに配分	0.94	0.80	2.86	24.97
20%を買いバイアスのトレンドフォローシステムに配分	0.91	0.82	3.02	27.57

出所＝ブルームバーグ

ァンド・オブ・ファンズに長期投資した場合のリターンとして代用できる。機関投資家のポートフォリオは、20%がトレンドフォローシステムで運用されるものとする。1つ目の混合ポートフォリオは、80%を60/40ポートフォリオに配分し（株が48%、債券が32%）、20%をトレンドフォロー戦略に配分する。2つ目の混合ポートフォリオは、80%をHHFRIFOF、20%をトレンドフォロー戦略とする（各投資先はポートフォリオに組み込む前に月間ボラティリティを5％に正規化している）。

　表14.2は、伝統的な60/40ポートフォリオと、それに標準か買いのみのトレンドフォローシステムを20%加えた場合のパフォーマンスの統計を示している（より現実的にするため、株の買いのみではなく、買いと売りのポジションを5：1として検証している）。標準的なトレンドフォローシステムを加えると、シャープレシオが大きく上がり、最大ドローダウンも大きく改善した。また、買いバイアスのトレンドフ

表14.3　1999〜2012年のFoFポートフォリオとFoFにトレンドフォローシステムを組み合わせた場合のパフォーマンス統計（混合ポートフォリオは80%がHERIFOF、20%がトレンドフォローシステムになっている。混合ポートフォリオには標準または買いバイアスのトレンドフォローシステムが組み込まれている）

	シャープ レシオ	月次リターン （%）	月間リスク （%）	最大ドロー ダウン（%）
FoF指数（HERIFOF)	0.73	1.08	4.96	71.23
20%を標準的なトレンドフォローシステムに配分	1.23	1.54	4.25	22.97
20%を買いバイアスのトレンドフォローシステムに配分	1.12	1.18	3.56	19.84

出所＝ブルームバーグ

ォローシステムを加えたほうは、平均リターンが標準システムを加えたとき以上に上がった。**表14.3**は、FoFと標準か買いバイアスのトレンドフォローシステムを加えた場合のパフォーマンス統計を示している。FoFの場合、買いバイアスのトレンドフォローシステムを加えると、平均リターンもシャープレシオも下がってしまった。

　この項の初めに、株の買いバイアスによってリターンのシャープレシオが上がるが、クライシスアルファは下がると書いた。トレンドフォロー系の運用会社の視点に立つと、これは望ましい。一方、機関投資家の視点に立つと、トレンドフォローシステムを一般的な機関投資家のポートフォリオに組み込んだ場合、株の買いバイアスはポートフォリオ全体のシャープレシオを下げた。しかし、60/40ポートフォリオの場合は、買いバイアスがないほうがドローダウンを減らす効果があった。結果にばらつきはあるが、買いバイアスは投資家よりも運用会社にとってより魅力があるようだ。

時価評価が相関性に与える影響

　運用会社同士の関係性を見分けるための、最も一般的に使われている量的基準の１つが相関性だということは間違いない。これは、運用会社同士の相関性が低ければ、スタイルや手法で分散が可能だということを意味している。そうなると、多くの投資家は同じ分野でたくさんの運用会社に投資したほうがメリットがあると結論付ける。ただ、相関性を基準とするときは、相関性の推定値が正確であることが非常に重要である。先物業界に目を向けると、先物取引において無視されることが多いテクニカルな側面がある。それが、純資産価値（NAV）の標準時価評価である。この項では、決済価格について標準的な時価評価の方法がない戦略の相関性がどれほど過小評価されているかを実証的に示していく。簡単に言えば、マネージドフューチャーズの相関性は高く、適切である。しかし、マネージドフューチャーズ以外の運用会社は、標準的な時価評価の仕組みがないから相関性が低いのかもしれない。

時価評価と流動性が低い市場

　低流動性がヘッジファンドのリターンに与える影響については、複数の論文が説明している。例えば、ゲマンスキーとローとマカロフ（2004年）は、時価評価やモデル評価の慣習が、市場の低流動性によってさまざまな分野でヘッジファンドのリターンの高い系列自己相関をもたらしているという強力な証拠を示した。低流動性の市場についてよく見過ごされているのが、運用会社（またはファンド）間の相関性への影響である。時価評価やモデル評価は、流動性が低い市場における決済価格が大きくばらつく原因になり得る。このばらつきは、リターンや純資産価値を計算するためにさまざまな決済手法や値決め方法

が使われていることによって起こり、これらの資産をトレードしている運用会社間の相関性を人工的に下げることになる。

　低流動性の市場で時価評価の値付けがばらつく重要な原因は、単純にビッド・アスク・スプレッドにある。アラキリヤンとセラーノ（2012年）は、さまざまなクレジットデフォルトスワップ（CDS）市場のビッド・アスク・スプレッドを検証した。ビッド・アスク・スプレッドを先物取引に含めないで考えると、格付けがBBBの1年物の平均スプレッドは13bpsで、標準偏差は22bpsだった。このビッド・アスク・スプレッドは、CDS市場の日々のボラティリティと同じ程度である。ちなみに、先物市場のビッド・アスク・スプレッドはかなり低いし、それと関係なく業界全体で日々の時価評価には標準決済価格が使われている。

流動性と相関性

　ここで説明のために、簡単なシナリオを使ってビッド・アスク・スプレッドが相関性に与える影響を見ていこう。まず、2つの同じ運用会社があるとする。どちらも同じリターンを上げており、相関係数は1である。次に、スプレッド配分モデルを使ってこの2社に異なるビッド・アスク・スプレッドを課す。これはビッド・アスク・スプレッドの範囲で時価評価価格にランダムに配分される。**図14.9**は、同じ運用会社にさまざまなビッド・アスク・スプレッドを課した場合の相関性のヒストグラムである。ビッド・アスク・スプレッドの平均は、もともとのリターンの1日のボラティリティの20％、標準偏差は1日のリターンのボラティリティの40％に設定してある。この例では、相関係数の平均が1から0.8に下がった。この例は、ビッド・アスク・スプレッドを加えるとリターン系列は完全に相関していても、相関性が下がることを示している。ちなみに、多くの流動性が低い証券市場では

図14.9　2つの完璧な相関性があるリターン系列にさまざまなビッド・アスク・スプレッドを課した場合の相関性のばらつき

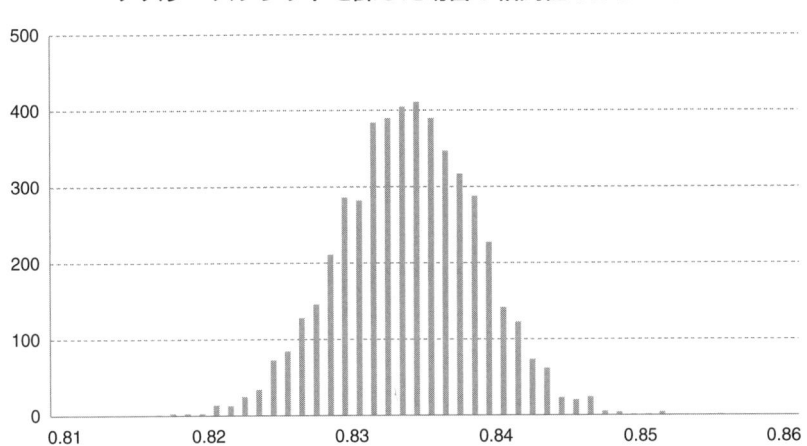

（例えば、信用市場）、ビッド・アスク・スプレッドがこの例よりもさらに大きくなる。

　CTA業界では、運用会社間の相関係数は高ければ0.8に上ることもある。しかし、相関係数が0.8の2つの運用会社でも、時価評価や決済価格が標準化されていないと相関係数は低ければ0.5とみなされることもある。これらの例は、ビッド・アスク・スプレッドや時価評価によって見掛けの相関性は簡単に下がる可能性があることを示している。言い換えれば、安定した時価評価の仕組みがなければ、運用会社間の相関性は低く評価されるということだ。このことと、マネージドフューチャーズとの関係を検証するために、次の項では時価評価のばらつきと、運用会社間の相関性との関係をさらに詳しく見ていく。

時価評価とトレンドフォロー戦略

　前の項では、低流動性とビッド・アスク・スプレッドの違いが運用

会社間の相関性を低く見せることについて書いた。この項では、2つの非常に相関性が高い代表的なトレンドフォローシステムを流動性が高い先物市場で広く分散してトレードした場合を検証する。過去20年間、2つのトレンドフォローシステムの日々のリターンの相関係数は0.96だった。

この項の初めに説明したとおり、マネージドフューチャーズファンドの多くは流動性の高い市場で運用されており、取引所で日々の決済価格が分かる。つまり、時価評価を裁量で行う必要はない。しかし、ここでは時価評価にばらつきがある場合の影響を示すため、日々の決済価格の統計的な価格分布を使ってシミュレーションを行ってみよう。今回の価格系列は、日々の損益を計算するために時価評価を行うものとする。ちなみに、ここでノイズを加えるのは損益の計算の部分のみなので、大元のシステムのシグナルとポジションに影響はない。日々のリターンの想定ビッド・アスク・スプレッドは各市場における日々のボラティリティの割合で表す。**図14.10**は、2つの相関性が高いトレンドフォロー系ファンドと、時価評価用のビッド・アスク・スプレッドの平均の関係を表している。この例では、ビッド・アスク・スプレッドの中央値を日々のボラティリティの20％とすると、日々の決済価格のばらつきの影響によって相関係数は0.96から0.8に17％下がった。投資家の視点で言えば、毎日、標準的な決済価格で時価評価ができないと、似たような運用会社でもそうは見えなくなるということだ。

この例では、もしトレンドフォロー戦略を取引所が提供する日々の決済価格で時価評価できなければ、運用会社の相関性は実際よりもかなり低くなるということを覚えておいてほしい。そして、ほかの多くの戦略（たいていは代替戦略に分類されている）でも、運用会社間の相関性が低めに評価されている可能性がある。標準化された時価評価の仕組みがないことは、分散の潜在価値を実際よりも大きく見せているのかもしれない。

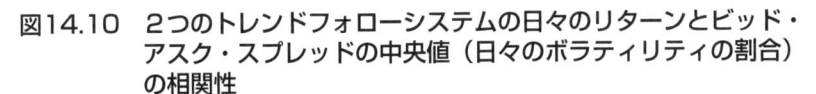

図14.10　２つのトレンドフォローシステムの日々のリターンとビッド・アスク・スプレッドの中央値（日々のボラティリティの割合）の相関性

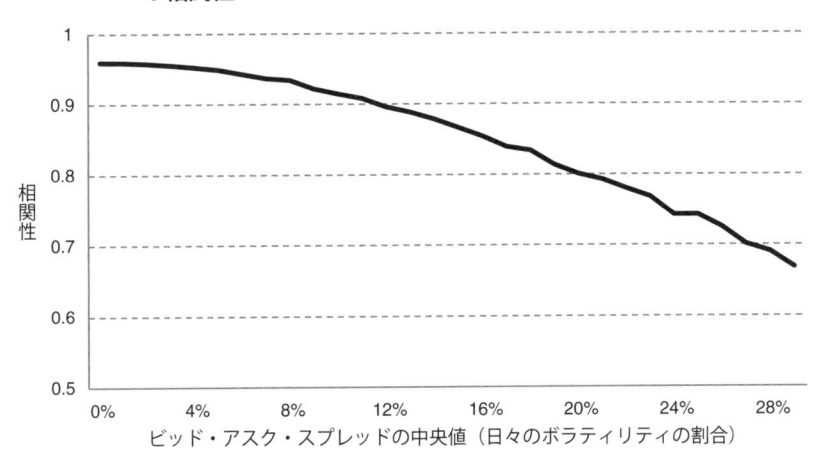

ボラティリティの周期性を理解する

　ボラティリティは、リスクテイキングと長期的なリスクを理解するための重要な部分である。ただ、ボラティリティは一定ではなく、時間とともに変化する。このことは、特に動的なトレード戦略について言える。ボラティリティが時間の経過とともにどのように変化するかを検証する１つの方法として、ボラティリティの周期性を見るとよい。ボラティリティの周期性は、特定のトレード戦略におけるボラティリティの周期の相対的な速度と定義することができる。もし長期的に遅めの戦略ならば、ボラティリティの周期の周波数は小さくなる。これは、ボラティリティの周期が長ければ１年にも及ぶかもしれないということだ。トレンドフォロー戦略のボラティリティは、時間とともに変化し、周期は長い傾向がある。一方、積極的にポジションを変える手法で、ボラティリティが素早く加速したり減速したりすると、ボラ

ティリティの周期は短くなる。第9章で書いたような、動的なレバレッジ変更は周波数の高いボラティリティをもたらす完璧な例と言える。オプション売り戦略とマーチンゲール法を詳しく見ると、ボラティリティの突出と、ボラティリティのパターンの高周期性を示している。少しおさらいすると、動的なレバレッジ変更はレバレッジの大きさがポートフォリオの過去の損益に依存している状況と定義できる。簡単に言えば、動的にレバレッジをかけるポートフォリオは、賭けの大きさが過去の負けが多ければ増え、勝ちが多ければ減る。つまり、これはポーカーの「ダブルダウン」と似ている。第9章では、動的なレバレッジには、シャープレシオに隠れたレバレッジのリスクがあることも紹介した。

　ボラティリティの周期性は、スペクトル分析を使うとより直接的に検証できる。実際、フーリエ変換を使ってボラティリティの周期を抽出し、認識できる。フーリエ変換は、シグナルを時間領域から周波数領域に変換して単純化することで、ボラティリティの周期を見つけて選別することができる（フーリエ変換は一般的な信号処理のツールで、シグナルを時間軸から周波数別の成分に変換するために使われている。詳しくはSmith［1997年］参照）。フーリエ変換は、ボラティリティの22日（約1カ月）移動平均の高周波成分と低周波成分を明らかにすることができる（この分析では、すべての時系列を同じボラティリティに正規化している）。期間は、パワー（出力）の関数としてピリオドグラムで示されている（この概念については第5章参照）。さらに具体的に言うと、ピリオドグラムはシグナルのスペクトル密度で、シグナルの重要度によって、各周波数の乗数加重を求めている。トレンドフォロー戦略のボラティリティの周期性について話す前に、**図14.11**はトレンドフォロー戦略（ニューエッジトレンド指数）と株式市場（MSCIワールド指数）のピリオドグラムを示している。トレンドフォロー系指数のほうは、252日未満の期間に対応する明らかな周波数は認められ

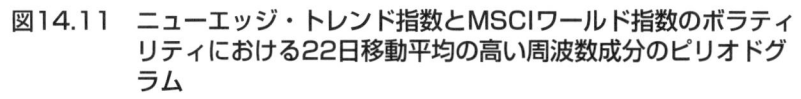

図14.11　ニューエッジ・トレンド指数とMSCIワールド指数のボラティリティにおける22日移動平均の高い周波数成分のピリオドグラム

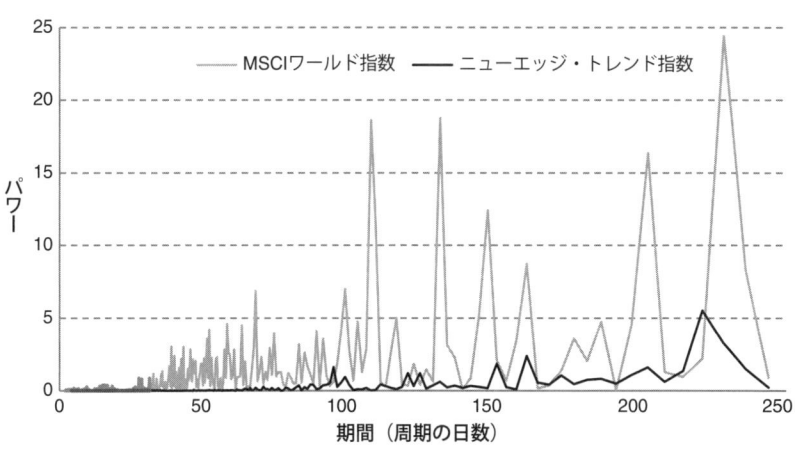

ない。一方、株価指数のボラティリティの22日移動平均には、密度の高い周波数がいくつも認められる。**図14.11**は、トレンドフォロー戦略のボラティリティの周期のほうが株式市場のそれよりも長く、もしかしたらスムーズかもしれないことを示している。この単純なスペクトル分析は、トレンドフォロー戦略では、株式市場と違い、ポジションのボラティリティを調整すると長期的にボラティリティの周期性をスムーズにできることを示している。トレンドフォロー戦略のボラティリティの調整については、第3章で紹介し、第8章でさらに詳しく説明した。

運用会社のパフォーマンスから動的なレバレッジを抽出する

前の項では、ボラティリティの周期性という概念を紹介した。幅広く周波数帯を観察した結果、トレンドフォロー戦略のボラティリティ

は株式市場よりも周波数が低いことを示している。この項では、低い周波数のボラティリティの周期性を見るのではなく、再び動的なレバレッジと高い周波数のボラティリティの周期に目を向けていこう。実際、ボラティリティの突出と高い周波数は、動的なレバレッジの特徴とも言える。トレンドフォローシステムは損益によってポジションを増やすデザインにはなっていない。第9章の例に戻ると、マーチンゲール法はシャープレシオを急上昇させることができる動的なレバレッジの一例だった。少しおさらいすると、マーチンゲール法は損失が出ると、次に損益がプラスになるまで買いポジションを増やしていく。そして、負けると賭け金を増やす（ダブルダウンと同じ）。もしマーチンゲール法をトレンドフォローシステムに応用するときは、扱いやすくするためにダブルダウンの日数を制限しなければならない。

　動的なレバレッジはポーカーの「ダブルダウン」と似ている。このレバレッジを応用した積極的なパターンは、運用会社のリターン系列から要因分解して調べることができるため、投資家はシャープレシオを上げることが可能な動的なレバレッジの存在を判断することができる。繰り返しになるが、高周波の影響ならばフーリエ変換を使ってボラティリティサイクルを抽出して認識することができる。動的なレバレッジの効果を抽出できるフーリエ変換の威力を示すため、**図14.12**は左が代表的なトレンドフォローシステムのボラティリティの22日移動平均の高周波の部分のみ、右が同じシステムで限定的なマーチンゲール法を用いた場合をピリオドグラムで示している。代表的なトレンドフォローシステムのピリオドグラムで、22日未満の期間に顕著な周波数はなかった。一方、システムに限定的なマーチンゲール法をを組み合わせると、いくつかの顕著な周波数が現れた。この高周波数の影響の強さは、ダブルダウンによってポジションの取り方が加速したことを示している。第9章でも述べたとおり、マーチンゲール法におけるレバレッジの効果はシャープレシオでは測定できない。しかし、ス

図14.12　代表的なトレンドフォローシステムのボラティリティの22日
　　　　　移動平均の高い周波数成分を含むピリオドグラム（左）と同じ
　　　　　システムで限定的なマーチンゲール法を用いた場合（右）

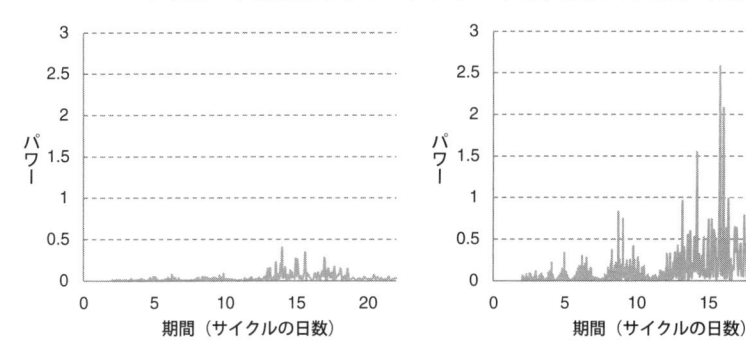

ペクトル分析を行うと、マーチンゲール法が明らかにボラティリティ
に高周波の影響を与えているというまったく違う結果が見えてくるの
である。

　シグナルを周波数別の成分に変換するメリットは、シグナルの異な
る周波数を比較的簡単に選別できることにある。そして、周波数で選
別したあとは、逆フーリエ変換で再び時系列に戻すことができる。そ
うすると、高周波数の影響を受けた時間シグナルを取り除くことがで
きるのだ。**図14.13**は、この手法で選別して高周波数の影響を取り除
く過程をフローチャートにしたものである。実際、高周波数のダブル
ダウンの効果を取り除くと、シャープレシオで見たパフォーマンスの
どれくらいの部分が賭け方によるものかを見ることが可能になる。

　この例をさらに具体的に見ていこう。まず、トレンドフォロー系の
運用会社6社（CTA1〜CTA6）と、1つのトレンドフォロープログラ
ム（マーチンゲール法ありとなし）を検証してみる（フーリエ変換
と逆フーリエ変換は、リターンの絶対値に対して行われる。フィルタ
ー後に逆フーリエ変換をしたリターンのサインは、元のリターンと同
じとする。扱いやすくするために、パワースペクトル密度の極端な外

図14.13　リターン系列から高周波数の影響を除外するスキームの流れ（インプットは時間領域のリターン系列で、アウトプットは時間領域の要因分解後のリターン系列。選別は周波数領域で行われる）

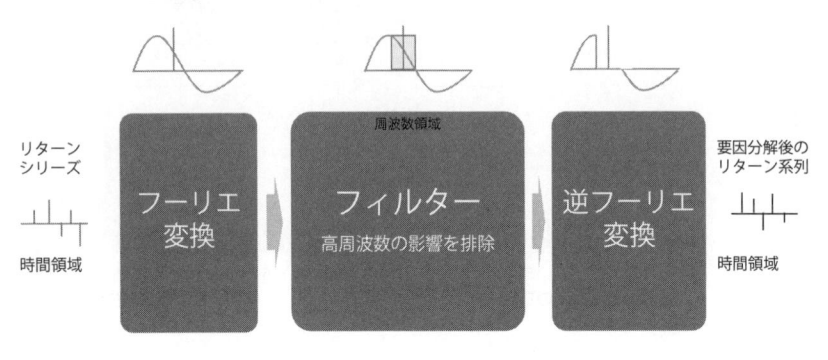

れ値は、逆フーリエ変換する前に除外してある）。これらのCTAのパフォーマンスを周波数領域に変換し、高周波数を取り除き、残りの部分を逆フーリエ変換して時系列に戻す。**表14.4**は、元のシャープレシオと要因分解後の高周波数の影響を除いたシャープレシオである。また、**図14.14**は、元のシャープレシオと高周波数を除いた要因分解後のシャープレシオをグラフで表している。要因分解後のパフォーマンスを見ると、CTA4以外のパフォーマンスは下がっている。また、運用会社によって、高周波数の影響が違うということは重要だ。具体的に見ると、CTA2の要因分解後のパフォーマンスは高周波数を除くと半分以下になっている。これは、この会社がポジションを建てるときに動的なレバレッジを使っている可能性が高いということで、もっと詳しく言えば、シャープレシオも2.01から0.94に下がっている。その一方で、CTA1とCTA5は、要因分解後の変化が小さく、これは動的なレバレッジでポジションが急に拡大したり縮小したりしないことを示している。これについては、標準的なトレンドフォローシステムにマーチンゲール法を組み合わせた場合と合わせない場合を比較しても同

表14.4　6社のCTAとトレンドフォローシステム（TF、限定的なマーチンゲール法なしとあり）の2年間のシャープレシオから顕著な高周波数を除く前とあと

	元のシャープレシオ	高周波数を除いたあと
CTA1	1.05	0.84
CTA2	2.01	0.94
CTA3	2.31	1.49
CTA4	0.64	0.69
CTA5	2.51	2.32
CTA6	0.17	−0.65
TF	0.56	0.53
TF＋マーチンゲール法	1.34	0.88

図14.14　トレンドフォロー系6社のCTAと代表的なトレンドフォローシステム（TF、マーチンゲール法なしとあり）の2年間のシャープレシオ（シャープレシオはフーリエ変換を使って高周波数の効果がある場合とない場合）

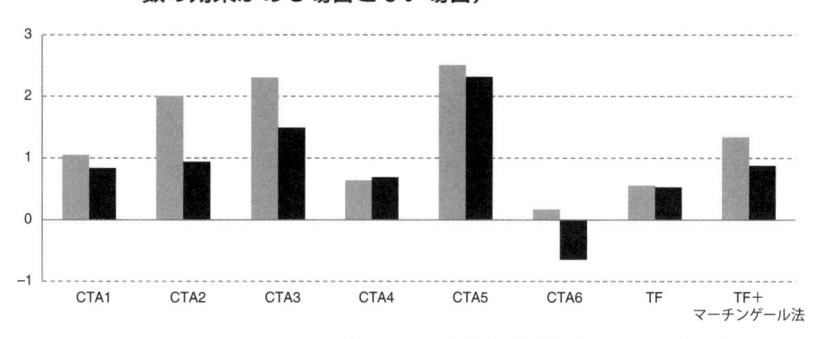

じことが言える。高周波数がパフォーマンスに与える影響は、限定的なマーチンゲール法を組み合わせた場合が0.46、組み合わせない場合はわずか0.03しかない。シャープレシオの違いは、フーリエ変換を使って動的レバレッジのパフォーマンスへの影響を分析できることを示

している。つまり、この手法は動的なレバレッジによる潜在的なリスクを明らかにするツールになる。シャープレシオは、リスク調整済みのパフォーマンスの基準である。ただ、リスク調整を行ったとしても、シャープレシオで必ずしも動的なレバレッジを測れるものではない。しかし、フーリエ変換を使ってリターン系列から動的なレバレッジの影響を取り除くと、CTAのポジションの取り方について洞察を得ることができるのである。

まとめ

本章では、投資家の立場から見た3つの高度な分析を行った。

1つ目は、株式市場がクライシスアルファに与える影響を見た。クライシスアルファと株のバイアスを詳しく分析すると、株式市場は通常、危機を先導するが、パフォーマンスの主な原動力ではないことが分かった。それでも、運用会社は買いバイアスで株のポジションを建てるとパフォーマンスが向上する。しかし、投資家とすれば、株の買いバイアスによって運用会社のパフォーマンスは上がるかもしれないが、みんながそれをするとクライシスアルファが下がることで、戦略の分散力が下がるというデメリットがある。

2つ目はマネージドフューチャーズの時価評価について見た。マネージドフューチャーズでは標準価格で時価評価ができるため、高い相関性は戦略の実際の相関性を表している。一方、マネージドフューチャーズ以外の戦略は標準価格での時価評価の仕組みがないため、運用会社ごとの相関性が過小評価されて動的な戦略を用いるヘッジファンドへの分散効果が過大評価されているケースが多い。

3つ目は、トレンドフォローディティの周期性を見た。標準的なトレンドフォローシステムは、株式市場と比べてボラティリティに低周波の周期性が見られる。また、フーリエ変換をトレード系

列のスペクトル分析のツールとして使うことについても書いた。動的なレバレッジがシャープレシオの隠れたリスクだということについても再度調べた。すると、フィルターを使って運用会社のリターン系列とシャープレシオから動的なレバレッジの影響を取り除くと、CTAそれぞれに違いがあることが分かった。さらには、トレンドフォローシステムに限定的なマーチンゲール法を用いる場合と用いない場合を調べると、スペクトル分析とフィルターによって動的レバレッジの隠れたリスクをとらえることもできた。

参考文献

Arakelyan, A., and P. Serrano. "Liquidity in Credit Default Swap Markets." Mimeo, University CEU Cardenal Herrera, Spain, 2012.

Brunnermeier, M. K., and L. H. Pedersen. "Market Liquidity and Funding Liquidity." Review of Financial Studies 22, no.6(2009): 2201-2238.

Getmansky, M., A. Lo, and I. Makarov. "An Econometric Model of Serial Correlation and Illiquidity in Hedge Fund Returns." Journal of Financial Economics 74, no.3(2004): 529-609.

Greyserman, A. "The Impact of Mark-to-Market on Return Correlations," ISAM white paper, 2013.

Greyserman, A. "Trend Following in Equity Markets: The Cost of Crisis Alpha." ISAM white paper, 2012.

Monoyios, M., and L. Sarno. "Mean Reversion in Stock Index Futures Markets: A Nonlinear Analysis." Journal of Futures Markets 2 2, no.4(2002).

Smith, S. "The Scientist and Engineer's Guide to Digital Signal Processing." California Technical Pub., 1997.

Vayanos, D. "Flight to Quality, Flight to Liquidity, and the Pricing of Risk." NBER Working Paper, 2004.

第 15 章

運用規模と流動性と市場規模の実用性

Practicalities of Size, Liquidity, and Capacity

　多くの人が、金融界でただで手に入るのは分散効果だけだと言っている。ただ、分散にもさまざまな形があり、そのなかにはさまざまな投資スタイル、リスクファクターのイクスポージャー、セクターや市場の選択、資産クラス、トレードの速度、それ以外のたくさんの変数などが含まれている。第3章では、トレンドフォローシステムの4つの差別化要因——①リスク目標（レバレッジ）、②市場への配分、③トレードの速度（保有期間）、④方向性バイアス——を紹介した。また、第11章では、ポジションサイズとセクターへの資本配分を検証し、リターンのばらつきについて書いた。第12章と第13章では、運用スタイルの構成を分析するための枠組みを紹介した。このなかで、運用規模と市場規模と流動性の実用性について触れたが、詳しくは分析しなかった。本章では、トレンドフォロー戦略の分散効果のメリットを、運用規模と市場規模と流動性について検証していく。まず、運用規模を資本配分とトレードの速度について検証し、次に流動性の低い市場を追加するメリットについて書いていく。

運用規模は重要か

　運用資産が増えると、いくつか考慮すべき重要なことが出てくる。ま

ず、市場の流動性や出来高によって資本配分先が制限される。そのため、大手ファンドは実質的に市場規模加重に似た配分をせざるを得なくなる。2つ目に、トレードの速度も遅いものに限られる。大きいポジションはブロックトレードのように段階的に市場に出していく必要があるからだ。第13章の分析によると、大手運用会社はSMB（市場規模ファクター）では負のベータ、EQB（株のバイアスファクター）では正のベータ、SMF（トレードの速度ファクター）でも正のベータの可能性が高い。第13章で見た8社のCTA（商品投資顧問業者）について、これはある程度正しかった。SMBは長期的にはポジティブなプレミアムなので、ベータが負の場合は小さい市場でのチャンスを逃した可能性があることを示している。一方、第14章で書いたとおりEQBによって期待リターンが上がるときは、歪度とクライシスアルファが犠牲になる。SMFのベータが正のときのパフォーマンスは長期的に向上し、リターン分布は大きくネガティブスキューになる。この項では、まずトレンドフォロー系ポートフォリオのなかの分散に影響を及ぼす2つの側面——資産の相関特性とトレードの速度——について見ていく。そのあとは、トレンドフォロープログラムを、ポートフォリオ内の分散と、大きいポートフォリオの一部として分散することのメリットについて分析する。

相関性と分散と小さい市場を含めること

トレンドフォローポートフォリオの分散について話をする前に、モチベーションおよびレファレンスのために、この項では最初に標準的なポートフォリオ理論をおさらいして、分散効果の主な原動力を見ていく。標準的なポートフォリオ理論は、簡単に言えば、ポートフォリオ内の資産の相関性が分散効果のメリットをもたらすことを示している。同様に、トレンドフォローポートフォリオも、相関性の恩恵を受

けており、各ポジションをトレンドフォローポートフォリオの構成要素として見ることができる。これらのポジションの相関特性によって、ポートフォリオ全体でどれくらい分散されているかが決まるのだ。分散効果のメリットをより具体的に検証するためには、バリュー・アット・リスク（VaR）を使うことができる。もし分散をしなければ、すべての要素のVaRの合計はポートフォリオ全体のVaRと同じになる。しかし、分散すると各要素のVaRの合計はポートフォリオ全体のVaRよりも高くなる。分散比率は、個々のVaRの合計をポートフォリオ全体のVaRで割った値である。もし分散比率が1ならば、ポートフォリオの構成要素は分散されていないことになる。この比率が1から増えていくと、ポートフォリオの分散が進んでいく。

　数学的には、もしN個の構成要素で、すべて同じリスク（σ）と相関性（ρ）があれば、分散比率は次のように表すことができる。

$$分散比率 = \frac{\sqrt{N}}{\sqrt{1+(N-1)\rho}}$$

　分散比率を簡単に言えば、相関係数が1のとき、すべての構成要素は同じで、分散はしていないということになる。**図15.1**は、相関性と構成要素の数によって分散比率がどう変わるかを示す分散比率のグラフで、相関係数は0.1〜1、構成要素Nは2〜10になっている。これを見ると、相関性が高くなるとポートフォリオの分散比率は低くなっており、直感と合っている。ちなみに、現代ポートフォリオ理論にあるように、相関係数は0でも分散効果のメリットはある。数学的には、ρが0ならば、分散比率は$\sqrt{N}$となり、これは1よりもかなり大きい。また、ポートフォリオ内の構成要素の数も、分散比率に影響を及ぼすし、より違いが大きい構成要素を含めると、分散メリットは大きくなる。このことも、**図15.1**から分かる。この項の例は単純だが、同じことはト

図15.1　分散比率と相関性ρの関係

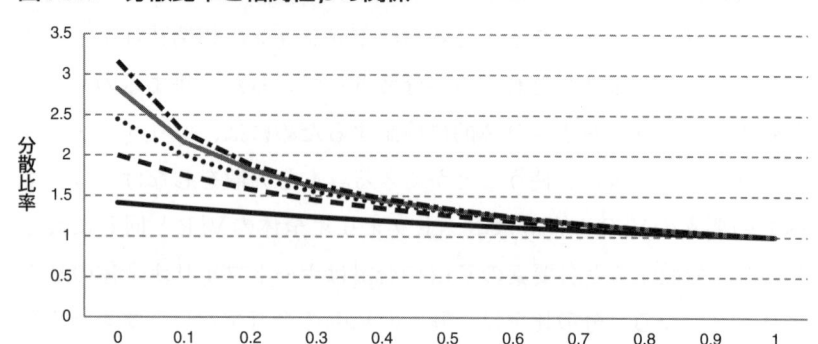

レンドフォローポートフォリオにも言えることは分かると思う。トレンドフォローポートフォリオに相関性が低い独特のポジションを含めるほど、ポートフォリオの分散度は大きくなっていくのだ。ただ、制約付きのトレンドフォロープログラムについては、含めることができる資産の数と種類の制限によってポートフォリオの分散への影響は変わってくる。

小さい市場と新しい市場

　第2章で紹介したデリバティブ業界の先物化からも分かるとおり、近代の先物市場は幅広く、かつ拡大する投資チャンスを提供している。一方で、トレードが行われる先物市場の流動性や出来高や回転率にはかなり幅がある。一部の市場（特に、回転率が高い金融取引）は流動性が非常に高い。ほかにも、小さくて流動性が低い農業市場や新しい市場などがある。新しい市場には、例えば受け渡し決済金利スワップ先物や排出権市場などがある。先物業界では、全体的に市場間の相関性がかつてよりも高くなっていることが懸念されている。この現象は、コ

表15.1　代表的なトレンドフォローシステムのセクター間のリターンの相関係数（2012年）

	農業	債券	通貨	エネルギー	株	金利	金属
農業		0.05	0.19	−0.12	0.01	0.08	0.01
債券	0.05		0.19	0.06	−0.14	0.21	0.22
通貨	0.19	0.19		0.32	0.48	0.14	0.55
エネルギー	−0.12	0.06	0.32		0.39	0.08	0.28
株	0.01	−0.14	0.48	0.39		0.04	0.3
金利	0.08	0.21	0.14	0.08	0.04		0.01
金属	0.01	0.22	0.55	0.28	0.3	0.01	
相関係数の平均	0.037	0.098	0.312	0.168	0.18	0.093	0.228
相関係数の平均（係数の絶対値）	0.077	0.145	0.312	0.208	0.227	0.093	0.228

モディティの金融商品化と呼ばれている。市場の相関性が高まると、ポートフォリオの分散度は低くなる。ただ、小規模で流動性が低い新しい市場は金融商品化の対象になりにくいのかもしれない（金融商品化は幅広く確認されている現象。実際、不動産でさえ、上場によって不動産投資信託［REIT］が株式市場との相関性が高くなることが確認されている）。ポートフォリオ内の相関性の影響を検証すると、代表的なトレンドフォロープログラムの資産クラス同士の相関分析がこのことをより明確に示している。**表15.1**は、2012年のある時点における代表的なトレンドフォローシステムのセクターリターンの相関性を示している。これを見ると、2012年には農業セクターとほかのセクターの平均相関係数はわずか0.037だった。ただ、相関係数は低くても、相関性が低い市場の多くは小さい市場や流動性が低い市場だった。大きいトレンドフォロープログラムのように流動性と出来高が制約になる場合、これらの市場への配分は分散効果が期待できないくらい小さくなる（ニューエッジの規模に関するリサーチノート［BurghardtとKirkとLiu、

2013年］は、このことを実証的に示し、同じ結論に至っている）。

トレードの速度

トレードの速度も、資産規模の影響を受ける。また、プログラムが大きくなり、トレードサイズも大きくなると、実装や市場への影響といったさらなる課題が出てくる。これらを検証するため、この項ではトレードの速度の代わりにトレードシグナル生成の観察期間を再び取り上げる。例えば、トレンドフォロープログラムのなかで異なる速度のトレードシグナルを得るために、異なる観察期間を使うことができる。中期と長期の観察期間を併せ持つプログラムは、中期トレンドと長期トレンドの両方をとらえることができる。また、トレードの速度を組み合わせると、それまでとは違うトレンドシグナルを得ることができる。理論的には、異なる観察期間を使ったシステムの相関性は、おおむね２つの期間の共有時間と長い観察期間の比率の平方根になる。**図15.2**は、代表的なトレンドフォローシステムで観察期間を20～500日としてシミュレーションを行ったときのリターン系列である（話を単純にするために、このシミュレーションには幾何ブラウン運動を使っている）。

図15.2では、20日の観察期間と500日の観察期間の相関係数が０に近くなっている。観察期間によって相関性が低い期間があることから、幅広いトレードの速度を使うと分散効果のメリットがあることは明らかだ。取引コストや市場への影響を考慮して遅いシステムのみに限定したシステムは、トレードの速度を使った分散能力も限定的になる。ちなみに、規模が大きいトレンドフォローシステムは、遅いシステムにならざるを得ない。

図15.2　代表的なトレンドフォローシステムで観察期間を20〜500日としてシミュレーションを行ったときのリターン系列を使った相関行列（相関性の単位は百分率）

	20	30	45	60	90	120	170	250	350	500
20	100	74	50	36	19	16	12	7	4	3
30	74	100	71	50	28	22	17	11	6	4
45	50	71	100	74	45	34	27	17	13	6
60	36	50	74	100	65	51	37	26	19	14
90	19	28	45	65	100	81	61	43	32	22
120	16	22	34	51	81	100	78	56	43	29
170	12	17	27	37	61	78	100	74	55	35
250	7	11	17	26	43	56	74	100	78	53
350	4	6	13	19	32	43	55	78	100	72
500	3	4	6	14	22	29	35	53	72	100

分散と運用規模に関する実証分析

　これまでの2項で、運用資金が大きいトレンドフォロープログラムの分散に影響する可能性がある2つの側面について述べてきた。小さい市場や新しい市場に多く配分できないことや遅い速度のシステムに限定されることは、大きいトレンドフォロープログラムを使ったポートフォリオ内の分散に影響を及ぼすかもしれない。この項では、市場やトレードの速度を限定して運用規模の問題について実証分析を行っていく。この分析は、運用規模別に代表的な配分を想定し、さまざまな市場やトレードの速度について、流動性や取引コストを明確にして行うものとする。対象とするセクターは、株、債券、FX、農業、エネ

図15.3　代表的なトレンドフォローシステムを使った運用額や市場分散や トレードの速度によって分散効果のメリットが下がる実証分析

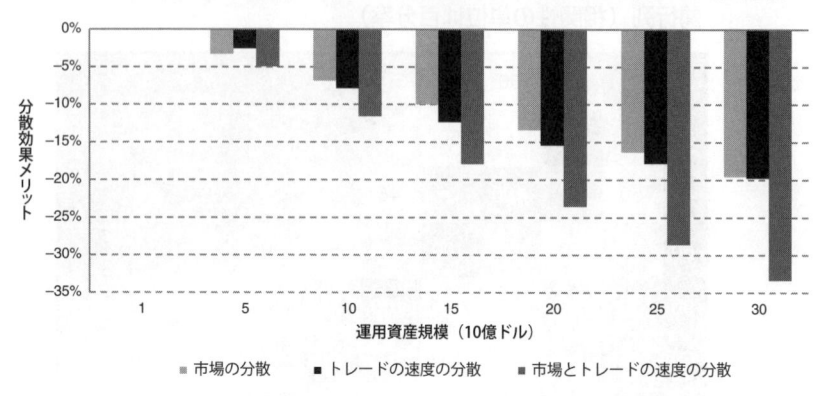

縦軸: 分散効果メリット（0%, -5%, -10%, -15%, -20%, -25%, -30%, -35%）

横軸: 運用資産規模（10億ドル）（1, 5, 10, 15, 20, 25, 30）

凡例: ■ 市場の分散　■ トレードの速度の分散　■ 市場とトレードの速度の分散

ルギー、金属で、トレードの速度は保有期間が数日から数カ月とする。運用規模ごとのトレンドフォロープログラムの分散の度合いは、10億ドルのポートフォリオの分散度と比較して判断する。トレンドフォローシステムごとに、市場配分とトレードの速度については運用資産額の水準に基づいて適切な限度を設定してある（この単純な例では、トレンドフォローシステムで10億ドル～300億ドルを運用する場合の典型的なセクター配分は資産額に応じて直線的に減っていくものとする。サンプル期間は1993～2013年）。**図15.3**は、代表的なトレンドフォローシステムを使い、運用額が分散に与える影響を示している。資産額が増えると、流動性が低めの市場への配分や速いシステムの配分も減らさざるを得なくなる。現実のポートフォリオ内の分散効果は、運用額が増えると下がらざるを得ないということだ。ポートフォリオ内の分散度が下がることは、トレードの速度についても市場配分についても言える。運用資産規模がトレードの速度や市場の厚みに与える影響を考えると、ポートフォリオ内の分散度の下げ幅は、運用資産が150億ドルで15％を超え、250億ドルで30％に達する。この項の実証分析は、大

きいトレンドフォロープログラムでトレードの速度とトレードする市場を制限すると、ポートフォリオ内の分散度が下がることを示している。

ポートフォリオを分散するメリットと運用規模

　この項の初めに、現実のポートフォリオ内の分散効果は、資産規模の増加によって下がると書いた。この項では、この問題について外部の投資家の視点で書いていく。運用額がトレンドフォローシステムを追加する分散効果のメリットに影響を及ぼすことを、ポートフォリオ全体として検証していくのだ。ここでは、代表的な投資家のポートフォリオとして伝統的な60/40のポートフォリオを用いて、株の60％はMSCIワールド指数、債券の40％はJPモルガン・グローバル・ボンド指数（GBI）に投資する。市場とトレードの速度を資産規模に合わせて直線的に限定することで、相関性とクライシスアルファへの影響を直接測ることができる。

　60/40ポートフォリオとトレンドフォロー戦略の混合ポートフォリオは、2つの資産を含むと考える。もし2つの資産のボラティリティが同じくらいならば、その相関性が分散の目安となる。**図15.4**は、前の項と同じ市場とトレードの速度の制約を使って60/40のポートフォリオとトレンドフォロープログラムの相関性を運用資産規模（AUM）と合わせて示している。資産規模が増えると、伝統的なポートフォリオとトレンドフォロープログラムの相関性は安定的に上がっていく。このことは、資産規模が増えると分散効果が下がることを表している。第13章のスタイル分析と同様に、相関性が上がったことは、金融先物市場への傾倒によって説明できる。金融ポジションは、伝統的な60/40ポートフォリオの株や債券との相関性が明らかに高いからだ。実証分析の結果も、このことを確認している。

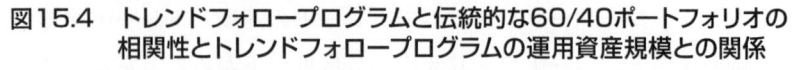

図15.4　トレンドフォロープログラムと伝統的な60/40ポートフォリオの相関性とトレンドフォロープログラムの運用資産規模との関係

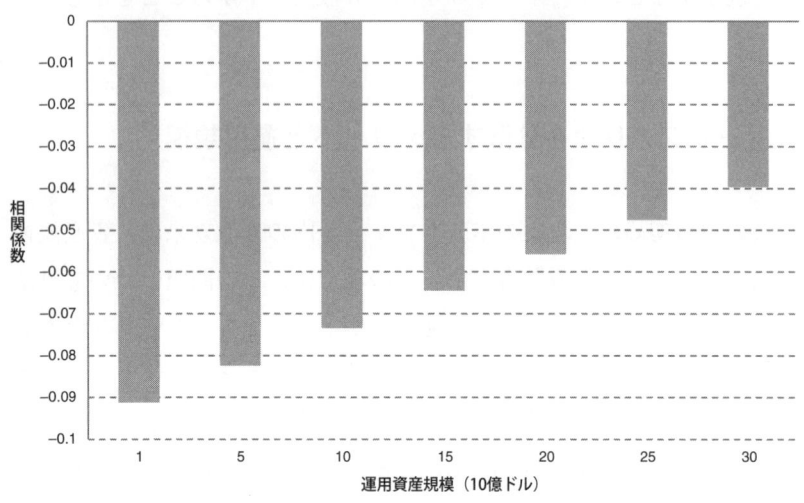

クライシスアルファは、トレンドフォロープログラムの分散の重要な特徴である。クライシスアルファは、市場にストレスがかかっているときの戦略のパフォーマンスを測定する。今回のケースでは、クライシスアルファを60/40ポートフォリオが危機期間のトレンドフォロープログラムのパフォーマンスで測定する。危機期間は、60/40ポートフォリオのリターンが平均から1標準偏差を超えているときと定義する。**図15.5**は、60/40ポートフォリオを使って危機期間を定義して、クライシスアルファと運用資産規模（AUM）の関係を示している。これを見ると、10億ドルのファンドと比較して、250億ドルのファンドのクライシスアルファはほぼ4分の1（約24%）下がっている。また、大手ファンドが金融先物に多く配分しても、トレードの速度を速くできないため、クライシスアルファを減らすことができない。この効果は、第13章のSMFにも見られた。危機期間における遅いシステムのパフォーマンスは、速いシステムを下回っているからだ。

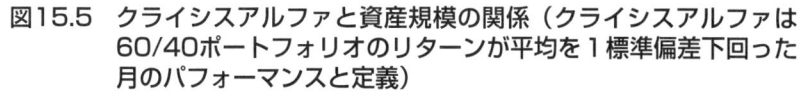

図15.5　クライシスアルファと資産規模の関係（クライシスアルファは60/40ポートフォリオのリターンが平均を１標準偏差下回った月のパフォーマンスと定義）

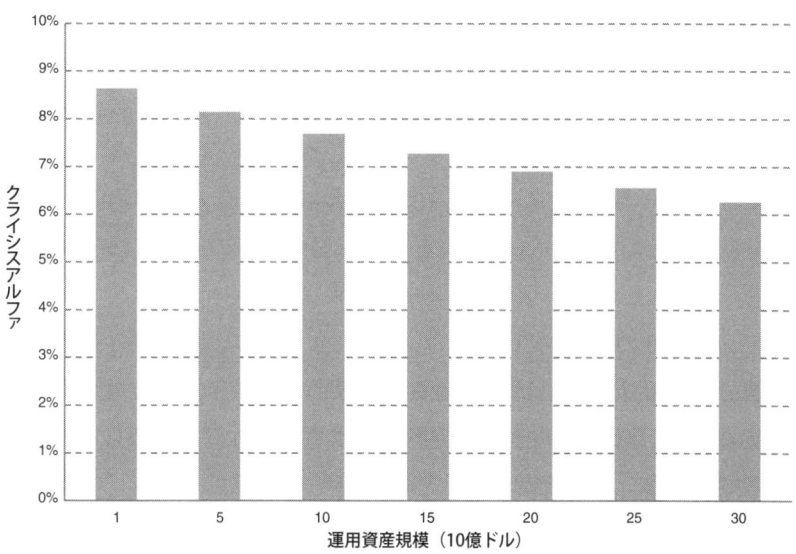

流動性が低い市場の影響

　本章の前半は、考察と実証分析によって市場規模と流動性が大規模なトレンドフォロープログラムの主な課題だということを明らかにした。ここからは、低流動性の市場を含めた場合と含めない場合についてさらに詳しく検証していく。この項では、低流動性の市場を含めた場合の影響を、トレンドフォローシステムのリターンの主な統計特性を使って検証していく。このなかには、シャープレシオ、ドローダウン、クライシスアルファなどが含まれている。20年以上にわたって低流動性の市場を含めると、トータルリターンは若干下がっていた。それでも、低流動性を含めるとシャープレシオが上がり、最大ドローダウンが減り、クライシスアルファが上がるという分散のメリットが得

られる。

　セクター別に個々の市場を測定する代わりに、各市場を流動性に基づいて評価することができる。さまざまな市場の流動性の水準を測定するためには、市場を流動性の水準でランク付けする必要がある。この項では、株価指数と商品と債券とFXの50市場を使って実証分析を行っていく。

　話を単純にするために、過去10年間の各市場の１日の平均的な出来高を流動性として使うことにする（各市場の１日の出来高は、ロイターから取得したすべての限月の価格と出来高のデータから算出した。ここで、流動性の基準は出来高以外にもたくさんの複雑なものがあるが、今回の分析では考慮しない）。流動性を使って50の市場をランク付けした結果が**図15.6**である。市場の名称は本章末の付録を参照してほしい。この図からは、最も流動性が高い市場の多くは債券で、ユーロスイスボンド先物以外はすべて上位50％に入っている。下位50％で多いのは商品セクターで、今回のサンプルで上位50％に入った商品は、原油、金、天然ガス、RBOBガソリンだけだった。商品のなかでも、農業市場は最下層にランクされている。通貨は、CME（シカゴ・マーカンタイル取引所）でトレードされている７つの通貨先物が含まれており、メキシコペソの流動性が最も低かった。株価指数は、アジアの株式市場の流動性が低かった（流動性が相対的な概念だということは重要。今回は、最もトレード数が多い先物市場を高流動性とし、それよりも低ければ低流動性としている。実践的にはより流動性がない、流動性が高いなどの言い方が適当だが、これはまぎらわしい）。

分散効果を測る

　流動性のランキングを使って、わずかではあるが低流動性の市場を含める影響をより詳しく検証できる。この項の実証分析には、代表的

図15.6　1日の平均出来高で測定した流動性のランキング（2003～2013年）

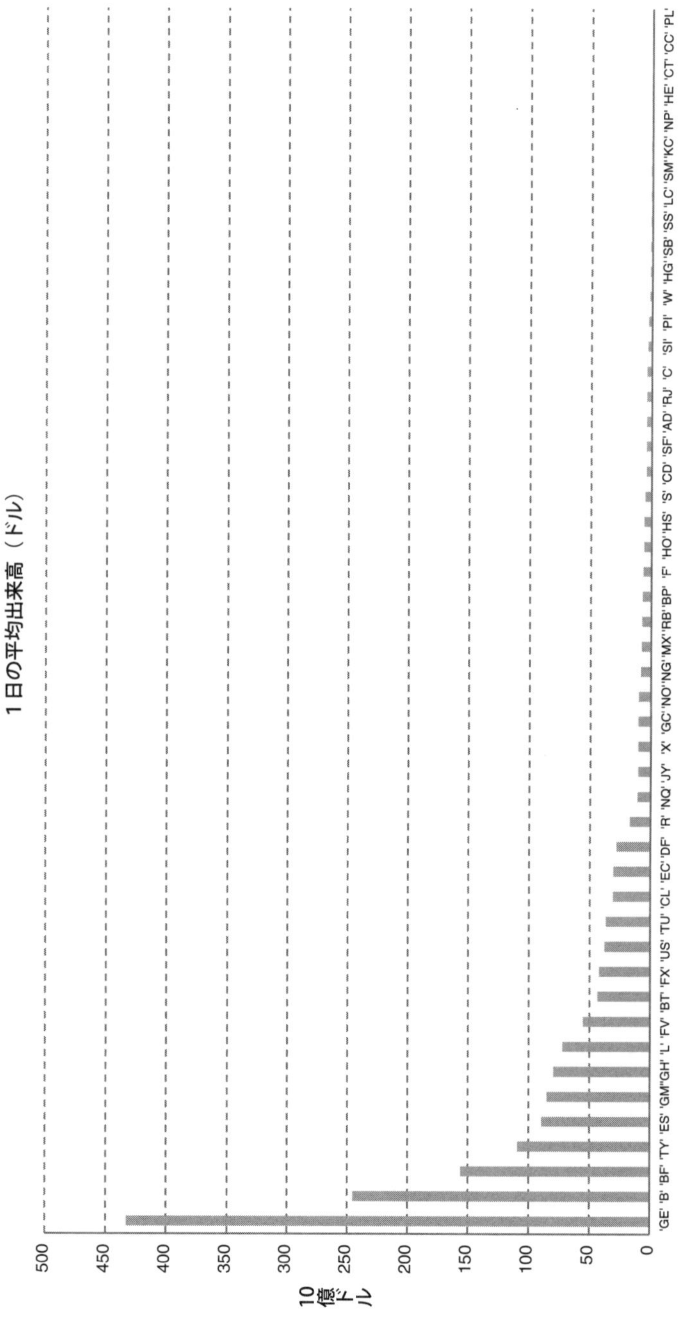

1日の平均出来高（ドル）

出所＝ブルームバーグ

図15.7　1993〜2013年のシャープレシオとポートフォリオに含まれる低流動性市場の割合の関係（低流動性市場はランク順に追加）

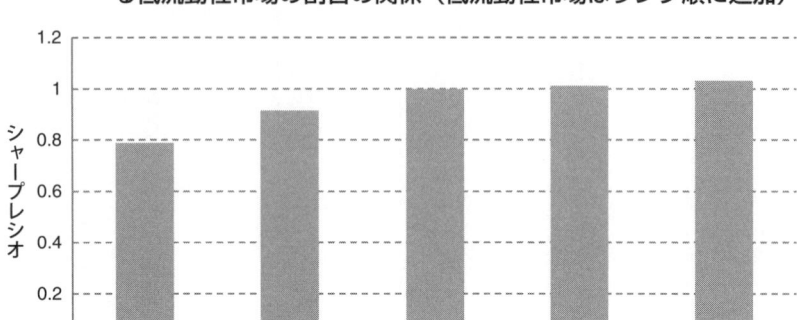

なトレンドフォローシステムを使っている（観察期間が60〜250日のブレイクアウトシステム。各市場へは均等リスクで配分している）。トレンドフォローポートフォリオのカギとなるいくつかの特徴も、低流動性の市場も含めて測定する。測定するのはトータルリターン、シャープレシオ、最大ドローダウン、クライシスアルファなどが含まれている。

●**シャープレシオ**　トータルリターンは重要だが、リスク調整済みパフォーマンスのほうがより賢いパフォーマンスの基準である場合が多い。シャープレシオは、リスク調整済みのパフォーマンスを測定する最も簡単な方法と言える。**図15.7**は、低流動性の市場を含めた場合のシャープレシオを20年以上にわたって観測した結果である。これを見ると、トレンドフォロープログラムに含める低流動性の市場が増えると、シャープレシオも上がっている。これは、低流動性の市場による分散効果のメリットや相関特性が、リターンの低さというデメリットを上回っていることを示唆している。

図15.8　代表的なトレンドフォローシステムに低流動性市場を含めた場合の最大ドローダウン（低流動性市場はランク順に追加）

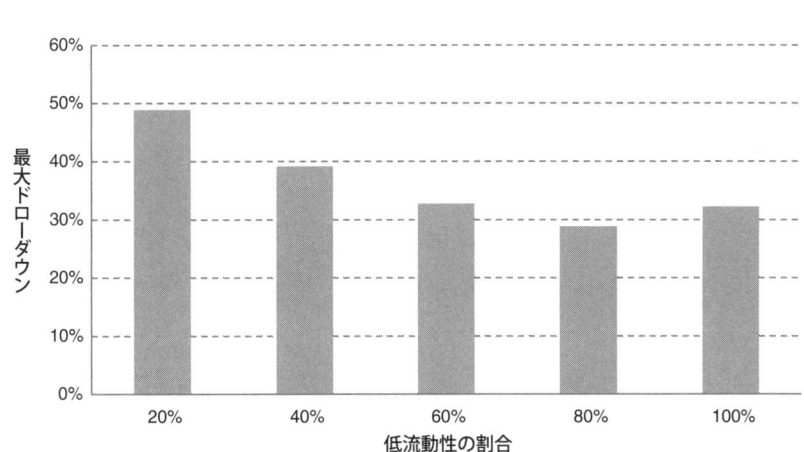

●**最大ドローダウン**　ドローダウンもポートフォリオの重要な特性である。**図15.8**は、代表的なトレンドフォローシステムを使って低流動性の市場を含めた場合の最大ドローダウンを示している。低流動性の市場を増やしていくと、最大ドローダウンは約50％から約30％に改善している。

●**クライシスアルファ**　クライシスアルファは、市場危機の期間の戦略のパフォーマンスで測定する。危機の期間は例えばVIXに基づいた基準で定義することができる。**図15.9**は、クライシスアルファとポートフォリオに含める低流動性の市場の割合との関係を示している。流動性が高い市場の上位20％（主に債券市場）のみを含んだポートフォリオのクライシスアルファは、低流動性の市場（例えば、商品市場）を含めてより分散したポートフォリオよりもずっと低い。

図15.9 トレンドフォローポートフォリオのクライシスアルファと低流
動性市場の割合との関係（低流動性市場はランク順に追加）

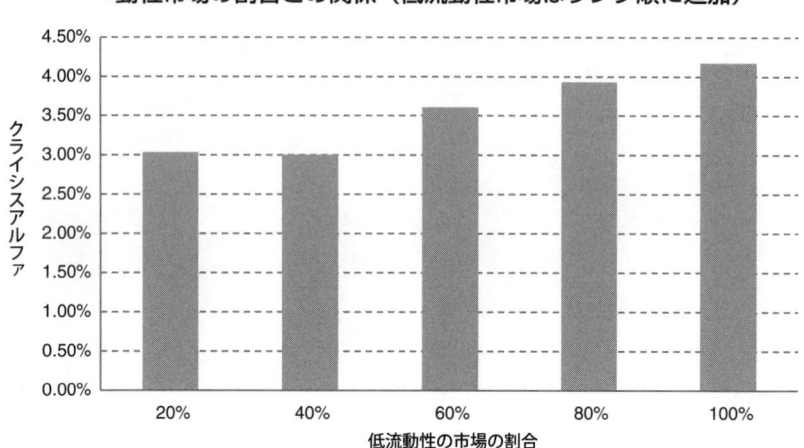

時間による分散

前の項では、低流動性の市場を多く含めると、分散効果が高まった。これらの効果は、シャープレシオの上昇と最大ドローダウンの減少とクライシスアルファの上昇で測定した。ただ、低流動性の市場を含めることについては、いくつかの小さくない課題もある。そのことを詳しく検証するため、**図15.10**は流動性が高い市場上位50％のみのポートフォリオと、すべての市場を含めたポートフォリオの年間リターン（2002〜2013年）の違いを示している。これを見ると、2003年、2004年、2008年、2009年は、全市場が上位50％を上回っている。**図15.11**は、過去10年間に低流動性の市場の割合を増やした場合のシャープレシオを示している。2002〜2013年の結果は、本章ですでに見た20年間の結果と一致している。平均すると、トレンドフォローポートフォリオに低流動性の市場を多く含めるほうがシャープレシオは上がっている。

分散効果のメリットのロバスト性をシャープレシオを使って検証す

図15.10　すべての市場を含めたポートフォリオと流動性が上位50%の
市場のみのポートフォリオの平均年間リターンの差（2002〜
2013年）

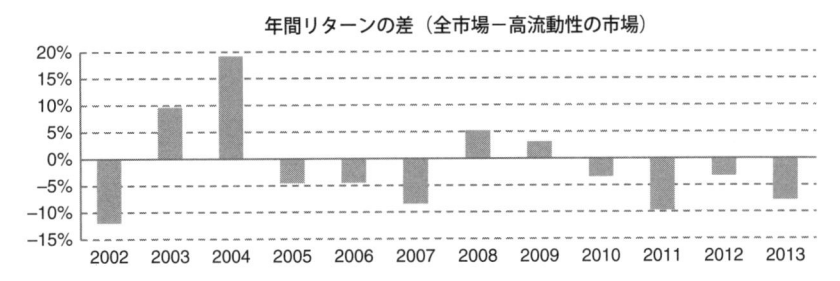

年間リターンの差（全市場−高流動性の市場）

図15.11　低流動性市場の割合を変えた場合の代表的なトレンドフォロー
ポートフォリオのシャープレシオ（2002〜2013年。低流動
性市場はランク順に追加）

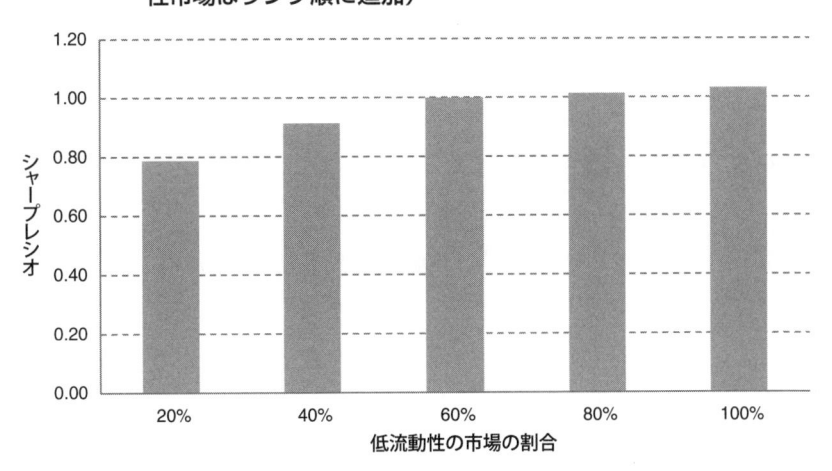

るため、低流動性の市場の配分を変えてシャープレシオの5年移動平
均を調べてみよう。**図15.12**は、シャープレシオの5年移動平均と、
低流動性の市場への配分と時間の関係を示している。シャープレシオ
の移動平均は時期によって変化してはいるが、低流動性の市場を含め
るとシャープレシオが相対的に上昇することについては安定している。

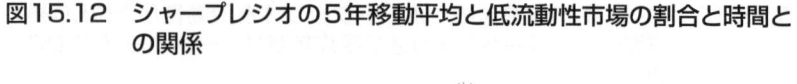

図15.12　シャープレシオの5年移動平均と低流動性市場の割合と時間との関係

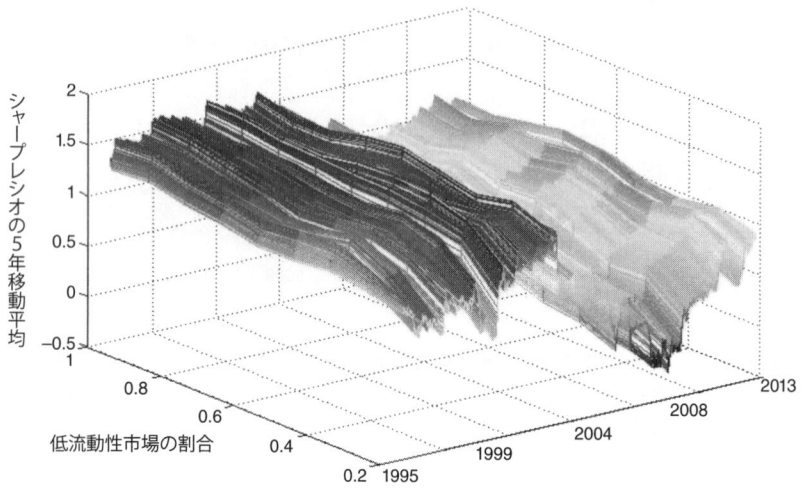

商品市場と金融市場

　すべてのセクターのなかで、流動性が最も高い市場の多くは金融先物（債券、株価指数、FX）で、最も低い市場の多くは実物商品である。低流動性の市場を含めた場合の分散効果を考えると、この結果が商品先物市場と金融先物市場の差にどこまで依存しているかを詳しく見る必要がある。そこで、商品先物と金融先物の関係を検証するため、層別のポートフォリオを流動性のランクに基づいたポートフォリオと比較していく。層別のポートフォリオは、商品市場と金融市場をそれぞれの流動性のランクに応じて同じ割合で配分している。**図15.13**は、層別のポートフォリオが低流動性の市場が多いポートフォリオを常に上回っていることを示している（100%の場合は両方同じポートフォリオになるので変わらない）。トレンドフォローポートフォリオに商品市場を含めることで分散の大きなメリットが得られるということだ。そ

図15.13　商品先物と金融先物をそれぞれの流動性のランクに応じて同じ
割合で配分した層別ポートフォリオと流動性ランクに応じて含
めたポートフォリオのシャープレシオ（1993～2013年）

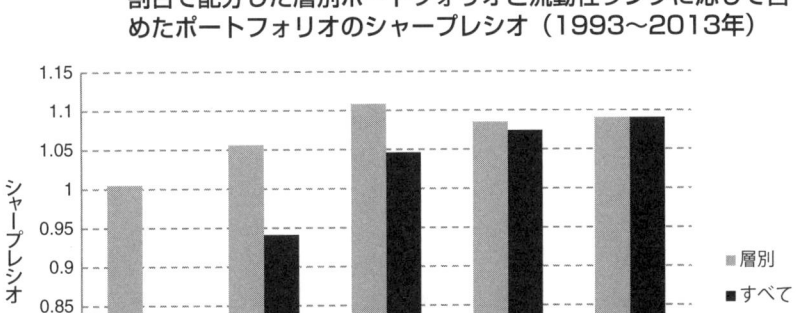

して、層別のポートフォリオの場合でも、低流動性の市場の割合が増えると、シャープレシオが改善していた。ここからは、分散効果が商品セクターを含めただけの結果ではなく、低流動性の市場の貢献もあったことを確認できる。商品と金融を同じ配分にした層別ポートフォリオでは、低流動性の市場を含めることで安定的にシャープレシオが改善している。この項の分析は、商品独自の特性と、低流動性の市場を含めることで、分散効果が高まるということを示している。

まとめ

CTA業界の急成長と運用資産額の増加は、分散と規模の問題を提起している。本章では、まず分散について運用規模とその影響に関する主な課題について見た。運用資産の規模が増えると、小さいまたは新しい先物市場への配分や速いシステムの利用が制限されるため、ポー

トフォリオ内の分散が制限される。この制限によって、金融市場への配分が大きい伝統的なポートフォリオとの相関性が高くなり、クライシスアルファは下がる。運用規模のあとは流動性についても調べると、低流動性市場を含めると、ポートフォリオ全体の分散効果が大きくなった。低流動性の市場を含めると、シャープレシオが改善し、最大ドローダウンが減り、クライシスアルファが上がったのである。最後に、商品市場がもたらす分散効果について見た。独自の相関特性を持つ商品市場や、低流動性の市場を含めると、トレンドフォロープログラムの分散効果が大きくなることが実証分析で確認できた。

付録——銘柄コードと名称

銘柄コード	名称	銘柄コード	名称	銘柄コード	名称
C -	トウモロコシ	US	米30年物国債	CD	CME　カナダドル/米ドル
CC	ココア（NY）	CL	原油	JY	CME　円/米ドル
CT	綿花	HO	灯油	NP	CME　メキシコペソ/米ドル
KC	コーヒー	NG	天然ガス	SF	CME　スイスフラン/米ドル
LC	生牛	RB	RBOBガソリン	EC	CME　ユーロ/米ドル
HE	豚赤身肉	ES	EミニS&P500指数	PL	プラチナ
S -	大豆	MX	CAC40指数	GC	金
SB	砂糖＃11	DF	DAX指数	HG	銅
SM	大豆粕	X -	FSE100指数	SI	銀
W -	小麦	HS	ハンセン指数	GE	ユーロドル
BF	ユーロBUNZ	NO	日経平均指数	B -	欧州銀行間取引金利
GM	ユーロBOBL	NQ	Eミニナスダック100指数	F -	ユーロスイスフラン
GH	ユーロSchatz	SS	台湾MSCI指数	L -	ショートスターリング
R -	ギルト	FX	ユーロSTOXX指数		
FV	米5年物国債	RJ	Eミニラッセル2000指数		
BT	日本国債	PI	豪SPI200指数		
TU	米2年物国債	AD	CME　オーストラリアドル/米ドル		
TY	米10年物国債	BP	CME　イギリスポンド/米ドル		

参考文献

Burghardt, G., E. Kirk , and L. Liu. "Capacity of the Managed Futures Industry." Newedge Alternative Edge Note, July 2013.

Greyserman, A. "Diversifi cation: Size Matters." ISAM white paper, 2012.

Greyserman, A. "Trend Following: Empirical Findings of Diversifi cation by Less Liquid Markets," ISAM white paper, 2012.

第 16 章

分散先を分散する

　分散は、投資ポートフォリオに変化を取り入れることである。また、分散は苦しい時期にある程度の守りを提供してくれる唯一の手法だと言われることも多い。運用会社にとって、分散は戦略内でも戦略間でも行うことができる。例えば、第15章では運用規模によって小さい市場や低流動性の市場への分散が制限されると戦略内の分散のメリットが減ることや、戦略間の分散がポートフォリオに与えるメリットが分かった。本章では、戦略間やポートフォリオ全体の分散に注目し、純粋なトレンドフォロー戦略からマルチ戦略の手法に展開する可能性を探っていく。まずは、マルチ戦略を追加するとトレンドフォロー系の運用会社にとってメリットがあるということを実証分析によって示していく。ただ、ポートフォリオとして見ると、トレンドフォロー戦略から離れて分散することで、望ましい特性の一部が失われるという側面もある。具体的には、純粋なトレンドフォロー戦略からマルチ戦略に移行すると、リターン分布のポジティブスキューとクライシスアルファの可能性が失われる。さらに詳しく言えば、純粋なトレンドフォロープログラムのポートフォリオとマルチ戦略のポートフォリオのメリットを実証的に比較すると、機関投資家にとっては後者のほうが望ましいが、外部の投資家にとってはそうでないかもしれない。レラティブバリュー戦略やそれ以外の多くのヘッジファンドの戦略もコン

バージェント戦略なので、本章でも非方向性のコンバージェント戦略を使った場合の隠れたリスクについて再び取り上げる。

純粋なトレンドフォロー戦略からマルチ戦略へ

CTA（商品投資顧問業者）業界では、純粋なトレンドフォロー戦略からマルチ戦略への移行がますます広がっている。非トレンド戦略を加えることは、長期間にシャープレシオを上げる簡単な方法だと考えられるからだ。しかし、第9章で述べたとおり、シャープレシオは高くてもそこにはリスクが隠れていることも多い。つまり、マルチ戦略への移行は投資家にとって、量的なメリットだけでなく懸念もある。なかでも重要なのは、純粋なダイバージェント戦略（例えば、トレンドフォロー戦略）からコンバージェント戦略に移行すると、トレンドフォローシステムが投資家のもともとのポートフォリオに近づいていくことである。また、スタイルドリフトや投資過程の明瞭さや透明性などに関する懸念も常にある。

マルチ戦略的な手法を純粋なトレンドフォロー戦略の統計的特性と詳しく比較すると、この手法のメリットとデメリットを具体的に検証できる。この項では、まずマルチ戦略がシャープレシオやポートフォリオのリターン分布のスキューやクライシスアルファに与える影響を見ていく。この分析は、次の項で出てくる機関投資家の視点に立ったポートフォリオのパフォーマンスに関する実証分析の基礎となる。

シャープレシオ

第9章では、パフォーマンスの基準としてのシャープレシオが全能ではないことについて書いた。非方向性戦略は、投資戦略に隠れたリスクを生み出す可能性がある。もっと具体的に言えば、非方向性戦略

図16.1　20%のリスクをHFRIFoF指数（マルチ戦略）に配分した場合のトレンドフォローシステムのシャープレシオ

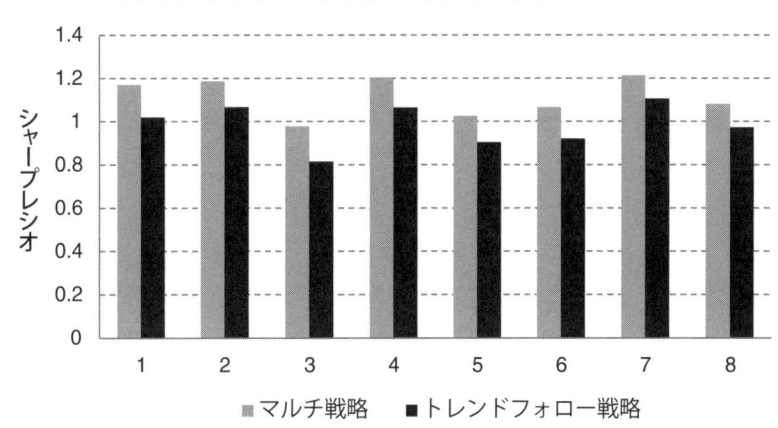

出所＝ブルームバーグ

を足すと、隠れたリスクにさらされることなくシャープレシオを高めることができるかもしれない。そのことを示すため、代表的なトレンドフォローシステムとHFRIファンド・オブ・ファンズ（FoF）指数のリターン系列を生み合わせて単純なマルチ戦略CTAをモデル化してみる。実証分析は、株価指数、債券、金利、FX、商品を含む市場に分散した結果に基づいている。

　今回のシミュレーションでは、月末ごとに80％のリスクをトレンドフォローシステム、20％をHFRIFoF指数に配分して運用した。その結果が**図16.1**で、マルチ戦略ポートフォリオを加えると、すべてのトレンドフォロー戦略のパフォーマンスが上がった。純粋なトレンドフォロー戦略からマルチ戦略に移行するとそれだけでCTAはシャープレシオが上がるため、これは一見、魅力がある。しかし、分散の意味を理解するためには、ほかの望ましい統計特性（例えば、リターン分布のスキューやクライシスアルファ）も調べておかなければならない。

図16.2　純粋なトレンドフォローシステム（純粋なTFシステム）とさまざまな戦略の月次リターンのスキュー

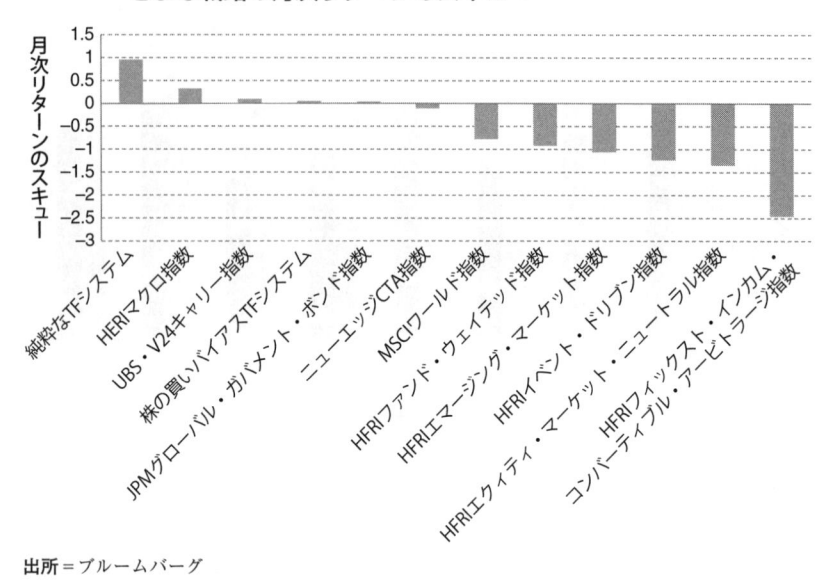

出所＝ブルームバーグ

ネガティブスキュー

　ダイバージェントトレード戦略（例えば、トレンドフォロー戦略）の望ましい特性の1つが、リターンの分布がポジティブスキューになっていることである。多くのヘッジファンド戦略は、コンバージェント戦略で、そのリターンの分布はネガティブスキューになっている。**図16.2**は、純粋なトレンドフォローシステム（純粋なTF）とほかのさまざまな戦略の月次リターンのスキューを比較している。この図からは、純粋なトレンドフォローシステムがリターンのスキューが大きくポジティブになっている数少ない戦略の1つだということが分かる。そして、ほかのヘッジファンド戦略の多くはネガティブスキューになっている。

図16.3　リターンの異なる歪度で月次リターンがx％を下回る確率（x
　　　　は−5〜−9％）

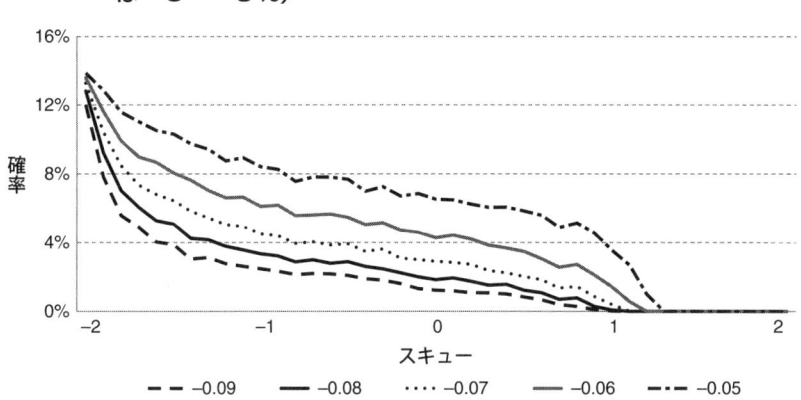

スキューは、ばらつきの非対称性の度合いを測定している。ばらつ
きがネガティブスキューになっていると、平均の左側がロングテール
になり、ポジティブスキューになっていると右側にロングテールがで
きる。スキューを考慮するために、**図16.3**はさまざまな歪度において
月次リターンがx％（−5〜−9の値）を下回る確率を示している（月
次リターンを、平均値や標準偏差や尖度は同じでも歪度が−2〜2に
なるように何通りかシミュレーションしている。リターン系列はすべ
てシャープレシオが1.0、月次リターンの平均が1.25％、標準偏差は4.3
％になっている）。

　リターンのスキューは、最大ドローダウンの期待値にも直接的な影
響がある。リターンがネガティブスキューになっていると最大ドロー
ダウンが大きくなり、逆も言える。**図16.4**は、簡単なモンテカルロシ
ミュレーションを使ってn年（2≦n≦10）の最大ドローダウンの期
待値を、シャープレシオが同じリターンの歪度を変えて示している。こ
れを見ると、リターンがポジティブスキューのときは最大ドローダウ
ンがネガティブスキューのときよりもはるかに小さくなることが期待

図16.4 リターンの異なる歪度におけるn年（2≦n≦10）の最大ドローダウンの平均（シミュレーションによるリターン系列のシャープレシオはすべて同じ）

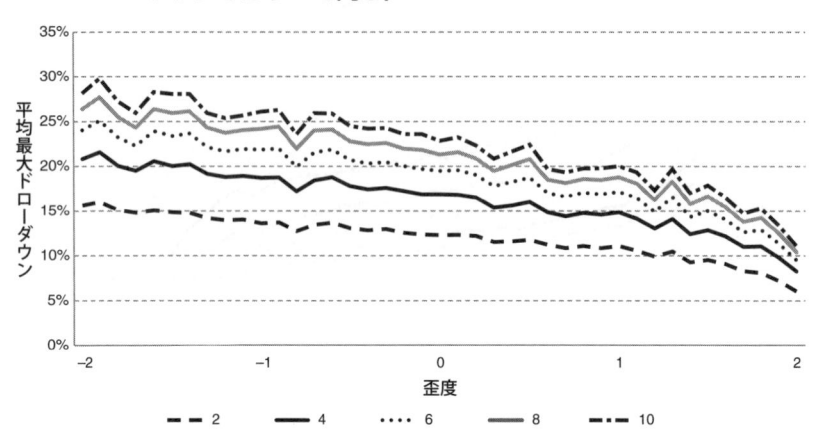

できる。

　リターンの分布がネガティブスキューのコンバージェント戦略をトレンドフォロー戦略に追加すると、元々のポジティブスキューの度合いが減る。そうなると、ポートフォリオ全体としてのトレンドフォロー戦略のメリット（最大ドローダウンが減るなど）は小さくなる可能性がある。

クライシスアルファ

　クライシスアルファは、市場のストレス時に測定した戦略のパフォーマンスである。これは、ポートフォリオにトレンドフォロー戦略を含める最も重要なメリットの1つといえる。**図16.5**は、株式市場が危機の時期における純粋なトレンドフォロー戦略とそのほかのヘッジファンド戦略や指数のクライシスアルファを示している（この例のクライシスアルファは、MSCIワールド指数のリターンが平均から1標準

図16.5　純粋なトレンドフォローシステム（純粋なTFシステム）とその ほかの戦略や指数のクライシスアルファ

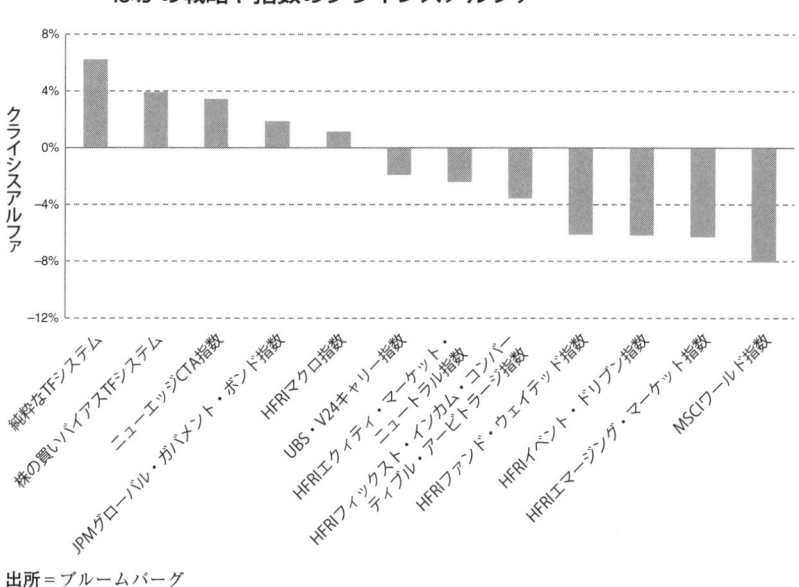

出所＝ブルームバーグ

偏差以上下回っている時期の各戦略や指数の月次平均リターン）。ここ
では、ヘッジファンド戦略や指数の多くはクライシスアルファがマイ
ナスになっているが、純粋なトレンドフォローシステムの月間クライ
シスアルファは６％になっている。市場危機の時期の伝統的なポート
フォリオのパフォーマンスを考えると、クライシスアルファは機関投
資家にかなりの分散効果をもたらしている。次の項では、トレンドフ
ォロー戦略がポートフォリオ全体に及ぼす影響を検証する。

マルチ戦略に移行したポートフォリオの分析

　CTAの視点に立つと、純粋なトレンドフォロー戦略からマルチ戦略
に移行すれば、短期的にはシャープレシオが上がる可能性がある。一

方、伝統的な60/40のファンドやファンド・オブ・ファンズを保有する機関投資家は、すでにトレンドフォロー戦略以外にかなり配分している。つまり、機関投資家のポートフォリオは、CTAが純粋な戦略からマルチ戦略に移行すると、そこに投資するメリットが減る可能性がある。そのことを示すため、代表的なトレンドフォローシステムとHFRIファンド・オブ・ファンズのリターン系列を組み合わせて単純なマルチ戦略のCTAをモデル化する。ここではHFRIファンド・オブ・ファンズは、トレンドフォロー以外の戦略のプールの代用として使っている。ただ、これはマルチ戦略の一例にすぎないため、ほかの非トレンドフォロー系の戦略では違う結果になる可能性もある。実証分析は、1993〜2013年の20年間に、株価指数、債券、金利、FX、商品などに分散して運用した結果に基づいている。次の2つの項では、マルチ戦略に移行した結果を、60/40の投資家の視点とファンド・オブ・ファンズの投資家の視点で検証する。パフォーマンスの統計は、ポートフォリオのメリットの違いを見るため、60/40とファンド・オブ・ファンズそれぞれにトレンドフォロー戦略を組み合わせた形で比較する。そのあとは、債券を除いて複数の期間を検証することで、結果のロバスト性を確認していく。

60/40の投資家

60/40の投資家は、60％をMSCIワールド指数、40％をJPモルガン・グローバル・ボンド指数に配分しているものとする。**図16.6**は、この60/40の20％を純粋なトレンドフォローシステムかマルチ戦略のCTAに配分した場合のシャープレシオの5年移動平均を示している（マルチ戦略CTAはトレンドフォローシステムとHFRI指数に50/50で配分）。これを見ると、1998〜2013年に20％を純粋なトレンドフォローシステムに配分したポートフォリオのほうがシャープレシオは高かった。特

図16.6　純粋なトレンドフォローシステムかマルチ戦略のCTAに配分した場合のシャープレシオの5年移動平均と伝統的な60/40戦略の累積パフォーマンス（1998〜2013年）

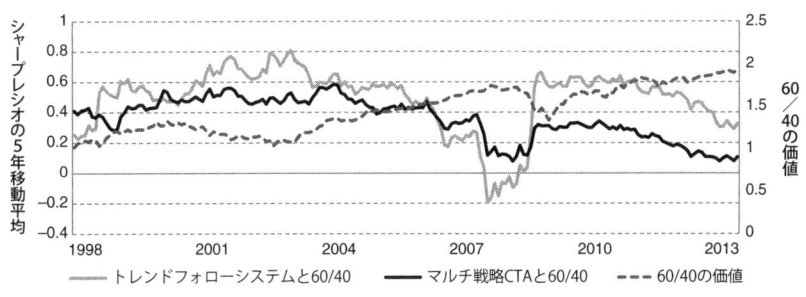

出所＝ブルームバーグ

図16.7　トレンドフォロー戦略とトレンドフォロー以外の戦略を50/50で配分した場合と比較したそれ以外の配分の最大ドローダウン（1998〜2013年。縦軸は50/50の最大ドローダウンの減り方とそれ以外の配分の減り方の比率）

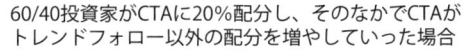

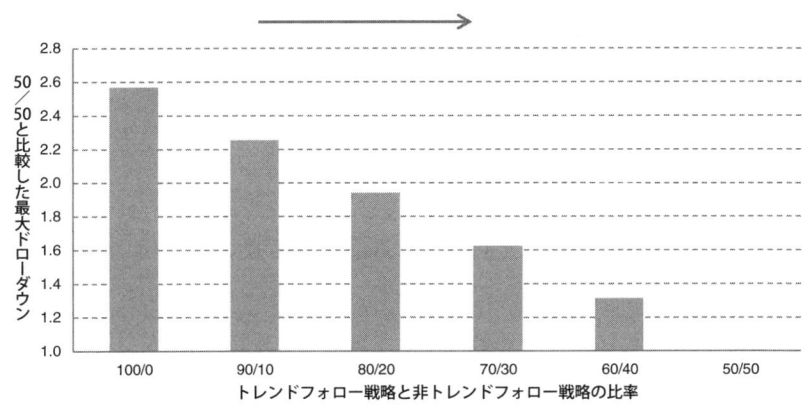

に、伝統的な60/40ポートフォリオが大きなドローダウンに見舞われているときは、投資家にとっては純粋なトレンドフォロー戦略のメリットのほうがマルチ戦略CTAよりもはるかに大きかった。さらに詳しく

見ると、**図16.7**からはCTAがトレンドフォロー戦略以外へのリスク配分を増やすとドローダウンが悪化したことも分かる。例えば、マルチ戦略CTAを、トレンドフォロー戦略以外と純粋なトレンドフォロープログラムに50/50で配分した場合、純粋なトレンドフォロープログラムのほうがドローダウンの減り方が2.5倍改善していた。長期のシャープレシオが改善したことと、ドローダウンがより改善されたことは、ポートフォリオ全体で見るとマルチ戦略がさほど望ましくないことを示している。

ファンド・オブ・ファンズの投資家

伝統的な60/40の投資家と同様に、ファンド・オブ・ファンズの投資家も純粋なトレンドフォロー戦略とマルチ戦略CTAのポートフォリオのメリットについて同じばらつきを観察している。**図16.8**は、HFRIファンド・オブ・ファンズをファンド・オブ・ファンズの投資家のポートフォリオの代用として用いて、伝統的なファンド・オブ・ファンズの投資家がCTAに20％配分した80/20ポートフォリオのシャープレシオの５年移動平均を示している。今回のCTAは、純粋なトレンドフォロー戦略とマルチ戦略を用いてリスクの50％をトレンドフォロー戦略以外に配分している（今回の非トレンド戦略はファンド・オブ・ファンズと完全に相関しているものとするが、実際にはさまざまな相関性がありうる。ただし、考え方は同じ。さらに言えば、トレンドフォロー戦略ではなく、投資家が好みの非トレンド系の戦略を選ぶこともできる。今回は、マルチ戦略CTAは非トレンド系戦略に配分を行ったものとする）。60/40の投資家と同様に、対象の20年間で、ファンド・オブ・ファンズと純粋なトレンドフォロー戦略を80/20で組み合わせたポートフォリオは高いシャープレシオを記録した。そして、HFRIFoF指数が大きいドローダウンに見舞われたときは、純粋なトレンドフォ

図16.8 ファンド・オブ・ファンズと純粋なトレンドフォローシステムか
マルチ戦略CTAを80/20で組み合わせたポートフォリオのシャ
ープレシオの５年移動平均とHFRIFoF指数の累積パフォーマンス

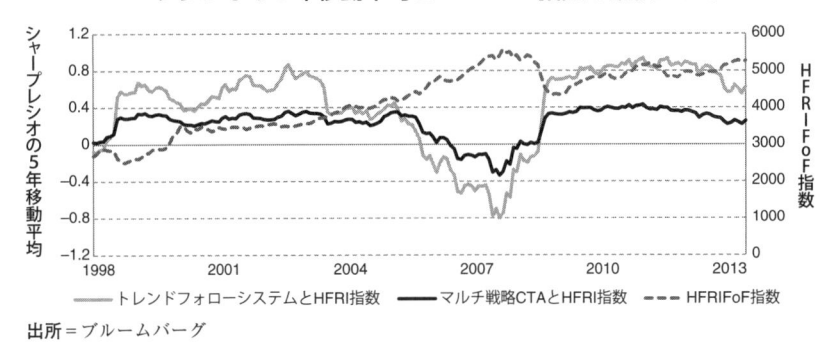

出所＝ブルームバーグ

図16.9 ファンド・オブ・ファンズの投資家が20％をトレンドフォロー
戦略とそれ以外の戦略に50/50で配分した場合の最大ドローダ
ウンの差（1998～2013年。縦軸は50/50の配分の最大ドロ
ーダウンの減り方とそれ以外の配分の減り方の比率）

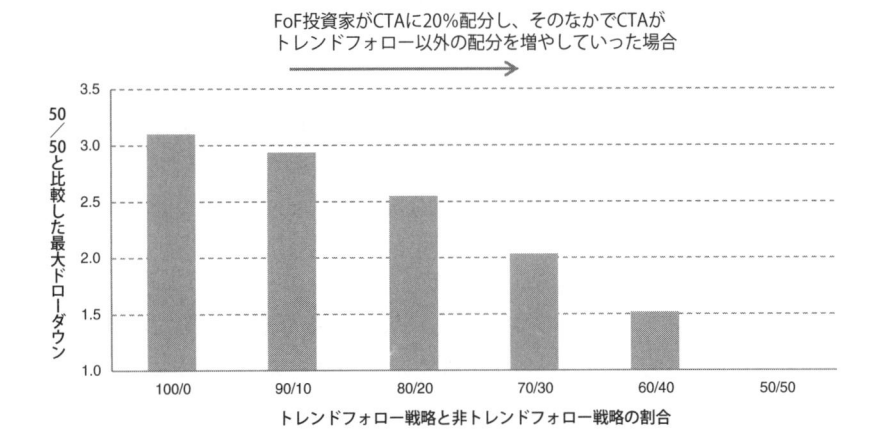

ロー戦略のほうがマルチ戦略CTAよりもメリットが大きかった。図
16.9は、60/40のドローダウンのときと同じように、CTAがトレンド
フォロー戦略以外へのリスク配分を変えた場合のファンド・オブ・フ

503

表16.1　８つのトレンドフォローシステムの３つの要素——株の買いバイアス、資本配分、保有期間（長期保有の×は中期ということ）

	株の買いバイアス	市場規模で加重	長期保有
1	×	×	×
2	○	×	×
3	×	○	×
4	×	×	○
5	○	○	×
6	×	○	○
7	○	×	○
8	○	○	○

ァンズの最大ドローダウンを調べている。例えば、純粋なトレンドフォロー戦略のみとそれ以外を50/50で配分したマルチ戦略CTAのポートフォリオを比較すると、純粋なトレンドフォロー戦略のみのほうがドローダウンは3.1倍改善している。

ポートフォリオのメリットのばらつきとシステムデザイン

前の項では、純粋なトレンドフォロー戦略からマルチ戦略に移行するとシャープレシオが改善する場合があるが、その一方で純粋なトレンドフォローポートフォリオの利点が失われる可能性もあることを示した。このような影響のロバスト性を示すため、**表16.1**は８つのトレンドフォローシステムを使ってポートフォリオの特徴を比較している。これらの特徴を、シャープレシオと最大ドローダウンとベータの変化で検証していく（株のベータは、MSCIワールド指数を使っているが、S&P500や日経平均でも同様の結果が出た）。**図16.10**は、60/40ポートフォリオに20%のトレンドフォロー戦略かマルチ戦略を配分した場合のシャープレシオの改善度を示している。どちらの手法もシャープ

図16.10　60/40ポートフォリオにトレンドフォローポートフォリオ（1〜8）かマルチ戦略CTA（1〜8）を20%配分した場合のシャープレシオの改善度

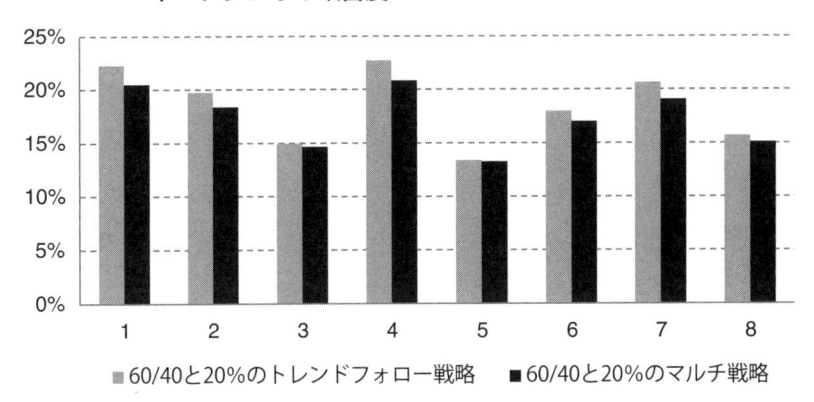

■60/40と20%のトレンドフォロー戦略　　■60/40と20%のマルチ戦略

図16.11　60/40ポートフォリオにトレンドフォローポートフォリオ（1〜8）かマルチ戦略CTA（1〜8）を20%配分した場合の最大ドローダウンの減り方

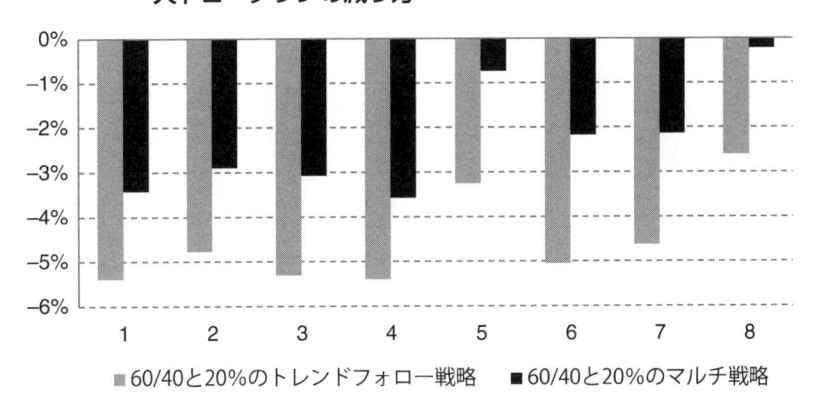

■60/40と20%のトレンドフォロー戦略　　■60/40と20%のマルチ戦略

レシオは安定的に改善しているが、トレンドフォローシステムよりもマルチ戦略CTAのメリットのほうが追加配分による改善度が常に低くなっている。**図16.11**は、最大ドローダウンの減り方を示しているが、シャープレシオと同じ結果になった。最大ドローダウンについて言えば、純粋なトレンドフォロー戦略のほうが60/40ポートフォリオよりも

図16.12 60/40ポートフォリオにトレンドフォローポートフォリオ（1
～8）かマルチ戦略CTA（1～8）を20%配分した場合のベ
ータの変化（MSCIワールド指数と比較）

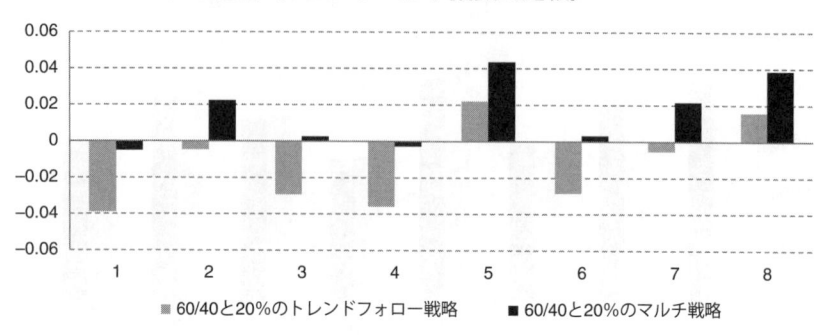

図16.13 60/40ポートフォリオとHFRIFoF指数に8つのトレンドフォ
ローシステムを20%配分した場合のシャープレシオの改善度

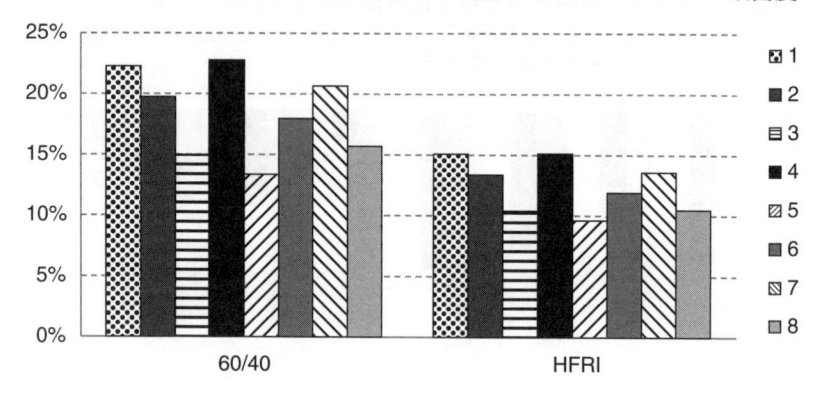

追加配分によるメリットが大きい。**図16.12**はベータの変化で、この
結果は一定ではないが、それでもおおむねマルチ戦略CTAのほうがポ
ートフォリオのベータを下げる力は弱いと言える。

　伝統的な60/40ポートフォリオに、トレンドフォロー戦略とマルチ戦
略CTAを組み合わせて比較したあとは、ファンド・オブ・ファンズに
ついても詳しく検証していく。**図16.13**と**図16.14**と**図16.15**は、
60/40ポートフォリオとHFRIFoF指数に8社のトレンドフォローシス

図16.14　60/40ポートフォリオとHFRIFoF指数に８つのトレンドフォローシステムを20%配分した場合の最大ドローダウンの減り方

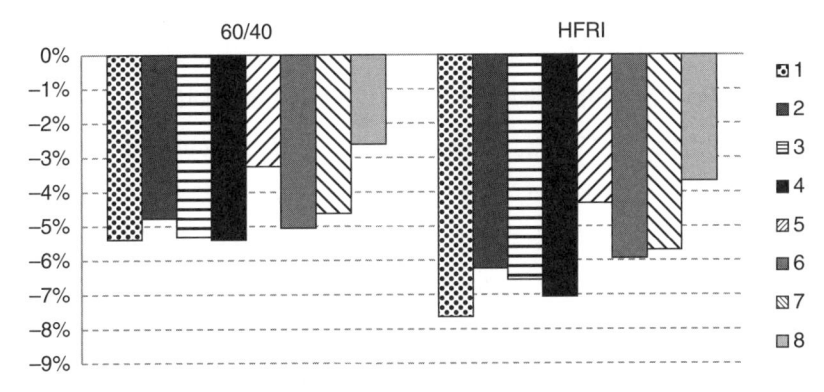

図16.15　60/40ポートフォリオとHFRIFoF指数に８つのトレンドフォローシステムを20%配分した場合のベータの変化（ベータにはMSCIワールド指数を使用）

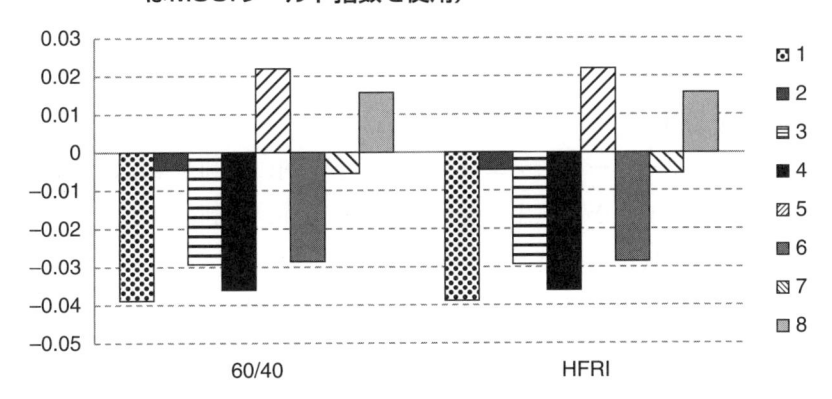

テムを20%配分した場合のシャープレシオの改善度と、最大ドローダウンの減り方と、ベータの変化を示している。純粋なトレンドフォローシステム（１〜４、トレードの速度が速い順）は、シャープレシオについても、最大ドローダウンについても、ベータについても安定的に大きなメリットを提供している。この結論は、伝統的な60/40への投資とファンド・オブ・ファンズへの投資の両方について言える。

ポートフォリオの利点のロバスト性

　前の項の実証分析の結果は、分散した市場（株価指数、債券、金利、FX、商品）での運用結果に基づいている。過去20年間は、長期にわたって金利が低下していた。この長期トレンドは、ほかのトレンドと同様に、トレンドフォローシステムのパフォーマンスに大きな役割を果たした。そこで、ポートフォリオから債券を外せば、結果のどれくらいが債券によるものか、あるいは最近の極端な低金利環境によるものかについて何らかのヒントを与えてくれるかもしれない。ポートフォリオの利点のロバスト性を測るために、この項では2つの異なる見方を提案する。全期間と金利が極端に低下した直近の10年間で債券を外したパフォーマンスを見るのだ。話を簡単にするために、ここではシャープレシオの改善のみに絞って考えていくことにする。

債券を外す

　トレンドフォローシステムは、過去数十年間、金利が極端に低下してきた環境で明らかに恩恵を受けてきた。現在、金利は歴史的低水準にある。投資家は当然ながら、金利上昇がトレンドフォローシステムに影響を与えることを懸念している。第1章で見た800年の分析でも、第6章と第10章の金利環境に関する考察でも、金利上昇の環境が必ずしもトレンドフォローシステムのパフォーマンスに有害とは限らなかった。いずれにしても、過去20年間、債券には大きなトレンドがあった。そこで、大きなトレンドがない場合の影響を切り離して見るため、債券を外したトレンドフォローポートフォリオの利点を検証する。**図16.16**は、トレンドフォローポートフォリオに債券市場を含めた場合と含めない場合について、それらに追加配分した場合の60/40ポートフォリオとHFRIFoF指数のシャープレシオの上がり方（上）と最大ドローダウンの減り方（下）を比較したものである。債券市場を外すと

図16.16　60/40ポートフォリオとHFRIFoF指数の20%をトレンドフ
　　　　ォローシステムに配分し、そこに債券を含めた場合と含めない
　　　　場合のシャープレシオの上がり方と最大ドローダウンの減り方

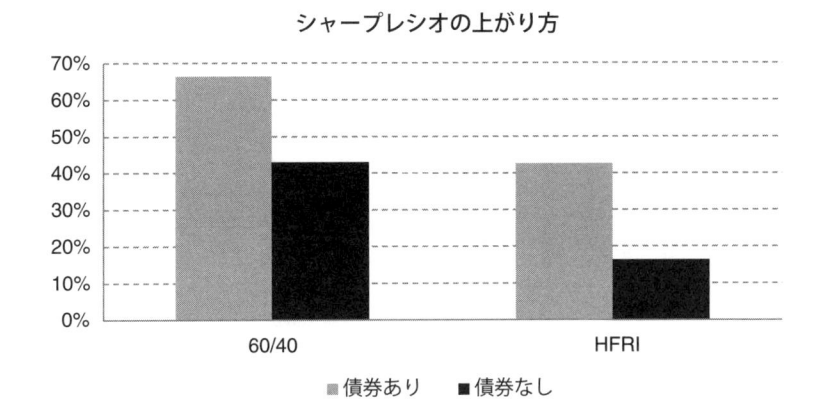

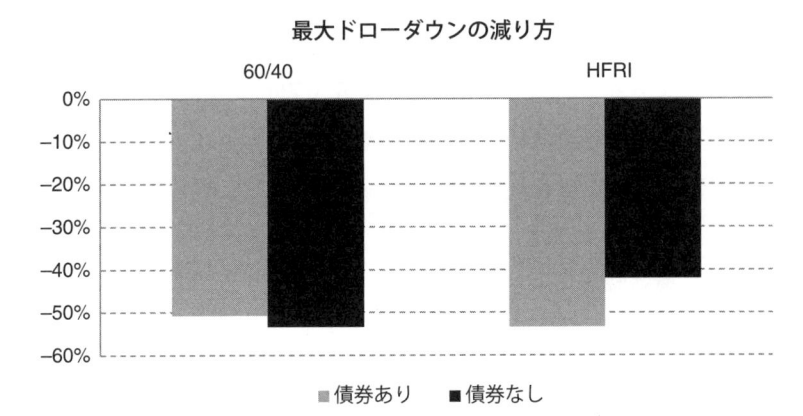

シャープレシオの上がり方は減った。このときは、どちらかといえば
ファンド・オブ・ファンズへの影響が大きいが、それでもシャープレ
シオはプラスになっている。その一方で、トレンドフォロープログラ
ムから債券を外しても、最大ドローダウンの減り方はあまり変わらな
かった。

図16.17　60/40ポートフォリオとHFRIFoF指数をそれぞれトレンドフォローシステムに20%配分し、債券を含めた場合と外した場合のシャープレシオの上がり方の変化

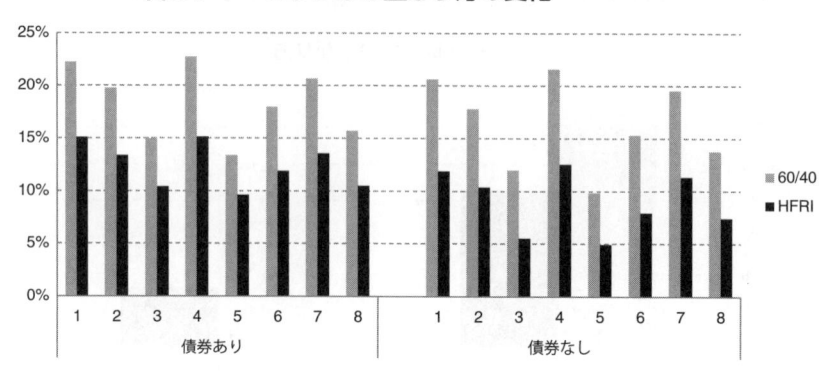

　債券の影響をさらに詳しく検証するため、異なるタイプのトレンドフォローシステムを調べてみよう。**図16.17**は、トレンドフォローポートフォリオに債券を含めた場合と含めない場合の60/40ポートフォリオとHFRIFoF指数のシャープレシオの上がり方を示している。これを見ると、トレンドフォローシステム４とトレンドフォローシステム７は債券市場を外してもシャープレシオの上がり方に大きな差はない。しかし、市場規模に応じて配分したトレンドフォローシステム３やトレンドフォローシステム５は、債券を外した場合の影響が大きかった。第15章で書いたとおり、債券先物市場は規模が大きく、流動性も高いからだ。

期間

　時間の経過におけるポートフォリオの利点のロバスト性を検証するため、20年のサンプル期間を２つの10年期に分けて見ていく。**図16.18**は、２つの10年期における60/40ポートフォリオとHFRIFoF指数のシャープレシオの上がり方（上）と最大ドローダウンの減り方

図16.18 60/40ポートフォリオとHFRIFoF指数の20%をトレンドフ
ォローシステムに配分した場合のシャープレシオの上がり方
と最大ドローダウンの減り方（1993～2002年と2003～
2013年）

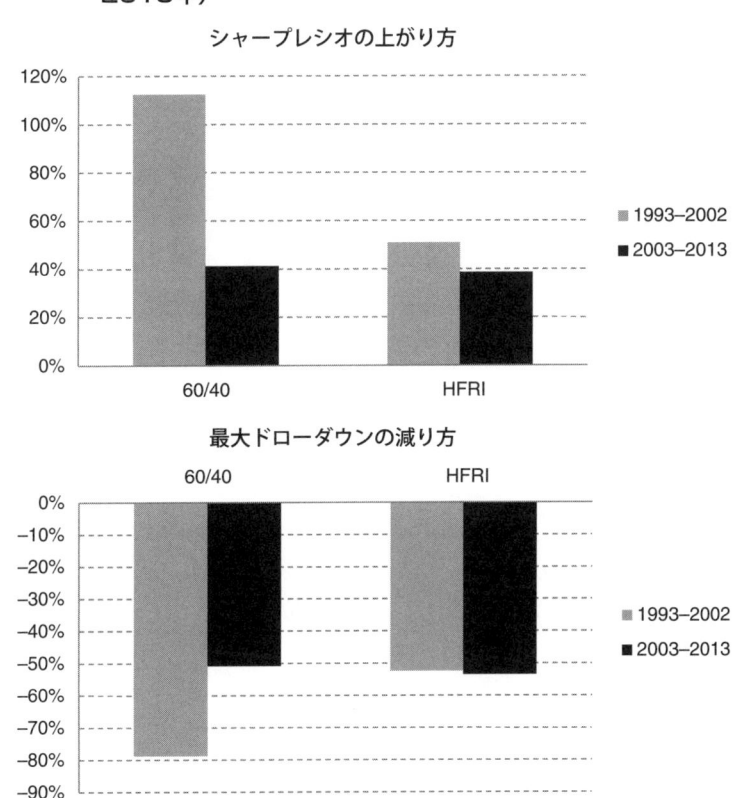

（下）を示している。面白いことに、60/40ポートフォリオのシャープ
レシオの上がり方は、直近の10年のほうが明らかに低いが、HFRIFoF
指数のほうはすべての期間で比較的安定していた。また、最大ドロー
ダウンへの影響は、どちらの期間もシャープレシオの変化よりも安定
していた。

　60/40ポートフォリオにおいて利点は直近の10年のほうが明らかに低

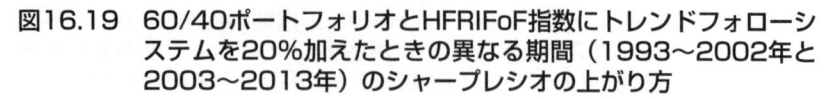

図16.19　60/40ポートフォリオとHFRIFoF指数にトレンドフォローシステムを20%加えたときの異なる期間（1993〜2002年と2003〜2013年）のシャープレシオの上がり方

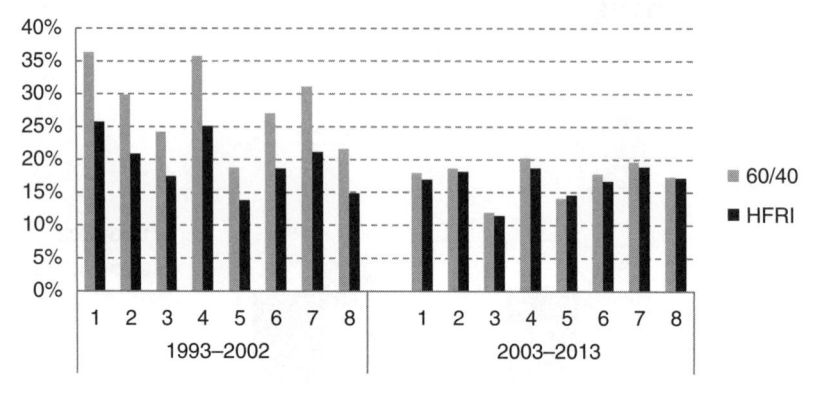

いように見えるが、HFRIFoF指数のメリットのほうは比較的安定している。全体として見ると、どちらの機関投資家のポートフォリオについても、以前のほうが追加配分による利点は大きいように見える。しかも、どちらの10年期も純粋なトレンドフォローシステム１とトレンドフォローシステム４は一貫して大きな利点を提供していた。

　この項では、単体ではマルチ戦略CTAのシャープレシオが高くても、トレンドフォロー戦略以外と組み合わせるとポートフォリオの利点は下がることが分かった。この結論のロバスト性を示すため、異なるトレンドフォロープログラムのポートフォリオのメリットの違いも見てきた。実証的な結果は、対称性があり、均等リスク配分する純粋なトレンドフォローシステムを組み合わせることは、伝統的な60/40ポートフォリオでもファンド・オブ・ファンズでも大きなメリットがあることを示している。この分析は、マネージドフューチャーズのなかで純粋なトレンドフォロー戦略からマルチ戦略に移行することについて重要な洞察を与えてくれる。つまり、投資家は目的を明確にする必要が

ある。もし単体の戦略で高いシャープレシオを望むならば、マルチ戦略が適しているのかもしれない。しかし、すでに分散した非トレンド系のポートフォリオを保有しているのならば、分散目的でトレンドフォローシステムに投資すべきかもしれない。純粋なトレンドフォロー戦略からマルチ戦略へと移行したいのは、分散したい機関投資家ではなくCTAのほうなのかもしれない。

低ボラティリティ戦略でレバレッジをかけた場合の隠れたリスク

トレンドフォロープログラムを戦略間で分散する方法はたくさんあるが、一般的には純粋なコンバージェントリスクテイキング戦略（例えば、レラティブバリュー戦略）を追加する（レラティブバリュー戦略がコンバージェントリスクテイキング戦略なのは、特定の相対的な関係が維持されるという見方をするから。この戦略は、長期的には低リスクだが、レバレッジリスクのような隠れたリスクは高い。代替投資戦略のリスクは、第9章の隠れたリスクと明確なリスクのところで述べた）。これらの戦略の多くは、特に短期的にはシャープレシオが高いが、適切なリターンを上げるためにはかなりのレバレッジをかける必要がある。しかし、レバレッジはコンバージェントリスクテイキング戦略のテールリスクの影響を拡大する。この項では、低ボラティリティのレラティブバリュー戦略でレバレッジをかけた場合の隠れたリスク（またはテールリスク）について見ていく（今回は、一例としてレラティブバリュー戦略を使っている。第9章の同様の分析は、トレード戦略内の動的なレバレッジのところでも行っている）。今回の分析には、一般的なロング・ショートのレラティブバリュー戦略を用いる。これは相関性が高くてリスク額（σ）が同じ2つのポートフォリオ（ロングとショート）を使っている。もしロングのポートフォリオとショ

ートのポートフォリオの相関性が（ρ）ならば、相対性戦略のボラティリティ（σ_{RV}）は、次のように表すことができる。

$$\sigma_{RV} = \sigma\sqrt{2(1-\rho)}$$

ここでは $\rho > 0.5$ のとき、レラティブバリュー戦略のボラティリティ（σ_{RV}）は（σ）よりも低くなる。ロングとショートのポートフォリオの相関性が高いため、標準的なポートフォリオ理論によれば、ロング・ショート・レラティブバリュー戦略のボラティリティは相対性が上がるほど低くなる。例えば、相関係数が0.9でボラティリティ20％ならば、全体のボラティリティは8.94％になる（20％よりはるかに低い）。そして、異質の戦略を要するポートフォリオでは、このタイプの低ボラティリティ戦略とリスク額をそろえようとすると、普通は大きなレバレッジが必要になる。簡単なリスク予算のテクニックを使うだけでも、レバレッジはかなり大きくなるということだ。

まずは、ロング・ショートのレラティブバリュー戦略と２つのマネージドフューチャーズの戦略で構成するポートフォリオがあるとする。話を簡単にして、レラティブバリュー戦略のロングとショートのポートフォリオと、２つのマネージドフューチャーズのリスクはどれも（σ）とする。３つのポートフォリオのリスク額を同じにするため、レバレッジファクターの n（$n > 1$）をレラティブバリュー戦略に応用すると、必要なレバレッジは次のようになる。

$$n = \frac{1}{\sqrt{2(1-\rho)}}$$

もし相関係数が0.9ならば、必要なレバレッジファクターは2.24となる。また、相関係数が0.98ならば、必要なレバレッジファクターは5

となる（必要なレバレッジとは、レラティブバリュー戦略とほかの戦略のリスクを同じにするためのレバレッジ。（n）を求めたのが上の公式）。今回は戦略が３つなので、レラティブバリュー戦略のリスクイクスポージャーは３分の１または33％になる。しかし、正味リスクではなく、総リスクで考えると、レラティブバリュー戦略の全体のレバレッジリスクは（$2n\sigma$）になる。残りの２つの戦略のリスクが（σ）ならば、レラティブバリュー戦略の正味リスクと総リスクは次のように表すことができる。

$$正味リスク_{RV} = \frac{n\sigma\sqrt{2(1-\rho)}}{n\sigma\sqrt{2(1-\rho)}+\sigma+\sigma} = \frac{1}{3}$$

$$総リスク_{RV} = \frac{2n\sigma}{2n\sigma+\sigma+\sigma} = \frac{n}{n+1}$$

　例えば、相関係数が0.9でnが2.24ならば、レラティブバリュー戦略の正味イクスポージャーは33％だが、総イクスポージャーは69％となる。この例は、均等リスクにすると、低ボラティリティのレラティブバリュー戦略の総リスクイクスポージャーが正味イクスポージャーよりもかなり大きくなり得ることを示している。そして、総リスクイクスポージャーが高くなれば、左端のテールイベントが破壊的になる可能性が高まるのかもしれない。

　ロングとショートのポートフォリオが同時に反対方向の有害かもしれない動きに見舞われると、そのマイナスリターンはレバレッジファクターによってさらに悪化する。そこで、ロング・ショートポートフォリオが逆行する可能性がどれくらいあるのかを検証しておくことが重要になる。ロング・ショートポートフォリオのリターンが多変量正規分布だとすると、**図16.20**はさまざまな水準のレバレッジと、ロングとショートのポートフォリオの相関性において、レラティブバリュ

図16.20　レバレッジとロングとショートのポートフォリオの相関係数と
　　　　　相対価値戦略のリターンが−2σ以下になる確率（確率は正規
　　　　　分布のリターンが−2σ以下になる確率（2.3%）の倍数で示
　　　　　している）

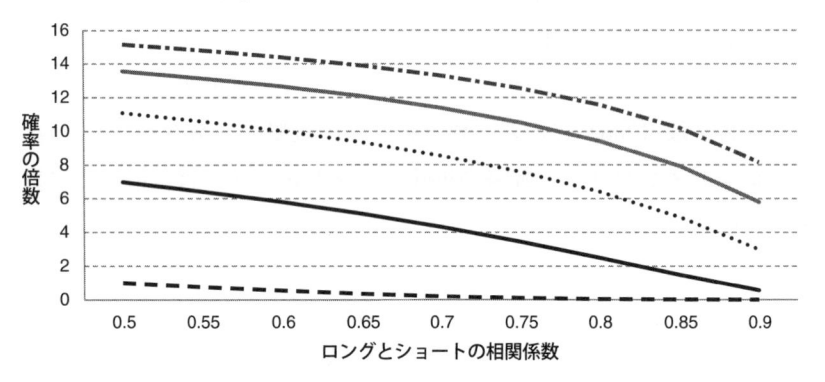

一戦略のリターンが−2σ以下になる確率を、正規分布のリターンが−2σ以下になる確率（2.3%）の倍率で示している。レラティブバリュー戦略と正規分布の両方のリターンが−2σ以下になる確率は、テールリスク乗数と呼ばれている。例えば、レラティブバリュー戦略のロングポートフォリオとショートポートフォリオの相関係数が0.75、レバレッジファクターが4のとき、テールリスク乗数は10になる。これは、レラティブバリュー戦略のリターンが−2σ以下になる確率が正規分布の10倍だということを示している。

　ただ、ロングとショートのポートフォリオの相関性が大きく変わると、状況はさらに複雑になる。この相関性が下がると、それに合わせてレラティブバリュー戦略のボラティリティ（σ_{RV}）は上がるからだ。**図16.21**は、さまざまなレバレッジの水準（1〜5倍）において、相関係数が0.1下がった場合にボラティリティが上がる様子を示している（この図では、ロングとショートのポートフォリオのボラティリティは

図16.21　さまざまなレバレッジにおける相関性の減り方と限界リスクの
上がり方の関係

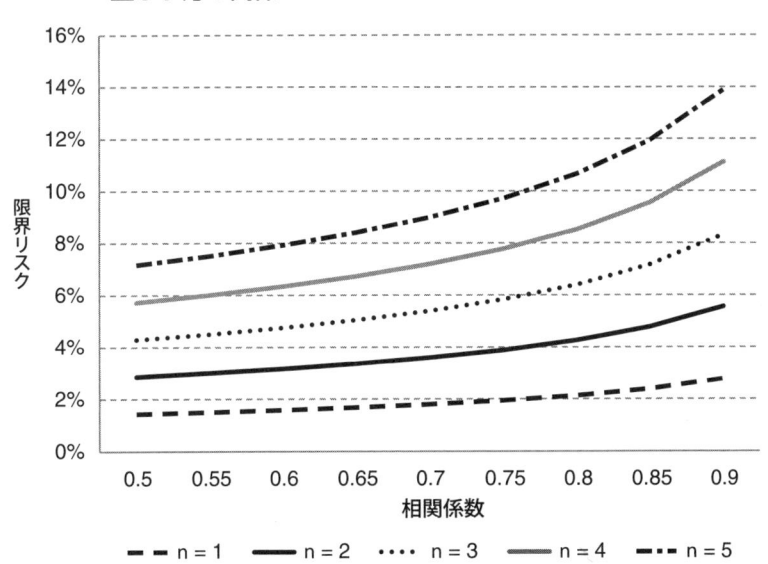

15％に設定してある）。ここでは、もともとの相関性が高ければ、相関
性が大きく下がったときの限界ボラティリティの上がり方も大きくな
ることが分かる。ちなみに、レバレッジが高いと、限界ボラティリテ
ィも大きく上昇する。

　相関性が変わると、混合ポートフォリオのリスクにいくつかの影響
が及ぶ。まず、ポートフォリオへの元々の均等リスク配分が均等では
なくなる。そのため、レラティブバリュー戦略のリスク配分は最初の
想定よりもかなり大きくなる。2つ目に、**図16.20**で見たとおり、ロ
ングとショートのポートフォリオの相関性が下がると、「うまくいかな
い」ことや、左側のテールイベントや、大きく逆行する確率が高くな
る。

　総リスクイクスポージャーが高くなると、そのあと悲惨なことが起
こりかねない。最悪の場合、ロングとショートのポートフォリオが0.5

標準偏差の予期しない逆行に遭うだけでも、その影響はレバレッジによってポートフォリオ全体に増幅する。予期しない逆方向のm標準偏差の動きがポートフォリオ全体に与える動きは次のように表すことができる。

$$\Delta P_{total} = \frac{2mn}{k}$$

ここで、(ΔP_{tot}) は全体ポートフォリオの変化で、(n) はレバレッジファクター、(k) は全体ポートフォリオのリスク額を求めるための個別ポートフォリオのリスク額の乗数である。戦略間の相関性によっては、0.5標準偏差の動きが全体ポートフォリオにおおよそn標準偏差の動きをもたらすこともあるということだ。

ロングポートフォリオが大きく逆行して、ショートポートフォリオが大きく順行するということが同時に起こると、レバレッジがその影響をさらに悪化させる。そこで、レラティブバリュー戦略では、逆行する可能性を考慮しておくことが重要である。ロングとショートのポートフォリオのリターンは多変量正規分布であるという想定の下で、ロングが−0.5標準偏差、ショートが+0.5標準偏差の動きが同時に起こると、これをロングとショートの相関性の関数として表すことができる。

図16.22は、レラティブバリュー戦略のロングとショートのポートフォリオの相関性が高かったとしても、ロング・ショートポートフォリオが逆行する確率は無視できないことを示している。レバレッジファクターが3、ロングとショートのポートフォリオの相関係数が0.7ならば、この戦略は1.5％の確率で−3標準偏差の動きをする。しかし、正規分布ならば本来−3標準偏差の動きが起こる可能性はわずか0.1％なのである。

図16.22 ロングとショートのポートフォリオの相関性とロングポートフォリオが−0.5標準偏差、ショートポートフォリオが＋0.5標準偏差動く確率

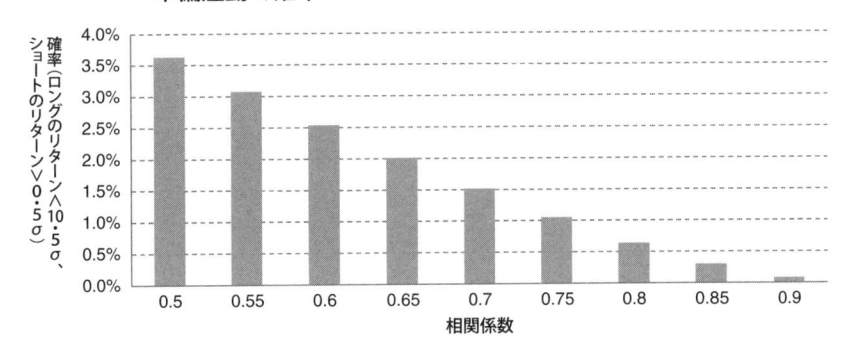

図16.23 異なるレバレッジのレベルにおけるもともとの相関性の高さと相関性の減り方とリスクの関係

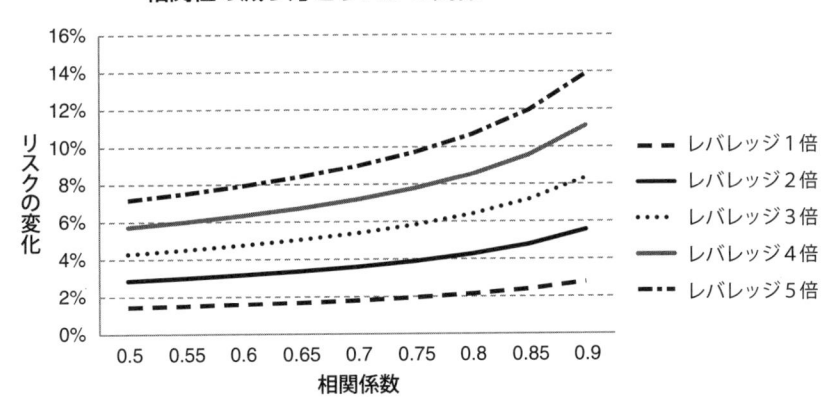

相関性の違いによる影響

　実際の相関性は、常に一定ではない。ロングとショートのポートフォリオの相関性が下がると、レラティブバリュー戦略のリスクは上がる。図16.23は、さまざまなレバレッジのレベルで相関係数が0.1下がった場合のリスクの上がり方を、もともとの相関性との比較で示して

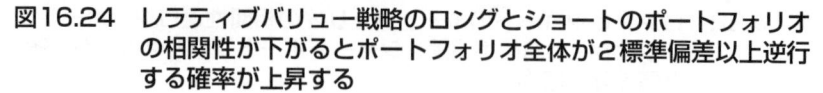

図16.24 レラティブバリュー戦略のロングとショートのポートフォリオ
の相関性が下がるとポートフォリオ全体が2標準偏差以上逆行
する確率が上昇する

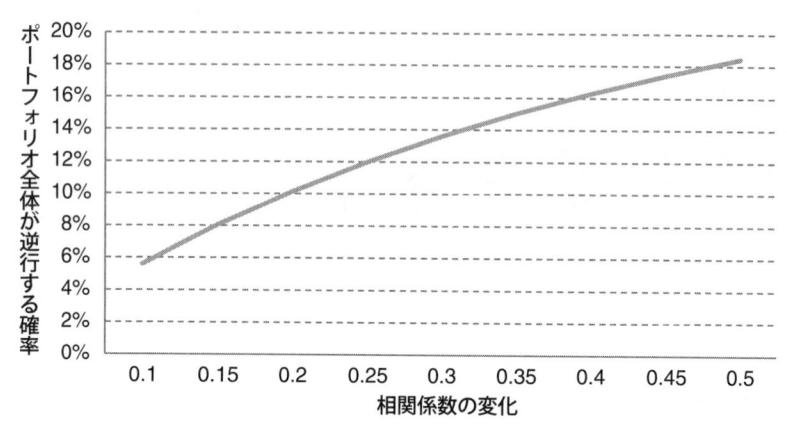

いる（**図16.23**では、レラティブバリュー戦略のロングとショートの
元々のリスク（σ）を15%としている）。もともとの相関性が高いと、相
関性の変化があったときの限界リスクの上がり方も大きくなる。また、
レバレッジが高くなると、やはり限界リスクの上がり方は大きくなる。

　相関性の変化は、リスクにいくつかの影響を及ぼす。まず、相関性
が変わると、3つのポートフォリオへの元々の均等リスク配分が均等
ではなくなる。レラティブバリュー戦略のリスク配分は、最初の設定
よりもはるかに大きくなるのだ。次に、**図16.22**で見たとおり、ロン
グとショートのポートフォリオの相関性が下がると、うまくいかなく
なる確率は高くなる。

　レラティブバリュー戦略によってポートフォリオ全体が2標準偏差
逆行する確率も推測できる（ポートフォリオのリスク乗数（k）は1）。
図16.24は、レラティブバリュー戦略のロングとショートのポートフ
ォリオの相関性が下がったことでポートフォリオ全体が−2標準偏差
動く確率が上昇することを示している（レラティブバリュー戦略のロ

ングとショートのポートフォリオの相関性が変わると、ポートフォリオ全体の標準偏差は変わる。ただ、ポートフォリオ全体の標準偏差は、長期的には変わらないものとする。今回の例では、元々のロングとショートのポートフォリオの相関係数は0.9としている）。相関係数が0.9から0.7に変わると、ポートフォリオ全体が2標準偏差かそれ以上逆行する確率は10%上がる。

まとめ

　多くの投資家が、トレンドフォロー戦略に投資する主な理由の1つとして分散のメリットを挙げている。ただ、純粋なトレンドフォローの特性は魅力的ではあっても、純粋なトレンドフォロー戦略からマルチ戦略に移行する人が増えている。本章では、このような動きとマルチ戦略が分散のメリットに与える影響について見てきた。マルチ戦略CTAのほうが、単体ではシャープレシオが高くても、マルチ戦略に移行すると伝統的なポートフォリオとの望ましい相関性が崩れ、ドローダウンの減り方が小さくなり、クライシスアルファが減り、リターン分布のポジティブスキューの度合いも下がる。60/40ポートフォリオの投資家にとっても、ファンド・オブ・ファンズの投資家にとっても、マルチ戦略に移行すると、トレンドフォロー戦略に配分していたときよりも分散の利点は失われる。この分析結果は、短期の場合や債券市場を外したときでも変わらなかった。それでも、多くのマルチ戦略CTAが、コンバージェントなレラティブバリュー戦略や低ボラティリティの戦略を一般的な資産クラスとして追加する可能性があるため、本章の最後の項では、低ボラティリティの戦略にレバレッジをかける場合の隠れたリスクに再び目を向けた。均等リスクポートフォリオにおけるレバレッジの必要性があるが、レラティブバリュー戦略で逆行するとレバレッジによってポートフォリオの全体のリスクが増幅した。こ

の結果は、低ボラティリティ戦略にレバレッジを使ったときの隠れた
リスクについて、より詳しい見方をポートフォリオ全体の視点から示
してくれた。

参考文献

Greyserman, A. "The Benefi ts of Pure Trend-Following: The Case against Diversifying the Diversifi er." ISAM white paper, 2012.

Greyserman, A. "Hidden Risks of Leveraged Low Volatility." ISAM white paper, 2013.

第 17 章

トレンドフォロー戦略への動的な配分

Dynamic Allocation to Trend Following

　トレンドフォロー戦略は、長期的に資産クラス全体に動的なイクスポージャーをとっていく。そうなると、次はトレンドフォロー戦略でマーケットタイミングを計ることができるかどうかが気になるだろう。言い換えれば、投資家が動的なトレード戦略（例えば、トレンドフォロー戦略）に動的に配分するのは賢いことなのだろうか。大きいドローダウンに見舞われたとき、投資家は配分を戻すべきか、減らすべきか、それとも増やすべきなのだろうか。投資家がトレンドフォロー戦略のタイミングを積極的に計ろうとすると、投資するか売却（回金）するかが総計パフォーマンスを大きく左右する。本章では、動的かつ長期的にトレンドフォロー戦略に配分するためのいくつかの単純な手法（モメンタムシーキング、平均回帰、バイ・アンド・ホールド）を紹介していく。これらの手法の収益性は、トレンドフォロー戦略のパフォーマンスを決定するリターンの分布に依存している。これらのパフォーマンスを実証的に測定すると、トレンドフォロー戦略のリターンの系列自己相関はマイナスになっている。系列自己相関がマイナスということは、平均回帰やバイ・アンド・ホールドが長期的にはトレンドフォロー戦略に配分するための賢い手法だということを意味している。その一方で、これはモメンタムを探す手法が長期的にはパフォーマンスを減らすということでもある。

動的な配分の枠組み

ほとんどの場合、特定の戦略への配分はパッシブかアクティブに分けられる。動的な配分には、投資と売却に関するアクティブな判断が下されている。そして、動的な投資には、パッシブ（バイ・アンド・ホールド）やアクティブ（モメンタムと平均回帰）といった手法が含まれている。バイ・アンド・ホールド戦略は、投資してポジションを長期に保有しておくだけの手法である。この戦略を導入したら、投資してあとは放置しておく必要がある。パフォーマンスを常に監視している投資家にとって、これは辛いことかもしれない（特に、ドローダウンのときは）。

モメンタムシーキングは、パフォーマンスが上がってきたら投資し、損失が出始めたら売却して手仕舞う手法である。これはトレンドフォロー戦略と同様に、パフォーマンスのモメンタムやトレンドや継続によって利益を狙う手法で、パフォーマンスを後追いすることはモメンタム戦略の一例と言える。多くのヘッジファンド戦略と同様に、マネージドフューチャーズの資金もパフォーマンスを追っている。資金の流れは、次のような出来事のあとが最も大きくなる。まず、2008年はトレンドフォロー戦略にとって記録的な年で、2009年もこの戦略に大量の資金が流入した。これがパフォーマンスの後追いということである。特に、投資家がトレンドフォロー戦略のルールを使ってトレンドフォロー戦略に配分する手法は、トレンドフォロー2乗（TF^2）と呼ぶことができる。

一方、平均回帰戦略は、戦略のパフォーマンスが下がると投資し、パフォーマンスが上がると利食う。この戦略は、パフォーマンスが平均に向かう傾向があるときにうまくいく。例えば、押し目買いはドローダウンのときに買うことになる。この種の戦略は、一時的な逆行は回復する、つまり価格はいずれ長期的な平均に向かうという想定の下で

図17.1　価格の動きと系列自己相関（ｐ）とそれに適した動的な投資戦略

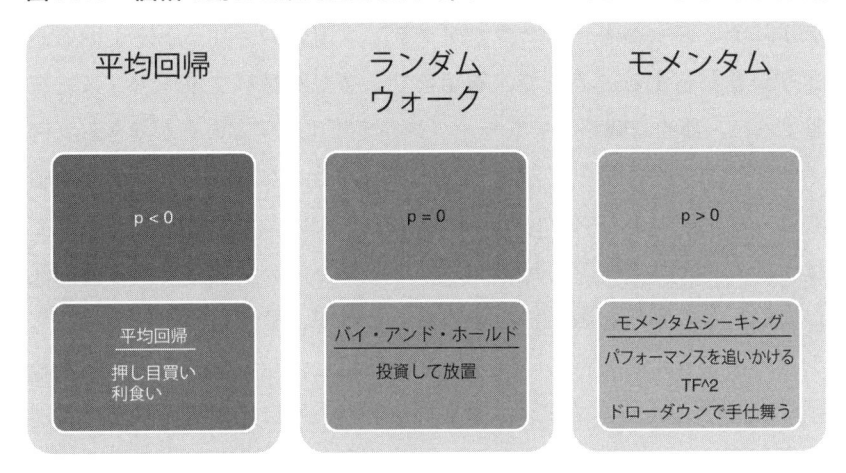

投資していく。別の例としては、パフォーマンスが上回ったときに利
食う戦略がある。これは、一定期間利益が出ると利食い、あとは投資
を減らすかやめる手法である。

　動的な配分方法はたくさんあるが、賢い手法は戦略自体のパフォー
マンスに依存している。もしトレンドフォロー戦略のリターンが平均
回帰ならば、平均回帰の手法が応用できる。しかし、リターンのパタ
ーンがモメンタムや持続型だったら、モメンタムシーキングの手法を
用いればよい。そして、もしリターンがランダムウォークか、モメン
タムでも平均回帰でもないパターンならば、バイ・アンド・ホールド
にしておくのがよいのかもしれない。それを判断するためには、もと
もとのトレンドフォロー戦略のリターンの統計特性を分析しておく必
要がある。リターンの系列自己相関は、過去のリターンで予想できる
将来のリターンがどれくらいかを測定する。系列自己相関は、プラス
（マイナス）ならばリターンはモメンタム（平均回帰）、ゼロのときは
ランダムウォークを示唆している。**図17.1**は、価格の動きと系列自己
相関とそれに適した動的な投資戦略を示している。

平均回帰の持続水準やリターンのモメンタムに加えて、元々のボラティリティの水準も、リスクがアクティブ配分のメリットを上回るかどうかを左右する。そこで、適切なリスクで絶対パフォーマンスを調整すれば、動的な戦略でもシャープレシオで比較することができる。例えば、たまに投資額を減らす（100%未満の配分にする）アクティブ戦略は、リターンもリスクも低いのかもしれない。このようなケースでは、リスクとリターンの比率がパフォーマンスを示唆している可能性がある。どの動的な戦略にも言えることだが、系列自己相関の特性もシャープレシオの特性も時間とともに変化し、互いに独立しているわけでもない。シャープレシオはリターンの系列自己相関の水準によって変わるし、プラス（マイナス）の系列自己相関はシャープレシオを上げる（下げる）からだ。

トレンドフォロー戦略のリターン系列の平均回帰

リターン系列の平均回帰の存在は、モメンタムシーキングに効果がないことを示唆している。もしトレンドフォロー戦略のリターンが平均回帰ならば、多くの実証研究が示唆しているとおり、押し目買いか、バイ・アンド・ホールドでさえ賢い選択になり得る。さらに、これは系列自己相関が持続するレベルにも左右される。また、運用会社のリターン系列は、サバイバーシップバイアスから逃れられないということも指摘しておく必要がある。このバイアスがあることで、運用会社のリターンの指数を使った平均回帰の予想に関する経験的証拠は合理的な疑いを持ったほうがよいこともある。大きいドローダウンを乗り越えた実績は、平均回帰に見えることもあるからだ。しかも、長期のドローダウンを乗り切れなかった戦略は、サンプル群から消える。キュクロバとマーティンの研究（2011年）によれば、このダーウィン淘汰の現象はドローダウンと関連があるという。彼らは、大きいドロー

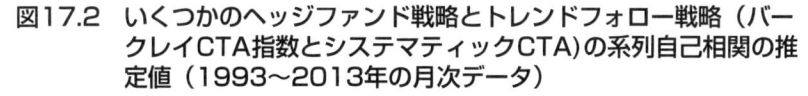

図17.2　いくつかのヘッジファンド戦略とトレンドフォロー戦略（バークレイCTA指数とシステマティックCTA）の系列自己相関の推定値（1993〜2013年の月次データ）

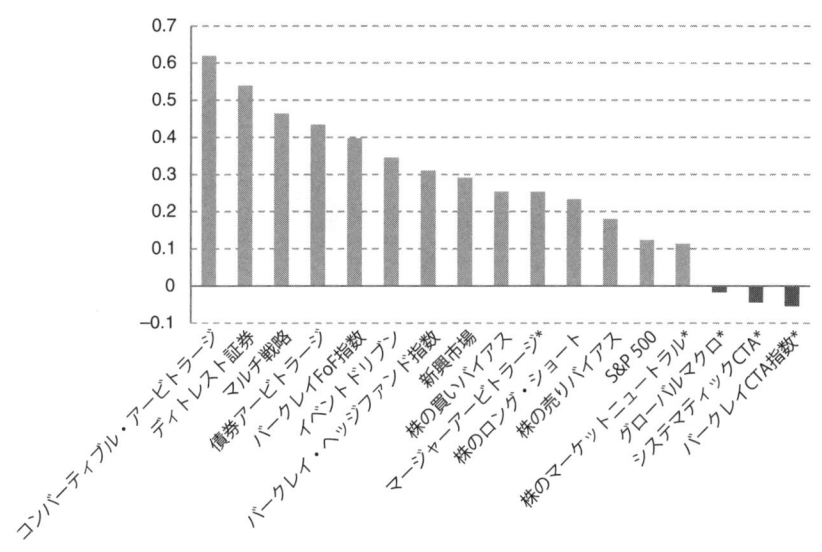

*　予想値が統計的に０ではないことを示している
出所＝バークレイヘッジ

ダウンを乗り切ったファンドが、将来優れたパフォーマンスを上げることができる本当に才能あるマネジャーによって運用されているという証拠を示した。第９章では、トレンドフォロー戦略で系列相関がマイナスのケースについて、運用会社の指数を使って少し触れた。このことに話を戻すと、**図17.2**は、いくつかのヘッジファンド戦略とトレンドフォロー戦略（バークレイCTA［商品投資顧問業者］指数とシステマティックCTA）の系列自己相関の推定値を示している。＊の付いた戦略は、系列自己相関で、これは統計的に０ではない。この値は、指数の月次リターンのみを使い、トレンドフォロー戦略の独自のマイナス系列相関のプロファイルを示している。

　ニューエッジ白書（2012年）でも、運用会社のリターンは最大５カ

図17.3　ミニトレンド指数（ミニサブ指数）と５つの運用会社の指数の
　　　　自己相関係数１〜５（ACF1〜ACF5）

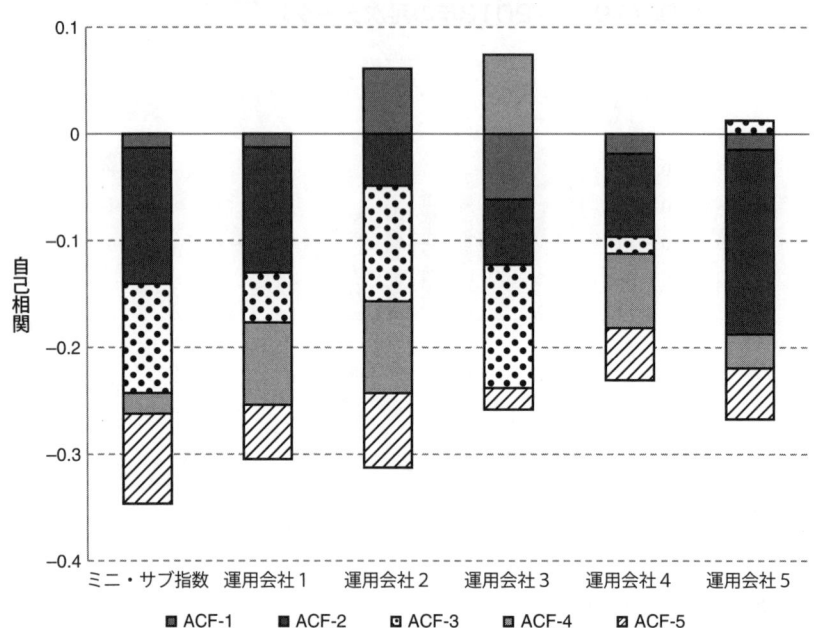

月のラグまで系列自己相関になっていることを示している。自己相関
の関数ACFとラグ（n）を使って、過去n時点前までのリターンの相
関効果を測定できる。ACF1は、現在のリターンに対する過去１カ月
のリターンの割合を示す相関係数になっている。ACF5ならば、過去
５カ月ということだ。自己相関係数は、n次ARモデルまたはAR（n）
の簡単な自己回帰モデルを想定することで予想できる。このことを示
すため、**図17.3**は、トレンドフォロー系の大手運用会社５社（ミニサ
ブ指数）と各社（運用会社１〜５）のラグ１〜５（ACF1〜ACF5）の
相関係数の予想値の合計を示している。この例は、ほとんどのトレン
ドフォローシステムが、何らかのマイナス系列相関になっていること

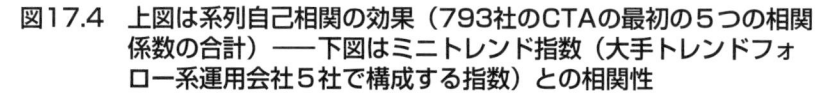

図17.4　上図は系列自己相関の効果（793社のCTAの最初の５つの相関係数の合計）――下図はミニトレンド指数（大手トレンドフォロー系運用会社５社で構成する指数）との相関性

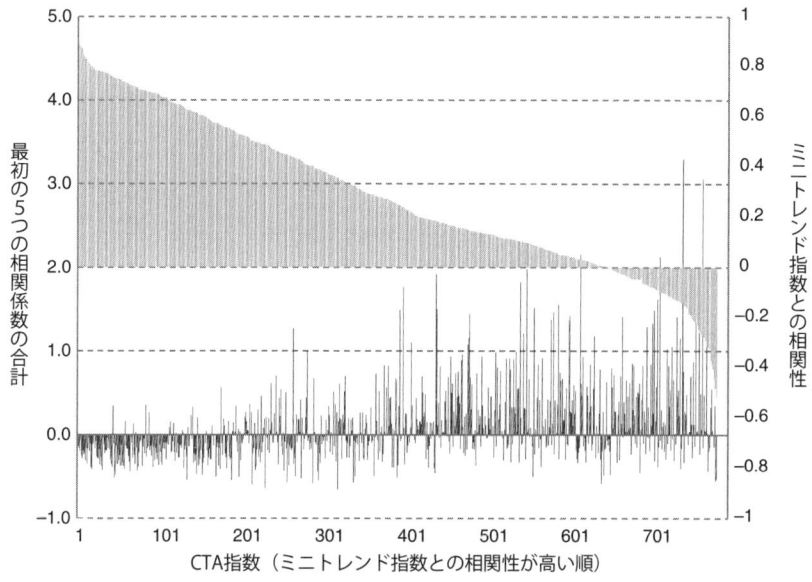

出所＝バークレイヘッジ、ニューエッジ・オルタナティブ・インベストメント・ソリューションズ

を示している。ちなみに、５カ月のラグまでは、結果が若干のマイナスになっていた。

　この研究では、793社ものCTAについて検証している。これらのCTAのなかには、トレンドフォロー系とそうでないものの両方が含まれている。これらのCTAについて、最初の５つの自己相関係数の予想値を合計している。また、各CTAについて、ミニトレンド指数（大手トレンドフォロー系運用会社５社を含む）との相関性も推定している。**図17.4**は、自己相関の最初の５つのラグ（マイナス系列自己相関の基準）のランキングと、トレンドフォロー戦略（ミニトレンド指数）との相関性を比較している。左側の約100社のCTAは、系列自己相関の

ランクもミニトレンド指数との相関性も高く、その多くがトレンドフォロー系のCTAの可能性が高いと考えられる。つまり、マイナスの系列自己相関の特性は、トレンドフォロー系運用会社の全体的な特徴であるように思える。

　先の系列自己相関に関する議論は実績に基づいたものだが、理論的な見方もしておくことで、確認または議論ができるかもしれない。フンとシェ（2001年）は、ルックバックストラドルオプションのポートフォリオを使ってトレンドフォロー戦略を再現することができることを示した。もしルックバックストラドルオプション戦略が長期的なトレンドフォロー戦略のパフォーマンスを示すことができるのであれば、F検定を使ってこの戦略の平均回帰性を検証できる。まず、閉形式のルックバックストラドルオプション戦略を使えば、分散比統計を閉形式で表すことが可能になる。分散比統計は、n時間単位（$n > 1$）のすべての変化の分散と、1時間単位の変化のn倍の分散の比率である。分散比率が1ならば、ランダムウォークを意味している。一方、この値が1未満ならば、その時系列は平均回帰する。グレイザーマン（2012年）は、特定の条件の下でルックバックストラドルオプション戦略の分散比率統計が1未満になることを示した。このことは、トレンドフォロー戦略のリターン系列が平均回帰することを意味している。分散比率統計とルックバックストラドルオプションはかなり専門的になるので、詳細は本章末の付録を参照してほしい。

モメンタムシーキングのパフォーマンス

　もしトレンドフォロー戦略のリターンが平均回帰するならば、トレンドフォロー戦略に動的に配分するためのモメンタムシーキングは低パフォーマンスになるはずだ。極端なケースで検証するために、トレンドフォロー戦略のルールをトレンドフォロープログラムへの動的配

図17.5　トレンドフォロー2乗で代表的なトレンドフォロー戦略に配分
した場合のシャープレシオ

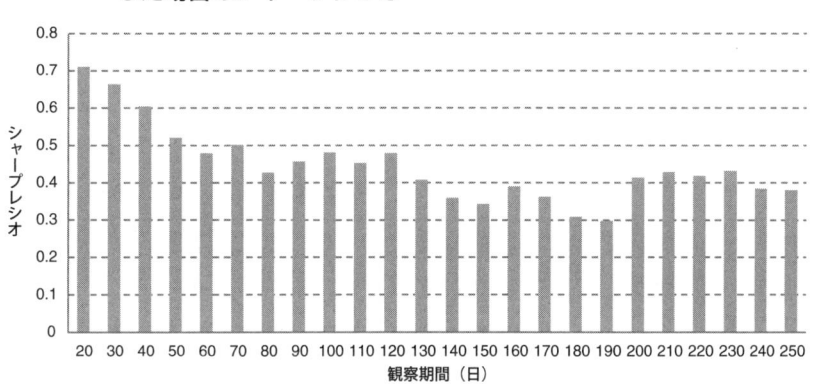

分に応用してみよう（トレンドフォロー2乗アプローチ、TF^2）。ト
レンドフォローシステムをトレンドフォローしたパフォーマンスを検
証するためには、トレンドフォローシステムのリターン系列を、空売
り制限付きでトレンドフォローシステムにフィードバックさせること
になる。このアプローチは、先物ポジションと違ってトレンドフォロ
ーシステムにしか投資できず、空売りもできない。このTF^2を動的
配分に使う可能性の検証には、シャープレシオが0.94の一般的なトレ
ンドフォローシステムを使う（検証期間は1993～2012年）。ちなみに、
0.94というのは同期間にバイ・アンド・ホールドでトレンドフォロー
システムに配分した場合のシャープレシオである。TF^2はトレンド
フォローシステムのパフォーマンスのトレンドを探し、それに基づい
て配分していく。**図17.5**は、TF^2のシャープレシオと観察期間の関
係を示している。これを見ると、TF^2がどの変数（観察期間）を選
択しても、シャープレシオが0.94のトレンドフォローポートフォリオ
（バイ・アンド・ホールドでトレンドフォローに配分）のパフォーマン
スを超えることができないことが分かる。モメンタムシーキングアプ

ローチ（例えば、TF^2）のパフォーマンスは、不適切な動的配分がトレンドフォロー戦略のパフォーマンスを下げるということだ。

動的な配分戦略のパフォーマンス

実証証拠は、トレンドフォローシステムのリターン系列がマイナスの系列自己相関であることを示唆している。そうなると、平均回帰戦略はバイ・アンド・ホールドやモメンタムシーキングと同じかそれ以上のパフォーマンスを上げる可能性もある。簡単な例を挙げると、押し目買い（または、ドローダウンでの買い）にも何らかのメリットがあるのかもしれない。押し目買いは、対象となる戦略がドローダウンを示したときに配分が増えることになる。一方、もしリターン系列に適度なノイズがあると、本当のドローダウンが起こっている時期が分かりにくいかもしれない。そのようなときは、バイ・アンド・ホールドのほうが押し目買いよりも賢いケースもあり得る。

押し目買い戦略はマーチンゲール法と少し似ている。第9章で述べたように、動的なレバレッジを使ってシャープレシオを上げることはできるが、その一方で大きなテールリスクの可能性も上がる。この種のイベントは、レバレッジが高くなると、ドローダウンと連動して増幅するからだ。この項では、押し目買いによって、トレンドフォロー戦略のリターンの平均回帰がシャープレシオを上げることを見ていく。押し目買いをするときにレバレッジに限度があると、期待リターンは下がる反面、極端な損失を負うリスクもある程度抑えられる。

押し目買いでバイ・アンド・ホールドポートフォリオが改善するかどうかを検証するため、簡単な実験をしてみよう。まず、ポートフォリオのx％をトレンドフォロー戦略に配分してバイ・アンド・ホールドする。残りの（100 − x ）％については、パフォーマンスが下がっているときはトレンドフォロー戦略の割合を増やし（つまり、押し目買

図17.6　x％をバイ・アンド・ホールド（x軸）、（100－x）％を押し
目買いでトレンドフォロー戦略に動的に配分した混合ポートフ
ォリオのシャープレシオ（xは0～100％）

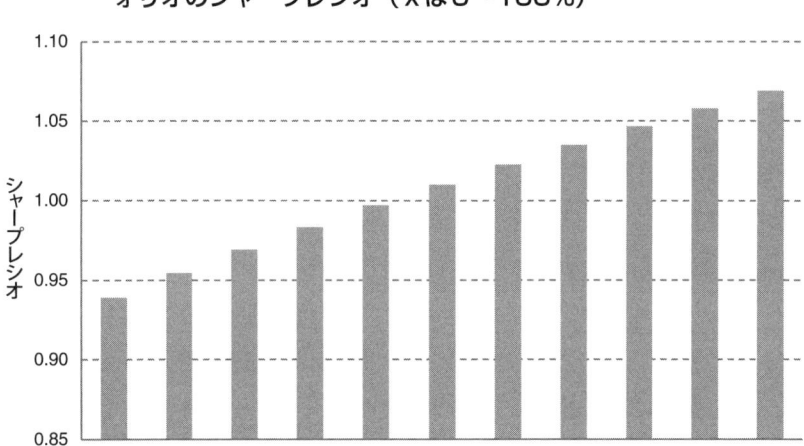

い）、パフォーマンスが上がっているときは割合を減らして利食う。も
っと具体的に言えば、投資割合の変化は、トレンドフォロー戦略の累
積リターンに基づくトレンドシグナルと比例している。下降トレンド
が強くなる（弱くなる）のに比例して配分を増やす（減らす）のであ
る。つまり、ドローダウンが大きくなると、配分も大きくなる。

　図17.6は、x％をバイ・アンド・ホールド、残りの（100－x）％
を押し目買いに配分した混合ポートフォリオのリターンのシャープレ
シオを示している。この手法の仕組みを説明するため、20万ドルをト
レンドフォロー戦略に投資し、そのうちの50％に当たる10万ドルをパ
ッシブなバイ・アンド・ホールド戦略に配分することとする。トレン
ドフォロー戦略の累積リターンがマイナスになると、残りの10万ドル
を追加的に配分し、最大で10万ドルすべて追加すると、投資額は20万
ドルになる。しかし、累積リターンがプラスになると、配分を減らし
て投資額は10万ドルに戻る。この平均回帰的な動的配分のスキームを

使うと、シャープレシオは1.0を超える。つまり、資本をすべて配分しなくても、バイ・アンド・ホールドの0.94よりも高いシャープレシオが得られるのである。また、パッシブなバイ・アンド・ホールドに配分される資本が減ると、全体のシャープレシオはある程度直線的に上がっていく（リターンは配分を最大にした場合。投資していない資金は現金で保有し、そのリターンは0とする。取引コストや手数料は分析に含まれていない）。

　投資家は、適切なタイミングで配分して押し目買いをすることで、シャープレシオを基準としたパフォーマンスを改善することができるかもしれない。バイ・アンド・ホールドにx％、押し目買いに（100−x）％を配分することは、一種の動的なレバレッジと言える。特に、ここでは最大レバレッジがバイ・アンド・ホールドで使っているレバレッジまでと制限されている。これは、混合ポートフォリオのレバレッジが、バイ・アンド・ホールドのレバレッジよりもけっして高くならないということだ。また、押し目買い戦略は必ずしも100％投資しているわけではなく、その場合は機会費用がかかっているということも覚えておいてほしい。

> **押し目買いは動的なレバレッジの手法。**今回の研究では、最大レバレッジがバイ・アンド・ホールドのレバレッジを超えないようにしてあり、これによって極端な損失を被る可能性は減る。

　今回の例では、レバレッジの限界によって加速度的な動的レバレッジスキーム（例えば、マーチンゲール法）による大きな損失リスクを避けることができる。この効果を説明するため、もし配分の合計が100％を超えてもよいのならば、このようなレバレッジスキームによってシャープレシオは劇的に改善するかもしれないが、ドローダウンのときにレバレッジが急激に加速しすぎると、極端なドローダウンのリス

クがある。

　押し目買いのポートフォリオのレバレッジを制限する必要があると
すると、期待リターンが減る代わりにリスク調整済みリターン（シャ
ープレシオ）は改善が期待できる可能性がある。トレンドフォロー戦
略のリターンの系列自己相関が十分マイナスならば、押し目買いによ
ってリターンを増やすことができるかもしれないということだ。この
項の分析は、平均回帰と全体的なリスク・リワードのトレードオフ（シ
ャープレシオで測定）のレベルが、動的な配分において平均回帰が適
切かどうかに影響を与えることを示した。次の項では、このことをさ
らに詳しく見ていく。

動的配分戦略への投資

　本章の最初の項では、動的配分を適切に行おうとするときに系列自
己相関とシャープレシオが分析の助けになり得るリターンの2つの統
計特性だということを見てきた。系列自己相関は、リターンのモメン
タムが持続するか、それとも平均回帰するかの目安となる。シャープ
レシオが低めならば、パフォーマンスが特定の時期に上がる傾向があ
るのかもしれないため、動的な配分のほうが望ましいのかもしれない。
あるいは、シャープレシオが高くて系列自己相関が低ければ、パッシ
ブなバイ・アンド・ホールド戦略が合っているのかもしれないし、リ
ターンが平均回帰してシャープレシオが低ければ、押し目買いが理に
かなっているのかもしれない。また、リターンにモメンタムがあって
シャープレシオが低ければ、モメンタムシーキングの手法が適切かも
しれない。このような理論的な見方は直観と合っているが、実際の系
列自己相関やシャープレシオの予想は点推定で、ノイズも多い。シャ
ープレシオと系列自己相関は相互作用するため、この2つを合わせた
配分を検証すれば、最適な配分をより具体的に見ていくことができる。

　動的な配分戦略のパフォーマンスを検証するため、自己回帰モデル AR（5）を使ってリターン系列を生成する。このモデルは、最大5カ月遅れで平均回帰することを示したニューエッジの白書（2012年）の結果を模倣するために選択し、動的配分戦略のパフォーマンスはモンテカルロ法で予測した。AR（5）モデルでリターンの系列自己相関とシャープレシオを広い範囲でシミュレーションすることで、トレンドフォロー戦略のリターンの幅広いシナリオを検証することができる。まずは、押し目買いを見ていこう。**表17.1**は、押し目買いとバイ・アンド・ホールドの平均リターンの違いを示している。例えば、相関係数が−0.16でシャープレシオが0.4ならば、平均リターンの差は3.14％になる。ここでは直観どおり系列自己相関がマイナスでシャープレシオが低いと、押し目買いのパフォーマンスがバイ・アンド・ホールドを上回っている。一方、系列自己相関がプラスのときは、押し目買いはバイ・アンド・ホールドを下回る。同様に、モメンタムシーキングの結果も安定しており、系列自己相関がプラスでシャープレシオが低ければ、モメンタムシーキングのパフォーマンスはバイ・アンド・ホールドを上回る。

　表17.2は、シャープレシオと系列自己相関の組み合わせの範囲で動的配分（バイ・アンド・ホールドを含む）の4つのシナリオと、それぞれに適したリターン特性を示している。この範囲のシミュレーションは、押し目買いもパフォーマンスを後追いした場合も直観と合う結果になっている。配分法Dは、ドローダウンで手仕舞う特殊な形のモメンタムシーキング戦略で、ドローダウンで配分する押し目買いとは正反対の手法である。

> **最も効果的な投資方法は、リターンのシャープレシオと系列自己相関を組み合わせた配分によって決まる。**

表17.1　押し目買いとバイ・アンド・ホールドの平均リターンの差（系列自己相関の範囲は−0.2〜0.1、元々のシャープレシオは0.1〜1）

	−0.2	−0.18	−0.16	−0.14	−0.12	−0.1	−0.08	−0.06	−0.04	−0.02	0	0.02	0.04	0.06	0.08	0.1
0.1	5.21	4.84	4.76	3.51	2.98	2.97	2.04	1.43	0.55	−0.12	−0.69	−2.18	−3.22	−4.68	−5.72	−6.69
0.2	4.81	4.30	3.80	3.21	2.68	2.20	1.54	1.07	0.20	−0.99	−1.55	−2.30	−3.91	−5.74	−6.39	−8.78
0.3	4.26	4.41	3.21	3.20	2.16	1.32	0.93	−0.03	−0.78	−1.52	−2.95	−4.17	−4.83	−7.43	−8.79	−11.53
0.4	3.84	3.72	3.14	1.91	1.73	0.96	−0.31	−0.69	−1.60	−2.20	−3.66	−4.60	−6.43	−8.37	−9.45	−12.29
0.5	3.50	2.56	2.46	1.44	0.92	0.26	−0.93	−1.57	−2.73	−3.85	−5.12	−5.47	−7.94	−10.29	−12.71	−14.22
0.6	3.15	2.08	1.66	0.72	0.24	−0.46	−1.38	−2.35	−2.91	−3.74	−5.54	−7.29	−9.09	−12.10	−13.22	−19.80
0.7	1.97	1.57	0.84	0.32	−0.52	−1.20	−1.65	−3.30	−4.21	−5.66	−6.79	−8.27	−11.04	−13.52	−15.31	−19.41
0.8	1.14	1.35	−0.05	−0.27	−1.66	−2.42	−3.27	−3.71	−5.77	−6.45	−8.79	−9.76	−11.37	−14.06	−17.87	−24.18
0.9	1.08	0.41	−0.72	−1.16	−2.18	−3.47	−4.40	−4.65	−6.31	−7.37	−9.33	−11.48	−13.34	−15.64	−20.86	−24.28
1	0.46	−0.81	−1.34	−1.99	−2.84	−3.99	−5.51	−6.16	−7.82	−9.20	−11.31	−13.08	−15.54	−19.53	−23.57	−28.00

表17.2　動的配分とそれに適したリターン特性

	配分法	シャープレシオ	系列自己相関（ρ）	例
A	バイ・アンド・ホールド	高	低	シャープレシオ>0.8、$|\rho|$<0.1
B	押し目買い	低	マイナス	シャープレシオ<0.3、ρ<−0.1
C	パフォーマンスの後追い	低	プラス	シャープレシオ<0.3、ρ>0.1
D	ドローダウンで手仕舞う	高	プラス	シャープレシオ>0.8、ρ>0.1

図17.7　シナリオＡ——代表的なトレンドフォローシステムで、バイ・アンド・ホールドをｘ％（横軸）、押し目買いを（100－ｘ）％配分した混合ポートフォリオのトータルリターン（ｘは０～100）

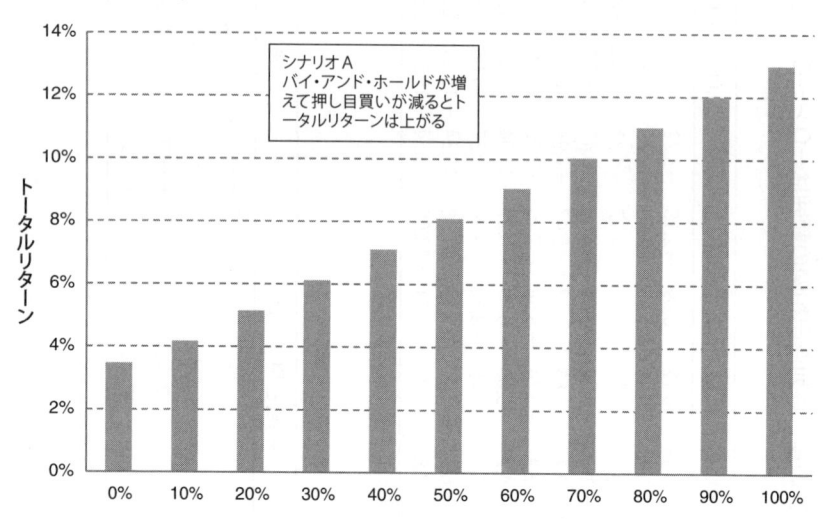

押し目買いの配分方法に話を戻して、実際のトレンドフォロー戦略のリターン系列の点推定に似たリターン特性をより詳しく調べてみよう。シャープレシオを0.9、系列自己相関を若干マイナスとして生成したリターンを使って、押し目買いのパフォーマンスと、残りのｘ％のバイ・アンド・ホールドの関係を検証する。**図17.7**は、バイ・アンド・ホールドがｘ％、押し目買いが（100－ｘ）％の混合ポートフォリオのトータルリターンを示している。今回も、トレンドフォロー戦略に投資した総資本または最大資本を先の押し目買いの例と同じように配分し、最大レバレッジは、100％バイ・アンド・ホールドのポートフォリオと同じ水準までとする。**図17.7**は、バイ・アンド・ホールド戦略が適しているシナリオＡを使っている。これを見ると、系列自己相関が若干マイナスでシャープレシオが高い場合、押し目買いがバイ・アンド・ホールドのパフォーマンスを下げている。もっと具体的に言

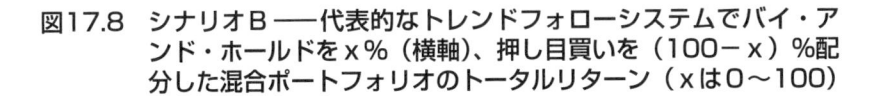

図17.8　シナリオB ── 代表的なトレンドフォローシステムでバイ・アンド・ホールドをx％（横軸）、押し目買いを（100−x）％配分した混合ポートフォリオのトータルリターン（xは0〜100）

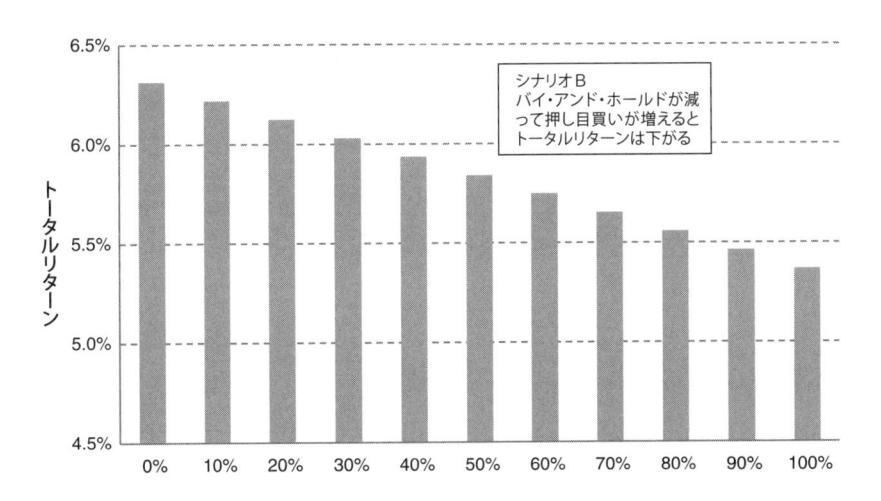

うと、この戦略は資本の半分をバイ・アンド・ホールドに配分すると（x＝50％）、何もしなくてもトータルリターンは13％から約8％に下がっている。

　その一方で、シャープレシオが十分低くて系列自己相関がマイナスならば、逆の結果にもなり得る。押し目買いのパフォーマンスがバイ・アンド・ホールドを上回っているシナリオBを見てみよう。**図17.8**は、シャープレシオが低く、系列自己相関がさらにマイナスの場合で生成したリターンを使い、バイ・アンド・ホールドをx％（横軸）、押し目買いを（100−x）％配分した混合ポートフォリオのトータルリターンを示している。これを見ると、シャープレシオが前よりも低くなっているため、全体のリターンも下がっている。つまり、シナリオBはバイ・アンド・ホールドに配分する金額が減るのと比例して、押し目買いのパフォーマンスが上がっている。

不確実性のなかで最適化する

　シャープレシオと系列自己相関は決定的なものではない。しかも複雑なことに、2つは典型的な結合された統計分布に従っており、互いに独立しているわけですらない。シナリオAとシナリオBの分類は、やや範囲が広い。投資家にとっては、xというバイ・アンド・ホールドを維持すべき割合を決める手法があれば理想的だ。この問題は、典型的な不確実性の下での最適化問題なのである。ここでの目的は、不確実性というペナルティの下で期待トータルリターンを最大化することである（ペナルティがシャープレシオと系列自己相関の可能な値の範囲のなかの期待トータルリターンの変化ならば、最適化は典型的な平均分散の最適化と似ている。その場合、この変化はポートフォリオのリターンの変化ではない）。投資家がシャープレシオと系列自己相関の点推定に比較的自信があるときは、そのペナルティの重要性は低く、その場合の最適解は100%シナリオAか100%シナリオBのどちらかになる。その一方で、シャープレシオや系列自己相関の点推定にさほど自信がなければ、不確実性というペナルティは大きくなる。最適解は期待トータルリターンを、「真の」シャープレシオと系列自己相関の可能な範囲のなかでできるだけ均一にするxなのである。

> **シャープレシオと系列自己相関の結合分布にかかわる不確実性が大きければ、2つの手法の組み合わせが最適である場合が多い。**

　不確実性の下での最適化は複雑で、この種の問題にはヒューリスティクス的な解決策のロバスト性が高いケースも多い（ロバスト性のある最適化は、内在する変数の配分に不確実性があるとき、最適なパフォーマンスを上げるための代替策を提供してくれる。この項は、最適解を予想するために、ヒューリスティクスに頼っている）。直感的に、

リターンの分布が不確実であっても、最適解はヒューリスティクスを使ってシャープレシオと系列自己相関の分布の可能なレンジの平均値 x と推測することができる。具体例を挙げると、典型的なトレンドフォロープログラムの系列自己相関が－0.1でシャープレシオが0.3～0.8に均一に分布している場合について考えてみよう。この場合、最適な配分はバイ・アンド・ホールド50％と押し目買い50％である（**表7.1**参照）。別の例も挙げておこう。シャープレシオについて0.5～0.8とより前向きで、系列自己相関は－0.12～－0.08だと考えている投資家にとって、最適な配分はバイ・アンド・ホールドが75％、押し目買いが25％となる。

動的配分の影響

　パフォーマンスが平均回帰している時期の押し目買いがバイ・アンド・ホールドのパフォーマンスを改善することは分かった。しかし、この結論はトレンドフォロー系運用会社がこの方法を取り入れるべきだということなのだろうか。それにはいくつかの問題がある。まず、トレンドフォロー系運用会社は、構造的に x ％を選ぶことを次善の策だと考えるかもしれない。2つ目に、投資家とトレンドフォロー系運用会社のシャープレシオと系列自己相関の見方には大きな違いがあり、期待がミスマッチになっているかもしれない。それに、投資家と運用会社の目的は違うかもしれない。例えば、高いクライシスアルファに関心がある投資家の目的が、トータルリターンが高くなることとは限らない。ほかにも、リスクパリティの手法を用いている投資家は、ポートフォリオのトータルリターンとは全く違う目的を持っている可能性がある。

　複雑な要素はたくさんあるが、この分析からは大事なことが分かる。動的な配分戦略は、トレンドフォローシステムのリターンが正しい特

性を示しているという十分な証拠があるときのみ使うということだ。根底のトレンドフォローシステムのリターン特性に対応する不確実性のレベルは、バイ・アンド・ホールドと押し目買いのどちらが適しているかを示唆している。長期の期待パフォーマンスに自信がある人は（例えば、シャープレシオが1に近い）、最初の投資額をドローダウンの期待リスクに合わせてバイ・アンド・ホールドを選ぶべきかもしれない（ドローダウンの特性に関する詳しい説明は第8章参照）。反対に、期待パフォーマンスがあまり信用できなければ、基本のバイ・アンド・ホールドの割合を大きくしておいて（例えば、50〜75％）、残りの資本を押し目買いに配分すればよい。この平均回帰戦略は、パフォーマンスが落ち込んだときにイクスポージャーを増やし、パフォーマンスが大きく上がるとイクスポージャーを減らしていく。最後に、この分析はパフォーマンスの後追いについても警告している。パフォーマンスの後追いは、トレンドフォローシステムのリターンの平均回帰的な性質とは相性が良くないのである。

> 投資家によって、シャープレシオや系列自己相関やそのほかの目的の範囲は違うかもしれない。そのため、押し目買いの最適な配分も投資家ごとに違っている。

まとめ

　トレンドフォロー戦略に投資すると決めたら、当然次はいつどのようにするかを考える。動的な配分は、バイ・アンド・ホールドとモメンタムシーキングと平均回帰という3つのタイプに分けることができる。動的配分戦略の選択は、根底のトレンドフォローシステムのリターンの統計特性に直接的に依存している。トレンドフォロー戦略のパフォーマンスの平均回帰には実証的な証拠がある。ただ、証拠はあっ

ても、リターンのリスクレベルとシャープレシオも考慮しなければならない。本章では、押し目買いへの動的な配分を、単純なバイ・アンド・ホールドと比較して検証した。リターンのシャープレシオと系列自己相関の結合分布を使って、異なる配分方法の好ましい環境のシナリオのいくつかをまとめている。バイ・アンド・ホールド戦略は、シャープレシオが高くて系列自己相関の絶対的なレベルが低いときに最も適している。平均回帰戦略（例えば、押し目買い）は、シャープレシオが低くて系列自己相関がマイナスのときに最も適している。モメンタム戦略（例えば、パフォーマンスの後追い）は、シャープレシオが低めで、系列自己相関がプラスのときに最も適している。トレンドフォロー戦略のリターンに関する実証的な証拠と理論的な証拠や、投資家の目的とリスク許容量によって、バイ・アンド・ホールドと押し目買いとの適切な動的配分方法は違うということだ。最後に、本章の分析からは、トレンドフォロー戦略でパフォーマンスの後追いをすることの警告も得られた。この種の動的な配分はパフォーマンスを大きく減らす可能性もあるからだ。

付録――トレンドフォロー戦略の平均回帰の理論的な分析

　本章前半で、トレンドフォロー戦略のリターン系列の平均回帰は、いつ、どの動的配分方法が投資家にとって適切かを決めるための主要な要素だと書いた。この項では、系列自己相関の特性と分散比統計量を理論的に分析していく。トレンドフォロー戦略のリターンはフンとシェ（2001年）のルックバックストラドルオプションで再現できるという想定の下、損益をルックバックストラドルの価格の変化の関数で表すことができる。特定の単純化した仮定の下で、グレイザーマン（2012年）はルックバックストラドルの価格変化が平均回帰であることを、分

散比統計量（ローとマッキンレイ［1988年］）を使って示した。この付録では、フンとシェ（2001年）のトレンドフォロー戦略を再現するために、分散比統計量とルックバックストラドルオプションをおさらいする。

平均回帰と分散比統計量

もし時系列データがランダムウォークならば、n時間単位で集約された変化は、下の式のとおり、1時間単位の変化のn倍になる。

$$V(n) \equiv \frac{\delta_n^2}{n \times \delta_1^2} = 1$$

$V(n)$ はδ_n^2（n時間単位で集約された変化（$n > 1$）と$n \times \delta_1^2$（1時間単位の変化の分布）間の分散比統計量である。F検定は、ランダムウォークの標準的な統計検定である（ローとマッキンレイ［1988年］）。この項の主な目的は統計的有意を検証することではなく、分散比と平均回帰の関係を知ることにある。系列自己相関がマイナスのときは分散比統計量が1を下回る（逆のケースは、系列自己相関がプラスのとき、分散比が1を上回り、これは時系列のモメンタムを示している）。そうなると、リターン系列は分散比統計量が1を下回っていれば、おおむね平均回帰していると定義できる。**図17.9**は、価格の過程と戦略と分散比統計量の関係を示している。

このことを実証的に示すため、**図17.10**は系列自己相関が1時間単位当たり0.3と−0.3の2つの時系列の変化を示している。この例は、系列自己相関がマイナスの時系列のほうがプラスの時系列よりも平均回帰に近いことを示しているように見える。この例では、系列自己相関がプラスの時系列の分散比統計量$V(2)$は1.25、マイナスのときは0.70

図17.9　価格の過程と戦略と分散比統計量の概要

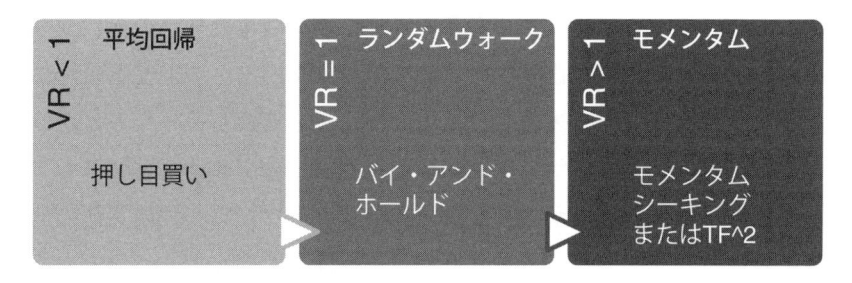

図17.10　系列自己相関が0.3と-0.3の2つの時系列の例

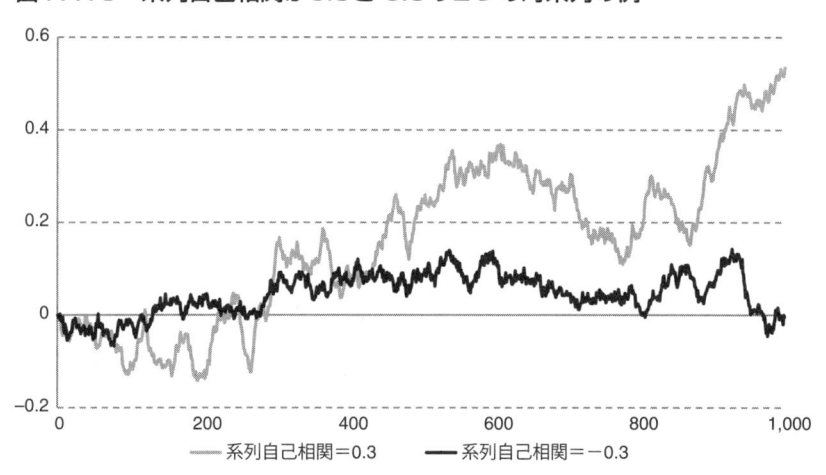

になっている。この例からは、系列自己相関と分散比統計量のつながりが分かる。

トレンドフォロー戦略とルックバックストラドルオプション

　フンとシェ（2001年）は、理論的な観点からトレンドフォロー戦略とルックバックストラドルオプションを保有することが同じだという

ことを示した。ルックバックストラドルオプションのパフォーマンスについては第13章で述べた。本章では、ほかの運用会社系の指数や価格系のトレンド指数と比較することで、ルックバックストラドルオプションがリターンベースのスタイル分析に最も適合しそうなことが分かった。このことは、ポジションを取る戦略とオプション戦略のわずかな差を示しているのかもしれない。トレンドフォロー戦略関連の文献におけるルックバックストラドルの重要性を考慮して、ここでもさらに詳しく述べることにする。ゴールドマンとソーシンとガット（1979年）によると、t時点の満期までの時間がT（$t<T$）のルックバックコールオプションの価格は、次の式で表すことができる。

$$LC_t = S_t N\left(f_1\left(S_t, Q_t\right)\right) - Q_t e^{-r\tau} N\left(f_2\left(S_\tau, Q_\tau\right)\right)$$

$$-\frac{S_t \sigma^2}{2r}\left(N\left(-f_1\left(S_t, Q_t\right)\right) - e^{-r\tau}\left(\frac{Q_t}{S_t}\right)^{\frac{2r}{\sigma^2}} N\left(-f_3\left(S_t, Q_t\right)\right)\right)$$

$\tau = T - t$、rはリスクフリーレート（複利）、S_tは時間tの原資産の市場価格、σは原資産のボラティリティ（定数とする）、Q_tは時間tまでの原資産の最安値、N（・）は標準正規分布の累積分布関数とする。そのうえで、次のように仮定する。

$$f_1(x,y) = \frac{\ln\left(\dfrac{x}{y}\right) + \left[r + \dfrac{1}{2}\sigma^2\right]\tau}{\sigma\sqrt{\tau}}$$

$$f_2(x,y) = \frac{\ln\left(\dfrac{x}{y}\right) + \left[r - \dfrac{1}{2}\sigma^2\right]\tau}{\sigma\sqrt{\tau}}$$

$$f_3(x,y) = \frac{\ln\left(\dfrac{x}{y}\right) - \left[r - \dfrac{1}{2}\sigma^2\right]\tau}{\sigma\sqrt{\tau}}$$

同様に、時間tにおけるルックバックプットオプションの価格は、次のように表すことができる。

$$Lp_t = -S_t N\left(-f_1(S_t, M_t)\right) + M_\tau e^{-r\tau} N\left(-f_2(S_t, M_t)\right)$$

$$+ \frac{S_t \sigma^2}{2r}\left(N\left(f_1(S_t, M_t)\right) - e^{-r\tau}\left(\frac{M_t}{S_t}\right)^{\frac{2r}{\sigma^2}} N\left(f_3(S_t, M)\right)\right)$$

M_tは時間tまでの原資産の最高値を示している。時間tにおけるルックバックストラドルの価格は単純に$LC_t + LP_t$となる。つまり、トレンドフォローポートフォリオの損益（PnL）は、$LC_t + LP_t$の変化と比例している。

特定の期間のトレンドフォロー戦略の損益は、ルックバックストラドルオプションの価格変化で表すことができる。

参考文献

Cukurova, S., and J. Martin. "On the Economics of Hedge Fund Drawdown Status: Performance, Insurance Selling and Darwinian Selection." Working paper, 2011.

Fung, W., and D. Hsieh. "The Risk in Hedge Fund Strategies: Theory and Evidence from Trend Followers." Review of Financial Studies 14, no.2(2001).

Greyserman, A. "The Fallacy of Trend Following Trend Following." ISAM white paper, November 2012.

Goldman, M., H. Sosin, and M. Gatto. "Path Dependent Options: 'Buy at the Low, Sell at the High.'" Journal of Finance 34, no.5(1979).

"It's the Autocorrelation, Stupid." Newedge white paper, November 2012.

Lo, A., and A. MacKinlay. "Stock Market Prices Do Not Follow Random Walks: Evidence from a Simple Specifi cation Test." Review of Financial Studies 1, no.1(1988).

用語集

ATR　「真の値幅の平均」「トレーディングレンジ」参照。

DI　「ダイバージェントトレンドフォロー指数」参照。

EQB　「株のバイアスファクター」参照。

IQR　「四分位範囲」参照。

SMB（small minus big）　「市場規模ファクター」参照。

SMF（slow minus fast）　「トレードの速度ファクター」参照。

SNR　「シグナル・トゥ・ノイズ・レシオ」参照。

アルファ減衰（alpha decay）　執行を遅らせることでパフォーマンスが下がるスピード。

維持証拠金（maintenance margin）　先物ポジションを維持するために必要な証拠金。証拠金口座の担保が維持証拠金の額を下回ると、追証が発生する。

移動平均線クロスオーバーシステム（moving average crossover system）　移動平均線クロスオーバー戦略を使ったトレードシステム。

移動平均線クロスオーバー戦略（moving average crossover

strategy） 異なる時間枠の移動平均線とクロスオーバーのルールを使って買いや売りを判断する手法。

移動平均線戦略（moving average strategy） 異なる時間枠の移動平均線を使って買いや売りを判断する手法。

インフォメーションレシオ（information ratio） 特定のベンチマークと比較した超過年率リターンと、その年率トラッキングエラーとの比率。トラッキングエラーの定義は、ベンチマークに対する超過リターンの標準偏差。

追証（margin call） 市場参加者に対して、証拠金口座に追加資本か変動証拠金を請求すること。もし応じられないと、先物ポジションは清算される。

押し目買い（buying-at-the-dips） ドローダウンのときに投資する手法。

オメガレシオ（Omega ratio） 加重利益と加重損失の比率。この比率はリターンの分布に関する前提は使わず、それによって（損益の分布が歪んでいて）高いリターンが存在することを考慮に入れることができる。

回復期間（recovery period） 特定のドローダウンから回復するのに要する時間。

カウンターパーティーリスク（counterparty risk） カウンターパーティーが契約を履行しないリスク。

価格リスク（price risk） 市場リスクとも呼ばれる。証券やポートフォリオの価格が将来、不利な方向に動くリスク。実際には、価格リスクをボラティリティで代用することが多い。

確率対応（probability matching） ２つの選択肢があったとき、発生する予想頻度と同じ頻度で選択する行動的なヒューリスティクス。

勝ち市場の割合（percentage of winning markets） トレンドフォロープログラムで勝ちポジションがある市場の割合。

株のクライシスアルファ（equity crisis alpha） 元々のリターン系列と危機の月のリターンをリスクフリーレートで代用したリターン系列の差。危機期間の定義は株のベンチマークを基準としている。

株のバイアスファクター、EQB（equity bias factor） 明確な株の買いバイアスと明確な売りバイアスのポートフォリオ戦略の違いを意味するスタイルファクター。

下方リスク（downside risk） パフォーマンスの最低目標率を下回る可能性。最低目標率は、０でもリスクフリーレートでも、そのほかの基準でもよい。リターンがその基準を上回れば、下方リスクは０になる。

カルマーレシオ（Calmar ratio） 平均年間リターン（複利）と最大ドローダウンのリスクの比率。

観察期間（lookback window） シグナルを生成するための計算に使う期間の長さ。

危機期間（**crisis period**）　危機と定義できる期間。さまざまな定義がある。危機の定義も、過去のリターン、ボラティリティの上昇など、さまざまな基準がある。

期待回復時間（**expected recovery time**）　ドローダウンから回復するまで待つべき時間の指標。

期待最大ドローダウン（**expected maximum drawdown**）　特定のリターン分布の下で、最大ドローダウンとして予想される値。

逆ザヤ、バックワーデーション（**back wardation**）　順ザヤ（コンタンゴ）の逆で、先物価格が現物の期待価格を下回っている状態。このようなとき、ヘッジャーは現物の期待価格よりも安く売っていることになる。

逆張り戦略（**contrarian strategy**）　トレンドに逆行して、反転で利益を狙うトレード。

キャリーコスト（**cost of carry**）　投資したポジションにかかわるコスト。商品の場合は、金融コスト、金利コスト、コンビニエンス関連コストなどが含まれる。

均等リスク配分（**equal dollar risk allocation、EDR**）　各市場に同じ金額のリスクを配分する戦略。この手法は、市場間の相関性は考慮しない。N分の1ずつ配分する手法と似ているが、それをリスク額で行っている。

クライシスアルファ（**crisis alpha**）　市場危機の期間におけるパフォ

ーマンス。

クライシスアルファのチャンス（crisis alpha opportunities）　危機期間に、さまざまな市場で起こる持続するトレンドから得られる利益。

クライシスベータ（crisis beta）　従来のベータの代わりに得られるベータ。主な違いは、条件付き相関性を考慮して構築されている点にある。クライシスベータが負で、その値が大きいと、分散メリットが大きくなることを示唆している。

限月カーブ（futures curve）　限月別の先物価格を示すグラフ。

合計調整リスク額（total adjusted dollar risk）　特定の市場の取引リスク額を調整後に、市場に配分したリスクの合計額。

個別市場の相関性（individual market correlation）　特定の先物市場とほかの市場との相関性。

個別市場のボラティリティ（individual market volatility）　特定の先物市場の価格のボラティリティ。

コンタンゴ　「順ザヤ」参照。

コンバージェント（convergent）　原資産の適正価値に対する見方に基づいてリスクをとる手法。

債券のクライシスアルファ（bond crisis alpha）　元々のリターン系列から危機期間の月次リターンを除いてリスクフリーレートで代用し

たリターン。危機期間の定義は債券のベンチマークがマイナスになっている期間。

サイズ関数（sizing function）　-1〜+1の間で、特定の市場のポジションのサイズと方向を示す値。サイズ関数は、トレンドの強さをポジションサイズに組み込むことができる場合が多い。

最大ドローダウン（maximum drawdown）　最高値で買って最安値で売ることで、投資家がとり得る最大の損失。最悪のシナリオとして測定されることも多い。

裁量戦略（discretionary）　運用会社の裁量をある程度含む戦略。

先物化（futurization）　伝統的なディーラー2者間の契約を、取引所でトレードして集中決済される多者間の標準化した「先物スタイル」の契約に移行すること。

先物取引（future contract）　先渡し契約と似ているが、価格が品物や商品（原資産）の将来価値によって決まる。先物取引は、標準化されており、譲渡可能で、取引所でトレードされている。取引は標準単位でトレードされ、現在価格は原資産の将来価値によって変わる。

先物の金額ベースのリスク（futures contract dollar risk）　特定の先物取引1枚のリスク額。1枚当たりのリスク額とポイントバリュー（約定価格）を掛け合わせた値。

先読み期間（lookahead window）　データを先読みするために使用される観測期間の長さ。

先渡し契約（forward contract）　特定の品物や商品（原資産）を2者間（売り手と買い手）で交換する契約。納会（決済日）に、契約の始め（契約時）に合意した価格（先渡し価格）で受け渡して決済する。

指値（limit orders）　市場価格が特定の限度や金額に達したら執行される注文。指値に達すると、注文はそのときの最良の価格で即座に執行される。

仕掛けの判断（entry decision）　ポジションをいつ仕掛けるかの判断。

シグナル・トゥ・ノイズ・レシオ、SNR（signal to noise ratio）　一定期間のトレンドと価格変化の比率。

市場規模ファクター、SMB（market size factor）　スタイルファクターの1つで、小さい市場により大きいリスクを配分する戦略と、大きい市場のみに市場規模で加重してリスクを配分する戦略の差。

市場の相関性（market correlation）　さまざまな市場におけるバイ・アンド・ホールド戦略のリターンの相関性。

市場のダイバージェンス（market divergence）　市場価格のダイバージェンス。「ダイバージェンス」参照。

市場の変調（dislocation）　価格が無裁定関係から逸脱する動き。

市場のボラティリティ（market volatility）　すべての市場を対象としたバイ・アンド・ホールドポートフォリオのボラティリティ。

市場配分（market allocation）　資本をさまざまな先物市場に配分する過程。

市場への分散効果（market diversification benefit、MDB）　ある戦略の個別市場における平均ボラティリティをポートフォリオのボラティリティで割った値。

システマティック（systematic）　運用会社がテクニカルシグナルとトレードシステムを使ってポジションを体系的に建てること。システマティックなトレードは、完全に自動化されている。

四分位範囲（interquartile range、IQR）　箱ひげ図の箱の両端で、ばらつきの25パーセンタイルから75パーセンタイルまでの範囲。

資本配分（capital allocation）　市場に資本を配分する方法。

シャープレシオ（Sharpe ratio）　リスク調整済みリターンの簡単な基準。トータルリターンからリスクフリーレートを引いて、それをポートフォリオのボラティリティで割った値。

順ザヤ、コンタンゴ（contango）　先物価格が期待現物価格を上回っている状態。このようなとき、ヘッジャーは将来の期待価格よりも高く買っていることになる。

純粋なトレンドフォローシステム（pure trend following system）　構築可能ななかで最も不可知論的なトレードシステム。流動性やリスク配分やセクターへのバイアスがない。

証拠金口座（margin account） 価格変動から清算機構を守るためのクッションとなる資金。

証拠金比率（margin to equity ratio） 証拠金として保有するトレード資本額を資産総額で割った値。

商品のクライシスアルファ（commodity crisis alpha） 元々のリターン系列と、危機の月のリターンをリスクフリーレートで代用したリターン系列の差。危機期間の定義は商品のベンチマークがマイナスになっている期間。

正味コンビニエンスイールド（net convenience yield） 先物価格（特に商品）に含まれる利回りで、保管費用と利便性の両方を考慮したメリット。

勝率［トレードの］（winning ratio ［of trades］） 勝ちトレードの数と負けトレードの数の比率。勝ちトレードと負けトレードのどちらが多いかの感覚をつかめる。利益と損失の額は考慮しない。

真の値幅の平均、ATR、アベレージトゥルーレンジ（average trading [true] range、ATR） 特定の時間枠におけるトレーディングレンジの平均。

信用リスク（credit risk） カウンターパーティーが債務を返済できなかったり、契約やポジションを履行できなかったりするリスク。信用リスクはカウンターパーティーの行動に依存している。

スターリングレシオ（sterling ratio） パフォーマンスの評価方法の

1つ。年間複利リターンを、最大損失から基準値を引いた値で割って求める。

ストップロス注文（stop loss orders）　指定した価格に達したら即座に成り行きになる仕切り注文。ストップリミット注文は、指定した価格に達したら指値注文になる注文のこと。

スワップ先物（swap futures）　先物スワップとも呼ばれる。取引所に新たに上場されたスワップ取引の一種で、スワップを模倣している。

成功率（success rates）　勝ちトレードの比率。

セクターのクライシスアルファ（sector specific crisis alpha）　リターン系列と、そのセクターが危機の月のリターンを米3カ月物国債の金利で代用したリターン系列の差。

セクターの方向性バイアス（sector directional bias）　トレードシステムが特定のセクターにおいて買いまたは売りのポジションに偏るように作られていること。最も一般的な例が株の買いバイアス。

セクターバイアス（sector bias）　特定のセクターがほかのセクターよりも加重されていること。

セクターへの平均配分額（average sector allocations）　特定のセクターに配分した資本の平均額。

説明可能なボラティリティ（explained volatility）　適正価格やファンダメンタルズモデルで説明できるボラティリティ。説明可能なボラ

ティリティは、「知り得る」またはファンダメンタルズを使って「モデル化できる」リスクレベル。

説明できないボラティリティ（**unexplained volatility**）　説明できないファクターによるボラティリティの大きさ。

戦略区分（**strategy category**）　戦略を分類する区分。

戦略内または戦略間（**intrastrategy or interstrategy**）　戦略内は戦略のなかの違いで、戦略間は異なる戦略の違い。

戦略の相関性（**strategy correlations**）　個別市場における異なる戦略のリターンの相関性。

戦略のボラティリティ（**strategy volatility**）　個別市場における戦略のボラティリティ。

戦略のリターン（**strategy returns**）　個別市場における戦略のリターン。

相関性を考慮した均等リスク配分（**equal risk contribution**、**ERC**）各市場のリスク寄与度に基づき、相関性を考慮して、リスクを配分する戦略。リスクパリティと似ている。

損益率（**win/loss ratio**［**of trade PnL**]）　損益がプラスのトレードと損益がマイナスのトレードの比率。

損失許容量（**loss tolerance**）　戦略や個人が許容できる損失の大きさ。

ダイバージェンス（divergence） 市場参加者や種の群が進化し、新しい市場環境に適応して価格トレンドを生み出す過程。

ダイバージェント（divergent） 原資産の適正価値に対する見方に基づかないでリスクをとる手法。

ダイバージェントトレンドフォロー指数、DI（divergent trend following index、DI） 幅広い損失許容量のトレンドフォロー戦略を集めたバスケットで構成する指数。

ダイバージェントトレンドフォロー戦略（divergent trend following strategy） 基本のトレンドフォロー戦略。基本的な仕掛けの判断とトレイリングストップを使った手仕舞いの判断を行い、さまざまな市場に均等にリスク配分している。

断続的平衡説（punctured equilibrium） 進化生物学で、種の進化は均衡状態（最低限の進化）の時期と、その均衡を破壊する大きな進化の時期があるとする理論。大きな出来事のあとは、種に急激な変化が起こる。

担保利回り（collateral yield） 証拠金口座に保有している担保から得られるリターン。

チャネルブレイクアウトシステム（channel breakout system） ブレイクアウトの判断にチャネルを使うブレイクアウトシステム。

つなぎ足（continuous price series） 先物価格系列からギャップを除いたもの。先物価格はロールオーバーによってギャップができるため、

調整が必要になる。

抵抗線と支持線（resistance and support levels）　さまざまなテクニックで定義されている水準で、このなかには過去の価格、トレーディングレンジ、そのほかの指標を使う方法などがある。価格が抵抗線を上抜くと買いポジションを建て、支持線を下抜くと売りポジションを建てる。

テールリスクの乗数（tail risk multiplier）　ある戦略のリターンが2標準偏差以下になる確率と、正規分布で2標準偏差以下になる確率の比率。特定のリターン系列でこの確率が正規分布の10倍ならば、テールリスク乗数は10になる。

適応的市場仮説（adaptive markets hypothesis、AMH）　市場の進化の仕方や、チャンスの生まれ方や、市場参加者の成否の分かれ方を、進化生物学の原則に基づいて理解しようとする取り組み。

適合（adaptation）　種や市場参加者の群が、環境や市場の変化に適応するための進化的な過程。

手仕舞いの判断（exit decision）　ポジションをいつ手仕舞うかの判断。

投機家（speculator）　市場価格の方向性に投機してポジションを建てようとする市場参加者。

投資資本（invested capital）　戦略に投資した資本額の合計。

投機チャンス（speculative opportunities）　需給の不一致による価格

差を利用して資本を投機するチャンス。

投機的なリスクプレミアム（speculative risk premium）　需要と供給の不一致による価格の歪みが調整されるまでの間に、投機的な戦略によって得られるプレミアム。

動的なレバレッジ（dynamic leveraging）　レバレッジの大きさが、ポートフォリオの過去の損益に依存している状況。

取引単位（contract size）　先物1枚当たりの名目数量。

トレイリングストップ（trailing stop）　最近の価格の動きに基づいた損切りルールで、損切りが価格を「トレイル」する（追いかける）形になっている。

トレイリングストップインディケーター（trailing stop indicator）　トレイリングストップに達したとき、ポジションを手仕舞うタイミングを決める指標。

トレイリングストップの損失許容量（trailing stop loss tolerance）　ダイバージェントリスクテイキング戦略で、トレイリングストップの近さによって許容している損失額。

トレイリングストップまでの距離（tightness of the trailing stop）　日々の価格変動の標準偏差の移動平均を使って定義したトレイリングストップ。

トレード可能性（tradability）　トレンドを実際のポジションでとら

えることができる可能性。

トレードシグナル（**trading signal**）　特定の市場の買いか売りのポジ
ションを明示するシグナル。トレードシグナルは、直接的なトレンド
シグナルのこともあれば、トレンドシグナルをフィルターにかけたり
集約したりした結果のときもある。

トレードの速度ファクター、SMF（**trading speed factor**）　スタイル
ファクターの1つ。遅い戦略（損失許容量が大きい）のポートフォリ
オと速い戦略（損失許容量が小さい）のポートフォリオの差。

トレンドベータ（**trend beta**）　トレンド指数と元々の戦略との関係を
示すベータ係数。

トレーディングレンジ（**trading range**）　特定の市場における1日の
トレードの推定レンジ。その日の最高値と前日の終値の高いほうから、
その日の最安値か前日の終値の安いほうを引いた範囲と定義されてい
る。

トレンドサイズ（**trend size**）　トレンドの大きさを価格変動の大きさ
で測定した値。

トレンドシグナル（**trend signal**）　トレンドを測定するためのシグナ
ル。移動平均線クロスオーバールールやブレイクアウトルールなどが
一般的。トレンドシグナルの多くは2値で表されるが、そうでないも
のもある。

トレンドの強さ（**trend strength**）　トレンドの信頼度を数量的に測定

することで強さを表した値。通常は、さまざまな観察期間のトレンドシグナルを集計したシグナルの合計レベルで測定する。

トレンドフォローシステム（trend following system）　インプットされたデータ系列を処理し、体系的にトレード判断を下すシステム。

トレンドフォロー2乗、TF^2（trend following squared）　トレンドフォロー戦略のルールを使ってトレンドフォロー戦略を運用する投資手法。

トレンドリーケージ（trend leakage）　トレンドがトレンドシグナルにリークする割合。通常は、ポジションが将来のトレンドのサインと同じ割合と違う割合の差で測定する。

ドローダウン（drawdown）　損失を純資産価値（NAV）のピークから測定した値。

ドローダウンの回復期間（time to recovery［of a drawdown］）　特定の戦略がドローダウンから回復するためにかかる時間。

ドローダウンの期待期間（expected drawdown length）　典型的なドローダウンの予想期間。

ドローダウンの期待最長期間（expected longest drawdown length）　最長ドローダウンとして予想される期間。

ドローダウンの長さ（drawdown length）　ドローダウンに陥っている時間の長さ。

成り行き注文（market order） そのときの最良の価格で即座に執行される注文。

値洗い（mark-to-market） 決済価格とポジションの価値を比較する過程。ほとんどの先物市場では毎日行われている。トレード口座は毎日決済価格で再評価されている。

ネガティブコンベクシティ（negative convexity） ネガティブな2次導関数を持つ関数。実践的には、極端な出来事の値が線形外挿よりもはるかに低くなるケース。ネガティブコンベクシティのときはインプットのほうがアウトプットよりもはるかに大きくなることが多い。

バイ・アンド・ホールド戦略（buy-and-hold strategy） 投資して長期間ポジションを保有する戦略。

バックワーデーション 「逆ザヤ」参照。

非方向性戦略（nondirectional strategies） 相対的な価値に基づいてポジションを取る戦略で、同じ資産の買いと売りを同時に行うケースが多い。例えば、転換アービトラージ、債券アービトラージ、合併アービトラージ、株のロング・ショートなど。

不確実性（uncertainty） 状況や条件やイベントの結果や大きさや重要さが分からないこと。

ブレイクアウト戦略（breakout strategy） 価格がレンジ（抵抗線や支持線）をブレイクアウトしたらポジションを建てる手法。ブレイクアウト戦略は、価格が抵抗線を上抜いたら買いポジションを建て、支

持線を下抜いたら売りポジションを建てる。

分散比統計（variance ratio statistic）　n時間単位（n＞1）のすべての変化の分散と、1時間単位の変化のn倍の分散の比率。分散比統計は、ランダムウォークからの偏差の検定に用いることができる。

分散比率（diversification ratio）　ポートフォリオの分散の基準。ポートフォリオ内の各市場のバリュー・アット・リスク（VaR）の合計をポートフォリオ全体のバリュー・アット・リスクで割った比率。

平均回帰（mean reversion）　平均に再び向かうこと。統計学ではマイナスの系列自己相関で測定することもある。

平均勝率（average winning trade rate）　勝ちトレードの平均比率。

平均損益比率（average PnL ratio）　損益における勝ちと負けの割合。単純な勝率ではなく、勝ちトレードの規模を示している。

平均保有期間（average holding period）　トレードを保有している期間の平均。

ヘッジプレミアム（hedging premium）　ヘッジポジションの逆のポジションを取ることで得られるプレミアム。ヘッジの需要が大きくなりすぎると、反対トレードでプレミアムを得ることができる。

ヘッジャー（hedger）　価格が逆行したときの守りとして反対ポジションを取ろうとする市場参加者。

変動係数（coefficient of variation） 証拠金比率の場合、証拠金比率の正規化分散の基準。

変動証拠金（variation margin） ポジションが逆行したときに、含み損を相殺する目的で追加的に差し入れる現金。通常は追証に応じて追加する。

方向性戦略（directional strategies） 相場が狙った方向に動いて利益が上がることを期待して、金融証券を買ったり売ったりする手法。例えば、マネージドフューチャーズ（CTA）、株の買いバイアス、株の売りバイアス、グローバルマクロなどがある。

ポートフォリオの相関性（portfolio correlation） ポートフォリオ間の相関性。

ポートフォリオのボラティリティ（portfolio volatility） ポートフォリオ全体のボラティリティ。

ポジションの選択性（position selectivity） ほかよりも有利なポジションを選択すること。

ポジティブコンベクシティ（positive convexity） ポジティブな2次導関数を持つ関数。実践的には、極端な出来事の値が線形外挿よりもはるかに高くなるケース。ポジティブコンベクシティのときはインプットのほうがアウトプットよりもはるかに大きくなることが多い。

ポジティブスキュー（positive skewness） リターンの分布が、利益が大きくて損失はそれよりも小さくなっている状態。

ボラティリティの周期性（volatility cyclicality）　特定のトレード戦略におけるボラティリティの周期の相対的な速さ。時系列データのスペクトル表現の周期を調べることで測定できる。

マーケットダイバージェンス指数、MDI（market divergence index、MDI）　ポートフォリオレベルで市場のトレンドを測定する基準。さまざまな市場の平均シグナル・トゥ・ノイズ・レシオで測定できる。

マーチンゲール法（Martingale betting）　動的なレバレッジの1つで、損益がプラスになるまで買いポジションを増やしていく。負けている間は掛け金を増やしていく（一種のダブルダウン）。

モメンタム（momentum）　価格が一方向に一定期間動き続けること。

モメンタムシーキング（momentum seeking）　戦略のパフォーマンスが上がり始めたら投資し、下がり始めたら手仕舞う手法。

良いボラティリティ（good volatility）　ボラティリティが高いこととポジティブスキューの度合いが大きくなることに関連があるタイプのボラティリティ。

ランダムエントリーシステム（random entry system）　「不可知論的」なダイバージェントリスクテイキングシステム。買いと売りのポジションを同じ確率で仕掛け、トレイリングストップに達したときのみ手仕舞う。このようなシステムは、仕掛けシグナルに依存せず、独自の立場で、トレンドフォローシステムのポジション管理ルールに基づいて市場環境を評価する。トレイリングストップの近さがシステムの唯一の特徴と言える。

リスク（**risk**）　期待した状況にならない可能性。

リスク配分額（**allocated dollar risk**）　特定の先物市場に配分したリスク額。

リスク不確定比率（**risk to uncertainty ratio**）　リスク全体のなかの不確実性の割合。この比率は説明可能なボラティリティを説明できないボラティリティで割って求める。この割合が低いと、ボラティリティはファンダメンタルズモデルよりも不確実性に支配される。

リスク目標（**risk target**）　トレンドフォロー戦略に配分されたリスクの合計。レバレッジの水準を決めるために使う。

流動性に基づいた資産配分（**market capacity weighting、MCW**）　個別の市場規模に基づいて資本を配分する方法。

流動性リスク（**liquidity risk**）　市場性がないことや、損失を避けたり最小限に抑えたりできる速さで売買できないことによって生じるリスク。

レバレッジリスク（**leverage risk**）　レバレッジや借入金を使ったイクスポージャーにかかわるリスク。

ロールイールド（**roll yield**）　期近から期先を引いた価格差を、それぞれの限月の間の日数で正規化した値。

歪度（**skewness**）　分布のばらつきの非対称性のレベル。平均周辺の不均衡の度合い。

著者について

アレックス・グレイザーマン博士（Alex Greyserman）

ISAMのチーフ・サイエンティストで、マネージドフューチャーズ運用の研究責任者としてミント・インベストメント・マネジメント（世界最初のマネージドフューチャーズ顧問会社で運用資産は10億ドル超）に入社して以来、ヘッジファンド業界で25年以上の経験がある。ミントではトレード戦略の研究開発とポートフォリオ全体のリスク管理の責任者を務めた。2001〜2010年には、ハイト・キャピタル・マネジメント（システマティック戦略に特化したファミリーオフィス）で最高投資責任者としてラリー・ハイトと共に働き、2010年にハイト・キャピタルはISAMと合併した。ヘッジファンド業界に入る前は、複数の会社のエンジニア部門で働き、最後はRCA研究所で信号処理の分野にかかわっていた。

グレイザーマンは、ラトガース大学で数学の学士号、コロンビア大学で電子工学の修士号、ラトガース大学で統計と管理科学の博士号を修得した。論文のテーマは、実証データ分析と、ベイズ統計学のポートフォリオ選択への応用。2001年以降は、コロンビア大学大学院で金融工学の非常勤教授として、クオンツ運用の分野のさまざまな講座やセミナーで教えている。

キャスリン・M・カミンスキー博士（Kathryn M. Kaminski）

インスティチュート・フォア・ファイナンシャル・リサーチ（SIFR）のマネジングディレクター代理で、ストックホルム商科大学のファイナンス学客員教授。それ以前は、MITスローンスクール・オブ・マネ

ジメントの上級講師や、スウェーデン王立工科大学（KTH）の客員教授も務めた。また、CME（シカゴ・マーカンタイル取引所）グループの外部コメンテーターや、インスティチューショナル・インサイトではユーレックス・グループのクリアリングや交換所について執筆しているほか、数々の論文を業界誌や学術誌に発表している。2008〜2012年は、CTA（商品投資顧問業者）ファンド・オブ・ファンズやリスクとポートフォリオ管理（RPM）の上級投資アナリストも務めた。債券や信用の計量分析アナリストの経験もある。

　カミンスキーの研究分野は行動ファイナンス、トレンドフォロー戦略、マネージドフューチャーズ、システムトレード、資産配分、デリバティブ、ポートフォリオ管理などに及ぶ。MITで電子工学の理学士（2001年）、MIT（マサチューセッツ工科大学）スローンスクール・オブ・マネジメントでオペレーションズリサーチの博士号（2007年）を修得。論文の指導教官はアンドリュー・ロー教授で、そのときのテーマは損切り戦略と金融ヒューリスティクス。PAAMXOとCAIAが主催する100ウーマン・イン・ヘッジ・ファンドにも選ばれている。

■監修者紹介
長岡半太郎（ながおか・はんたろう）
放送大学教養学部卒。放送大学大学院文化科学研究科（情報学）修了・修士（学術）。日米の銀行、CTA、ヘッジファンドなどを経て、現在は中堅運用会社勤務。全国通訳案内士、認定心理士。『先物市場の高勝率トレード』『アセットアロケーションの最適化』『「恐怖で買って、強欲で売る」短期売買法』のほか、訳書、監修書多数。

■訳者紹介
井田京子（いだ・きょうこ）
翻訳者。主な訳書に『トレーダーの心理学』『スペランデオのトレード実践講座』『トレーディングエッジ入門』『千年投資の公理』『ロジカルトレーダー』『チャートで見る株式市場200年の歴史』『フィボナッチブレイクアウト売買法』『ザFX』『相場の黄金ルール』『トレーダーのメンタルエッジ』『破天荒な経営者たち』『バリュー投資アイデアマニュアル』『遅咲きトレーダーのスキャルピング日記』『FX 5分足スキャルピング』『完全なる投資家の頭の中』『勘違いエリートが真のバリュー投資家になるまでの物語』『株式投資で普通でない利益を得る』『バフェットからの手紙【第4版】』『金融版 悪魔の辞典』『バフェットの重要投資案件20 1957-2014』『市場心理とトレード』『逆張り投資家サム・ゼル』『経済理論の終焉』『先物市場の高勝率トレード』（いずれもパンローリング）など、多数。

2019年10月1日　初版第1刷発行

ウィザードブックシリーズ ㉘⑤

トレンドフォロー戦略の理論と実践
──金融危機に負けない賢者の投資法

著　者	アレックス・グレイザーマン博士、キャスリン・カミンスキー博士
監修者	長岡半太郎
訳　者	井田京子
発行者	後藤康徳
発行所	パンローリング株式会社
	〒160-0023　東京都新宿区西新宿7-9-18　6階
	TEL 03-5386-7391　FAX 03-5386-7393
	http://www.panrolling.com/
	E-mail　info@panrolling.com
編　集	エフ・ジー・アイ（Factory of Gnomic Three Monkeys Investment）合資会社
装　丁	パンローリング装丁室
組　版	パンローリング制作室
印刷・製本	株式会社シナノ

ISBN978-4-7759-7254-0